KLAUS-PETER DOLDE

Die politischen Rechte der Ausländer in der Bundesrepublik

Schriften zum Öffentlichen Recht

Band 189

Die politischen Rechte der Ausländer in der Bundesrepublik

Von

Dr. iur. Klaus-Peter Dolde

DUNCKER & HUMBLOT / BERLIN

Gedruckt 1972 bei Buchdruckerei Richard Schröter, Berlin 61
Printed in Germany

ISBN 3 428 02695 0

D 21

Meiner Mutter
Meinem Vater zum Gedenken

Vorwort

Die politische Betätigung von Ausländern wirft nicht nur politische, sondern auch vielfältige rechtliche Probleme auf, die in Rechtsprechung und Literatur bislang teilweise überhaupt nicht oder nur unzureichend erörtert worden sind. Ziel dieser Arbeit ist der Versuch, die dadurch entstandene Lücke wenigstens teilweise zu schließen. Deshalb erschien es gerechtfertigt, die staatstheoretische Fragestellung zu vernachlässigen und das Schwergewicht auf die Behandlung konkreter Rechtsfragen zu legen, um dadurch für die Praxis Lösungswege aufzuzeigen.

Die Arbeit lag im WS 1971/72 dem Fachbereich Rechtswissenschaft der Universität Tübingen als Dissertation vor. Das Manuskript wurde im Februar 1971 fertiggestellt. Der Text wurde nur geringfügig geändert. Rechtsprechung und Literatur sind im wesentlichen bis Ende 1971 nachgetragen.

Mein besonderer Dank gilt Herrn Prof. Dr. Dr. h. c. O. Bachof. Er regte die Bearbeitung des Themas zu einer Zeit an, als es noch keine eingehendere Behandlung gefunden hatte. Sein teilnehmendes Interesse und seine Ratschläge waren mir besonders in der Anfangszeit der Bearbeitung eine wesentliche Hilfe. Zu danken habe ich ihm auch für die Förderung während meiner zweijährigen Tätigkeit an seinem Lehrstuhl.

Herrn Ministerialrat a. D. Dr. J. Broermann danke ich für die Aufnahme der Arbeit in sein Verlagsprogramm.

Tübingen, im Januar 1972

Klaus-Peter Dolde

Inhaltsverzeichnis

Abkürzungsverzeichnis

APVO	=	Ausländerpolizeiverordnung
DUZ	=	Deutsche Universitätszeitung
HChE	=	Entwurf des Verfassungskonvents, der vom 10.—23. August 1948 in Herrenchiemsee tagte
JöR	=	Jahrbuch des öffentlichen Rechts der Gegenwart
lit.	=	Buchstabe
m. N.	=	mit Nachweisen
m. w. N.	=	mit weiteren Nachweisen
Rdnr.	=	Randnummer
UNYB	=	United Nations Yearbook
VersG	=	Versammlungsgesetz

Im übrigen werden die Abkürzungen nach Kirchner, Hildebert: Abkürzungsverzeichnis der Rechtssprache, 2. Aufl., Berlin 1968, vorgenommen.

Einführung

I. Am 30. 9. 1970 lebten nach einer Erhebung der Ausländerbehörden 2,97 Millionen registrierte Ausländer in der Bundesrepublik[1], die zum größten Teil als Arbeitnehmer ihren Lebensunterhalt verdienten: Am 30. 6. 1970 gab es in der BRD 1,838 Mill. ausländische Arbeitnehmer[2] gegenüber 166 000 im Juli 1959[3]. Nur 363 000 Ausländer waren Kinder unter 16 Jahren[4]. Dagegen nimmt sich die Zahl der ausländischen Studenten, die seit 1960 ziemlich konstant geblieben ist und sich zwischen 20 000 und 23 700[5] bewegt hat, relativ bescheiden aus.

Nach einer Repräsentativumfrage der Bundesanstalt für Arbeit vom Herbst 1968 hielten sich von den männlichen Gastarbeitern 26 % 7 Jahre und länger, 31 % zwischen 4 und 7 Jahre und 26 % zwischen 2 und 4 Jahre ohne größere Unterbrechung in der BRD auf. Für die Frauen lauten die Vergleichszahlen 13 % — 26 % — 35 %[6].

Diese Zahlen zeigen, daß die Ausländer bei einigermaßen geschlossenem Auftreten erheblichen Einfluß auf das politische Geschehen in der BRD nehmen könnten. Zwar hat es den Anschein, daß sie überwiegend auf private Bedürfnisbefriedigung ausgerichtet sind, aber mit zunehmender Aufenthaltsdauer und damit zumindest teilweise verbundener Integration[7] werden sie sich immer mehr auch um die politische Situation der BRD kümmern. Schon jetzt bestehen mannigfache politische Aktivitäten, die sich aber vorwiegend auf die Ver-

---

1 An der Spitze stehen die Italiener (573 000), gefolgt von den Jugoslawen (514 000), Türken (469 000), Griechen (342 000) und Spaniern (245 000); vgl. *Statistisches Jahrbuch* 1971, S. 42.

2 *Statistisches Jahrbuch* 1971, S. 131.

3 Ausländische Arbeitnehmer — Beschäftigung, Anwerbung, Vermittlung — Erfahrungsbericht der *Bundesanstalt für Arbeitsvermittlung und Arbeitslosenversicherung*, auszugsweise abgedruckt in studentische politik, Sonderheft 1/1970, S. 109 ff.; dort auch weitere interessante Daten über ausländische Arbeitnehmer.

4 Nach *Heuer*, S. 9 Fn. 1, mit Angabe der Fundstelle.

5 Dagegen stieg die Zahl der deutschen Studenten von 200 000 im WS 1960/61 auf 285 000 im SS 1969, *Statistisches Jahrbuch* 1970, S. 75. Im WS 1969/70 gab es an allen deutschen Hochschulen (erstmals einschließlich der Pädagogischen Hochschulen) 23 500 ausländische und 363 000 deutsche Studenten, *Statistisches Jahrbuch* 1971, S. 79.

6 Studentische politik, S. 109 (122).

7 Zu den Integrationsproblemen s. die aufschlußreiche empirische Untersuchung von *Bingemer - Meistermann-Seeger - Neubert* (Hrsg.), Leben als Gastarbeiter. Geglückte und mißglückte Integration, 1970.

hältnisse im Heimatstaat konzentrieren, wie z. B. die Aktionen ausländischer Studenten anläßlich des Schahbesuchs von 1967 gezeigt haben. Ausländer bilden außerdem vielerlei Vereinigungen. So waren beispielsweise im März 1970 in München 162 kulturelle und politische Vereinigungen registriert, wobei das Spektrum vom „Bund Ukrainischer Studenten" bis zur „Kalmückischen Buddhistischen Gemeinschaft" reichte[8].

Das politische Engagement von Ausländern in der Bundesrepublik äußert sich in mannigfacher Weise: Es kann sich um die Vertretung der Interessen des Heimatstaates etwa durch Angehörige der am Nahost-Konflikt beteiligten Staaten handeln, sei es durch verbale Auseinandersetzungen, sei es durch politisch motivierte Verbrechen[9]. Andererseits kann der Gegenstand ausschließlich die politische Willensbildung der BRD sein; so hat etwa der Österreicher Udo Jürgens anläßlich der Bundestagswahl 1969 aus allen politischen Lagern Angebote erhalten, als „Wahllokomotive" aufzutreten. Nicht zuletzt seine österreichische Staatsangehörigkeit veranlaßte ihn, diese Angebote abzulehnen[10].

In dieser Arbeit soll untersucht werden, ob und ggf. in welchem Umfang die politische Betätigung der Ausländer in der BRD rechtlich garantiert ist. Dabei ist — wie schon die Beispiele zeigen — zwischen der auf den Heimatstaat und der auf die BRD bezogenen politischen Betätigung zu unterscheiden. Der Bezug zur Bundesrepublik ist dann zu bejahen, wenn auf das Verhalten ihrer Stellen eingewirkt werden soll, auch wenn Auswirkungen auf den Heimatstaat zu gewärtigen sind, wie z. B. bei der Einflußnahme auf die Außen- oder Entwicklungshilfepolitik.

Bei der Aktualität und politischen Brisanz des Themas ist es erstaunlich, daß die politische Betätigung von Ausländern lange Zeit keine eingehende literarische Bearbeitung gefunden hat[11]. Dies mag daran liegen, daß die APVO v. 22. 8. 1938[12] keine speziell die politische Tätigkeit regelnde Norm enthielt und die Rechtsprechung zur APVO

---

[8] Vgl. *Die Zeit*, Nr. 11 v. 13. 3. 1970, S. 43 („Meist auf der Durchreise") in einer eindrucksvollen Schilderung der besonderen Verhältnisse in München (im März 1970 200 000 Ausländer, davon nur 83 000 Arbeitnehmer). Vgl. auch die Übersicht bei *Thomsen*, S. 44 ff., über die Organisationen von Ausländern in der BRD.

[9] Vgl. die Zusammenstellung der seit 1953 in München begangenen exilpolitisch motivierten Verbrechen von Ausländern in *Die Zeit*, a.a.O.

[10] *Frankfurter Rundschau* v. 26. 7. 1969, S. 16.

[11] Die Dissertationen von *H. W. Thieme*, *Milke* und *Forch* gehen nur am Rande darauf ein.

[12] RGBl. I S. 1053.

unergiebig ist[13]. Erst das AuslG v. 28. 4. 1965[14] brachte in seinem § 6 eine solche Regelung.

1968[15] setzte eine eingehende Beschäftigung mit dieser Frage ein. Die Verspätung dürfte auf einer weit verbreiteten These beruhen, die eine Beschäftigung mit unserem Thema überflüssig machte: Ausländer sollten „selbstverständlich"[16] keine politischen Rechte haben, „weil es hierbei um jene Interessen und deren rechtliche Instrumentalisierung geht, die den Bürger als politisches Faktum der BRD betreffen und auf Erhaltung und Weiterentwicklung der gemeinschaftlichen Werte und Ordnungsvorstellungen eben dieses Staates hinzielen"[17]. Ob diese These dem geltenden Recht entspricht, ist hier zu untersuchen.

II. Der Schwerpunkt der Arbeit soll auf der Teilhabe von Ausländern am politischen Prozeß der BRD liegen. Die heimatbezogene, insbesondere die exilpolitische[18] Betätigung wird etwas in den Hintergrund treten.

Die politischen Rechte ausländischer juristischer Personen und die Problematik des Artikel 19 III GG[19] werden nicht erörtert. Eigene Rechte von Kollektiven werden nur dort behandelt, wo sie sich unabhängig von Artikel 19 III aus dem Sinn und Zweck einer Betätigungsgarantie ergeben.

Die Ausübung politischer Rechte in der BRD setzt in der Regel[20] den Aufenthalt des Ausländers in der Bundesrepublik voraus. Entscheidende Vorfrage ist daher das Ab- und Ausweisungsrecht, das hier aber nicht

---

13 Ausnahme OVG Münster (Beschl. v. 27. 7. 1965), OVGE 21, 300 ff. = DÖV 1966, 206 f. = DVBl. 1966, 118 f. = NJW 1966, 316 f. = VerwRspr. 17 (1967), S. 854 Nr. 316 (aber schon im Vorgriff auf § 6 AuslG). Zu § 6 AuslG bislang nur einschlägig BaWüVGH, NJW 1969, 2109 ff. = DÖV 1970, 95 ff. = DVBl. 1970, 511 ff.; OVG Münster, DÖV 1970, 344 ff.

14 BGBl. I S. 353 / BGBl. III 2600—1.

15 *Thomsen, Tomuschat;* 1970: *Rolvering, Heuer;* außer den Kommentaren zum AuslG sind noch zu erwähnen *Jörg*, DVBl. 1965, 471 ff.; *Klinkhardt*, DVBl. 1965, 467 ff.

16 *v. d. Heydte*, „Ausländer" in: Staatslexikon, 6. Aufl., Bd. I (1957), Sp. 694 (699); ähnl. *H. Krüger*, Allgemeine Staatslehre, 2. Aufl. (1966), S. 592 Fn. 66.

17 *Schmitt Glaeser*, Verwirkung, S. 186; im Erg. ebenso *Wolff*, VerwR I, S. 227; *Schiedermair*, S. 32, 36 f.; ähnl. *Kimminich*, Asylrecht, 1968, S. 172; *Marxen*, S. 40; *Thieme*, S. 64; früher schon *Strupp*, HdbDStR I, S. 274 (275); *Heinze*, S. 9, 14; *Kotthaus*, S. 26, 30. So in der Tat die Rechtslage in der Schweiz, vgl. *Tomuschat*, S. 15; *Moser*, ZSR NF 86 II (1967), S. 325 (349, 455); *H. Huber*, Festschrift für Jahreiß (1964), S. 101 ff.; ähnl. in Frankreich, s. *Tomuschat*, S. 15 f.; a. A. für das deutsche Recht OVG Münster, OVGE 21, 300.

18 Dazu aus völkerrechtlicher Sicht *Kimminich*, ArchVR 10 (1962/63), 132 ff.; *Tomuschat*, S. 27 ff.; *Rolvering*, S. 19 ff.; *Thomsen*, S. 12 ff.

19 Art. ohne Angabe sind solche des GG.

20 Anders beim Vertrieb ausländischer Presseerzeugnisse durch Inländer.

behandelt werden soll[21], da es nur die tatsächlichen Voraussetzungen der politischen Betätigung betrifft, über Bestehen und Umfang der politischen Rechte aber nichts besagt. Lediglich in einem Exkurs ist der Frage nachzugehen, wann ein Ausländer wegen politischer Betätigung ausgewiesen werden kann.

III. Eine methodische Vorbemerkung erscheint angebracht: Ein politisch so brisanter Untersuchungsgegenstand bringt die Gefahr mit sich, daß die Auslegung der Rechtsnormen lediglich der Realisierung des politischen Vorverständnisses des Interpreten dient[22]. Diese Gefahr der Harmonisierung von Rechtsnormen mit andernorts gebildeten politischen Zielvorstellungen ist um so größer, je mehr man von „allgemeinen" Grundsätzen über den Gaststatus des Ausländers oder das Wesen der Staatsangehörigkeit ausgeht.

Damit soll nicht geleugnet werden, daß insbesondere die Auslegung des Verfassungsrechts durch das politische Vor-Verständnis[23] beeinflußt wird. Im Vordergrund der Auslegung sollte aber nicht ein nach subjektiver Überzeugung behaupteter Grundsatz stehen, auf dessen Bestätigung die Auslegung ausgerichtet wird. Auszugehen ist vielmehr von der — durch das Vor-Verständnis bedingten — Auslegung einzelner Normen. Möglicherweise ergibt sich dann am Ende der Arbeit ein allgemeiner Grundsatz. Dieser kann aber nur Ergebnis, nicht Ausgangspunkt der Arbeit sein.

Deshalb erscheint es ausgeschlossen, vom Inhalt und Wesen der Staatsangehörigkeit auszugehen[24], zumal wenn dieser Inhalt nach dem ermittelt wird, „was der Staatsangehörigkeit wesentlich ist"[25]. Ein weiterer Einwand gegen diese Methode ergibt sich daraus, daß die

---

21 Dazu *Bordewin*, passim (zwar zur APVO, aber noch verwertbar); vgl. auch die scharfe Kritik am Aufenthaltsrecht von *Franz*, ZRP 1970, 229 ff., und die ihn nicht widerlegende polemische Replik von *Wirtz*, ZRP 1970, 247 ff.; Beispiele aus der Praxis bei *Franz*, studentische politik, S. 27 ff.; *Heldmann*, ebenda, S. 33 ff.; *D. Majer*, ZRP 1969, 125 ff.; neuestens *Rittstieg*, JZ 1971, 113 ff.; *Rose*, JZ 1971, 721 ff.; *Schütterle*, DVBl. 1971, 345 ff.; rechtsvergleichend *Erdmann*, VerwArch. 1968, 311 ff.

22 Dieser Gefahr erliegen einerseits *Schiedermair*, Anm. 1 zu § 6 AuslG („Pflicht den Aufenthalt ... nicht dazu zu benutzen, um ... gegen die politische Ordnung seines Heimatstaates anzugehen"), andererseits *Rolvering*, bes. S. 104 ff.

23 *Hesse*, VerfR, S. 25 f.

24 So aber *Thieme*, S. 57 ff.; s. auch *Rolvering*, S. 95 ff.

25 *Thieme*, S. 57. Er verkennt nicht die Unschärfe seiner Methode gegenüber einer Gesamtschau aller an die Staatsangehörigkeit geknüpften Rechtsfolgen. Da *Thieme* primär einen Beitrag zur Auslegung des Gleichheitssatzes leisten will, kann die Beschränkung auf die wesentlichen Rechtsfolgen vertretbar sein, weil die dazu erforderliche Wertung mit der im Rahmen des Gleichheitssatzes zusammenfallen soll (s. S. 57 f.). Für die Aufgabenstellung dieser Arbeit ist der methodische Ansatz *Thiemes* abzulehnen.

Staatsangehörigkeit keinen feststehenden Inhalt hat, sondern verschiedener Ausgestaltung in verschiedenen Rechtsordnungen zugänglich ist[26]. Das „Wesen" der Staatsangehörigkeit läßt sich daher nur an Hand des positiven Normenbestandes ermitteln. Für den Teilbereich der politischen Rechte hat demnach eine differenzierte Untersuchung der einzelnen Normenkomplexe zu erfolgen, die dann in Beziehung zueinander zu setzen sind, so daß sich als Resultat ergibt, ob und ggf. welche politischen Rechte nach der Rechtsordnung der BRD unabhängig von der Staatsangehörigkeit gewährleistet sind.

Nur auf diese Weise ist die Trennung zwischen der de lege lata gegebenen und der de lege ferenda wünschenswerten Rechtsstellung der Ausländer möglich.

Die erforderlich werdende Auslegung des GG steht unter dem Prinzip der Einheit der Verfassung. Verfassungsrechtliche Normen sind nicht allein aus sich heraus auszulegen, sondern in den Gesamtzusammenhang der Verfassung zu stellen[27].

Der Gang der Untersuchung ist folgender: Zuerst ist der sachliche und personelle Umfang des Themas zu klären. Dann werden die politischen Rechte der Ausländer nach dem GG und dem einfachen Gesetzesrecht mit Ausnahme des AuslG behandelt. Im Anschluß daran wird untersucht, ob das Völkerrecht weitergehende Gewährleistungen enthält, bis schließlich § 6 AuslG auszulegen und mit den seitherigen Ergebnissen zu konfrontieren ist.

---

[26] *Adamovich-Spanner*, Handbuch des österreichischen Verfassungsrechts, 5. Aufl. 1957, S. 410; *Aubert*, ZSR NF 77 I (1958), 215 (216); *Rolvering*, S. 98; a. A. *Maunz*, Kommentar, Rdnr. 2 zu Art. 16.

[27] *Hesse*, VerfR, S. 28; *Häberle*, Wesensgehalt, S. 5 m. w. N.; vgl. auch *Maunz*, StaatsR, S. 50. Die ganzheitliche Auslegung hat das BVerfG praktiziert in E 7, 377 (402 f.); 8, 274 (329); 30, 1 (19).

Erster Abschnitt

Der sachliche und personelle Umfang der Untersuchung

§ 1 Die politischen Rechte

I. Zum Begriff des „Politischen"

Es kann nicht Aufgabe dieser Arbeit sein, auf die Diskussion um den Begriff des Politischen in allen Einzelheiten einzugehen[1]. Im Hinblick auf den Zweck der Arbeit ist eine Umschreibung des Begriffs nur insoweit vorzunehmen, als es um die Abgrenzung der politischen von den nicht politischen Rechten und um die nähere Kennzeichnung politischer Betätigung geht.

Grob vereinfachend lassen sich folgende Grundtypen von Umschreibungsversuchen konstatieren[2]:

1. Politik wurde materiell dahingehend bestimmt, daß ihr Gegenstand und Ziel der Friede sei[3]. Als Rechtsbegriff muß diese Definition ausscheiden, weil sie den noch schwerer bestimmbaren Begriff des Friedens enthält und kaum den Umkehrschluß erlauben dürfte, daß nicht politisch sei, was nicht dem Frieden dient.

2. Der Liberalismus grenzte formal ab und verstand unter Politik nur die Bildung und Ausübung des Staatswillens, wobei das Politische beschränkt war auf die Tätigkeit der „führenden Macht" im Gegensatz zur „ausführenden", d. h. auf den Bereich der Regierung[4]. Politisch

---

[1] Aus der unübersehbaren Literatur s. die Nachw. bei *Besson*, „Politik", in: Ev. Staatslexikon, Sp. 1547 (1560); *Bergstraesser*, „Politik", in: Staatslexikon, 6. Aufl., Bd. 6 (1961), Sp. 335 (349).

[2] Vgl. auch *H. Krüger*, Allg. Staatslehre, S. 679 ff.; *Grewe*, Festgabe für E. Kaufmann (1950), S. 65 (70 ff.); *W. Seuffert*, Festgabe für C. Schmid (1962), S. 199 (205 ff.); *Rapp*, Parteienprivileg, S. 79 ff.

[3] *Sternberger*, Begriff des Politischen, 1961, S. 18; vgl. auch *Grewe*, a.a.O., S. 74.

[4] *H. Heller*, Staatslehre, 1934, S. 204; *Smend*, Festgabe für Kahl (1923), III S. 16; *Triepel*, Staatsrecht und Politik (1927), S. 11; *ders.*, Festgabe für Kahl, II S. 17; *Scheuner*, RStW III, S. 126 (135).

waren dementsprechend nur die auf Teilnahme an der Staatswillensbildung gerichteten Rechte[5].

3. Politik wird häufig als Streben nach Machtanteil und als Beeinflussung der Machtverteilung umschrieben[6]. Da Macht ein Grundphänomen aller sozialen Beziehungen ist, stellt demzufolge politisches Handeln eine Grundform sozialen Handelns schlechthin dar[7]. Ein so weiter Begriff des Politischen ist für den Gegenstand dieser Arbeit unbrauchbar[8], da er z. B. auch die elterliche Gewalt umfassen würde.

4. *Carl Schmitt*[9] sieht die Wurzel aller politischen Handlungen und Motive und die Voraussetzung aller politischen Existenz in der Unterscheidung von Freund und Feind. Das Politische ist kein Sachbereich, sondern ein für jeden Sachbereich möglicher Modus der Gruppierung. Sie ist um so politischer, je mehr sie sich dem äußersten Punkt der Freund-Feind-Gruppierung nähert[10]. Zu den politischen Rechten zählt Schmitt diejenigen, die „aus dem unpolitischen Zustand des bloß Gesellschaftlichen" heraustreten und „soziale Betätigungen" enthalten[11].

Diese Auffassung entspricht nicht dem demokratischen Willensbildungsprozeß des GG, der Toleranz und Wechsel der politischen Kräfteverhältnisse beinhaltet[12].

5. Die Begriffsbestimmung muß das GG und seine Konzeption vom politischen Prozeß berücksichtigen. Danach erscheint es ausgeschlossen, das Politische auf den Staat und insbesondere die Staatsführung zu beschränken[13], da dieser Vorstellung der Gedanke einer total privatisierten, am staatlichen Geschehen unbeteiligten Gesellschaft[14]

---

[5] s. etwa *G. Jellinek*, System, S. 136 (einschränkend); *W. Jellinek*, VerwR, S. 206; *Oertmann*, Nipp. II, S. 435 (446); *Sartorius*, HdbDStR I, S. 281 (282); *Strupp*, HdbDStR I, S. 274; *v. Frisch*, Fremdenrecht, S. 352; *Kotthaus*, S. 23 f.; ähnl. *Ermacora*, Handbuch der Grundfreiheiten und der Menschenrechte, 1963, S. 63; *F. Münch*, Die Europäische Menschenrechtskonvention und der Menschenrechtsschutz in der Bundesrepublik Deutschland, in: *Veiter-Klein*, Die Menschenrechte. Entwicklung — Stand — Zukunft, 1965, S. 62 (77); *Scheuner*, Festgabe für Smend (1962), S. 225 (253, 259); *Schmitt Glaeser*, Verwirkung, S. 115 Fn. 195.

[6] So bes. *Max Weber*, Politik als Beruf, 2. Aufl. 1926, passim; dazu *Grewe*, a.a.O., S. 72 m. w. N.; *Scheuner*, a.a.O., S. 238 ff.

[7] *Grewe*, a.a.O., S. 75; ähnl. weit *Bergstraesser*, a.a.O., Sp. 335.

[8] *Grewe*, a.a.O., S. 75, hebt zutreffend hervor, daß die Begriffsbestimmung auch vom wissenschaftlichen Zweck abhängt.

[9] Der Begriff des Politischen, Text von 1932, passim; Verfassungslehre, S. 169.

[10] Der Begriff des Politischen, S. 30.

[11] Verfassungslehre, S. 165 f.

[12] Zur Kritik an C. Schmitt s. *Seuffert*, Festgabe für C. Schmid, S. 199 (205 f.); *Grewe*, a.a.O., S. 73 f.; *Rapp*, Parteienprivileg, S. 81 f. m. w. N.

[13] Ebenso *Rapp*, a.a.O., S. 82 Fn. 91.

[14] Zu „Staat" und „Gesellschaft" vgl. bes. die entwicklungsgeschichtliche Darstellung von *Ehmke*, Festgabe für Smend (1962), S. 23 ff.

zugrundeliegt. Da andererseits die einseitige Orientierung des Politik-Begriffes an der Macht und die damit verbundene totale Politisierung der Gesellschaft abzulehnen ist, müssen Abgrenzungskriterien für die politische und die unpolitische (gesellschaftliche) Betätigung gefunden werden.

Zur Benennung dieser Kriterien kann man sich eines Modells bedienen, das als übergreifende Einheit das Gemeinwesen betrachtet. Gemeinwesen in diesem Sinne ist die Zusammenfassung von Staat und Gesellschaft (im Sinne fehlender staatlicher Organisation), ihre Verbindung zu einer Einheit. An die Stelle der antithetisch gesehenen Verbände Staat und Gesellschaft tritt damit die Vorstellung eines einheitlichen Verbandes, des politischen Gemeinwesens als Wirkungs- und Entscheidungseinheit zur Erfüllung der nach innen und außen gestellten gemeinsamen Aufgaben. Das Gemeinwesen umfaßt das ganze wirtschaftliche, soziale und kulturelle Leben des Verbandes[15]. Politisch ist alles, was sich auf die Gestaltung dieses Verbandslebens bezieht; politisch sind die Rechte, die für den einzelnen oder für Kollektive die Möglichkeit eröffnen, auf diese Gestaltung Einfluß zu nehmen.

Die Gestaltung des Gemeinwesens erfolgt vornehmlich durch Entscheidungen und Maßnahmen des Staatsapparates. Die Staatswillensbildung ist daher auf jeden Fall politisch, auch wenn sie nur ausführend und in Subsystemen (Land, Kreis, Gemeinde) in Erscheinung tritt. Diese Willensbildung vollzieht sich jedoch nicht isoliert im staatlich organisierten Bereich und wird nicht nur von den in das staatliche Organisationsgefüge Inkorporierten getragen. In der pluralistischen Demokratie des GG ist die Staatswillensbildung gesellschaftlich bedingt, sie basiert auf nicht formalisierter, gesellschaftlicher und staatsbezogener (d. h. auf Gegenstände der Staatswillensbildung ausgerichteter) Willensbildung, die ihrerseits wiederum von der Staatswillensbildung beeinflußt wird. Diese gesellschaftliche Willensbildung ist auch politisch. Sie ist die in Art. 21 I genannte Willensbildung des Volkes, die von der in Art. 20 II angesprochenen formalisierten Staatswillensbildung zu trennen ist[16].

Die Bildung eines engeren, auf die staatliche Apparatur beschränkten Staatsbegriffs ist eine Hilfskonstruktion, da sonst Staatsangehörigkeit und Staatsverfassung in der Luft hängen, *Ehmke*, a.a.O., S. 25; vgl. auch *Leibholz*, VVdStRL 24, 5 (13 f.).

[15] *Ehmke*, a.a.O., S. 44, der den Begriff des politischen Gemeinwesens mit einem erweiterten Staatsbegriff gleichsetzt und damit den Dualismus Staat-Gesellschaft auch sprachlich aufhebt. s. auch *Ehmke*, Wirtschaft und Verfassung, 1961, S. 53 ff.; *Scheuner*, VVdStRL 22, 1 (30); *Schmitt Glaeser*, Verwirkung, S. 95 ff. mit Fn. 118 auf S. 99.

[16] BVerfGE 8, 104 (113 ff.); 14, 121 (132 f.); 20, 56 (98 f.) abw. von E 2, 1 (72 ff.); ebenso *Badura*, BK (Zweitbearb.), Rdnr. 35 zu Art. 38; *Brinkmann*, Kommentar, Anm. I 1 d δ zu Art. 17 *Dürig*, Kommentar, Rdnr. 22 zu Art. 17;

Da sich Politik nicht auf den Bereich staatlicher Entscheidungen beschränkt, gibt es auch politische Rechte, die nicht in der Beteiligung an der Staatswillensbildung und der darauf bezogenen Willensbildung des Volkes bestehen. Das sind die Rechte zur Gestaltung der Makrostruktur des Gemeinwesens, soweit diese nicht durch die organisierte Staatlichkeit selbst erfolgt. Dies ist der Bereich des Zusammenspiels und der Regelungsbefugnis sozialer Gewalten. In der Einräumung dieses „Kampffeldes" liegt der staatliche Verzicht auf eigene Regelung. Die Regelung durch gesellschaftliche Mächte ist daher gesellschafts- und nicht staatsbezogen[17], aber dennoch politisch.

Zusammenfassend ist festzustellen, daß politisch alle diejenigen Rechte sind, die — evtl. neben anderem — die Mitwirkung des einzelnen bei der Staatswillensbildung durch unmittelbare Teilhabe daran oder durch Beteiligung am Willensbildungsprozeß des Volkes gewährleisten und ferner diejenigen Rechte, die außerhalb des staatlichen Entscheidungsbereichs eine Mitwirkung an der Gestaltung der gesellschaftlichen Grundstruktur ermöglichen[18].

Henke, BK (Zweitbearb.) Rdnr. 12 zu Art. 21; *ders.*, Parteien, S. 10, 104 f.; *Maunz*, StaatsR, S. 84.

Kritisch: *Häberle*, JuS 1967, 64 (66 ff.); *Leibholz*, Strukturprobleme der modernen Demokratie, 3. Aufl. 1967, S. IX; *Rauschning*, JZ 1967, 346 (347 f.); *Rinck*, Festschrift für Leibholz, Bd. 2, 1966, S. 305 (313); *Scheuner*, DÖV 1968, 88 (90 Fn. 2).

Die Kritiker sehen in der Gegenüberstellung von Staat und Volk in BVerfGE 20, 56 (98 f.) einen Rückfall in den Spätliberalismus. Dieser Kritik ist zu entgehen, wenn wie im Text keine „Einbahnstraße" von der politischen Willensbildung des Volkes zur Staatswillensbildung angenommen wird, wie es bei BVerfGE, a.a.O., den Anschein hat.

[17] Etwas anders nimmt *H. Heller*, Staatslehre, S. 204 f., Staatsbezogenheit politischer Verbände dann an, wenn sie politische Macht entwickeln, weil jede politische Macht Staatsmacht werden wolle, sich in ihr mindestens durchsetzen wolle. Es ist nicht zwingend, daß jede im Sinn des Textes politische Macht sich auch in der Staatsmacht durchsetzen will; man denke etwa an Koalitionen, die sich strikt auf tarifvertragliche Regelungen beschränken. Wie *Heller* aber *Grewe*, a.a.O., S. 75 f.; vgl. auch *Schmitt Glaeser*, Verwirkung, S. 115 Fn. 195.

[18] Sachlich übereinstimmend OVG Münster, OVGE 21, 300 (302): „Schaffung oder Erhaltung bestimmter gesellschaftlicher Einrichtungen und Daseinsformen"; „Änderung oder Bewahrung wirtschaftlicher, sozialer oder kultureller Verhältnisse"; im Ansatz ähnlich schon RGSt 58, 274 (275); ähnl. auch *Hesse*, VerfR, S. 121; *Kanein*, DUZ 1968, Heft 8/9, S. 23 (25); *Maunz*, Kommentar, Rdnr. 31 zu Art. 16; *Scheuner*, RStW III, S. 126 (135); *C. Schmitt*, Verfassungslehre, S. 165; *Wurzbacher—v. Schrötter*, Das Grundrecht der freien Vereinigung und seine Verwirklichung in der Bundesrepublik Deutschland, in: *Wurzbacher—Küchenhoff—v. Schrötter*, Vereins- und Versammlungsfreiheit, 1966, S. 49 (99).

II. Die Rechte des status activus

1. Der Begriff des status activus

Eine Definition des status activus scheint sich nach den Ausführungen zum Begriff des Politischen zu erübrigen, da es hier nur um die Bestimmung der politischen Rechte unabhängig von einer weiteren Systematisierung geht. Dennoch ist eine Klärung des Begriffs erforderlich, weil die Rechte des status activus nach fast allgemeiner Meinung per definitionem nur den Staatsangehörigen zustehen können[19]. Deshalb werden sie auch als „staatsbürgerliche Rechte" bezeichnet[20]. Umgekehrt wird geschlossen, ein auch Ausländern gewährtes Recht könne schon deshalb kein Recht des status activus sein[21]. Dieses Vorgehen ist methodisch unsauber; korrekterweise sind vorab die Rechte des status activus festzustellen und dann zu prüfen, ob sie auch Ausländern zustehen.

Auszugehen ist von der klassischen Status-Lehre *Georg Jellineks*[22], der unter dem Status aktiver Zivität die Fähigkeit verstand, für den Staat als Staatsorgan zu handeln[23].

Die *Jellinek*sche Statuslehre ist mannigfacher Kritik unterzogen worden, die sich hauptsächlich gegen die Konstruktion des status negativus und dessen Irrelevanz für den Staat wandte[24]. In der Tat deutet vieles darauf hin, daß die Status-Lehre Jellineks dem GG widerspricht, da sie letztlich auf die Vorstellung des Obrigkeitsstaates und einer apolitischen Gesellschaft von Privatleuten zurückgeht, die sich den Staat vom Leibe halten wollen. Die Versuche, die Status-Lehre durch Modifikationen und Politisierung des status negativus zu retten[25], sind verdienstvoll, bringen aber die Gefahr terminologischer Verwirrungen.

---

19 So z. B. *G. Jellinek*, System, S. 193, s. auch S. 116 ff.; *C. Schmitt*, Verfassungslehre, S. 168 f.; *Kotthaus*, S. 25; weniger weitgehend *Thoma*, Nipp. I, S. 1 (27) (nur „nach deutschem Recht"); — Aus der neueren Literatur: *Dürig*, Kommentar, Rdnr. 10 zu Art. 17; *v. Mangoldt-Klein*, Vorb. A II 3 c vor Art. 1; *Tomuschat*, S. 56 ff., bes. S. 57; *Ruppel*, S. 186, im Widerspruch zu S. 189; ähnl. *F. Münch*, a.a.O. (Fn. 5), S. 77; *Scheidle*, Widerstandsrecht, S. 120, 148.

20 z. B. bei *v. Mangoldt-Klein*, Vorb. B V 2 vor Art. 1.

21 Typisch die Argumentation von *Dürig*, Kommentar, Rdnr. 10 zu Art. 17; *Dagtoglou*, BK (Zweitbearb.) Rdnr. 30 zu Art. 17; dazu zutr. *Thormann*, DÖV 1961, 888 (889).

22 System, S. 94 ff.; Allgemeine Staatslehre, 3. Aufl. 1914, S. 419 ff.

23 System, S. 138 f.

24 So z. B. eingehend *Schmitt Glaeser*, Verwirkung, S. 83 ff. mit zahlr. Nachw.; *P. Schneider*, Pressefreiheit und Staatssicherheit, 1968, S. 40; *Hesse*, VerfR, S. 118 f.; vgl. auch *Ridder*, GR II, S. 243 (250 ff.); *ders.*, „Meinungsfreiheit", in: Staatslexikon, 6. Aufl., Bd. 5 (1960), Sp. 647 (652); *Tomuschat*, S. 58 f.

25 z. B. *P. Schneider*, a.a.O., mit der Annahme eines „status mixtus"; *Schmitt Glaeser*, a.a.O., S. 185, nennt Art. 16 II ein Recht des „status negativus politicus". Treffender erscheint der Begriff des „status constituens" bei

Trotz dieser grundsätzlichen Bedenken wird hier der *Jellinek*sche Begriff des status activus zugrunde gelegt, da er im juristischen Sprachgebrauch nach wie vor verbreitet ist. Zum status activus gehört danach die Ausübung staatlicher Tätigkeit durch Individuen[26]. Nicht dazu gehört die oben skizzierte Mitwirkung an der Willensbildung des Volkes als außerhalb der staatlichen Organisation stehende Mitwirkung am politischen Geschehen[27].

2. Die einzelnen Rechte

Zum status activus im klassischen Sinne gehören das aktive wie das passive Wahlrecht und der Zugang zu öffentlichen Ämtern. Das aktive Wahlrecht gewährt die Beteiligung an der Bestellung eines Staatsorgans und ist Ausübung einer staatlichen Funktion und daher selbst Organtätigkeit[28]. Beim passiven Wahlrecht wie beim Zugang zu öffentlichen Ämtern ergibt sich die Zuordnung zum status activus aus dem Recht auf Innehabung einer staatlichen Organstellung.

Die Ausübung öffentlicher Ämter ist stets Organtätigkeit für den Staat und damit dem status activus zuzurechnen[29, 30]. Zum status activus gehört auch das durch das 17. Gesetz zur Änderung des GG[31] in Art. 20 IV positivierte Widerstandsrecht, das dem Schutz der in Art. 20 I—III normierten Ordnung dient und deshalb nicht die Verteidigung individueller Rechte gegen einzelne staatliche Übergriffe umfaßt. Das individuelle

---

Denninger, Verfassungs-, Staats- und Verwaltungsrecht, in: *Wiethölter*, Rechtswissenschaft, 1968, S. 322 (340); *ders.*, JZ 1970; 145 (149 l. Sp.).

26 Einen wesentlich weiteren Begriff hat *Čopić*, Grundgesetz und politisches Strafrecht neuer Art, 1967, S. 57; er rechnet die Art. 5, 8, 9, 17 zum „status activus politicus"; z. T. ähnlich *Schmitt Glaeser*, a.a.O., S. 83 ff.

27 BVerfGE 8, 104 (113); *Dagtoglou*, BK (Zweitbearb.), Rdnr. 28 zu Art. 17, der allerdings wenig überzeugend auf die Verbindlichkeit des gefaßten Willens abstellt; ähnl. wie das BVerfG *Fuss*, AöR 83 (1958), 383 (393 f., 398 f.); *Wilke*, Verwirkung, S. 18; früher schon *Thoma*, HdbDStR II, S. 607 (618).

28 *G. Jellinek*, System, S. 138, 159; Allg. Staatslehre, S. 422 f.; vgl. auch *Fuss*, a.a.O., S. 393 f.

29 Die Aufstellung von *G. Jellinek*, System, S. 147 ff., ist z. T. überholt.

30 Freilich ist *v. Mangoldt-Klein* (Vorb. A II 3 c vor Art. 1) zuzugeben, daß die Rechte des Organwalters dem Bürger nicht von vornherein zustehen und nicht aus dem status activus, sondern aus der Organwalterstellung folgen, die wegen des aktiven Statusrechts auf Zugang zu öffentlichen Ämtern erreicht wurde. Dennoch ist die Einordnung beim status activus sinnvoll, da Voraussetzung die Fähigkeit ist, Staatsfunktionen zu übernehmen und zu erfüllen.

31 Ges. v. 24. 6. 1968, BGBl. I S. 709. Zur Entstehungsgeschichte *H. H. Klein*, DÖV 1968, 865 ff.; *Chr. Böckenförde*, JZ 1970, 168 ff. Die Untersuchung beschränkt sich auf das positivierte Widerstandsrecht, da die Behandlung des überpositiven Widerstandsrechtes den Rahmen dieser Arbeit sprengen würde. s. dazu die bei *Isensee*, Widerstandsrecht, S. 10 f. Fn. 10 angegebene Literatur; außerdem *Bertram*, Das Widerstandsrecht des Grundgesetzes, 1970, S. 13 bis 42; *Doehring*, Der Staat 8 (1969), S. 429 ff.; *Scholler*, ebenda, S. 19 ff.

Verteidigungsrecht ist vielmehr Ausfluß der Einzelgrundrechte[32] und teilt deren Status-Zuordnung.

Die Ausübung des Widerstandsrechts nach Art. 20 IV ist zwar keine formale Ausübung staatlicher Tätigkeit, kein organschaftliches Handeln im eigentlichen Sinne. Sie kann dies aber auch nicht sein, da im Widerstandsfall[33] eine funktionierende Staatlichkeit nicht mehr existiert. Die Zuordnung zum status activus ergibt sich hier daraus, daß im Widerstandsfall das staatliche Gewaltmonopol und die Ausübung der Staatsgewalt durch die in Art. 20 II genannten besonderen Organe wegen deren Versagens hinfällig werden. Die Befugnisse der Repräsentativorgane fallen auf das Staatsvolk zurück. Das Widerstandsrecht ist daher Konsequenz der Volkssouveränität und führt zum Aufleben der unmittelbaren Demokratie[34], wobei der einzelne nicht zur Verfolgung von Individualinteressen, sondern als Glied des Staatsvolkes handelt, das als Ganzes handlungsunfähig ist[35].

III. Das Recht auf Teilhabe am politischen Meinungskampf

1. Meinungs- und Pressefreiheit

Die demokratische Funktion und den demokratischen Gehalt der Rechte aus Art. 5 I hat *Ridder*[36] wegweisend dargelegt. Insoweit folgte ihm das BVerfG, wenn es die Rechte des Art. 5 I als für die freiheitliche Demokratie „schlechthin konstituierend"[37] und die dadurch gewährte freie Bildung der öffentlichen Meinung als „Vorformung der politi-

---

[32] So bes. *Isensee*, a.a.O., S. 41 ff.; ähnl. *Geiger*, Gewissen, Ideologie, Widerstand, Nonkonformismus, 1963, S. 89 ff.; *Doehring* a.a.O., S. 431 f.; *Scheidle*, Widerstandsrecht, S. 114—116, 148; *H. Schneider*, Widerstand im Rechtsstaat, 1969, S. 14; *Scholler*, a.a.O., S. 25, 26, 34; *Wertenbruch*, Festgabe für E. v. Hippel (1965), S. 318 (325 ff.); and. *Heyland*, Das Widerstandsrecht des Volkes, 1950, S. 90 f., für den von Art. 20 IV abweichenden Art. 147 der Hess. Verf. Zur abweichenden Unterscheidung in BVerfGE 5, 85 (376 ff.) *Isensee*, a.a.O., S. 41 f. Fn. 87.

[33] Dazu *Isensee*, a.a.O., S. 13 ff.; *Bertram*, a.a.O., S. 42 ff.; *Scheidle*, a.a.O., S. 25 ff., 126 ff. je m. w. N.

[34] So bes. *Isensee*, a.a.O., S. 32 ff. m. w. N. in Fn. 70; S. 45, 84; *Scheidle*, a.a.O., S. 116 ff.; *Scholler*, a.a.O., S. 26; *Wertenbruch*, a.a.O., S. 324, 327, 333. Abl. aber *Kröger*, Widerstandsrecht und demokratische Verfassung, 1971, S. 17 ff.

[35] *Isensee*, a.a.O., S. 45; *Wertenbruch*, a.a.O., S. 334.

[36] GR II, S. 243 (249 ff.); Zur verfassungsrechtlichen Stellung der Gewerkschaften im Sozialstaat nach dem Grundgesetz für die Bundesrepublik Deutschland, 1960, S. 24 ff., 28.

[37] BVerfGE 5, 85 (134 f., 205); 7, 198 (208); 12, 113 (125); 20, 56 (97).

schen Willensbildung des Volkes“[38] bezeichnet hat. Auch in der Lehre ist anerkannt, daß Art. 5 I ein politisches Teilhabe- und Gestaltungsrecht ist[39, 40].

2. Vereins- und Versammlungsfreiheit

Vereins- und Versammlungsfreiheit sind die „kollektiven Erscheinungsformen der Meinungsfreiheit“[41] und insofern Komplementärgarantien zu Art. 5 I[42]. Art. 9 I ermöglicht die freie Darstellung organisierter Gruppeninteressen und damit die Einwirkung auf den Willensbildungsprozeß des Volkes wie auch des Staates[43]. Er ist wie Art. 5 I Voraussetzung für die öffentliche Meinungsbildung und damit der Willensbildung des Volkes und gewährleistet ein politisches Gestaltungs- und Mitwirkungsrecht[44]. Dasselbe gilt für die Versammlungsfreiheit[45].

Die Mitwirkungsrechte der Art. 9 I, 8 I ermöglichen kein organschaftliches Handeln und gehören daher nicht zum status activus. Die gegenteilige Meinung[46] beruht auf der unzutreffenden Gleichsetzung aller demokratischen Rechte mit dem status activus.

---

[38] BVerfGE 8, 104 (113); 20, 56 (98).

[39] Selbstverständlich bleibt die private Komponente des Art. 5 I als reines Abwehrrecht privatisierender Bürger unberührt. Art. 5 I geht nicht in seiner politischen Funktion auf, vgl. *P. Schneider*, Pressefreiheit und Staatssicherheit, S. 40.

[40] So früher schon *Smend*, VVdStRL 4, 44 (50); *C. Schmitt*, Verfassungslehre, S. 165. Heute z. B. *Dagtoglou*, Wesen und Grenzen der Pressefreiheit, 1963, S. 10; *Herzog*, Kommentar, Rdnr. 5, 6 zu Art. 5; *Hesse*, VerfR, S. 61, 123, 158; *Reissmüller* JZ 1960, 529 (531); *Scheuner*, VVdStRL 22, 1 (28 ff.); *W. O. Schmitt*, DVBl. 1966, 167 ff.; *Schmitt Glaeser*, Verwirkung, S. 98, 103 ff.; *P. Schneider*, a.a.O., S. 38; *Schnur*, VVdStRL 22, 101 (110 ff.); *Tomuschat*, S. 59 f.; *Scholz*, S. 211 ff. m. w. N.

[41] *Maunz*, StaatsR, S. 123.

[42] *Hesse*, VerfR, S. 166.

[43] BVerfGE, 20, 56 (107).

[44] h. M.: BVerfGE 20, 56 (98); *Maunz*, Kommentar, Rdnr. 10, 13, 14; *v. Mangoldt-Klein*, Anm. II 4; *v. Münch*, BK (Zweitbearb.), Rdnr. 17; *Lenz*, in: *Hamann-Lenz*, Anm. A 3, alle zu Art. 9; *Čopić*, a.a.O. (Fn. 26), S. 58; *v. Feldmann*, DÖV 1965, 29; *H. Huber*, Festschrift für Jahrreiß, S. 101 (103); *Mallmann*, „Vereins- und Versammlungsfreiheit“, Staatslexikon, 6. Aufl., Bd. 8 (1963), Sp. 106 ff., bes. 107; ähnl. schon *Bornhak*, AöR 16 (1901), 403 (421); zur soziologischen Bedeutung der Vereinsfreiheit s. *Wurzbacher—v. Schrötter*, a.a.O. (Fn. 18), S. 117 ff., 131 ff.

[45] BVerfGE a.a.O.; *Hamann*, in: *Hamann-Lenz*, Anm. A; *Herzog*, Kommentar, Rdnr. 1, 2; *v. Mangoldt-Klein*, Anm. II 2 a; *v. Münch*, BK (Zweitbearb.), Rdnr. 11, alle zu Art. 8; *Hesse*, a.a.O., S. 164 f.; *Mallmann*, a.a.O., Sp. 107; *Dietel-Gintzel*, VersG, Anm. 18—21 zu § 1; *Füsslein*, GR II, S. 425 (443); *Kollhosser*, JuS 1969, 510 (514); *Ott*, DemonstrationsR, S. 28 ff., 35 f.; *Scholz*, S. 213 f. m. w. N.

[46] z. B. *Dietl-Gintzel*, a.a.O., Anm. 18, 21 zu § 1; *Kollhosser*, a.a.O.; der Sache nach wohl auch *Ott*, a.a.O., S. 36.

3. Parteienfreiheit

Art. 21 I normiert die Mitwirkung der Parteien bei der Willensbildung des Volkes und damit den politischen Bezug der Parteienfreiheit unmittelbar. Ob Art. 21 selbständige Individualrechte gewährt, kann vorerst offenbleiben.

IV. Die Koalitionsfreiheit als soziales Gestaltungsrecht

Der Schwerpunkt des Art. 9 III liegt nicht auf der Teilhabe am politischen Meinungskampf, da er schon nach dem Wortlaut nicht die Willensbildung des Volkes, sondern die Wahrung und Förderung der Arbeits- und Wirtschaftsbedingungen zum Gegenstand hat. Faktisch haben die Koalitionen allerdings erheblichen Einfluß auf die Meinungs- und Willensbildung; es ist aber fraglich, ob Art. 9 III diesen Einfluß erfaßt oder ob nur die Art. 8, 9 I, 5 I eingreifen. Ähnliches gilt für die vielfache Beteiligung der Koalitionen an der staatlichen Wirtschafts- und Sozialverwaltung[47].

Die spezifische Bedeutung des Art. 9 III liegt in der kollektiven Regelung der Arbeits- und Wirtschaftsbedingungen; das GG fordert insoweit die Bereitstellung eines Tarifvertragssystems[48], das den Koalitionen die Ordnung der Arbeits- und Wirtschaftsbedingungen ermöglicht. Da der Begriff des Politischen die für das Gemeinwesen erheblichen gesellschaftlichen Verhältnisse mitumfaßt, ist die Koalitionsfreiheit auch dann ein politisches Recht, wenn man ihren Schutzbereich auf die tarifvertragliche Regelung des Arbeitslebens beschränkt[49].

V. Das Petitionsrecht

Über die Qualifizierung des Petitionsrechtes besteht seit langem Streit[50]. Früher sah man in ihm nur die angeborene natürliche Fähigkeit, andere um etwas zu bitten, entsprechend der natürlichen Fähigkeit, Briefe zu schreiben[51], ohne allerdings den möglichen politischen Charakter einer Petition und ihren Einfluß auf die öffentliche Meinung zu verkennen[52].

---

[47] Dazu W. *Weber*, Die Sozialpartner in der Verfassungsordnung, in: *Forsthoff* (Hrsg.), Rechtsstaatlichkeit und Sozialstaatlichkeit, 1968, S. 526 (544 ff.).
[48] BVerfGE 4, 96 (108); 18, 18 (26); 20, 312 (317).
[49] So auch BVerfGE 20, 56 (98); AG Frankfurt/M. JZ 1969, 200 (203); *H. Huber*, Festschrift für Jahrreiß, S. 101 (106); *Rolvering*, S. 42; ähnl. *v. Münch*, BK (Zweitbearb.), Rdnr. 113 zu Art. 9; *Thomsen*, S. 48, aber einschränkend; *Scholz*, S. 257.
[50] Zur Geschichte des Petitionsrechts *v. Frisch*, Fremdenrecht, S. 333 ff.
[51] *Bornhak*, AöR 16 (1901), 403 (406); *Stier*, Gruchot 64 (1920), 710 (713); ähnl. z. T. noch *Heinze*, S. 39.
[52] *Bornhak*, a.a.O., S. 415, 421.

Später einigte man sich darauf, ihm die Qualität eines subjektiven Rechts zuzusprechen[53], dessen Qualifikation allerdings streitig war. Insbesondere *Anschütz*[54] sah im Petitionsrecht eine negatorische und eine positive Seite und rechnete es zum altliberalen Gedankengut. *Dürig*[55] hat diese Lehre weitergeführt. Nach ihm enthält Art. 17 nur das „ganz primitive (völlig unpolitische) Grundrecht, daß menschliche Notrufe auch außerhalb regulärer Verfahren angehört und beantwortet werden müssen“[56] Art. 17 sei primär ein Recht des status negativus und verbiete präventive und repressive Eingriffe[57]. Er sei insbesondere kein aktives Status-Recht[58], da er keine Teilnahme an der staatlichen Willensbildung gewähre, schon weil diese begrifflich auf die Staatsangehörigen beschränkt sei, Art. 17 aber für jedermann gelte[59]. Die unmittelbare Ausübung der Staatsgewalt durch den Bürger als Glied des Staatsorganes Volk kenne das GG nur bei Wahlen und Abstimmungen[60]. Art. 17 könne zwar politische Wirkung äußern, aber nur wenn der Adressat der Petition deren Inhalt in staatsrechtlich relevante Akten umsetze. Deshalb sei Art. 17 kein politisches Mitwirkungsrecht[61].

Eine zunehmende Gegenmeinung ordnet das Petitionsrecht zumindest auch dem status activus zu[62], so daß sein politischer Charakter zweifellos gegeben wäre[63]. Begründet wird diese Ansicht damit, der Petent

---

53 *Anschütz*, WRV, S. 580; insoweit übereinstimmend *Hüfner*, Nipp. II, 176 (179); *C. Schmitt*, Verfassungslehre, S. 116, 169; *Smend*, Verfassung und Verfassungsrecht, in: Staatsrechtl. Abhandl., 2. Aufl. 1968, S. 119 (266 Fn. 17).

54 a.a.O., S. 580 f. m. w. N.; *Strupp*, HdbDStR I, 274 (277).

55 Kommentar, Rdnr. 3 ff. zu Art. 17; folgend *E. Schumann*, „Petitionsrecht“, in: Ev. Staatslexikon, Sp. 1514 ff., bes. Sp. 1516 (sub VII); ähnl. *Brinkmann*, Kommentar, Anm. I 1 a α, I 1 d δ zu Art. 17; *Mattern*, GR II, S. 623 (627); *Dagtoglou*, BK (Zweitbearb.), Rdnr. 25 ff. zu Art. 17 (trotz einiger Abweichungen).

56 *Dürig*, Kommentar, Rdnr. 27 Fn. 2 zu Art. 19 III; ähnl. Rdnr. 33 zu Art. 17 mit dem Argument, Art. 18 nenne Art. 17 nicht; and. aber Rdnr. 19 zu Art. 19 III, wo Art. 17 in die Nähe des status activus gerückt wird.

57 *Dürig*, a.a.O., Rdnr. 3 zu Art. 17.

58 Ebenso BVerfGE 8, 104 (114 f.).

59 *Dürig*, a.a.O., Rdnr. 10 zu Art. 17; ebenso *Dagtoglou*, a.a.O., Rdnr. 30 zu Art. 17.

60 *Dürig*, a.a.O., Rdnr. 11; *Dagtoglou*, a.a.O., Rdnr. 27 f. je zu Art. 17.

61 *Dürig* versteht anscheinend nur die Rechte des status activus als politische Mitwirkungsrechte. Das ist zu eng, s. o. I.

62 In diesem Zusammenhang kommt es nur auf den politischen Charakter und auf die Frage aktiver — negativer Status an. Die Kontroverse negativer — positiver Status bleibt unberücksichtigt. Dazu einerseits *Dürig*, a.a.O., Rdnr. 3, andererseits *Dagtoglou*, Rdnr. 25 je zu Art. 17.

63 So schon *Smend* und *C. Schmitt*, a.a.O. (Fn. 53). Heute — mit Abweichungen im Detail: *Maunz*, StaatsR, S. 99; *v. Mangoldt-Klein*, Anm. II 4 zu Art. 17, Vorbem. A II 3 d, B XV 2 c vor Art. 1; *A. Arndt*, NJW 1957, 1072 (1073); *Hamann*, NJW 1957, 793 (794); *D. H. Hoffmann*, S. 61; *Thormann*, DÖV 1961, 888 ff., bes. 890; *Ruppel*, S. 186, 188; *Wertenbruch*, Menschenwürde, S. 99;

„befehle" dem Staat und handele „mithin" als Hoheitsträger[64]. Die Wurzel des Petitionsrechts sei Art. 20 II 1. *Hoffmann*[65] nimmt eine Beteiligung an der Staatswillensbildung nur dann an, wenn die Petition an das Parlament gerichtet ist. Folge das Parlament der Petition, habe der Bürger an der Staatswillensbildung teilgenommen. *Thormann*[66] kommt zum gleichen Ergebnis über eine eigenwillige Definition des status activus. Dieser sei nicht auf die Ausübung der Staatsgewalt in Wahlen und Abstimmungen beschränkt. Der einzelne habe Aktivrechte, die ihm nicht als Mitglied des Organs Staatsvolk zukämen. Dies ergebe sich aus Art. 33 II, 21 I 1.

Keine dieser Meinungen kann voll überzeugen. Unter dem GG verbietet sich die frühere Meinung, das Petitionsrecht sei nur eine angeborene natürliche Fähigkeit (Art. 1 III). Die von *Dürig* angeführte Meinung befriedigt insoweit nicht ganz, als sie Art. 17 nur eine SOS-Funktion zubilligt. Die Funktion des Artikels 17 als politisches Anregungsrecht tritt zu sehr in den Hintergrund. Die je ca. 30 000 Petitionen in den ersten vier Wahlperioden des Bundestages[67] galten sicherlich nicht nur existenziellen Nöten der einzelnen Petenten.

Dagegen ist dem BVerfG und *Dürig* insoweit zu folgen, als sie Art. 17 nicht dem status activus zuordnen. Die These vom befehlenden Petenten geht auf die unhaltbaren Ausführungen *Barzels*[68] zurück. *Dürig* hat zutreffend darauf hingewiesen[69], daß ein Petent bittet und nicht befiehlt. Sollte das Befehlen im Anspruch auf Kenntnisnahme gesehen werden[70], so ist auch das falsch. Wenn jeder Anspruch des Bürgers gegen den Staat ein Befehl, die Verfolgung dieses Anspruchs damit hoheitliches Handeln wäre, würde z. B. auch die Geltendmachung eines Sozialhilfeanspruchs zum status activus gehören, was noch niemand behauptet hat.

Das Petitionsrecht impliziert keinen unmittelbaren Einfluß auf die Staatswillensbildung, da die Umsetzung der Petition in staatsrechtlich relevante Akte nur vom Willen des Adressaten abhängt. Das Gegenargument *Thormanns*[71], auch das Wahlrecht enthalte nur eine mittelbare Teilhabe an der Willensentschließung des Rechtsetzungsorgans, geht fehl, weil hier das Staatsvolk als Kreationsorgan selbst staatliche

---

weitere Nachw. bei *Dagtoglou*, a.a.O., Rdnr. 26 zu Art. 17; wohl auch BGH, NJW 1951, 352, wo Art. 17 als „staatsbürgerliches Recht" bezeichnet wird.

64 *A. Arndt*, NJW 1957, 1073; *Hamann*, NJW 1957, 793 (794) unter Bezugnahme auf *Barzel*, DÖV 1951, 337 ff.

65 a.a.O., S. 61; ebenso *Thormann*, a.a.O., S. 890 (r. Sp.).

66 DÖV 1961, 888 ff.

67 Nach *Dagtoglou*, a.a.O., Rdnr. 13 zu Art. 17.

68 DÖV 1951, 337 ff.

69 Kommentar, Rdnr. 10 zu Art. 17.

70 So wohl *Thormann*, a.a.O., S. 890.

71 Ebenda.

Gewalt ausübt. Art. 33 II besagt ebenfalls nichts für die Gegenmeinung. Er eröffnet dem Bürger die Möglichkeit, als Organwalter Staatsgewalt auszuüben. Art. 17 besagt dagegen nur, daß von der Petition Kenntnis zu nehmen und daß sie zu bescheiden ist.

Art. 17 ist danach kein Recht des status activus, aber auch kein Recht mit bloßer SOS-Funktion. Er enthält über Art. 5 I hinaus die Möglichkeit, die staatliche Willensbildung zu beeinflussen[72]; das Petitionsrecht ist damit zumindest auch ein politisches Recht[73].

VI. Art. 2 I als politisches Recht

Die allgemeine Handlungsfreiheit des Art. 2 I gewährt an sich auch die Freiheit politischen Handelns. Bei politischer Betätigung dürfte ein Rückgriff auf Art. 2 I kaum in Frage kommen, da thematisch stets eines der erwähnten Spezialgrundrechte eingreifen wird. Die politische Komponente des Art. 2 I könnte allenfalls dann bedeutsam sein, wenn man in ihm ein Auffangrecht auch bei personalem Versagen des Grundrechtsschutzes sieht[74].

VII. Der Rechtsschutz

Art. 19 IV begründet kein eigenständiges politisches Recht. Er dient nur der Durchsetzung anderer politischer Rechte. Rechtsschutzprobleme werden in dieser Arbeit daher allenfalls am Rande erwähnt.

VIII. Zusammenfassung

Politische Rechte und damit Gegenstand der weiteren Untersuchung sind also das Wahlrecht (Art. 38), der Zugang zu öffentlichen Ämtern (Art. 33 II), die Ausübung öffentlicher Ämter, das Widerstandsrecht (Art. 20 IV), die Meinungs- und Pressefreiheit (Art. 5 I), die Vereins- (Art. 9 I), Versammlungs- (Art. 8) und Parteienfreiheit (Art. 21 I), die Koalitionsfreiheit (Art. 9 III) und das Petitionsrecht (Art. 17). Art. 2 I kommt nur insoweit in Betracht, als er für Ausländer personales Auffangrecht sein kann[75].

---

[72] So ausdrücklich BVerfGE 20, 56 (98).

[73] Vermittelnd auch *Hüfner*, Nipp. II, 176 (181); *Fuss*, DVBl. 1958, 739 (744) („nähert sich dem status activus"); *Hesse*, VerfR, S. 187; *Mattern*, GR II, S. 623 (627); den Zusammenhang mit Art. 5, 8 und 9 betont auch *Maunz*, Kommentar, Rdnr. 6 zu Art. 9.

[74] s. u. § 4 I 6, II 6.

[75] Art. 18 legt die Vermutung nahe, daß alle und nur die dort genannten Grundrechte politisch sind. Daß dies nicht zutrifft, hat *Schmitt Glaeser* (Verwirkung, S. 119 ff.) überzeugend dargelegt. Ähnl. schon *Dürig*, Kommentar, Rdnr. 25 Fn. 1 zu Art. 18.

§ 2 Der Begriff „Ausländer"

I. Die Legaldefinition in § 1 II AuslG

§ 1 Absatz II AuslG bestimmt: „Ausländer ist jeder, der nicht Deutscher im Sinne des Artikels 116 Abs. 1 des Grundgesetzes ist." Der Gesetzgeber hat erfreulicherweise den assoziativ betrachteten Begriff des Fremden durch den des Ausländers ersetzt[1].

§ 1 II AuslG kann als Legaldefinition für alle Rechtsgebiete herangezogen werden[2], zumal er mit dem im GG vorgezeichneten Begriff[3] des Ausländers übereinstimmt. Der personelle Umfang der Untersuchung ergibt sich also aus Art. 116 I.

II. Deutsche i. S. v. Art. 116 I

Art. 116 I kennt zwei Gruppen von Deutschen[4]: die deutschen Staatsangehörigen und Personen ohne deutsche Staatsangehörigkeit, die als Flüchtlinge oder Vertriebene deutscher Volkszugehörigkeit, als deren Ehegatten oder Abkömmlinge im Gebiet des Deutschen Reiches nach dem Stand vom 31. 12. 1937 Aufnahme gefunden haben.

Bei der 2. Gruppe ist festzuhalten, daß diese Personen ohne die Sonderbestimmung des Art. 116 Ausländer wären. Auf die tatbestandlichen Voraussetzungen des Art. 116 I ist hier nicht weiter einzugehen[5].

Terminologisch ist klarzustellen, daß im weiteren Verlauf der Arbeit der Einfachheit wegen nicht stets von Deutschen i. S. v. Art. 116 I gesprochen wird, sondern daß mit dem Begriff Staatsangehörige die Deutschen i. S. des Art. 116 I gemeint sind.

Zur Gruppe der „echten" deutschen Staatsangehörigen ist darauf hinzuweisen, daß die h. M. nach wie vor von einer deutschen Staats-

---

1 Zum Streit um die Begriffe „Fremder" und „Ausländer" s. *Doehring*, Fremdenrecht, S. 19 ff.; früher glaubte man, nur der Begriff des Fremden erfasse auch die Staatenlosen.

2 *Schiedermair*, S. 15, 85, 95.

3 Art. 74 Nr. 4 i. V. m. Art. 8, 9 I, 11 I, 12 I, 16 II 1, 33 II, 116. Ebenso *Ruppel*, S. 4. Durch § 1 II AuslG hat sich die Meinung von *Thieme* (S. 2) erledigt, Art. 116 gelte nur für das GG, ansonsten komme es ausschließlich auf die Staatsangehörigkeit an.

4 Statt vieler *Maunz*, Kommentar, Rdnr. 1, 22 zu Art. 116; *Kanein*, Anm. B 4 zu § 1 (S. 32); *Schiedermair*, S. 15. Ungenau BVerwGE 22, 66 (67), das von der „deutschen Staatsangehörigkeit im Sinne des Art. 116 GG" spricht.

5 s. dazu BVerfGE 17, 224 ff.; BVerwGE 5, 239 ff.; 8, 340 ff.; 9, 231 ff.; 23, 272 ff.; *Maunz*, a.a.O., Rdnr. 13 ff. zu Art. 116; *Kanein*, Anm. B 4 b zu § 1; *Marxen*, Rdnr. 8 ff. zu § 1.

angehörigkeit ausgeht[6], so daß DDR-Bürger deutsche Staatsangehörige sind. Konsequenterweise werden bislang Einbürgerungen durch die DDR unter dem Vorbehalt des ordre public anerkannt[7].

III. Die einzelnen Gruppen von Ausländern

1. Fremde Staatsangehörige

Ausländer sind Personen mit fremder Staatsangehörigkeit, die nicht Flüchtlinge oder Vertriebene deutscher Volkszugehörigkeit sind.

2. Staatenlose

Dasselbe gilt für Staatenlose[8], die nicht Flüchtlinge oder Vertriebene deutscher Volkszugehörigkeit sind, weil maßgeblich nur das Fehlen der deutschen Staatsangehörigkeit ist.

3. Mehrstaater

Mehrstaater sind Personen mit mehrfacher Staatsangehörigkeit. Dabei gibt es zwei Kombinationsmöglichkeiten:

Handelt es sich um zwei fremde Staatsangehörigkeiten, so gilt nichts Besonderes[9]. Der Betroffene ist Ausländer, da er nicht unter Art. 116 I fällt. Seine mehrfache Staatsangehörigkeit kann allenfalls bei voneinander abweichenden zwischenstaatlichen Verträgen der BRD mit den Heimatstaaten relevant werden.

Möglich ist auch die Kombination einer fremden mit der deutschen Staatsangehörigkeit. In diesen Fällen ist Art. 116 I erfüllt, es handelt sich also nicht um einen Ausländer[10]. Des lex-fori-Grundsatzes[11] bedarf es zur Begründung nicht. Für solche Personen findet das AuslG keine Anwendung; § 27 AuslG statuiert lediglich eine Anzeigepflicht, deren Verletzung als Ordnungswidrigkeit geahndet wird (§ 48 III AuslG).

---

[6] *Maunz*, a.a.O., Rdnr. 4 zu Art. 116; *ders.*, StaatsR, S. 26; *Menzel*, BK (Erstbearb.), Anm. II A 3 zu Art. 116; *Marxen*, Rdnr. 6 zu § 1; *Schiedermair*, S. 16 m. N.; *Thieme*, S. 3 m. w. N.; s. auch *E. W. Böckenförde*, Festschrift für C. Schmitt (1968), Bd. 2, S. 423 ff.

[7] BGH, NJW 1954, 651; *Maunz*, aa.O.; *Menzel*, a.a.O., Anm. A II 3 b zu Art. 116; *Marxen*, a.a.O.

[8] h. M.: *Angerer*, BayVBl. 1965, 325; *Friedrichs*, HWRechtsW I, 417 (418); *Heinze*, S. 10; *Isay*, Fremdenrecht, S. 33; *Kanein*, Anm. B 4 zu § 1; *Kimminich*, BK (Zweitbearb.), Rdnr. 32 zu Art. 74 Nr. 4; *Kloesel-Christ*, Anm. 4 zu § 1; *Marxen*, Rdnr. 7 zu § 1; *Ruppel*, S. 3; *Schiedermair*, S. 18; *Schorn*, MRK, Anm. 3 zu Art. 16; *Thieme*, S. 2, *Weißmann*, Anm. 4 zu § 1.

[9] *Schiedermair*, S. 16.

[10] *Angerer*, a.a.O.; *Kanein*, a.a.O.; *Kloesel-Christ*, a.a.O.; *Schiedermair*, S. 17; *Weißmann*, Anm. 3 zu § 27.

[11] Auf ihn stellen ab: VGH Württemberg-Baden, VerwRspr. 4 (1952), S. 637, Nr. 135; *Schiedermair*, S. 17; *Maunz*, Kommentar, Rdnr. 7 zu Art. 16.

4. Zweifelhafte Staatsangehörigkeit

Bei Zweifeln über die Staatsangehörigkeit einer Person gibt es verschiedene Möglichkeiten:

Ist lediglich zweifelhaft, welche fremde Staatsangehörigkeit eine Person besitzt, so ist sie in jedem Falle Ausländer[12]. Steht fest, daß eine Person nicht Deutscher ist, besteht aber Zweifel, ob sie überhaupt eine fremde Staatsangehörigkeit hat, so gilt dasselbe.

Schwieriger sind die Fälle, in denen die Voraussetzungen des Art. 116 I zweifelhaft sind. Ein Teil der Literatur erlegt dem Betroffenen die materielle Beweislast auf. Im Falle des non liquet wäre er also als Ausländer zu behandeln[13]. Wenn *Schiedermair*[14] die Gleichstellung mit den Staatenlosen befürwortet, so ist das belanglos, da auch diese Ausländer sind.

Eine Gegenmeinung[15] bürdet die materielle Beweislast der Behörde auf, so daß der Betroffene im Zweifel als Deutscher zu behandeln ist.

Pauschale Aussagen über die materielle Beweislast erscheinen in diesen Fällen verfehlt. Die Frage, wer die nachteiligen Folgen eines non liquet trägt, läßt sich nur nach den allgemeinen, überaus schwierigen und z. T. umstrittenen Beweislastregeln des Verwaltungsprozesses beurteilen, nach denen u. a. auf die Art des VA (Eingriffsverfügung, begünstigender VA), auf den Grundrechtsschutz oder auf ein Regel-Ausnahme-Verhältnis abzustellen ist[16]. Die Unterscheidung nach Regel und Ausnahme versagt aber im Ausländerrecht. Man könnte allenfalls darauf abstellen, ob der behauptete Erwerbstatbestand der Staatsangehörigkeit ein Regel- oder Ausnahmefall ist; dies dürfte aber oft dann nicht weiterhelfen, wenn es um die Frage der Volkszugehörigkeit i. S. v. Art. 116 I geht und diese Frage nicht hinreichend geklärt werden kann, ohne daß den Betroffenen deshalb ein Vorwurf wegen

---

[12] *D. Böckenförde*, S. 8.

[13] *Angerer*, BayVBl. 1965, 325; *Kanein*, Anm. A 2 zu § 1; *Kloesel-Christ*, Anm. 4 zu § 1; *Rauball-Sträter*, Anm. 2 zu § 1.

[14] *Schiedermair*, S. 19; and. aber in Anm. 5 zu § 1, wo er folgende Prozedur vorschlägt: Erlaß des VA auch bei zweifelhafter Staatsangehörigkeit; wenn vor dem VG eine Aufklärung nicht möglich ist, muß es den VA aufheben (!).

[15] *D. Böckenförde*, S. 8; *Marxen*, Rdnr. 4 zu § 1; 10 zu § 3; *Weißmann*, Anm. 7 zu § 1.

[16] Zur Beweislast im Verwaltungsprozeß vgl. BVerwGE 13, 36 (41); 14, 181 (186 f.); 18, 66 (71 f.); 18, 168 (171); 21, 208 (212 f.); 28, 110 (112); BVerwG, DVBl. 1969, 400 (401); OVG Münster, DÖV 1969, 759; z. T. krit. *Bachof*, VerfR I, S. 42, 122, 136, 190 f.; VerfR II, S. 93, 192 ff.; *Bettermann*, VerhDJT 46, Bd. II, Abt. E S. 26 ff., bes. 37 ff.; *Tietgen*, VerhDJT 46, Bd. I, Teil 2 B S. 1 ff., bes. 36 ff. m. w. N.; *Ule*, Verwaltungsgerichtsbarkeit, 2. Aufl. (1962), S. 302 ff. m. w. N.; *Redeker-v Oertzen*, VwGO, 4. Aufl. (1971), Rdnr. 12 f. zu § 108.

unterlassener, aber zumutbarer Mitwirkung an der Aufklärung trifft. Auf diese Beweislastfrage kann hier nicht näher eingegangen werden. Verfehlt ist es jedenfalls, bei Zweifeln über die Eigenschaft als Deutscher den Betroffenen stets als Ausländer zu behandeln. So hat auch das BVerwG[17] entschieden, der Erlaß eines Aufenthaltsverbotes nach der APVO setze die zweifelsfreie Feststellung voraus, daß der Betroffene nicht Deutscher sei. Wenn viele Gesichtspunkte für die Voraussetzungen des Art. 116 I sprechen, geht der Zweifel zu Lasten der Behörde. Diese Gesichtspunkte können sich auch aus der Art des in Frage stehenden Erwerbstatbestandes ergeben. Dem Betroffenen obliegt dabei eine gewisse Mitwirkungslast. Die Behörde ist in vielen Fällen ohne seine Mitwirkung nicht in der Lage, Ermittlungen über die Staatsangehörigkeit anzustellen. Deshalb kann es nicht angehen, daß er sich darauf beschränkt, seine Ausländereigenschaft zu bestreiten[18] (vgl. auch § 21 II 2 AuslG).

5. Ausländer mit Sonderstatus

Für verschiedene Gruppen von Ausländern bestehen Sonderregelungen, die hier aber nur insoweit untersucht werden, als sie die politischen Rechte betreffen.

a) Exterritoriale

Die Exterritorialen i. S. v. §§ 18 ff. GVG, 49 I Nr. 1 AuslG, die weder der Gerichtsbarkeit noch der Legislative[19] des Aufenthaltsstaates unterliegen, sind von der weiteren Untersuchung auszuschließen. Exterritoriale sind nach dem Wiener Übereinkommen über diplomatische Beziehungen vom 18. 4. 1961[20] u. a. die Leiter und Mitglieder ausländischer diplomatischer Vertretungen[21].

Für Konsuln gilt das Wiener Übereinkommen vom 24. 4. 1963 über konsularische Beziehungen[22], das sie nicht von der Unterwerfung unter die deutsche Hoheitsgewalt befreit. Das AuslG ist jedoch nach § 49 I Nr. 2 für sie nicht anwendbar[23].

---

17 DVBl. 1963, 147.

18 Zur Bedeutung der Mitwirkungspflicht nur bei der Beweiswürdigung s. BVerwGE 10, 270 (271 ff.); 21, 208 (LS 3, 212 f.).

19 *Kanein*, Anm. B 1 zu § 49; *Schiedermair*, Anm. 5 zu § 49 und S. 626.

20 ZustimmungsG vom 6. 8. 1964, BGBl. II S. 957.

21 Wegen der Einzelheiten vgl. Art. 2, 29 ff. des Abkommens, abgedruckt bei *Schiedermair*, S. 636 ff.; dazu S. 627 ff.; wegen der exterritorialen Personen in über- und zwischenstaatlichen Organisationen vgl. die Übersicht bei *Schiedermair*, S. 645 ff. (Anhang IV); s. dort auch die Übersicht über die zwischenstaatlichen Verträge mit Regelungen der Exterritorialität (S. 643 ff.). Vgl. auch *Heuer*, S. 80 ff.

22 BGBl. 1969 II S. 1587; dazu *Heuer*, S. 81 f.

23 Familienangehörige, Geschäftspersonal und Bedienstete fallen nicht

b) Angehörige der Staaten der europäischen Gemeinschaften

aa) EWG-Vertrag

Art. 7 I des Vertrages zur Gründung der Europäischen Wirtschaftsgemeinschaft vom 25. März 1957[24] bestimmt: „Unbeschadet besonderer Bestimmungen dieses Vertrages ist in seinem Anwendungsbereich jede Diskriminierung aus Gründen der Staatsangehörigkeit verboten[25].“ Art. 48 des Vertrages sieht die Herstellung der Freizügigkeit der Arbeitnehmer innerhalb der Gemeinschaft und die Abschaffung von Differenzierungen wegen der Staatsangehörigkeit hinsichtlich der Arbeitsbedingungen vor. Über die politischen Rechte der Angehörigen der Mitgliedstaaten enthält der Vertrag keinerlei positive Bestimmung. Lediglich Art. 48 IV besagt negativ, daß Art. 48 I—III auf die Beschäftigung in der öffentlichen Verwaltung keine Anwendung findet. Dementsprechend schließt Art. 55 die Anwendung der Art. 52 ff. über das Niederlassungsrecht für Tätigkeiten aus, die mit der Ausübung öffentlicher Gewalt verbunden sind.

Die Verordnung Nr. 38/64 vom 25. 3. 1964[26] und die dazu ergangene Richtlinie 64/240 vom 25. 3. 1964[27] betreffen nur die Beschäftigung der Arbeitnehmer. Die in Art. 8 der Verordnung postulierte Gleichbehandlungspflicht bezieht sich nur auf die Bewerbung um offene Stellen.

Die Richtlinie Nr. 64/220 vom 25. 4. 1964[28] hat nur die Reise- und Aufenthaltsbeschränkungen zum Gegenstand. Die am selben Tag ergangene Richtlinie 64/221[29] betrifft nur die Einreise, die Erteilung oder Verlängerung der Aufenthaltserlaubnis und die Entfernung aus dem Hoheitsgebiet.

In Vollzug der drei Richtlinien erging am 22. 7. 1969 das Gesetz über Einreise und Aufenthalt von Staatsangehörigen der Mitgliedsstaaten der Europäischen Wirtschaftsgemeinschaft (AufenthG/EWG)[30], das einige Erleichterungen im Aufenthaltsrecht brachte. Da es keine Norm über

---

unter § 49 I Nr. 2 AuslG; sie brauchen lediglich keine Aufenthaltsgenehmigung (§ 49 II AuslG); vgl. *Heuer*, S. 81 f.

[24] ZustimmungsG v. 27. 7. 1957, BGBl. II S. 753.

[25] Die Beschränkung auf den Anwendungsbereich des Vertrages hat die Beschränkung des Differenzierungsverbotes auf die im Vertrag behandelten Sachgebiete zur Folge (Wirtschaftsleben im weitesten Sinne), *Wolfarth-Everling-Glaesner-Sprung*, Die Europäische Wirtschaftsgemeinschaft. Kommentar zum Vertrag, 1960, Anm. 10, 13 zu Art. 7; *Grabitz*, S. 65 ff., bes. S. 68 f. und S. 88.

[26] ABlEurGem. S. 965. Zum Aufenthaltsrecht der Europäischen Gemeinschaften s. *Grabitz*, S. 65—102.

[27] ABlEurGem. S. 981.

[28] ABlEurGem. S. 845.

[29] ABlEurGem. S. 850.

[30] BGBl. I S. 927.

die politische Betätigung enthält und nach § 15 des Gesetzes das AuslG subsidiär gilt, findet § 6 AuslG auch auf die Angehörigen der EWG-Staaten volle Anwendung.

Zu erwähnen ist noch Art. 8 I der Verordnung Nr. 1612/68 vom 15. 10. 1968[31], in dem alle Arbeitnehmer der Mitgliedsstaaten hinsichtlich des passiven Wahlrechts zum Betriebsrat und der Ausübung gewerkschaftlicher Rechte gleichgestellt sind.

Dieser grobe Überblick zeigt, daß eine Sonderstellung der Angehörigen der EWG-Staaten nur im Niederlassungsrecht besteht. Mit Ausnahme des passiven Wahlrechts zum Betriebsrat haben sie bezüglich der politischen Rechte keinen Sonderstatus[32]. Ihre EWG-Zugehörigkeit ist allenfalls bei der Ermessensausübung zu berücksichtigen.

bb) EGKS-Vertrag

Für den Vertrag über die Gründung der Europäischen Gemeinschaft für Kohle und Stahl (EGKS) vom 18. April 1951[33] gilt dasselbe wie für den EWG-Vertrag: Art. 4 enthält nur ein Diskriminierungsverbot für bestimmte wirtschaftliche Maßnahmen. Die Art. 68, 69 betreffen nur Löhne und Freizügigkeit der Kohle- und Stahlfacharbeiter. Der Beschluß betreffend die Anwendung des Art. 69 vom 8. 12. 1954[34] und die Vereinbarungen vom 16. 7. 1955 und vom 28. 2. 1956[35] regeln die Durchführung des Art. 69, ohne politische Rechte zu erwähnen.

cc) Euratom-Vertrag

Der Vertrag zur Gründung der Europäischen Atomgemeinschaft (Euratom) vom 25. 3. 1957[36] stellt in Art. 96 nur die Aufhebung der Zugangsbeschränkungen zu qualifizierten Beschäftigungen auf dem Kerngebiet in Aussicht, enthält aber keinerlei politische Rechte.

c) Angehörige der Mitgliedsstaaten des Europarates

aa) Satzung des Europarates

Die Satzung des Europarates vom 5. Mai 1949[37] enthält im wesentlichen nur organisatorische Bestimmungen. Aus dem Bekenntnis der

---

[31] ABlEurGem. v. 19. 10. 1968, L. 257/4.
Art. 8 Abs. 1 eröffnet den Mitgliedsstaaten ausdrücklich die Möglichkeit, Ausländer von der Verwaltung in Körperschaften des öffentlichen Rechts und von der Ausübung öffentlich-rechtlicher Ämter auszuschließen.

[32] Ebenso *Thomsen*, S. 8. Zur Kritik an dieser Rechtslage treffend *Grabitz*, S. 110 ff.

[33] ZustimmungsG v. 29. 4. 1952, BGBl. II S. 447.

[34] ZustimmungsG v. 30. 5. 1956, BGBl. II S. 599.

[35] BGBl. 1957 II, S. 1302.

[36] ZustimmungsG v. 27. 7. 1957, BGBl. II S. 753.

[37] Gesetz über den Beitritt der Bundesrepublik vom 8. 7. 1950, BGBl. S. 263.

Präambel zu den sittlichen Werten, die der politischen Freiheit zugrunde liegen, lassen sich keine politischen Individualrechte herleiten.

bb) Europäisches Niederlassungsabkommen

Am 13. 12. 1955 schlossen die Mitgliedsstaaten des Europarates das Europäische Niederlassungsabkommen (ENA)[38], das eine Erleichterung der Einreise und Beschränkungen der Ausweisungsmöglichkeiten vorsieht. Nach Art. 4 des Abkommens erfahren die Staatsangehörigen eines Vertragsstaates im Gebiet der anderen Vertragsstaaten „im Genuß und in der Ausübung sämtlicher bürgerlicher Rechte die gleiche Behandlung wie die eigenen Staatsangehörigen". Die „bürgerlichen" Rechte stehen dabei im Gegensatz zu den „staatsbürgerlichen". „Bürgerlich" ist hier wohl im klassisch-liberalen Sinne zu verstehen und meint nur das Individuum als homo oeconomicus im unpolitischen Bereich[39].

Die Frage bedarf keiner näheren Untersuchung, weil Art. 5 ENA einen weiten Schrankenvorbehalt enthält: Abweichend von Art. 4 „kann jeder Vertragsstaat aus Gründen der Sicherheit des Staates oder der Landesverteidigung ... die Staatsangehörigen der anderen Vertragsstaaten Sonderregelungen, die für Ausländer gelten, unterwerfen". Innerstaatliches Recht wird praktisch immer den Anforderungen der Art. 4, 5 entsprechen, da nach Abschnitt I a Ziff. 4 des Protokolls zum ENA[40] den Vertragsstaaten das Recht vorbehalten ist, nach innerstaatlichen Grundsätzen zu beurteilen, wann die in Art. 5 genannten Gründe für eine Schlechterstellung der Angehörigen von Vertragsstaaten vorliegen.

Neben Begünstigungen für die Erwerbstätigkeit, den Rechts- und Verwaltungsschutz von Angehörigen der Vertragsstaaten enthält das ENA in Art. 18 folgende Regelung:

> „Kein Vertragsstaat darf den Staatsangehörigen eines der anderen Vertragsstaaten versagen, sich unter den gleichen Voraussetzungen wie die eigenen Staatsangehörigen als Wähler an Körperschaften oder Organisationen wirtschaftlicher und berufsständischer Art, wie Handelskammern, Landwirtschaftskammern oder Handwerkskammern, zu beteiligen, wenn sie seit mindestens 5 Jahren in seinem Gebiet befugt eine entsprechende Tätigkeit ausgeübt haben; vorbehalten bleiben die Entscheidungen, die diese Körperschaften oder Organisationen im Rahmen ihrer Zuständigkeiten hierüber treffen können."

---

[38] ZustimmungsG v. 10. 9. 1959, BGBl. II S. 997. Der Vertrag ist noch nicht von allen Mitgliedsstaaten des Europarates ratifiziert, s. *Schiedermair*, S. 665.

[39] Dies wird bestätigt durch Art. 5 ENA, der abweichend von Art. 4 die Möglichkeit vorsieht, „den Erwerb, den Besitz oder die Nutzung von Gütern jeder Art seinen eigenen Staatsangehörigen vorzubehalten".

[40] Abgedruckt bei *Schiedermair*, S. 694; *Kanein*, S. 539 ff.

Nur insoweit begründet das Abkommen einen Sonderstatus für politische Rechte[41].

d) Angehörige der Nato-Streitkräfte

Für die Angehörigen der Nato-Streitkräfte gilt Art. II des Abkommens zwischen den Parteien des Nordatlantikvertrages über die Rechtsstellung ihrer Truppen vom 19. 6. 1951[42]. Danach haben die Truppen, ihr ziviles Gefolge, ihre Mitglieder und deren Angehörige sich jeder politischen Tätigkeit im Aufenthaltsstaat zu enthalten. Der Entsendestaat hat die hierfür erforderlichen Maßnahmen zu treffen. Das AuslG gilt nach seinem § 49 I Nr. 3 für diesen Personenkreis nicht[43]. Diese Personen sind von der folgenden Untersuchung ausgeschlossen.

e) Ausländische Flüchtlinge

Darunter ist der Personenkreis zu verstehen, der die Voraussetzungen des Abkommens über die Rechtsstellung der Flüchtlinge (Genfer Konvention) vom 28. 7. 1951[44] und der §§ 28 ff. AuslG erfüllt. Art. 15 der Konvention verpflichtet die Vertragsstaaten, die Flüchtlinge, die sich rechtmäßig in ihrem Gebiet aufhalten, hinsichtlich der Vereinigungen, die nicht politischen und nicht Erwerbszwecken dienen, und der Berufsverbände den am günstigsten behandelten Staatsangehörigen eines fremden Landes gleichzustellen. Der Begriff des politischen Zwecks dürfte dabei entsprechend der obigen Umschreibung[45] auszulegen sein, so daß die ausländischen Flüchtlinge hinsichtlich der politischen Rechte keinen Sonderstatus haben[46].

f) Heimatlose Ausländer[47]

Zu dieser Personengruppe gehören Ausländer, die nach dem 2. Weltkrieg im besetzten Deutschland durch die internationale Hilfsorganisation für Flüchtlinge (IRO) betreut wurden. 1950 stellte die IRO ihre

---

41 Die MRK als Vertrag der Mitglieder des Europarates gehört systematisch nicht hierher, da sie nach ihrem Art. 1 nicht nur für Angehörige der Vertragsstaaten, sondern für jedermann gilt und deshalb keinen Sonderstatus verleiht.

42 ZustimmungsG v. 18. 8. 1961, BGBl. II S. 1183.

43 *Heuer*, S. 82.

44 ZustimmungsG v. 1. 9. 1953, BGBl. II S. 559.

45 s. o. § 1 I.

46 In der Schweiz untersagt Art. 21 III der Vollziehungsverordnung über Aufenthalt und Niederlassung der Ausländer v. 1. 3. 1949 den Flüchtlingen (nur ihnen!) „grundsätzlich jede politische Tätigkeit"; vgl. *Moser*, ZSR NF 86 (1967) II, S. 325 (455); er hält das Verbot *jeder* politischen Tätigkeit für unverhältnismäßig und Ausnahmen wegen des Wortes „grundsätzlich" für möglich, a.a.O., Fn. 320.

47 Übersetzung für „displaced persons", *Schiedermair*, S. 727.

Tätigkeit in Deutschland ein. Damit gingen ihre Aufgaben auf die deutschen Behörden über[48]. Um ihre Aufgabe zu erleichtern, erging das Gesetz über die Rechtsstellung heimatloser Ausländer im Bundesgebiet (HAG) vom 25. 4. 1951[49]. Der den heimatlosen Ausländern durch das HAG verliehene Sonderstatus geht über den der Genfer Konvention hinaus[50]. In der Freizügigkeit und in der Berufsfreiheit sind sie den deutschen Staatsangehörigen fast völlig gleichgestellt. Für einen Teilbereich der Vereinigungsfreiheit enthält § 13 HAG eine Gleichstellung mit den Deutschen für Vereine mit kulturellen, sozialen, Wohlfahrts-, Selbsthilfe- und ähnlichen Zwecken. § 13 I 2 HAG schließt die Gleichstellung für Vereine mit politischen Zwecken ausdrücklich aus.

Einen Anhaltspunkt für die Bestimmung der „politischen Zwecke" bietet die Ausgrenzung der sozialen und der Selbsthilfezwecke. Diese können auf die mitmenschliche Hilfe beschränkt sein, so daß sie auch i. S. der obigen Ausführungen nicht politisch wären. Die politischen Zwecke wären dann entsprechend den Ausführungen in § 1 I abzugrenzen.

§ 13 I 2 HAG ist überholt durch § 1 I des Vereinsgesetzes[51], der allen Ausländern ohne gegenständliche Beschränkung die Vereinsfreiheit einräumt[52].

§ 13 II HAG gewährt den heimatlosen Ausländern das Recht, sich in Gewerkschaften zusammenzuschließen und ihre Aufnahme in deutsche Gewerkschaften zu beantragen. Damit geht er nicht über Art. 9 III hinaus und begründet keinen Sonderstatus.

Trotz weitergehender Privilegierung der heimatlosen Ausländer enthält ihnen das HAG politische Rechte ausdrücklich vor[53] und begründet für den Gegenstand dieser Untersuchung keinen Sonderstatus.

g) Asylanten

Asylberechtigte sind nach § 28 AuslG die Flüchtlinge i. S. des Genfer Abkommens und die politisch Verfolgten i. S. von Art. 16 II 2. Für ihre Rechtsstellung nach Asylgewährung verweist § 44 I, II AuslG auf die Genfer Konvention, die ihrerseits — wie dargelegt — keinen Sonderstatus begründet. Somit unterstehen die Asylanten hinsichtlich ihrer

---

[48] *Schiedermair,* a.a.O.

[49] BGBl. I S. 269.

[50] Vgl. *Makarov,* ZaöRV 14 (1951/52), 431 (457).

[51] Gesetz v. 5. 8. 1964, BGBl. III 2180—1.

[52] *Heuer,* S. 58; *Kloesel-Christ,* Anm. 2 zu § 13 HAG; a. A. wohl *Kanein,* Anm. 2 zu § 13 HAG (S. 336). Vgl. auch *Jahn,* JZ 1951, 326 (328), nach dem die politischen Vereine heimatloser Ausländer unter der polizeilichen Generalklausel stehen; ebenso *Schiedermair,* Anm. zu § 13 HAG (S. 733).

[53] *Kimminich,* BK (Zweitbearb.), Rdnr. 41 zu Art. 74 Nr. 4; allg. zum HAG *Bordewin,* S. 140 ff.

politischen Betätigung keinen Spezialnormen. Auch aus Art. 16 II 2 folgt kein Recht auf politische Betätigung[54].

h) Privilegierungen aus Verträgen

Die Bundesrepublik hat mit vielen Staaten Niederlassungs- und Freundschaftsverträge[55] geschlossen, die hier nicht alle zu erörtern sind. Nur zwei weitgehende, in ihrer Beschränkung aber typische Verträge seien erwähnt: Der Freundschafts-, Handels- und Schiffahrtsvertrag zwischen der BRD und der Dominikanischen Republik vom 23. 12. 1957[56] gewährt in Art. 3 I Gewissen- und Religionsfreiheit und Betätigung auf religiösem, kulturellem und sozialem Gebiet. Art. 3 I 3 stellt aber klar:

> „Diese Bestimmung darf jedoch nicht dahingehend ausgelegt werden, daß sie ein Recht zu politischer Betätigung gewährt oder stillschweigend zugesteht.“

Mit der fast wörtlich gleichen Formulierung schließt Art. 3 Abs. 1 Unterabs. 3 des Deutsch-Italienischen Abkommens vom 21. 11. 1957[57] jegliches Recht zur politischen Betätigung aus, nachdem zuvor Versammlungs- und Vereinigungsfreiheit gewährleistet wurden. Auch die in Art. 3 II gewährleistete Presse- und Informationssammlungsfreiheit steht unter diesem Vorbehalt und ist damit politisch entschärft. Der Begriff „politisch“ dürfte auch hier i. S. der Ausführungen in § 1 I zu umschreiben sein.

Als Fazit bleibt, daß kein zwischenstaatlicher Vertrag politische Sonderrechte gewährt[58].

i) Zusammenfassung

Zusammenfassend ist also festzustellen, daß es bis auf wenige Ausnahmen keine Ausländer gibt, die hinsichtlich der politischen Rechte einen Sonderstatus haben. Die weitere Untersuchung bezieht sich nicht auf Exterritoriale und auf Angehörige der Nato-Streitkräfte. Für alle anderen Ausländer gilt sie gleichermaßen. Sonderregeln bestehen nur für EWG-Angehörige hinsichtlich des passiven Wahlrechts zum Betriebsrat und für die Angehörigen der Vertragsstaaten des Europäischen Niederlassungsabkommens bezüglich des aktiven Wahlrechts zu berufsständischen Organisationen.

---

[54] h. M.: *Kimminich,* a.a.O., Rdnr. 148 zu Art. 16; *ders.,* Asylrecht, S. 46, 172 f.; *Doehring,* ZaöRV 25 (1965), 478 (495); *Brinkmann,* Kommentar, Anm. I 6 c zu Art. 16; *Feneberg,* Das Recht der politisch Verfolgten in der Bundesrepublik Deutschland, in: 2. Internationales Asylkolloquium Garmisch-Partenkirchen, 1964, S. 65 (67); s. auch *Heuer,* S. 57 ff.

[55] Vgl. die Aufstellung bei *Kanein,* S. 528 ff.

[56] ZustimmungsG v. 16. 12. 1959, BGBl. II S. 1469.

[57] ZustimmungsG v. 19. 8. 1959, BGBl. II S. 949; dazu *Tomuschat,* S. 39 f.; *Rolvering,* S. 35 f.

[58] Ebenso für *alle* völkerrechtlichen Verträge *Thomsen,* S. 8.

Zweiter Abschnitt

Die politischen Rechte der Ausländer nach dem GG, den Landesverfassungen und den Spezialgesetzen (ohne AuslG)

A. Die Differenzierung der Grundrechtsträger nach der Staatsangehörigkeit

§ 3 Die Träger der politischen Rechte des GG und der Landesverfassungen (Überblick)

Die Frage, wer Träger eines Grundrechts ist, hat das GG dem Wortlaut nach unterschiedlich geregelt. Manche Grundrechte sind jedermann gewährt, manche nur allen Deutschen. Die Landesverfassungen kennen ähnliche Differenzierungen[1].

I. GG

Von den politischen Rechten sind im GG die Art. 5 I, 9 III, 17 Jedermann-Rechte, die Art. 8, 9 I, 20 IV, 33 II dagegen Deutschen-Rechte[2]. Bei Art. 21 I, 38 II ist der Wortlaut insoweit unklar.

II. Die Landesverfassungen

Meinungs- und Pressefreiheit sind in allen Landesverfassungen, soweit diese überhaupt Grundrechte normieren, jedermann gewährt[3].

---

[1] Ganz ähnlich die Verfassungen aller Mitgliedsstaaten der EWG mit Ausnahme der italienischen Verfassung, vgl. *Grabitz*, S. 42 ff.

[2] Der terminologischen Klarheit willen ist im folgenden von Jedermann-Rechten die Rede, die im *Klein*schen System (*v. Mangoldt-Klein*, Vorbem. B V 1 vor Art. 1) den Menschenrechten im Sinne der Grundrechtssubjektivität entsprechen. Der Begriff Menschenrecht wird im folgenden nur im Sinne der Grundrechtsqualität gebraucht. Die saubere Unterscheidung ist erforderlich, weil häufig die Grundrechtsqualität aus der positiven Regelung des GG entnommen wird, zutr. *v. Mangoldt-Klein*, a.a.O.

[3] Art. 2 BaWüVerf. (die Präambel spricht allerdings nur von den Grundrechten der Deutschen) i. V. m. Art. 5 GG; Art. 111, 116 BayVerf. („jeder Bewohner Bayerns"); Art. 8 BerlVerf.; Art. 15 BremVerf.; Art. 11 HessVerf.; Art. 4 NRWVerf.; Art. 9 II Rh-PfVerf.; Art. 5 SaarlVerf.

Dasselbe gilt für die Koalitionsfreiheit[4] und das Petitionsrecht[5], soweit sie überhaupt erwähnt werden.

Das Versammlungsrecht ist — abweichend vom GG — in Bayern, Berlin und Bremen als Jedermann-Recht ausgestaltet[6]; ebenso die Vereinigungsfreiheit in diesen Ländern und in Rheinland-Pfalz[7]. Soweit die Landesverfassungen das Widerstandsrecht positivieren, ist es für jedermann, nicht nur für Deutsche gewährleistet[8]. Der Zugang zu öffentlichen Ämtern ist z. T. entsprechend Art. 33 II nur für Deutsche[9], in Berlin und Hessen[10] für jedermann garantiert.

Keine Landesverfassung enthält eine dem Art. 21 entsprechende Norm. Nur die Verfassung von Berlin[11] und die des Saarlandes[12] erwähnen die Parteien. Die Verfassung von Berlin enthält lediglich einen Regelungsauftrag an den Gesetzgeber, staatsrechtliche Aufgaben und Pflichten der Parteien zu bestimmen, während die Verfassung des Saarlandes nur einen Verbotstatbestand aufweist.

Das aktive wie das passive Wahlrecht ist in den meisten Ländern[13] ausdrücklich den Deutschen vorbehalten. Die Verfassung von Hamburg[14] trifft ähnlich wie die von Schleswig-Holstein[15] keine ausdrückliche Regelung, sondern überläßt die Bestimmung des Wahlrechts und der Wählbarkeit dem einfachen Gesetz. Art. 31 II der Verfassung von Nordrhein-Westfalen entspricht Art. 38 II.

---

4 Art. 2 BaWüVerf. i. V. m. Art. 9 III GG; Art. 170 BayVerf.; Art. 18 BerlVerf.; Art. 48 BremVerf.; Art. 36 HessVerf.; Art. 4 NRWVerf.; Art. 66 Rh-PfVerf.; Art. 56 SaarlVerf.

5 Art. 2 BaWüVerf. i. V. m. Art. 17 GG; Art. 115 BayVerf. („alle Bewohner Bayerns"); Art. 16 HessVerf.; Art. 4 NRWVerf.; Art. 11 Rh-PfVerf.; die SaarlVerf. erwähnt die Petition in Art. 79, ohne ein Petitionsrecht zu gewährleisten.

6 Art. 113 BayVerf. („alle Bewohner Bayerns"); Art. 18 BerlVerf.; Art. 16 BremVerf. („alle Bewohner").
Wie das GG: Art. 2 BaWüVerf.; Art. 14 HessVerf.; Art. 4 NRWVerf.; Art. 12 Rh-PfVerf. („alle Staatsbürger"); Art. 6 SaarlVerf.

7 Art. 114 BayVerf. („alle Bewohner Bayerns"); Art. 18 BerlVerf.; Art. 17 BremVerf. („alle Bewohner"); Art. 13 Rh-PfVerf.
Wie das GG: Art. 2 BaWüVerf.; Art. 15 HessVerf.; Art. 4 NRWVerf.; Art. 7 SaarlVerf.

8 Art. 23 III BerlVerf.; Art. 19 BremVerf.; Art. 147 HessVerf.

9 Art. 2 BaWüVerf.; Art. 116 BayVerf.; Art. 128 BremVerf.; Art. 59 HambVerf.; Art. 4 NRWVerf.; Art. 19 Rh-PfVerf.

10 Art. 13 BerlVerf.; Art. 134 HessVerf.

11 Art. 27 BerlVerf.; s. auch Art. 26.

12 Art. 8 SaarlVerf.

13 Art. 26 I, 28 II BaWüVerf.; Art. 4, 7, 14 II BayVerf.; Art. 26 III, IV BerlVerf.; Art. 69 I, 76, 78 BremVerf.; Art. 73 I, 75 II HessVerf.; Art. 4 II NdsVerf.; Art. 76 II, 80 II Rh-PfVerf.; Art. 66, 68 II 2 SaarlVerf.

14 Art. 6 IV HambVerf.

15 Art. 3 IV SchlHVerf.

III. Das Verhältnis der Grundrechte der Landesverfassungen zu denen des GG

Soweit die in den Landesverfassungen gewährten Grundrechte mit dem GG übereinstimmen, bleiben sie nach Art. 142 in Kraft. Ist der Kreis der Berechtigten nach der Landesverfassung enger als nach dem GG, so gewährt die Landesverfassung weniger Schutz und ist nach Art. 142, 31 insoweit unwirksam[16]. Dies ist teilweise bei den Grundrechten der Bayrischen Verfassung der Fall, die mit Ausnahme des Zuganges zu öffentlichen Ämtern (Art. 116) jedem Bewohner Bayerns gewährt sind. Das GG kennt eine solche Einschränkung nach dem Wohnsitz nicht. Ist das Parallel-Grundrecht des GG ein Deutschen-Recht, enthält die Bayrische Verfassung einen zusätzlichen Schutz für die in Bayern wohnenden Ausländer. Insoweit bleiben ihre Grundrechtsbestimmungen nach Art. 142 in Kraft. Sie sind aber unwirksam, soweit sie bei Jedermann- oder Deutschen-Rechten des GG die nicht in Bayern wohnenden Ausländer und Deutschen ausschließen[17].

Die Grundrechtsbestimmungen der Landesverfassungen, die Deutschen-Rechte des GG jedermann gewähren, gehen über dessen Schutz hinaus und bleiben in Kraft. Der Nutzeffekt ist jedoch gering, wenn der Bund die Gesetzgebungskompetenz hat, da alle Bundesnormen gem. Art. 31 den Landesgrundrechten vorgehen[18]. Nur Landesrecht ist an der jeweiligen Landesverfassung zu messen.

Divergenzen bestehen, wie oben dargelegt wurde, nur hinsichtlich der Vereins- und Versammlungsfreiheit, des Zugangs zu öffentlichen Ämtern, des Wahlrechts und des Widerstandsrechtes.

Für das Vereins- und Versammlungsrecht hat der Bund seine Kompetenz aus Art. 72 II i. V. m. Art. 74 Nr. 3 ausgeschöpft. Was den Zugang zu öffentlichen Ämtern betrifft, besteht eine Bundeskompetenz nach Art. 73 Nr. 8, 75 Nr. 1, 98 I, III 2, die der Bund ebenfalls genutzt hat[19]. Alle einschlägigen Gesetze sehen vor, daß — zumindest in der

---

[16] Dies jedenfalls dann, wenn man mit BVerfGE 22, 267 (271) und der dort angeführten Literatur bei übereinstimmender Grundrechtsgewährleistung im GG und in den Landesverfassungen den Schutz ein und desselben Grundrechts annimmt. Vgl. näher *Geiger*, Festschrift für Laforet (1952), S. 251 (259 ff.); *Kratzer*, ebenda, S. 107 ff.; *Holtkotten*, BK (Erstbearb.), Anm. II 2 a zu Art. 142; *Hamann*, in: *Hamann-Lenz*, Anm. 4 zu Art. 142.

[17] Bez. Art. 5 I GG und Art. 110 I BayVerf. ebenso *Ridder*, GR II, S. 243 (267); bez. Art. 17 GG und Art. 115 BayVerf. *Dagtoglou*, BK (Zweitbearb.), Rdnr. 49; *Dürig*, Kommentar, Rdnr. 24, beide zu Art. 17; *Kratzer*, Festschrift für Laforet (1952), S. 107 (124, 127).

[18] BVerfGE 1, 264 (281); *Hamann*, a.a.O.; *Füßlein*, GR II, S. 425 (441); *Holtkotten*, a.a.O., Anm. II 4 zu Art. 142; *Ruppel*, S. 66.

[19] Vgl. die Zusammenstellung bei *Maunz*, Kommentar, Rdnr. 113 zu Art. 73; 28 zu Art. 75; außerdem: DRiG v. 8. 9. 1961 (BGBl. I S. 1665), für die Bundesrichter § 46 DRiG.

Regel — nur Deutsche die betreffenden öffentlichen Ämter bekleiden können[20]. Die abweichenden Vorschriften einiger Landesverfassungen sind also ohne praktische Bedeutung.

Die Gesetzgebungskompetenz des Bundes hinsichtlich des Wahlrechts beschränkt sich nach Art. 38 III auf die Wahl des Bundestages. Abweichende landesrechtliche Regelungen für die Wahl der Landtage sind daher möglich, so daß Art. 6 IV der Verfassung von Hamburg für das Wahlrecht der Ausländer von Bedeutung sein könnte.

Das Verhältnis der landesrechtlichen Gewährleistungen des Widerstandsrechtes zu Art. 20 IV bestimmt sich nicht nach Art. 142, sondern ergibt sich aus dem Nebeneinander mehrerer Staatsverbände im Bundesstaat mit jeweils selbständigen Mitgliedschaftsrechten[21]. Die praktische Bedeutung der landesrechtlichen Normierung des Widerstandsrechtes ist minimal: Der auf ein Land beschränkte Widerstandsfall ist wegen der Eingriffsmöglichkeit des Bundes nach Art. 91 und der Subsidiarität des Widerstandsrechtes kaum denkbar. Ist die Intervention des Bundes erfolglos, tritt der Widerstandsfall des Art. 20 IV für den Bund ein[22].

Insgesamt haben also die Grundrechte der Landesverfassungen kaum praktische Bedeutung für den Gegenstand dieser Arbeit.

§ 4 Die verfassungsrechtliche Stellung der Ausländer hinsichtlich der politischen Deutschen-Rechte des GG

I. Meinungsstand

1. Die h. M.: Kein Grundrechtsschutz

Das Schrifttum geht überwiegend davon aus, daß die Deutschen-Rechte des GG eine bewußte Beschränkung enthalten und Ausländern insoweit kein Grundrechtsschutz eingeräumt ist. Allerdings sollen auch insoweit das Rechtsstaatsprinzip und der Vorbehalt des Gesetzes gelten[1].

---

20 § 7 I Nr. 1 BBG; § 4 I Nr. 1 BRRG; § 9 Nr. 1 DRiG; wegen der ehrenamtlichen Richter s. §§ 31, 84, 109 I GVG; § 21 II Nr. 4 ArbGG i. V. m. § 12 I BWahlG; § 20 S. 1 VwGO; § 17 S. 1 FGO; § 16 I SGG.

21 *Isensee*, Widerstandsrecht, S. 84.

22 So zutr. *Isensee*, a.a.O., S. 85. Die Art. 23 III BerlVerf., 19 BremVerf. betreffen primär das grundrechtskonnexe individuelle Widerstandsrecht, so daß schon deswegen keine Konkurrenz mit Art. 20 GG besteht, vgl. *Isensee*, a.a.O., S. 84 mit Fn. 185.

1 Bez. Art. 11 bezeichnet *Dürig* (GR II, S. 507, 521) dies als die „landläufige" Interpretation; sie vertreten: *v. Mangoldt-Klein*, Vorbem. B V 3 vor

Die politischen Rechte der Ausländer sind danach mit Ausnahme der Art. 5 I, 9 III, 17 nicht dem GG, sondern dem einfachen Gesetzesrecht zu entnehmen.

2. Rückgriff auf Art. 1 I, II

Die differenzierende Gegenmeinung wurde besonders von *Dürig*[2] im Rahmen seines Grundrechtssystems entwickelt und ausgebaut. Ausgangspunkt dieser Lehre ist die Auslegung des Art. 1 I und II, nach der die Grundrechte[3] einen aus Art. 1 entspringenden Menschenrechtsgehalt haben. Die Grundrechtsinhaberschaft ist danach Ausfluß des

---

Art. 1; Anm. V zu Art. 8; III 1 zu Art. 9; VI 3 zu Art. 12; *v. Münch*, BK (Zweitbearb.), Rdnr. 2 zu Art. 8, 2 zu Art. 9; *Wernicke*, BK (Erstbearb.), Anm. II 1 a zu Art. 8; II 1 a zu Art. 11; *E. Stein*, StaatsR, S. 148; *v. d. Heydte*, „Ausländer", in: Staatslexikon, 6. Aufl. Bd. 1 (1957), Sp. 694 (699); *Füßlein*, GR II, S. 425 (430); *Kraus*, Gedächtnisschrift für W. Jellinek (1955), S. 89 (91); *Tomuschat*, S. 50 f.; *W. Hoffmann*, JuS 1967, 393 (397); *Meeßen*, JZ 1970, 602; *Schnorr*, RdA 1964, 317; *Seifert*, DÖV 1964, 685 (686); *Kreppel*, S. 10; *Merten*, Freizügigkeit, S. 81 f.; *Thieme*, S. 78; *Thomsen*, S. 34 f.; im Erg. auch *Schiedermair*, S. 42; *Wertenbruch*, Menschenwürde, S. 94, 100.

So auch schon die h. M. zu den Deutschen-Rechten der WRV: *W. Jellinek*, Verwaltungsrecht, S. 171; ähnl. *Delius*, Nipp. II, S. 138 (140 f.); *Friedrichs*, HWRechtsW I, S. 417 (418); *Häntzschel*, HdbDStR II, S. 651 (654); *Heinze*, S. 25 f.; *Hellwig*, Nipp. II, S. 1 (13, 15); *Strupp*, HdbDStR I, S. 274 (278 f.); *Thoma*, Nipp. I, S. 1 (25 f.); *ders.*, Festschrift für das Preuß. OVG (1925), S. 183 (198, 199); *Waldecker*, HdbDStR II, S. 637 (647).

Angesichts dieser h. L. ist es Zukunftsmusik, wenn *Mueller-Weitzel-Weisner* (Fremdenrecht, 1955, S. 6) meinen, im öffentlichen Fremdenrecht setze sich immer mehr die Erkenntnis durch, daß nicht die Staatsangehörigkeit, sondern Wohnsitz und Aufenthalt im Ausland eine Differenzierung notwendig machen.

Die internationale Verfassungsstatistik ergibt folgendes: Von den 1956 existierenden Verfassungen der Welt kannten 22 nur Rechte der Staatsbürger; 21 unterschieden bei den Grundrechten zwischen Staatsbürgern und allen Menschen, 24 nannten besondere Rechte der Fremden im Unterschied zu denen der Staatsangehörigen; nach *Doehring*, Fremdenrecht, S. 99.

[2] GR II, S. 507 (521); AöR 81 (1956), S. 117 (120 ff.); Kommentar, Rdnr. 6, 79 ff., 85 zu Art. 1; 119 zu Art. 11; ebenso *Herzog*, Kommentar, Rdnr. 4 ff., bes. 6, 8 zu Art. 8; *Maunz*, Kommentar, Rdnr. 12, 23 zu Art. 9; *Geiger*, „Berufsfreiheit", in: Staatslexikon, 6. Aufl. Bd. 1 (1957), Sp. 1112 (1113 f.); *Peters*, Grundfragen, S. 253; *Schmitt Glaeser*, Verwirkung, S. 213 mit Fn. 177; ähnl. *Bachof*, GR III/1, S. 155 (177 f. mit Fn. 83, 84) unter Aufgabe des abw. Standpunktes in JZ 1958, 468 (469); *Wintrich*, Grundrechte, S. 7; *Haller*, S. 25; *Lengsfeld*, S. 29; *Ruppel*, S. 58 f., 175; vgl. auch *Häberle*, JZ 1971, 145 (152 Fn. 101).

[3] Unklar *Dürig:* In GR II, S. 507 (523), AöR 81, 117 (120 f.) nimmt er die Existenz von Grundrechten ohne Menschenrechtsgehalt an, im Kommentar (Rdnr. 80, 81 sub e zu Art. 1, 25 mit Fn. 1 zu Art. 18) geht er davon aus, daß jedes Grundrecht einen überpositiven Gehalt hat; and. wiederum in Rdnr. 6 mit Fn. 1 zu Art. 1 und ZStW 109 (1953), 327 (329 Fn. 3). Setzt man wie *Dürig* den Menschenrechtsgehalt mit Art. 19 II gleich (Kommentar, Rdnr. 81 zu Art. 1 II), muß wohl jedes Grundrecht einen Menschenrechtsgehalt haben, da kaum anzunehmen sein wird, daß es Grundrechte ohne Wesensgehalt gibt, die zur Totaldisposition des Gesetzgebers stehen.

Menschseins und nicht der Staatsangehörigkeit[4]. Soweit der Gehalt eines Einzelfreiheitsrechtes in Art. 1 I wurzelt, ist dieses Grundrecht der staatlichen Disposition entzogen. Die Menschenrechtsqualität eines Grundrechts ist nicht nach der positiv-rechtlichen Ausgestaltung als Deutschen- oder Jedermann-Recht zu bestimmen, da der Verfassungsgeber nach seiner eigenen Auffassung daran gehindert war, sich durch die Beschränkung auf Deutsche mit dem in Art. 1 I, II anerkannten obersten Konstitutionsprinzip der Verfassung in Widerspruch zu setzen. Vielmehr ist im Einzelfall zu prüfen, wie weit der aus Art. 1 I, II folgende Kernbereich eines Grundrechts reicht; in diesem Umfang sind unabhängig von der positiv-rechtlichen Ausgestaltung eines Grundrechts auch Ausländer Grundrechtsträger.

Diesen Menschenwürdegehalt sieht *Dürig* in Art. 19 II, 79 III abgesichert, wobei aber unklar bleibt, ob der Wesensgehalt des Art. 19 II mit dem Menschenwürdegehalt des Art. 1 I, II identisch ist, oder ob er über diesen noch hinausgeht: einmal soll der Wesensgehalt eine synonym gebrauchte Bezeichnung für den Menschenrechtsgehalt sein, nach anderen Äußerungen soll er darüber hinausgehen[5].

Für den hier interessierenden Lebensbereich stellt sich sodann die Frage, ob der aus Art. 1 I, II folgende Menschenrechtskern eines Grundrechts eine politische Komponente enthält oder nicht. Die Antwort ist abhängig von dem aus Art. 1 und dem Gesamtgefüge des GG deduzierten Menschenbild, da eindeutige positiv-rechtliche Belege nicht vorhanden sind.

Von einem ausgeprägten Meinungsstand zu dieser Frage kann nicht gesprochen werden, da sie kaum direkt gestellt und voll erkannt wird[6]. Die verbreitete Formel, die Menschenwürde sei getroffen, wenn der Mensch zum bloßen Objekt herabgewürdigt wird[7], läßt keinen zuver-

---

[4] So *Dürig*, Kommentar, Rdnr. 85 zu Art. 1 II im Anschluß an die Mindermeinung zur WRV (*Anschütz*, WRV, S. 511 ff., bes. 513; *Isay*, Fremdenrecht, S. 87 ff.; *C. Schmitt*, Verfassungslehre, S. 164 f., jeweils aber nur für die unpolitischen Rechte). Die Qualifizierung dieser Meinung als „allgemeine Lehre" bei *Thomsen*, S. 33, ist unzutreffend. Die Differenzen zu der in Fn. 1 genannten abweichenden Meinung waren allerdings gering, da nach beiden Meinungen das in den Grundrechten zum Ausdruck kommende Prinzip der Gesetzmäßigkeit der Verwaltung auch für Ausländer galt (vgl. *Anschütz*, a.a.O., S. 514; *Heinze*, S. 24 ff.; dazu zutr. wie hier *Thomsen*, a.a.O.). — Im Ansatz ähnl. wie *Dürig*, BVerfG, NJW 1971, 1509: Der Schutz des Art. 6 I für Ausländer wird außer durch den Text damit begründet, daß das Grundrecht „einen für alle Menschen bedeutsamen Bereich der persönlichen Lebensgestaltung" betrifft und daß es zu den „wesentlichen Menschenrechten" gehört.

[5] So einerseits in Kommentar, Rdnr. 81 (bb) zu Art. 1 II, andererseits in GR II, S. 507 (523).

[6] Ausdrücklich verneinend *Ruppel*, S. 175.

[7] z. B. BVerfGE 27, 1 (6); 28, 386 (391); sehr zurückhaltend aber BVerfGE

lässigen Schluß dahingehend zu, daß zur Menschenwürde ein Minimum an politischer Betätigung und Freiheit gehört. Dies zeigen die von *Dürig* u. a. genannten Beispiele[8]: Alle als gegen Art. 1 I, II verstoßend bezeichneten Sachverhalte betreffen die Intimsphäre des Menschen oder seine physische Existenz unter Einschluß der dazu erforderlichen Umweltminimalbedingungen. Keines der Beispiele weist einen politischen Bezug im obigen Sinne auf.

In der Kommentierung des Art. 18[9] wird deutlich, daß *Dürig* die spezifisch politische Komponente eines Grundrechts nicht zum Menschenrechtsgehalt zählt: Mögliche Friktionen der Grundrechtsverwirkung des Art. 18 mit Art. 1 I, II, 19 II schließt Dürig aus, da es in Art. 18 nur um die Entpolitisierung, nicht aber um die Entbürgerlichung gehe. Die politische Entschärfung eines Grundrechts taste dessen Menschenrechtsgehalt nicht an. Diese Auffassung Dürigs untermauert *Schmitt Glaeser*[10] in Anknüpfung an *Ridder*[11] damit, daß die „Intensität der staatlichen Eingriffs- und Regelungsbefugnis in einem reziproken Verhältnis gegenüber der Nähe des Regelungssachverhalts zur menschlichen Intimsphäre"[12] stehe. Art. 1 I, II umfasse den „engsten Kernbereich der Person"[13], also vornehmlich den Entfaltungsbereich ohne Sozialbezug. Die Zulässigkeit des Eingriffs hänge von der Intensität des Sozialbezuges ab, wobei die Grenze zwischen Intimsphäre und dem als Eingriffsvoraussetzung ausreichenden Sozialbezug offen bleibt. Die Mitwirkung am staatlichen Geschehen als intensivster Sozialbezug falle aber jedenfalls nicht unter Art. 1 I, II[14]. Dem folgt der überwiegende Teil der Meinung, die wie Dürig einen aus Art. 1 folgenden unabdingbaren Kernbereich der Einzelgrundrechte annimmt[15].

30, 1 (25 f.); and. und überzeugender die abw. Meinung der überstimmten Richter, ebenda, S. 33 (39 f.); *Dürig*, Kommentar, Rdnr. 28 zu Art. 1 I; *ders.*, AöR 81, 117 (127); *Doehring*, Fremdenrecht, S. 65; *Evers*, Privatsphäre, S. 27; *Schmitt Glaeser*, Verwirkung, S. 223; *Wertenbruch*, Menschenwürde, S. 56; ähnl. *Bachof*, Gedächtnisschrift für W. Jellinek (1955), S. 287 (302); *Badura*, JZ 1964, 337 (339 mit Fn. 43).

8 Kommentar, Rdnr. 30 ff. zu Art. 1 I; AöR 81, 117 (127—132); ähnl. *Evers*, a.a.O., S. 27; *Nipperdey*, GR II, S. 1 (27); *Zippelius*, BK (Zweitbearb.), Rdnr. 12 ff. zu Art. 1.

9 Kommentar, Rdnr. 11 mit Fn. 1 zu Art. 18; ähnl. Rdnr. 33 zu Art. 17, 19 zu Art. 19 III, im Anschluß an *Čopić*, JZ 1963, 494 (498); *Ridder*, GR II, S. 243 (289 f.).

10 Verwirkung, S. 220—222.

11 GR II, S. 243 (289 f.).

12 *Schmitt Glaeser*, a.a.O., S. 221 (mit Nachw. ähnl. Gedankengänge in der früheren Literatur in Fn. 208—211) unter Berufung auf ähnliche Formulierungen in BVerfGE 6, 32 (41); 6, 389 (433); 7, 377 (401 ff.).

13 a.a.O., S. 222.

14 *Schmitt Glaeser*, a.a.O., S. 222; ähnl. *Kimminich*, ArchVR 10 (1962/63), 132 (137); *ders.*, Asylrecht, 1968, S. 57.

15 s. o. Fn. 2; für die Vereinsfreiheit ähnl. eine in der Schweiz verbreitete

Die Konsequenz dieser Lehre für den Gegenstand dieser Untersuchung liegt auf der Hand: Im praktischen Ergebnis stimmt sie mit der oben dargestellten h. M. überein, die sich nur am Wortlaut der einzelnen Grundrechte orientiert.

3. Art. 1 I, II und das demokratische Prinzip

Eine Mindermeinung beschränkt die Menschenwürde nicht auf die individuelle, gleichsam private Existenz, sondern setzt sie in Beziehung zu den materialen Zwecken des Rechtsstaates, des Sozialstaates und der Demokratie. Voraussetzung und Ziel dieser Verfassungsprinzipien ist es, dem Menschen unverzichtbare Erhaltungs- und Entfaltungsbedingungen des Menschlichen zu gewährleisten. Dazu gehört auch die politische Selbstgesetzgebung und Mitbestimmung des Menschen in der Demokratie[16]. Die Menschenwürde ist „untrennbar verbunden mit Demokratie als gesellschaftlicher Ordnungsform", die „politische Demokratie (ist) nur *eine* Form praktizierter Menschenwürde"[17].

Legt man diese Zusammenschau von Demokratie und Menschenwürde der konkretisierenden Auslegung des Art. 1 I, II zugrunde, so umfaßt die Menschenwürde eine wie auch immer geartete Mitwirkung an der Schaffung der Normen, denen das Individuum unterworfen ist. Menschenwürde impliziert damit auch politische Betätigung im Gemeinwesen, die deshalb nicht vollständig versagt werden kann. In Verbindung mit der oben skizzierten Lehre vom Menschenrechtsgehalt der Grundrechte bedeutet das, daß die Deutschen-Rechte des GG auch in ihrer politischen Komponente dem Ausländer möglicherweise nicht ganz versagt bleiben können, konkret, daß der Ausländer aus Art. 1 I, II ein Minimum an verfassungsrechtlich geschützter Vereins- oder Versammlungsfreiheit trotz der positiv-rechtlichen Beschränkung der Art. 8, 9 I auf Deutsche haben kann.

4. Art. 3 III

Einen Ansatzpunkt für die Gleichstellung der Ausländer mit den Deutschen scheint Art. 3 III zu bieten. So wird auch die Ansicht ver-

---

Meinung, s. *H. Huber*, Festschrift für H. Jahrreiß (1964), S. 101 (109 mit Fn. 29).

[16] *Maihofer*, Menschenwürde im Rechtsstaat, in: *Maihofer-Behrendt*, Die Würde des Menschen, Bd. 1, 1967, S. 1 (56); ähnl. *Behrendt*, Menschenwürde als Problem der sozialen Wirklichkeit, ebenda, Bd. 2, 1967, S. 1 (56); *Kägi*, ZSR NF 75 II (1956), S. 739 a (841 a f.); ihm folgend *Wintrich*, Grundrechte, S. 14 (seine Verletzungsbeispiele auf S. 15—19 lassen aber durchweg den vorher postulierten politischen Bezug vermissen); *F. Münch*, Die Menschenwürde als Grundforderung unserer Verfassung, 1951, S. 6; *Rolvering*, S. 119 f.; ähnl. auch *Leisner*, „Versammlungsfreiheit", in: Ev. Staatslexikon, Sp. 2372 (2373).

[17] *Behrendt*, a.a.O.; Hervorhebung im Original.

treten[18], der Ausschluß der Nichtdeutschen in Art. 8 und Art. 9 I verstoße gegen Art. 3 III, da eine Differenzierung nach Heimat und Abstammung vorgenommen werde. Deutsche i. S. von Art. 116 I ohne deutsche Staatsangehörigkeit seien gegenüber den Nichtdeutschen nur wegen ihrer Heimat bevorzugt. Hinsichtlich der Deutschstämmigkeit oder der engen Beziehung zum Deutschtum liege eine unzulässige Differenzierung wegen der Abstammung vor.

5. Art. 3 I

Teilweise wird die Differenzierung mit dem Willkürverbot des Art. 3 I für unvereinbar erklärt[19], da die Staatsangehörigkeit keine begriffsnotwendigen Rechte und Pflichten vermittele[20] und allein kein sachlicher Differenzierungsgrund sei[21]. Die viel zitierte Gehorsams- und Treupflicht der Staatsangehörigen[22] rechtfertige keine Differenzierung, da die Gehorsamspflicht den Ausländer genauso treffe und ein besonderes Treueverhältnis zwischen Staat und Staatsangehörigen mit dem Fragwürdigwerden der Nation und deren Auflösung in tatsächliche äußere Interdependenzen entfallen sei. Die Interessen der ständig in der Bundesrepublik lebenden Ausländer seien mit denen der Deutschen im wesentlichen gleich, da diese Ausländer in gleichem Maße wie die Deutschen mit Staat und Gesellschaft verflochten und den äußeren tatsächlichen Interdependenzen unterworfen seien[23]. Diese Interessengleichheit sei freilich begrenzt. Bei der „Staatspolitik" i. e. S. ergäben sich regelmäßig Kollisionen mit den Interessen des Heimatstaates; der Ausländer werde hier in aller Regel diesen Interessen den Vorzug geben. Deshalb sei es sachlich gerechtfertigt, ihn von dieser Staatspolitik fernzuhalten[24]. Dasselbe gelte für die heimatbezogenen politischen Aktivitäten, da der Ausländer dabei in das Spannungsfeld der auswärtigen Beziehungen des Aufenthaltsstaates eintrete[25]. Soweit es dagegen um die Verbesserung der Lebensbedingungen in der Bundesrepublik gehe, verstoße eine Schlechterbehandlung der Ausländer bei der politischen Betätigung gegen Art. 3 I. Das sei insbesondere im

---

[18] *Brinkmann*, Kommentar, Anm. 1 a ♂ zu Art. 8; *Schieckel*, ZfSH 1966, 302.

[19] *Rolvering*, S. 95 ff., bes. 109; konsequenterweise ebenso *Brinkmann*, a.a.O.

[20] *Rolvering*, S. 96.

[21] *Ders.*, S. 99; insoweit ähnl. *Kraus*, Gedächtnisschrift für *Jellinek* (1955), S. 89 (91); *Papke*, NJW 1960, 2326. *Rolverings* Konstruktion ist allerdings unklar: er nimmt bez. Art. 8, 9 I einerseits Verstoß gegen Art. 3 I an, dann aber gegen Art. 1 I (S. 119 f.) und greift schließlich auf Art. 2 I als Auffangnorm zurück (S. 120 f.).

[22] Der Gedanke der Treuebindung geht auf die französische Revolution zurück und ist in allen Mitgliedsstaaten der EWG zu finden, s. *Grabitz*, S. 28.

[23] *Rolvering*, S. 100 ff.; krit. zur Treupflicht auch *Kelsen*, Allgemeine Staatslehre, 1925, S. 159.

[24] *Rolvering*, S. 102 f.

[25] *Ders.*, S. 110.

Arbeits-, Schul- und Kommunalbereich der Fall[26]. Da insoweit die Staatswillensbildung nicht von Interessenkonflikten der Ausländer gefährdet sei, müsse ihnen auch der Grundrechtsschutz der Art. 8, 9 I zukommen[27].

6. Art. 2 I

Vereinzelt wird die Ansicht vertreten[28], Art. 2 I sei ein Auffangrecht nicht nur in thematischer, sondern auch in personeller Hinsicht. Bei den Deutschen-Rechten sei der Rückgriff auf Art. 2 I nicht durch die Normierung eines Spezialrechts ausgeschlossen, da die Beschränkung auf Deutsche nicht den Gegenschluß zulasse, daß darüber hinaus kein Grundrechtsschutz bestehe. Die verfassungsrechtlich gezielte Schlechterstellung des Ausländers werde dabei nicht aufgehoben, wenn man die Schrankentrias des Art. 2 I, besonders die verfassungsmäßige Ordnung, weit auslege.

II. Kritik

1. Die h. M., die sich ausschließlich an der positiv-rechtlichen Ausgestaltung eines Grundrechts als Deutschen- oder Jedermann-Recht orientiert, macht es sich mit ihrer Verbalauslegung zu leicht. Sie setzt sich dem Vorwurf aus, Art. 1 I, II als oberstes Konstitutionsprinzip der Verfassung nicht ernst zu nehmen. Diesem Vorwurf könnte sie nur durch die Behauptung entgehen, alle Deutschen-Rechte des GG seien keine Menschenrechte im qualitativen Sinn, Art. 1 I, II sei also in keiner Weise tangiert. Eine solche Behauptung wäre bezüglich Art. 8,

---

26 Wie Fn. 23.

27 *Rolvernig*, S. 109; ähnl. — aber enger — wohl *Ruppel*, S. 50 f., der bei personalem Versagen eines Grundrechts Art. 3 I als mögliches Korrektiv ansieht.

28 *Merten*, Freizügigkeit, S. 83 (für Art. 11) unter Berufung auf *Bachof*, GR III/1, S. 155 (178) und *Uber*, Freiheit des Berufs, 1952, S. 88; ähnl. für Art. 8 OVG Münster, DÖV 1970, 344 (345 f.); *Schmidt-Bleibtreu*, BVerfGG, Rdnr. 21 zu § 90.
Die Bezugnahme von *Merten* auf *Bachof* ist nicht ganz zutreffend. Zwar hält auch *Bachof* den personellen Rückgriff auf Art. 2 I für möglich, aber nur insoweit, als die allgemeine Handlungsfreiheit „in ihrem Kernbereich und Wesensgehalt Ausdruck der unantastbaren Menschenwürde ist" (a.a.O.). Inhaltlich rekurriert er also auf Art. 1 I, II und ist daher eher der „Meinungsgruppe *Dürig*" zuzurechnen. Ob man den Menschenrechtsgehalt unmittelbar aus Art. 1 I, II oder über die Zwischenstation des Art. 2 I begründet und dabei auf Art. 1 I, II zurückgreift, macht keinen sachlichen Unterschied. *Merten* geht es aber nicht um die Begrenzung auf den Menschenrechtsgehalt, sondern um die volle Anwendung des Art. 2 I (ebenso *Uber*, a.a.O.). Ähnlich wie *Bachof*, aber ziemlich unklar, *Rolvering*, S. 117, 120 (and. aber S. 95 ff.), der Art. 2 I insoweit als Auffangnorm betrachtet, als er in der Beschränkung der Art. 8, 9 I auf Deutsche einen Verstoß gegen Art. 1 I, 3 I sieht.

9 I fraglich und bezüglich der hier ansonsten nicht zu erörternden Art. 11, 12 unzutreffend[29].

Für Art. 12 nimmt *Bachof*[30] in einer auf alle Deutschen-Rechte übertragbaren Argumentation gegen die h. M. Stellung: Weil Art. 12 eine Konkretisierung der allgemeinen Handlungsfreiheit in einem besonders wichtigen Bereich sei, habe er notwendig an deren Eigenschaft als Menschenrecht i. S. d. Grundrechtsqualität teil.

Das ist nur mit der von *Bachof* selbst gemachten Einschränkung zwingend. Zwar ist Art. 12 (ebenso wie die Art. 8, 9 I) Ausfluß der allgemeinen Handlungsfreiheit. Daraus allein folgt aber noch nicht, daß auch das Einzelfreiheitsrecht an der Menschenrechtsqualität des Art. 2 I teilhat: nicht alles, was von Art. 2 I erfaßt wird, gehört zu dessen Menschenrechtsgehalt[31]; er umfaßt nur einen gewissen Kernbereich. Wenn aber nicht der gesamte Schutzbereich des Art. 2 I Menschenrechtsqualität hat, ist ein Einzelfreiheitsrecht als Konkretisierung der allgemeinen Handlungsfreiheit nicht notwendig ein Menschenrecht im qualitativen Sinne, da es möglicherweise nur Konkretisierung eines nicht unter Art. 1 I, II fallenden „Randbereiches" ist. Dies stimmt mit *Dürigs* These[32] überein, daß die Menschenrechtsqualität eines Grundrechts nicht aus dem Zusammenhang mit Art. 2 I folgt, sondern daß am Kriterium der in Art. 1 I, II angesprochenen Werte zu prüfen ist, welche Lebensvorgänge, die unter das Einzelgrundrecht fallen, die Werte des Art. 1 I, II gefährden. Diese Prüfung nimmt die h. M. nicht vor und vernachlässigt dadurch Art. 1 I, II.

2. Die Meinung *Dürigs* und seiner Anhänger setzt sich diesem Vorwurf nicht aus. Sie stellt eine sinnvolle Verbindung her zwischen den Einzelgrundrechten und Art. 1, der nicht umsonst an der Spitze des GG steht und weitreichende Austrahlungen hat.

Dürigs Lehre wurde mit dem Argument angegriffen, aus der Schranken-Schranke des Art. 19 II und aus Art. 1 I, II könne keine Erweiterung der Grundrechtsträger entnommen werden. Art. 1 I sei zwar Aus-

---

[29] Vgl. *Dürig*, GR II, S. 507 (521); *Bachof*, GR III/1, S. 155 (177); die prinzipielle Frage nach dem Grundrechtsschutz der Ausländer stellt sich bei allen Deutschen-Rechten in gleicher Weise, soweit es um die Bedeutung des Art. 1 I, II geht.

[30] Ebenda.

[31] *Bachof*, a.a.O., S. 177. Das übersieht z. B. *Ott*, DemonstrationsR, S. 22, wenn er die Menschenrechtsqualität des Art. 8 damit begründet, daß er eine Konkretisierung des Art. 2 I ist.

[32] GR II, S. 507 (522); AöR 81, 117 (121), Kommentar, Rdnr. 11 zu Art. 1 I; ähnl. *Ruppel*, S. 37.
Im Ergebnis stimmen *Bachof* und *Dürig* überein, da *Bachof* den Rückgriff nur wegen der besonderen Bedeutung des Art. 12 für Menschenwürde und Person vornimmt (a.a.O., S. 177 f.).

legungsmaßstab für die Einzelgrundrechte, die Umwandlung eines Deutschen- in ein Jedermann-Recht könne daraus aber nicht gefolgert werden, weil das GG durch die Beschränkung auf Deutsche gerade keine Konsequenzen aus Art. 1 I gezogen habe[33].

Diese Meinung kann nicht überzeugen, da sie *Dürigs*[34] zutreffenden Ansatzpunkt verkennt, daß der Verfassungsgeber nach seiner eigenen Auffassung gehindert war, sich mit dem in Art. 1 I anerkannten obersten Konstitutionsprinzip der Verfassung in Widerspruch zu setzen. Die Frage der Grundrechtsträgerschaft ist deshalb nicht nach der positivrechtlichen Ausgestaltung des Einzelgrundrechts zu beantworten, sondern danach, ob ein bestimmter Schutzbereich eines Grundrechts der Menschenwürde zuzurechnen ist. Soweit dies der Fall ist, sind auch Ausländer geschützt. Dadurch wird die Differenzierung des GG nicht nivelliert, da die positiv-rechtliche Ausgestaltung der Einzelgrundrechte über den Menschenrechtsgehalt hinausgeht. Dieser erfaßt jeweils nur einen Kernbereich[35]. Er ist für jedes Grundrecht gesondert zu ermitteln, indem gefragt wird, welche Verletzungsvorgänge in diesem Lebensbereich gegen die Menschenwürde verstoßen[36].

Aber auch *Dürigs* Meinung ist nicht unproblematisch, soweit sie dem Menschenrechtsgehalt des Art. 1 I, II und der Einzelgrundrechte jegliche politische Komponente abspricht. Bezeichnenderweise nimmt er insoweit nur bei der Kommentierung von Art. 18 eindeutig Stellung[37], wo es um die dogmatisch und verfassungspolitisch sinnvolle Zuordnung der Art. 1 I — 18 — 19 II geht, die die Literatur lange beschäftigt hat[38]. Die Diskussion scheint einen gewissen Abschluß mit einer in sich widerspruchsfreien Lösung gefunden zu haben: Die Menschenwürde umfaßt nur den persönlichen Entfaltungsbereich ohne intensiven Sozialbezug, Art. 18 betrifft nur die politische Dimension der Grundrechte, läßt also deren Menschenrechtsgehalt unberührt und verstößt auch nicht gegen Art. 19 II, da der von der absoluten Theorie geforderte Rest des Grundrechts, der mit dem Menschenrechtsgehalt identisch ist, stets auch nach der Grundrechtsverwirkung übrig bleibt[39].

---

33 So *Merten*, Freizügigkeit, S. 82 (bzw. Art. 11); *ders.*, MDR 1968, 621 (622) bzw. Art. 8; ebenso *Ruppel*, S. 55 f., der sich aber nur gegen die Gleichsetzung von Art. 1 I, II und Art. 19 II wendet, selbst aber bei personellem Versagen des Grundrechtsschutzes auf Art. 1 I zurückgreift (S. 58 f.).

34 AöR 81, 117 (120) und öfter.

35 Vgl. *Herzog*, Kommentar, Rdnr. 4 ff., bes. 6 zu Art. 8.

36 Auf den Einzelfall abstellend auch BVerfGE 30, 1 (25 f.); *Häberle*, JZ 1971, 145 (151 l. Sp.).

37 Kommentar, Rdnr. 11 mit Fn. 1, 59 zu Art. 18; der gleiche typische Zusammenhang besteht bei *Schmitt Glaeser*, Verwirkung, S. 220 ff.; früher schon bei *Ridder*, GR II, S. 243 (289 f.).

38 Dazu ausführlich *Schmitt Glaeser*, a.a.O., S. 211 ff. mit zahlr. Nachw.

39 So bes. *Dürig*, Kommentar, Rdnr. 11 mit Fn. 1 zu Art. 18 unter Aufgabe seiner Ansicht in JZ 1952, 513 (517), die aber in Rdnr. 62 f. (mit weit. Nachw.

Bei der Stringenz dieser Lehre darf nicht vergessen werden, daß die Aussagen bezüglich Art. 1 I vom Blickpunkt des Art. 18 her gemacht werden, dessen Einordnung in die Grundrechtsdogmatik lange Zeit große Schwierigkeiten bereitete. Der Verdacht drängt sich auf, daß es sich dabei um eine Hilfskonstruktion zur Begründung der Geschlossenheit der Grundrechtslehre handelt. Schwächstes und am dürftigsten begründetes Glied in der Argumentationskette ist die These, die Menschenwürde impliziere keine politische Betätigung. Diese These ist auf ihre Richtigkeit zu überprüfen, auch auf die Gefahr hin, daß die zu Art. 18 erarbeitete Lehre an Stringenz verliert oder revidiert werden muß.

Dürigs Argumentation beruht auf einem Menschenbild, das einseitig vom privatisierenden Individuum ausgeht, dessen Existenzminimum in der Bewahrung der Intimsphäre, der Erhaltung körperlicher Integrität sowie der dazu erforderlichen wirtschaftlichen Minimalbedingungen besteht. Entscheidend ist die Erhaltung der Selbstbestimmung des Individuums über sich selbst. Im Grunde handelt es sich dabei um ein Einzelwesen, das ohne soziale Verflechtung und Abhängigkeit existiert, zumindest aber darauf keinen Einfluß nimmt, sondern den vorgegebenen Verhältnissen unabänderlich unterworfen ist.

Allerdings betonen die Vertreter der hier kritisierten Meinung stets die Sozialgebundenheit der Person und sehen in Art. 1 I im Anschluß an BVerfGE 4, 7 (15 f.) eine Ablehnung des Individualismus wie des Kollektivismus; das GG habe sich vielmehr für die mittlere Linie des Personalismus entschieden[40]. Die soziale Verschränkung der Person zeige sich in der Fähigkeit zur Umweltgestaltung, die den Menschen gegenüber der unpersönlichen Natur auszeichne und seine Würde begründe[41]. Daraus werden aber bei der Erörterung des Art. 18 und der Frage nach dem politischen Gehalt der Menschenwürde keine Konsequenzen gezogen. Dieser Widerspruch ist dadurch aufzulösen, daß man Umweltgestaltung und politische Betätigung begrifflich trennt. Die Trennung könnte sich aus der Beschränkung des Politischen auf das Staatliche und aus der Klassifizierung des Gesellschaftlichen als privat ergeben. Umweltgestaltung würde sich nur auf einen kleinen Ausschnitt des

---

in Fn. 1) wieder zum Vorschein kommt (s. dazu *Schmitt Glaeser*, a.a.O., S. 222 Fn. 214); wie *Dürig*, *Schmitt Glaeser*, a.a.O., S. 213 f., 220 ff. mit zutr. Ablehnung der Gegenmeinungen auf S. 216 ff.; s. auch S. 215 Fn. 184.

40 So bes. *Dürig*, Kommentar, Rdnr. 18, 46, 47 zu Art. 1 I; *Schmitt Glaeser*, Verwirkung, S. 99 f.; *v. Mangoldt-Klein*, Anm. III 3 zu Art. 2; *H. Peters*, Festschrift für Laun (1953), S. 669 (671); *Wintrich*, Grundrechte, S. 7; ähnl. *Herzog*, Kommentar, Rdnr. 5 zu Art. 8.

41 *Dürig*, Kommentar, Rdnr. 18 zu Art. 1 I; präziser (und z. T. weitergehend) *Wintrich*, a.a.O., S. 6, 7, 14, 15; *Schmitt Glaeser*, a.a.O., S. 100; in dieser Richtung auch BVerfGE 5, 85 (204 f.).

Privat-Gesellschaftlichen beziehen. Eine zweite Möglichkeit besteht darin, die zu gestaltende Umwelt auf den begrenzten persönlichen Wirkungsbereich eines Individuums zu beschränken.

Beide Lösungen können nicht befriedigen. Die erste Lösung bedeutet einen Rückfall in das Staatsverständnis des 19. Jahrhunderts mit seiner Antinomie von Staat und Gesellschaft: Die Sphäre der Bürgerfreiheit ist die Sphäre des Gesellschaftlichen, die für den Staat rechtlich irrelevant ist[42]. Dieses Verständnis enspricht nicht dem demokratischen Willensbildungsprozeß des GG und dem daran auszurichtenden Begriff des Politischen[43].

Die zweite Lösungsmöglichkeit würde von einer wirklichen Umweltgestaltung kaum etwas übrig lassen. Der Wirkungsbereich einer Person ist weitgehend durch außerhalb dieses Wirkungskreises liegende Faktoren vorbestimmt[44], so daß bei einer Beschränkung auf diesen Bereich die Gestaltungsmöglichkeiten minimal sind. Es erscheint unangebracht, das hohe Wort von der Menschenwürde auf die Ordnung der persönlichen Belange zu beschränken — dafür bedürfte es nicht eines so pathetisch formulierten Art. 1 I.

Die These, Art. 1 I, II und damit der Menschenrechtsgehalt eines Grundrechts erfasse keinen politischen Wirkungsbereich des Individuums, ist demnach zweifelhaft.

3. Diesen Bedenken trägt die Mindermeinung Rechnung, die Menschenwürde und Demokratie in Beziehung setzt und zur Würde des Menschen die Mitwirkung an der Gestaltung des Gemeinwesens rechnet. Sie zieht aus der sozialen Verflochtenheit des Individuums Konsequenzen und sieht die echte Entfaltung von Persönlichkeit und Würde nur dort, wo die Möglichkeit der Einflußnahme auf „das System" besteht. Allerdings bleibt der Umfang der aus Art. 1 I, II hergeleiteten politischen Selbstbestimmung und Mitwirkung offen.

4. Eine Gleichstellung der Ausländer mit den Deutschen über Art. 3 III ist nach ganz h. M. in Rechtsprechung und Literatur ausgeschlossen, da die Staatsangehörigkeit nicht zu den in Art. 3 III genannten Differenzierungsverboten gehört[45]: Unter Abstammung sei nur die natür-

---

[42] Statt vieler dazu *Schmitt Glaeser*, a.a.O., S. 96.

[43] s. o. § 1 I.

[44] Außer der immer weiter reichenden staatlichen Normierung von Lebensbereichen sind hier zu nennen die staatliche Daseinsvorsorge, die heteronom gegebenen sozialen Bedingungen sowie die Fülle informeller gesellschaftlicher Normen.

[45] BVerfGE 5, 19 (22); 9, 124 (128); BVerwGE 3, 235 (236); 22, 66 (69 f.); BAD.VGH, DVBl. 1953, 242 (243); *Ipsen*, GR II, S. 111 (134, 145, 146); *v. Mangoldt-Klein*, Anm. V 2a zu Art. 3; *Wernicke*, BK (Erstbearb.), Anm. II 3 zu

liche biologische Beziehung zu den Vorfahren zu verstehen[46]. Heimat i. S. v. Art. 3 III sei nur die räumliche Herkunft nach Geburt oder Ansässigkeit und ziele insbesondere auf die Flüchtlinge und Vertriebenen[47]; Herkunft schließlich bezeichne die ständisch-soziale Abstammung[48]; ebenso seien Rasse und Sprache nicht mit der Staatsangehörigkeit identisch[49]. Zwar falle die Staatsangehörigkeit regelmäßig mit einem der Merkmale des Art. 3 III zusammen. Da aber Art. 3 III Kausalität zwischen einem der genannten Merkmale und der Differenzierung verlange[50], sei er auch in diesen Fällen nicht verletzt, wenn die Differenzierung wegen der Staatsangehörigkeit und nicht wegen eines der genannten Merkmale erfolge. Die Zulässigkeit dieser Differenzierung ergebe sich schon aus den Art. 8, 9 I, 11, 12, 16 II, 19 III und 33, da hier auf Verfassungsebene eine Schlechterstellung der Ausländer erfolgt sei[51].

Dieser Auslegung der h. M. kann kaum widersprochen werden. Auch bei großzügiger Auslegung ist die Staatsangehörigkeit unter keines der Differenzierungsverbote zu subsumieren; das Kausalitätserfordernis ergibt sich schon aus dem Wortlaut. Das Ergebnis ist allerdings unbefriedigend. Für den Gesetzgeber bleibt ein erheblicher Spielraum zur Umgehung, denn es ist gesetzestechnisch möglich, an die Staatsangehörigkeit anzuknüpfen, in Wirklichkeit aber wegen der damit verbundenen fremden Sprache oder wegen der Heimat zu differenzieren[52]. *Brinkmanns* Argumentation mag das rechtspolitisch erwünschte Ergebnis zeitigen, dem GG entspricht sie nicht. Ob das Tatbestandsmerkmal „Flüchtling oder Vertriebener deutscher Volkszugehörigkeit" unter eines der Differenzierungsverbote des Art. 3 III fällt, ist nach den obigen Begriffsbestimmungen fraglich. Selbst wenn das zuträfe, über-

---

Art. 3; *Lenz,* in: *Hamann-Lenz,* Anm. B 10 zu Art. 3; *Doehring,* Fremdenrecht, S. 195; *ders.,* ZaöRV 25 (1965), 478 (484); *Kraus,* Gedächtnisschrift für W. Jellinek (1955), S. 89 (92); *Stern,* BayVBl. 1956, 141; *Bordewin,* S. 43; *Milke,* S. 40 f.; *Rolvering,* S. 52; *Ruppel,* S. 40.

46 BVerfGE 23, 258 (262); BVerwGE 22, 66 (69 f.); *Ipsen,* a.a.O., S. 145; *Lenz,* a.a.O., Anm. B 7; *Wernicke,* a.a.O., Anm. II 3 b 2; *Ruppel,* S. 40.

47 BVerfGE 5, 17 (22); 17, 199 (203); 23, 258 (262); BVerwGE 22, 66 (70); *Ipsen,* a.a.O., S. 146; *Lenz,* a.a.O., Anm. B 10; s. aber auch Anm. B 1; *Doehring,* Fremdenrecht, S. 195; *Wernicke,* a.a.O., Anm. II 3 b 5; *Ruppel,* S. 40 f.

48 BVerfG, a.a.O.; E 9, 124 (128); BVerwG, a.a.O.; *Ipsen,* a.a.O.; *Doehring,* a.a.O.; *Lenz,* a.a.O., Anm. B 11 zu Art. 3; *Wernicke,* a.a.O., Anm. II 3 b 6 zu Art. 3; *Ruppel,* a.a.O.

49 *Ipsen,* a.a.O., S. 145, 146.

50 BVerfGE 2, 266 (286); *Leibholz-Rinck,* Rdnr. 36 zu Art. 3; *Doehring,* Fremdenrecht, S. 196 f.; *Lenz,* a.a.O., Anm. B 13 zu Art. 3 (m. w. N.); *Bordewin,* S. 43; *Milke,* S. 40; *Rolvering,* S. 53; *Ruppel,* S. 41.

51 *Ipsen,* a.a.O., S. 134; *Milke,* S. 37; *Rolvering,* S. 52; *Ruppel,* S. 42.

52 Vgl. die Schwierigkeit der Abgrenzung bei *Doehring,* Fremdenrecht, S. 197, s. auch S. 195; *Rolvering,* S. 53.

sieht Brinkmann die vom Verfassungsgeber selbst vorgenommene Differenzierung in den Art. 8, 9 I, 11, 12, 16 II, 33[53].

Er müßte einen absoluten, überverfassungsrechtlichen Vorrang des Art. 3 III nachweisen. Außerdem ist Art. 116 I kein zugkräftiges Argument, da er eine an sich vorübergehende Ausnahmeregelung zur Bewältigung der in der Nachkriegszeit entstandenen Notsituation darstellt[54].

5. Ernster zu nehmen ist der Versuch, ein beschränktes Differenzierungsverbot aus Art. 3 I zu entnehmen[55]. Da es sich um die Vereinbarkeit von Normen mit Art. 3 I handelt, ist nach der Rechtsprechung des BVerfG eine Verletzung des allgemeinen Gleichheitssatzes nur dann anzunehmen, „wenn sich ein vernünftiger, sich aus der Natur der Sache ergebender oder sonstwie sachlich einleuchtender Grund für die gesetzliche Differenzierung ... nicht finden läßt“[56]. Das BVerfG hat dabei stets eine weitgehende Gestaltungsfreiheit des Gesetzgebers anerkannt und nicht nachgeprüft, ob eine Regelung die zweckmäßigste, vernünftigste und gerechteste Lösung enthält. Es hat sich auf die Prüfung eminent unsachlicher Grenzziehungen beschränkt[57]. Seinen Standpunkt hat es mit dem markanten Satz umrissen: „Die angegriffene Regelung mag mit einem jahrzehntelangen Herkommen brechen ..., politisch höchst unbefriedigend sein; sie unter diesen Gesichtspunkten zu beurteilen, ist nicht Sache des Bundesverfassungsgerichts[58].“

Die Argumentation *Rolverings* reicht nicht aus, um solche evident unsachlichen Grenzziehungen bereits auf Verfassungsebene (!) darzulegen. Ihm ist darin zuzustimmen, daß der Ausschluß der politischen Betätigung von Ausländern in weiten Bereichen unbefriedigend ist; dies allein genügt jedoch ebenso wenig wie die teilweise Interessengleichheit zwischen Ausländern und Staatsangehörigen, um einen Verstoß gegen Art. 3 I anzunehmen. Im übrigen ist Rolvering inkonsequent, wenn er einerseits ein besonderes Treueverhältnis der Staatsangehörigen

---

[53] Ebenso *Tomuschat*, S. 51 Fn. 123.

[54] *Maunz*, Kommentar, Rdnr. 2 zu Art. 116.

[55] Daß Art. 3 I den Gesetzgeber auch gegenüber Ausländern bindet, ist heute unstreitig, vgl. *Ipsen*, GR II, S. 111 (127); *v. Mangoldt-Klein*, Anm. II 7; *Lenz* in: *Hamann-Lenz*, Anm. B 1 je zu Art. 3; *Doehring*, Fremdenrecht, S. 188, 189; *ders.*, ZaöRV 25 (1965), 478 (484); *Thieme*, S. 40 ff.; *Forch*, S. 49; *Milke*, S. 38; *Bordewin*, S. 43; *Ruppel*, S. 49, 50; BVerfG, NJW 1971, 1508. Ebenso BVerwGE 3, 235 (236); BGH, NJW 1956, 1836. Für Art. 109 I WRV, der nur von Deutschen sprach, war dies heftig umstritten, s. *Ipsen*, a.a.O., S. 133, *Thieme*, S. 18 ff. mit zahlr. Nachw.

[56] Ständige Rechtsprechung, z. B. BVerfGE 1, 14 (52); 4, 144 (155); 11, 245 (253); 12, 341 (348); 14, 142 (150); 15, 313 (320); 18, 38 (46); 18, 121 (124); 26, 72 (76); 26, 116 (138); 27, 364 (371); weitere Nachw. bei *Leibholz-Rinck*, Rdnr. 2 zu Art. 3.

[57] BVerfGE 1, 264 (276); 2, 118 (119); 9, 124 (130); 12, 326 (333, 337 f.); 12, 341 (348); 27, 375 (390); BVerfG, NJW 1971, 1508.

[58] BVerfGE 26, 72 (75 f.).

zum Staat bestreitet, andererseits im Bereich der Staatspolitik unterstellt, der Ausländer werde regelmäßig den Interessen seines Heimatstaates den Vorrang geben.

Auch die h. M. sieht in der unterschiedlichen Behandlung von Ausländern und Deutschen keinen Verstoß gegen Art. 3 I, da die Staatsangehörigkeit ein besonderes Pflicht- und Treueverhältnis begründe, das eine Differenzierung rechtfertige[59], und da Gründe der inneren Ordnung der Bundesrepublik für eine unterschiedliche Behandlung ausreichend seien[60].

Ob diese Argumente der h. M. zutreffen, mag dahingestellt bleiben. Wie problematisch eine bedenkenlose Anwendung dieses Grundsatzes in Grenzfällen werden kann, sei am Urteil des BVerwG vom 16. 7. 1968[61] aufgezeigt: Es bestätigte die Ausweisung eines italienischen Staatsangehörigen, der insgesamt etwa 20 Jahre Freiheitsstrafe verbüßt hatte. Sein Großvater war 1890 nach Deutschland gekommen und hatte eine Deutsche geheiratet. Die Mutter des Anfechtungsklägers war ebenfalls Deutsche. Seit 70 Jahren war kein Familienmitglied mehr in Italien; der Kläger hatte weder Verwandte noch Bekannte in Italien und war des Italienischen nicht mächtig. Das BVerwG meinte, er hätte in der Strafhaft italienisch lernen können und wäre so mit besseren Sprachkenntnissen nach Italien gekommen als mancher Gastarbeiter in die BRD (!). In einem ähnlichen Fall hat der BaWüVGH[62] ebenso entschieden: Ein seit seiner Geburt im Jahre 1926 in Deutschland lebender italienischer Staatsangehöriger, der nur einmal für wenige Tage in Italien war und kaum italienisch sprach, wurde wegen verschiedener Straftaten ausgewiesen. Das Gericht ersparte sich nicht den Hinweis, daß es in Italien deutsch-sprachige Gebiete gebe, in denen der Kläger sich zurechtfinden könne.

Beide Fälle zeigen, daß die Staatsangehörigkeit zum rein formalen Kriterium werden kann, wenn jede tatsächliche Beziehung zum „Heimat"-Staat fehlt. Der tatsächliche Unterschied zu einem Deutschen bestand letztlich nur darin, daß der Großvater eine fremde Staatsangehörigkeit hatte.

---

[59] Vgl. BVerwGE 22, 66 (71); *Wolff*, VerwR I, § 33 VI e 6; *Schiedermair*, S. 41, mit dem weiteren Argument, das GG setze begrifflich das Staatsvolk und deshalb die Differenzierung zwischen Staatsangehörigen und Ausländern voraus; bes. eingehend *Thieme*, S. 57 ff., bes. S. 62 ff. mit Nachw. aus der älteren Lit.; *Thiemes* Satz, die Beziehung der Staatsangehörigen zum Staat enthalte „ein irgendwie unfaßbares Element, das schon in dem sittlichen, logisch nicht näher zu begründenden Treuegedanken zum Ausdruck kommt" (S. 64 f.), zeigt die Schwäche dieser Position.

[60] So z. B. *Bachof*, GR III/1 S. 155 (178); *Doehring*, Fremdenrecht, S. 189; *Bordewin*, S. 45 (für Abweisung); *Ruppel*, S. 49.

[61] Soweit ersichtlich nur veröffentlicht in Buchholz 402.24 § 10 AuslG Nr. 5.

[62] ESVGH 18, 104 ff.; krit. dazu *Franz*, ZRP 1970, 229 (233).

Gewiß handelt es sich hier um Sonderfälle, aber die Zahl der Ausländer, die zum Staatsvolk im soziologischen Sinne gehören, d. h. durch Sprache, Wohnsitz, Gewerbe und sozialen Kontakt voll integriert sind[63], wächst. Die Bevölkerungsbewegung nach dem 2. Weltkrieg und die Mobilität des einzelnen im Zuge der wirtschaftlichen Integration Europas haben bewirkt, daß die Staatsangehörigkeit immer häufiger des tatsächlichen Substrats der Integration und Gebundenheit im Heimatstaat entbehrt und damit als Differenzierungsmerkmal immer weniger geeignet wird. Je mehr und je häufiger Staatsangehörigkeit und tatsächliche Integration auseinander treten, desto mehr erscheint es erforderlich, die Differenzierung an die tatsächlichen Kriterien der Aufenthaltsdauer und der Integration in der BRD zu knüpfen, auch wenn die Feststellung dieser Voraussetzungen größere Schwierigkeiten bereitet als die Feststellung der Staatsangehörigkeit. Es ist z. B. kaum verständlich, daß ein in den USA geborener Deutsch-Amerikaner, der im Alter von 50 Jahren zum ersten Mal in die BRD kommt, „Vollbürger" dieses Staates ist, nicht dagegen ein Italiener, dessen Familie seit 80 Jahren in der BRD lebt.

So spricht zwar manches für die Kritik von *Rolvering*. Sie reicht aber nicht aus, eine evidente Sachwidrigkeit nachzuweisen, zumal ihr gewichtige Bedenken aus dem GG selbst entgegenstehen: Das Gerechtigkeitsgebot des Art. 3 I bedarf der inhaltlichen Bestimmung, die dem Verfassungsgeber und dem Gesetzgeber im Rahmen ihrer Gestaltungsfreiheit obliegt[64]. Nun hat der Verfassungsgeber selbst bei der Grundrechtsträgerschaft zwischen Ausländern und Deutschen differenziert und damit zu erkennen gegeben, daß er insoweit die Staatsangehörigkeit als sachliches Differenzierungsmerkmal anerkennt[65]. Diese klare Entscheidung kann nicht durch den Rückgriff auf Art. 3 I negiert werden, da die Deutschen-Rechte hinsichtlich der Ausländer spezielle Ungleichheitstatbestände sind und dem allgemeinen Gleichheitssatz für ihren Geltungsbereich vorgehen. Dies kann nur dort nicht gelten, wo der Gestaltungsfreiheit des Verfassungsgebers selbst Grenzen gesetzt sind, also im Bereich des vorstaatlichen Rechts.

Art. 3 I hat einen menschenrechtlichen, vorstaatlichen Kern[66]. Dieser kann nur aus Art. 1 I, II ermittelt werden, denn ein absolutes Gleich-

---

[63] s. *Thieme*, S. 60; er hielt es noch für möglich, diese Ausländer von seiner Untersuchung auszuschließen und die sich ergebenden besonderen Probleme bei der Auslegung von Einzelvorschriften zu lösen.

[64] Zutr. *Doehring*, Fremdenrecht, S. 188.

[65] *Doehring*, a.a.O., S. 189; s. auch oben Fn. 51. *Rolvering* übersieht das zwar nicht (s. S. 113), ist aber in der Konstruktion ziemlich unklar (s. o. Fn. 21).

[66] *Doehring*, a.a.O., S. 188 mit Nachw. aus der Rspr. Wenn *Doehring* (S. 190) meint, wo leges speciales eine Differenzierung zwischen Ausländern und Deutschen gebieten, werde der überpositive Gleichheitssatz durch das positive

behandlungsgebot kann nur dort bestehen, wo jede Ungleichbehandlung die Menschenwürde verletzen müßte; in diesem Bereich besteht „arithmetische Gleichheit“[67]. Wann die Menschenwürde tangiert ist, läßt sich nicht generell, sondern nur für jeden Lebensbereich gesondert beschreiben[68]. Dafür gibt der allgemein formulierte Art. 3 I aber wenig her. Das GG hat in den Spezialgrundrechten selbst verschiedene Lebensbereiche normiert, so daß es sinnvoller erscheint, von dort aus nach der Verletzung der Menschenwürde zu fragen. Das bedeutet, daß bei der Frage nach der zulässigen Differenzierung der Grundrechtsträgerschaft auf Verfassungsebene nicht bei Art. 3 I anzusetzen ist; maßgebend ist vielmehr der Menschenrechtsgehalt des Einzelgrundrechts, der sich unmittelbar aus Art. 1 I, II und nicht aus Art. 3 I ergibt. Verletzt die totale Versagung eines Grundrechts für Ausländer die Menschenwürde, so wird wegen des Gebotes arithmetischer Gleichheit stets auch Art. 3 I verletzt sein, sedes materiae aber ist Art. 1 I, II. Der Umweg über Art. 3 I ist deshalb abzulehnen.

6. *Dürig*[69] hat den Rückgriff auf Art. 2 I auch bei personalem Versagen eines Spezialgrundrechts einen „bestechenden Gedanken“ genannt, ihn gleichwohl abgelehnt, weil sonst z. B. die Berufsfreiheit der Deutschen einem weiteren Regelungsvorbehalt unterliegen würde als die der Ausländer nach dem engeren Schrankenvorbehalt des Art. 2 I[70]. Bei Dürigs Verständnis der Schrankentrias des Art. 2 I, insbesondere der verfassungsmäßigen Ordnung[71], ist das richtig. Versteht man aber mit dem BVerfG unter der verfassungsmäßigen Ordnung des Art. 2 I „die Gesamtheit der Normen, die formell und materiell der Verfassung gemäß sind“[72], so dürfte der Argumentation Dürigs der Boden entzogen sein[73], weil dann Art. 2 I letztlich nur eine Normierung des Rechtsstaats-

---

Recht überspielt, da nur eine willkürliche Differenzierung verboten sei, so ist das in dieser Form gefährlich und mißverständlich. Es gibt auch einen nicht überspielbaren Bereich des Art. 3 I, in dem die positiv-rechtliche Differenzierung gegen die Menschenwürde verstößt. Richtig an *Doehrings* Satz ist, daß das Gerechtigkeitsgebot zwar überstaatlich ist, aber der inhaltlichen Auffüllung durch die Verfassung bis zur Grenze des Art. 1 I, II zugänglich ist.

67 *Kraus*, Gedächtnisschrift für W. Jellinek (1955), S. 89 (90); sachlich ebenso *Dürig*, AöR 81, 117 (143), *Wertenbruch*, Menschenwürde, S. 217; *Rolvering*, S. 55.

68 BVerfGE 30, 1 (25 ff.).

69 Kommentar, Rdnr. 66 zu Art. 2 I, 14 mit Fn. 2 zu Art. 19 III; wenn *Dürig* (ebenso *Ruppel*, S. 37) *Bachof* (GR III/1) S. 155 (177 f.) zu den Befürwortern der „personalen Rückgriffslehre“ zählt, so erscheint das aus den oben Fn. 28 dargelegten Gründen nicht ganz zutreffend.

70 Im Grundsatz ebenso *Bordewin*, S. 85; *Forch*, S. 29; *Marxen*, S. 41; *Ruppel*, S. 36, 37; *Thomsen*, S. 50.

71 a.a.O., Rdnr. 12 ff. zu Art. 2 I.

72 BVerfGE 6, 32, (38, 41).

73 *Merten*, Freizügigkeit, S. 83 mit Fn. 9; ähnl. wohl *Rolvering*, S. 121.

prinzips ist[74]. Die Privilegierung der Deutschen bleibt erhalten, weil keines der Deutschen-Rechte (auch nicht Art. 8 und Art. 12) unter einem weiteren Gesetzesvorbehalt steht als Art. 2 I.

Das BVerfG[75] hat seine Rechtsprechung zum Verhältnis der Einzelgrundrechte zu Art. 2 I dahingehend modifiziert, daß die besonderen Grundrechtsnormen die Anwendung des Art. 2 I nur insoweit ausschließen, als eine Verletzung des allgemeinen wie des speziellen Grundrechts unter demselben sachlichen Gesichtspunkt in Betracht kommt. Art. 2 I kommt danach zur Anwendung, wenn er unter einem Gesichtspunkt verletzt ist, der nicht in den Bereich der besonderen Grundrechtsnorm fällt.

Das BVerfG äußerte sich zwar nicht zur Frage des persönlichen Umfangs eines Grundrechtes, gleichwohl könnten seine Ausführungen zur Lösung dieses Problems i. S. eines Rückgriffs auf Art. 2 I herangezogen werden. Dies würde voraussetzen, daß die Frage der Grundrechtsträgerschaft ein Gesichtspunkt ist, der nicht in den Bereich des Einzelgrundrechts fällt. Gerade davon kann aber keine Rede sein, weil das GG eine differenzierte Regelung der Grundrechtsträgerschaft vorgenommen hat. Die Beschränkung eines Grundrechts auf Deutsche ist nicht so zu verstehen, daß hinsichtlich der Ausländer gar keine Regelung getroffen werden soll; aus der Existenz von Jedermann-Rechten ist vielmehr zu schließen, daß die Ausländer bei den Deutschen-Rechten ausgeschlossen werden sollen, diese enthalten also eine negative Regelung, so daß keine Lücke vorliegt und der Rückgriff auf Art. 2 I ausgeschlossen ist[76]. Bei einer sachlich negativen Regelung ist dies ganz unstreitig; niemand behauptet, daß z. B. die von Art. 8 nicht gedeckte Versammlungstätigkeit unter Art. 2 I fällt. Die Antithese persönlichessachliches Versagen des Grundrechtsschutzes erscheint im übrigen unzutreffend. Jedes Grundrecht regelt einen bestimmten Lebensbereich; zu diesem sachlichen Regelungsbereich gehört auch die Frage nach dem Inhaber des Grundrechts. Sie ist nach den allgemeinen Kriterien zu beantworten. Daß dabei Wertschutzlücken entstehen können, steht dem

---

[74] *Thomsen*, S. 50; ähnl. *Dürig*, Kommentar, Rdnr. 18 zu Art. 2 I. Die Ausführungen in BVerGE 6, 32 (40 f.) ändern daran nichts.

[75] BVerfGE 19, 206 (LS 2, 225) mit ausdrücklicher Ergänzung von E 6, 32 (37). Es handelte sich um das Badische Ortskirchensteuergesetz, das vom BVerfG trotz Art. 4 an Art. 2 I gemessen wurde, weil Art. 4 nicht die Frage erfasse, ob die Kirchensteuerpflicht juristischer Personen mit dem Verhältnis Staat-Kirche vereinbar ist.

[76] So auch *Forch*, S. 29 (bez. Art. 12); abzulehnen daher *Merten*, Freizügigkeit, S. 83 (s. o. Text zu Fn. 28), gegen den auch die Entstehungsgeschichte der Art. 8, 9 I spricht (vgl. JöR NF 1 [1951], S. 116 f. und *v. Münch*, BK [Zweitbearb.], I zu Art. 8); es war der eindeutige Wille des Verfassungsgebers, die Ausländer von diesen Rechten auszuschließen.

nicht entgegen. Sie sind jedenfalls nicht durch Art. 2 I zu schließen. Sachgemäßer erscheint der oben dargestellte Weg über Art. 1 I, II[77].

§ 5 Eigene Lösung

Die Erörterungen in § 4 haben gezeigt, daß Ausländern bei den Deutschen-Rechten nicht jeder Grundrechtsschutz versagt sein muß und daß eine befriedigende Lösung dieses Problems nur aus Art. 1 I, II zu gewinnen ist.

Für die politischen Deutschen-Rechte des GG stellt sich damit die Frage, ob zur Menschenwürde eine politische Dimension gehört, ob also Art. 1 I, II ein Minimum an politischer Betätigung garantiert, das durch die nachfolgenden Einzelgrundrechte nicht unterschritten werden kann, auch wenn diese dem Wortlaut nach nur für Deutsche gelten.

1. Das Bundesverfassungsgericht hat ausgeführt, nach dem Menschenbild des GG sei der Mensch „eine mit der Fähigkeit zu eigenverantwortlicher Lebensgestaltung begabte ‚Persönlichkeit'"[1], er sei fähig und es werde von ihm gefordert, „seine Interessen und Ideen mit denen der anderen auszugleichen"[1]. „Für den politisch-sozialen Bereich bedeutet das, daß es nicht genügt, wenn eine Obrigkeit sich bemüht, noch so gut für das Wohl von ‚Untertanen' zu sorgen; der einzelne soll vielmehr in möglichst weitem Umfange verantwortlich auch an den Entscheidungen der Gesamtheit mitwirken. Der Staat hat ihm dazu den Weg zu öffnen; das geschieht in erster Linie dadurch, ... daß ... geistige Freiheit gewährleistet wird[2]."

Daß danach der Mensch als politisch handelndes Wesen gesehen wird, dessen Würde sich in der Mitgestaltung der politisch-sozialen Verhältnisse entfaltet, kann keinem Zweifel unterliegen.

---

[77] Die praktischen Unterschiede sind gering: Eingriffe bedürfen in jedem Fall der gesetzlichen Grundlage. Wegen der weiten Schrankentrias des Art. 2 I in der Auslegung des BVerfG besteht ein echter Schutz gegen Gesetze nur im Rahmen der Wesensgehaltsgarantie, die deshalb bei Art. 2 I im Mittelpunkt des Interesses steht (vgl. *Bachof*, VerfR II, S. 70, 73 mit Fn. 33). Hält man mit *Dürig* (Kommentar, Rdnr. 81 zu Art. 1 III) Wesensgehaltsgarantie und Menschenrechtsgehalt für identisch, bezieht Art. 2 I seine Effizienz nur aus Art. 1 I, II.

[1] BVerfGE 5, 85 (204).

[2] BVerfG, a.a.O., S. 204 f.; auf der gleichen Linie BVerfGE 4, 7 (15 f.); 7, 198 (205). Vgl. auch BVerfGE 9, 89 (95); 27, 1 (6); 28, 314 (323); BVerfG, DÖV 1971, 554 (555 f.).

Eine wesentlich andere Deutung hat das BVerfG neuerdings in seinem Urteil zu Art. 10 II 2 vorgenommen[3]: Die Formel, der Mensch dürfe nicht zum bloßen Objekt der Staatsgewalt werden, könne nur die Richtung anzeigen, in der die Verletzungsfälle liegen, da der Mensch nicht selten bloßes Objekt der gesellschaftlichen Entwicklung und des Rechts sei, insofern er sich ohne Rücksicht auf seine Interessen fügen müsse. „Hinzukommen muß, daß er einer Behandlung ausgesetzt wird, die seine Subjektqualität prinzipiell in Frage stellt, oder daß in der Behandlung im konkreten Fall eine Mißachtung der Würde des Menschen liegt. Die Behandlung des Menschen ... muß also ... Ausdruck der Verachtung des Wertes, der dem Menschen kraft seines Personseins zukommt, also in diesem Sinne eine ‚verächtliche Behandlung' sein[4]."

Von solchen Absichten bei der Ausübung öffentlicher Gewalt[5] war bislang nicht die Rede. Das Sondervotum der überstimmten Richter[5] weist — wenn vielleicht auch überspitzt, so im Kern doch zutreffend — darauf hin, daß damit Art. 79 III (und Art. 1 I, II) „auf ein Verbot der Wiedereinführung z. B. der Folter, des Schandpfahls und der Methoden des Dritten Reichs" reduziert wird[6]. Von Selbstbestimmung und Umweltgestaltung ist nicht mehr die Rede, und das trotz eines ausgebauten Grundrechtskataloges, trotz Art. 19 II und Art. 20. Die Perspektiven, die sich hier unter Zugrundelegung von *Dürigs* Formel Menschenrechtsgehalt = Wesensgehalt[7] ergeben, sind düster, weil der Entzug aller Grundrechte mit der Begründung möglich erscheint, es handele sich um eine „den Bürger treffende Last, die um des Schutzes des Bestandes seines Staates oder der freiheitlich demokratischen Ordnung willen von ihm gefordert wird"[8]. Man wird sich nur bemühen müssen, entsprechende Regelungen nicht als Verachtung der Betroffenen erscheinen zu lassen[9].

Die Ansicht des BVerfG, der Mensch sei nicht selten Objekt der Verhältnisse, der gesellschaftlichen Entwicklung und des Rechts, dem er sich ohne Rücksicht auf seine Interessen fügen müsse, kann nicht überzeugen. Das BVerfG scheint davon auszugehen, daß der Mensch Subjekt nur dort sei, wo er seine Interessen durchsetzen und die

---

[3] BVerfGE 30, 1 (25 f.).

[4] a.a.O., S. 26.

[5] Daß es dabei auf ein finales Moment ankommt, macht das Sondervotum der drei überstimmten Richter zutr. deutlich, s. BVerfGE 30, 33 (40); ebenso *Häberle*, JZ 1971, 145 (151 Fn. 90).

[6] Zustimmend auch *Häberle*, a.a.O., S. 151 r. Sp.; die scharfe Form des Sondervotums rechtfertigt *H. H. Rupp*, NJW 1971, 275 (277).

[7] Kommentar, Rdnr. 81 zu Art. 1 II.

[8] BVerfGE 30, 1 (26 f.).

[9] Die Subjektivierung der objektiv zu betrachtenden staatlichen Regelungen bemängelt auch *Häberle*, a.a.O., der zutr. bemerkt, daß die Subjektivierung auf Kosten der Menschenwürde zugunsten der Staatsraison geht.

konkrete Situation nach eigenem Willen gestalten kann; wenn etwas gegen seinen Willen geschieht, wird er als Objekt behandelt. So einfach sind die Dinge nicht. Gerade wenn man mit der früheren Rechtsprechung die Sozialgebundenheit des Individuums und die Notwendigkeit des Interessenausgleichs betont, zeigt sich, daß es nicht auf die Interessen- und Willensdurchsetzung im Einzelfall, sondern nur auf die generelle Möglichkeit ankommt, bei der Gestaltung der Verhältnisse und der Schaffung der Normen mitzuwirken und hier seine Interessen einzubringen und auszugleichen. Daß der einzelne sich dem so geschaffenen Recht fügen muß, besagt nichts, wenn er nur die Möglichkeit der Mitsprache bei der Normsetzung hat[10]. Die Objekt-Vorstellung des BVerfG berücksichtigt nicht die soziale Verschränkung des Individuums, sondern legt den unter dem GG mit Recht abgelehnten reinen Individualismus zugrunde. Mit diesem Urteil gerät die Grundrechtsdogmatik der letzten 20 Jahre und das Verständnis Bürger-Staat ins Wanken, wie man es seither im GG verankert sah. Der Weg zurück zum Obrigkeitsstaat und einer privatisierten Gesellschaft, die nur nicht verächtlich behandelt werden darf, ist nicht weit[11].

Bei dieser Kritik soll es hier bewenden[12]. Es ist zu hoffen, daß das BVerfG künftig zu seiner alten Rechtsprechung zurückfindet und das Abhörurteil eine einmalige, durch zweifelhafte Erwägungen der Staatsraison bedingte Fehlleistung bleibt.

Diese Hoffnung gründet sich auf das abweichende Votum der überstimmten Richter[13], das den Anschluß an die seitherige Rechtsprechung des Gerichts wahrt und zutreffend dabei bleibt, die Menschenwürde sei verletzt, wenn der Mensch zum Objekt staatlichen Handelns werde und wenn über sein Recht kurzerhand von Obrigkeits wegen verfügt werde. Alle Staatsgewalt habe den Eigenwert der Persönlichkeit zu

---

[10] Im Erg. übereinstimmend das Sondervotum: Der Bürger bleibe lebendiges Glied der Rechtsgemeinschaft (BVerfGE 30, 42). Die Schwäche der Mehrheitsmeinung läßt sich nicht mit dem Argument verdecken, nach ihr müsse die Subjektqualität *prinzipiell* in Frage gestellt werden (a.a.O., S. 26). Prinzipiell verneint wird die Subjektqualität nach dem Kontext dieser Äußerung nur bei Willkür und „verächtlicher Behandlung", nicht aber beim Ausschluß jeder Mitgestaltungsmöglichkeit.

[11] Vgl. auch die beißende Kritik von *Häberle*, a.a.O., S. 151, der in dem entscheidenden Satz „ein Fossil obrigkeitsstaatlicher Provenienz und eines gesellschaftlichen Determinismus" sieht, „angesichts dessen die Betroffenheit (des Rezensenten) sich kaum mehr artikulieren läßt".

[12] Wegen der verfehlten Methode und wegen der anderen Probleme des Abhörurteils vgl. die scharfe Kritik bei *Häberle*, JZ 1971, 145 ff. und *H. H. Rupp*, NJW 1971, 275 ff. *Häberles* Kritik gipfelt in der Frage (a.a.O., S. 156), ob hier nicht „der Fall einer ‚verfassungswidrigen Verfassungsrechtsprechung' " vorliegt. Dagegen *Oppermann*, JZ 1971, 301.

[13] BVerfGE 30, 39 f. Ähnl. Bewertung des Sondervotums bei *Häberle*, a.a.O., S. 145; *H. H. Rupp*, a.a.O., S. 275.

achten und dürfe sie auch in „guter Absicht“ nicht „unpersönlich“, wie einen Gegenstand behandeln.

2. Die Umschreibungen der Literatur stehen im Einklang mit der früheren Rechtsprechung des BVerfG, wenn auf die „verantwortliche Selbstbestimmung“[14], auf die Auswirkung in der Umwelt[15], die gemeinsame „Welt- und Werterfahrung und -erschließung“[16] und die Entfaltung der Persönlichkeit in der „ganze(n) Breite menschlichen Denkens, Wertens, Wollens und Handelns“[17] abgestellt wird. Die politische Betätigung wird zum Wesen des Menschen gerechnet, da sie zur Ordnung der unvermeidlichen Gemeinschaftsbeziehungen und zur Erfüllung des eigenen menschlichen Seins notwendig sei[18]. Zur vorgegebenen Wertordnung des GG gehört die „Personhaftigkeit“, die „Seinsautonomie“ des Menschen und seine „mitmenschliche Bindung und Verantwortung in der Gemeinschaft“[19]. Er ist berufen, „menschliches Zusammenleben mitzugestalten“[20]. Autonomie und Freiheit des Menschen werden erst dadurch respektiert, daß er an der Setzung des Rechts, dem er untersteht, als Mitbestimmender mindestens potentiell teilhat[21]. *Schmitt Glaeser*[22] knüpft ausdrücklich an das BVerfG[23] an und spricht vom Bild des „sozial-verschränkten“ Menschen; aus dem Junktim von Freiheit und Demokratie im GG beschreibt er die Würde des Menschen als die Fähigkeit zur eigenverantwortlichen Lebensgestaltung, die nicht nur auf die Privatsphäre, sondern vor allem „auf das Wir, die Gemeinschaft, den Staat“[24] bezogen ist. Um so erstaunlicher ist es, wenn Schmitt

---

14 *Wintrich*, Festschrift für Apelt (1958), S. 1.

15 *Ders.*, a.a.O., S. 2.

16 *Ders.*, a.a.O., S. 3.

17 *Ders.*, a.a.O., S. 4.

18 *Kimminich*, ArchVR 10 (1962/63), 132; in BK (Zweitbearb.), Rdnr. 148 zu Art. 16, verneint er dagegen ausdrücklich ein Menschenrecht auf politische Betätigung. Dagegen *Brinkmann*, Kommentar, Anm. I 6 c zu Art. 16.

19 *Bachof*, Grundgesetz und Richtermacht, 1959, S. 24; ähnl. schon in Gedächtnisschrift für W. Jellinek (1955), S. 287 (302): Die freiheitlich demokratische Grundordnung verbiete es, den einzelnen als bloßes Objekt der Rechtsordnung zu betrachten, statt als eine zu aktiver Teilhabe an der Verwirklichung der Staats- und Rechtszwecke berufene Rechtsperson; modifizierend aber a.a.O., S. 306.

20 *Hesse*, VerfR, S. 50.

21 *Wintrich*, Grundrechte, S. 14, s. auch S. 7; ähnl. — aber allgemeiner — *Zippelius*, BK (Zweitbearb.), Rdnr. 6 zu Art. 1; *Rolvering*, S. 119; vgl. auch *Wertenbruch*, Menschenwürde, S. 203 mit Fn. 208 und die Nachw. oben § 4 Fn. 16; ähnl. auch *Dürig*, Kommentar, Rdnr. 18, 49 ff. zu Art. 1 I, allerdings ohne Konsequenzen zu ziehen, s. o. § 4 I 2, Text zu Fn. 9.

22 Verwirkung, S. 100, im Anschluß an *Th. Litt*, Individuum und Gemeinschaft, 3. Aufl., 1926, S. 46 ff., 142 ff., 174 ff., 187 ff.; *Smend*, Verfassung und Verfassungsrecht, in: Staatsrechtl. Abhandl., 2. Aufl. 1968, S. 119 (125 f.).

23 s. o. Fn. 1 und 2.

24 Wie Fn. 22.

Glaeser an anderer Stelle[25] die Menschenwürde vorwiegend auf den Intimbereich ohne wesentlichen Sozialbezug beschränkt.

3. Bei diesen Äußerungen des Schrifttums ist es verwunderlich, daß kaum die Konsequenz gezogen wird, ein Minimum an politischer Betätigung zur Menschenwürde zu rechnen. Selbstbestimmung kann nicht auf die Intimsphäre beschränkt werden, sie ist nur dort wirklich gegeben, wo zumindest die Möglichkeit besteht, an der Gestaltung des politischen Gemeinwesens mitzuwirken, in das der einzelne inkorporiert ist. Fast alle geistigen, sozialen und wirtschaftlichen Lebensbedingungen werden von diesem Gemeinwesen zumindest mitbestimmt. Ein totaler Ausschluß von der Mitgestaltung würde den einzelnen weitgehend heteronomen Festsetzungen unterwerfen und ihn damit zum bloßen Objekt herabwürdigen[26]. Der Mensch ist als geistiges Wesen auf Kommunikation angewiesen, die kein Selbstzweck ist, sondern die Realisierung ihrer Inhalte intendiert. Die Möglichkeit, Handlungen mit einigem Sozialbezug zu unterbinden, würde das Individuum weitgehend sozial entflechten, da es nur die tatsächliche Abhängigkeit von der Umwelt belassen, die seinsmäßige Ausrichtung des Individuums auf die Umweltgestaltung aber unterbinden würde.

So gesehen kann die Umweltgestaltung nur als politisch i. o. S.[27] verstanden werden, da Umwelt eben das politische Gemeinwesen ist. Wegen der Ablehnung einer Antinomie zwischen Staat und Gesellschaft[27] kann die Umweltgestaltung nicht auf einen Bereich des Privat-Gesellschaftlichen beschränkt werden, da das Individuum nur in *einem* einheitlichen politischen Verband steht. Das bedeutet nicht, daß es keinen privaten, unpolitischen Bereich des Individuums mit Sozialbezügen gibt und daß deshalb doch der Antinomie privat-öffentlich[28] (= gesellschaftlich-staatlich) das Wort geredet werden müßte. Es ist lediglich anzuerkennen, daß es Bereiche der Persönlichkeitsentfaltung mit geringem Bezug zur Gesamtordnung des politischen Gemeinwesens gibt. Eine Reduzierung der Menschenwürde auf diesen Bereich persönlicher Lebensordnung läßt aber vom Postulat der Umweltgestaltung wenig übrig.

Zur Menschenwürde gehört damit auch die mindestens potentielle Einflußnahme auf Maßnahmen des Staatsapparates wie auch auf Verhaltensweisen der — hier nur negativ gekennzeichneten — „gesell-

---

[25] Verwirkung, S. 220 ff., bes. S. 222.

[26] Vgl. auch *Häberle*, JZ 1971, 145 (151 r. Sp.), der unter Hinweis auf BVerfGE 28, 314 (323) von der „emanzipatorischen Kraft der Menschenwürdebestimmung" spricht.

[27] s. o. § 1 I.

[28] Dazu zutr. *P. Schneider*, Pressefreiheit und Staatssicherheit, 1968, S. 19 f.; *Rolvering*, S. 8—10.

schaftlichen" Kräfte. Das bedeutet nicht, daß jede formalisierte Mitwirkung an den Entscheidungsprozessen von der Menschenwürde erfaßt wird. Nur der Ausschluß jeder Mitsprache- und Gestaltungsmöglichkeit verstößt gegen Art. 1 I, II[29]. Damit erweist sich schon jetzt die eingangs konstatierte These[30], Ausländer hätten selbstverständlich keine politischen Rechte, als unzutreffend.

Hier ergeben sich auch bereits erste Differenzierungsmöglichkeiten: Für den Ausländer, der sich nur kurzfristig in der BRD aufhält, sind die Verhältnisse der BRD keine Umwelt, in die er sozial verflochten ist. Für den Gastarbeiter, der sich längere Zeit in der BRD aufhält, kann dagegen eine doppelte Verflochtenheit im Aufenthalts- wie im Heimatstaat bestehen, so daß die politische Betätigung in beiden Richtungen unter den Schutz des Art. 1 I, II fallen kann; Maßnahmen der deutschen Staatsgewalt werden dies zu berücksichtigen haben.

Die Ableitung eines Minimums an politischen Rechten aus Art. 1 I, II wird auf Widerspruch stoßen. Auf die zu erwartenden Gegenargumente ist daher kurz einzugehen.

Die hier vertretene Auffassung widerspricht der Lehre zu Art. 18[31]: wenn er eine totale Entpolitisierung bezweckt und ermöglicht, ist die Kollision mit Art. 1 I prima facie unvermeidlich. Es kann nicht Aufgabe dieser Arbeit sein, eine neue Lehre zu Art. 18 zu entwickeln, so daß kurze Hinweise genügen müssen. Methodisch erscheint es richtiger, Art. 18 von Art. 1 I her auszulegen und ggf. zu begrenzen, als umgekehrt. Die Verwirkungsfolgen des Art. 18 stehen unter dem Übermaßverbot, das eine totale Entpolitisierung kaum erlauben dürfte. Das Übermaßverbot hat seine verfassungsrechtliche Wurzel auch in Art. 1 I, so daß die konkrete Verwirkungsfolge und die generelle Verwirkungsmöglichkeit von der gleichen Norm begrenzt werden[32]. Der Konflikt kann dahingehend gelöst werden, daß man die totale Entpolitisierung nach Art. 18 stets für nicht erforderlich oder unverhältnismäßig hält und so das in Art. 1 I, II erfaßte Minimum politischer Betätigung erhält.

Ein weiteres Argument gegen einen politischen Mindeststandard der Ausländer wird im Hinweis auf den genossenschaftlichen Charakter des Staates[33] und die demokratische Komponente der Grundrechte[34]

---

29 Bez. der Vereinsfreiheit wie hier *H. Huber*, Festschrift für Jahrreiß (1964), S. 101 (109); vgl. auch *W. Seuffert*, Festgabe für C. Schmid (1962), S. 199 (206): „Politik und Parteiung gehören zu den notwendigsten und natürlichsten Lebensäußerungen ... des notwendigerweise in Gemeinschaft lebenden Wesens."

30 s. o. Einführung, Text zu Fn. 16 und 17.

31 s. o. § 4 I 2, Text zu Fn. 9—14, § 4 II 2 zu Fn. 37—39.

32 *Schmitt Glaeser*, Verwirkung, S. 223.

33 *G. Jellinek*, Allgemeine Staatslehre, S. 408, 718, 723; *Thieme*, S. 64.

wie auch des Art. 1 I bestehen. Mitgestaltungsrechte könnten nur den Mitgliedern des Verbandes, eben den Staatsangehörigen, zustehen.

Wenn der Mindeststandard politischer Betätigung aus der Menschenwürde folgt, kann die Argumentation mit dem genossenschaftlichen Charakter des Staates keine völlige Entpolitisierung rechtfertigen, da Art. 1 I vom Bild des Menschen und nicht von dem des Staatsbürgers ausgeht. Der Staat als Verband der Staatsangehörigen ist außerdem nicht identisch mit dem politischen Gemeinwesen, das alle umfaßt, die in ihm wirken, also auch die Ausländer. *Thieme*[35] hat überzeugend dargelegt, daß es Staaten ohne Staatsangehörigkeit geben kann, daß der Begriff der Staatsangehörigkeit eine technische Vereinfachung ist und daß es einen soziologischen Staatsbegriff wie auch ein Staatsvolk im soziologischen Sinne gibt, dem auch der Ausländer angehören kann. Dem liegt der Gedanke zugrunde, daß es letztlich mehr auf die tatsächliche Integration als auf die formale Zugehörigkeit zum Verband ankommt und daß beides nicht zusammenfallen muß[36].

Die Beschränkung auf Staatsangehörige mag sinnvoll sein für einen engeren Staatsbegriff, der weniger umfaßt als das gesamte politische Gemeinwesen in seiner jeweiligen Verfaßtheit. Im einheitlichen Verband des Gemeinwesens sollte es nur auf die tatsächliche Mitgliedschaft ankommen, da nur dann die erforderliche Integration gewährleistet ist. Andernfalls schließt man eine bedeutende Gruppe von der Integrationsbasis aus und schafft instabile Verhältnisse, denen u. U. nur noch durch Massenausweisung beizukommen ist.

Hinzu kommt, daß eine strikte Trennung des menschlichen Seins in eine private und eine öffentliche, d. h. politische Sphäre mit dem Verschwinden des Gegensatzes von privatisierender Gesellschaft und politischem Staat nicht mehr möglich ist[37]. Viele privat erscheinende Aktivitäten erhalten durch ihren Inhalt Öffentlichkeitsbezug. Die scharfe Trennung zwischen privater und politischer Betätigung des Individuums und der Ausschluß des Politischen aus Art. 1 I beruhen auf der Vorstellung, daß politische Öffentlichkeit das Unnatürliche, Uneigentliche des Menschen sei, daß er „an sich“ nur privat handele

---

[34] Bez. Art. 5 I s. bes. *Ridder*, GR II, S. 243 (249 ff.); dazu *Tomuschat*, S. 59, 60 m. w. N.; Hervorhebung der freiheitlichen *und* der demokratischen Komponente auch bei *Schmitt Glaeser*, a.a.O., S. 91 ff., bes. 100, 101 ff. m. w. N.; bez. Art. 5, 8 so auch *Herzog*, Kommentar, Rdnr. 6 zu Art. 5; 1, 2 zu Art. 8; ähnl. stellt *Ott* (DemonstrationsR, S. 38) Art. 8 in einen Zusammenhang mit Art. 20 II 1.

[35] S. 59, 60 (allerdings klammert er diese Personen von seiner Untersuchung aus); ähnl. *Rolvering*, S. 97 f.; *Aubert*, ZSR NF 77 (1958) I, 215 (216, 250).

[36] s. dazu schon oben § 4 II 5 zu Fn. 63.

[37] Vgl. *P. Schneider*, a.a.O. (Fn. 28), S. 20; *Rolvering*, S. 8.

bzw. handeln wolle[38]. Die demokratische Funktion politischer Rechte kann nicht zu deren inhaltlicher Verkürzung führen[39], auch wenn zum Volk i. S. v. Art. 20 II 1 nach herrschender[40] und zutreffender Meinung nur die Staatsangehörigen zu rechnen sind. Die demokratische Funktion eines Grundrechts rechtfertigt nicht seine Beschränkung auf Staatsangehörige, ebenso wenig kann die demokratische, d. h. die politische Komponente des Art. 1 I, II auf Deutsche beschränkt werden. Dies ergibt sich positiv-rechtlich aus den Jedermann-Rechten in Art. 5 I, 9 III, 17. Wenn die Ausländer nach dem GG auch von der formalisierten Staatswillensbildung ausgeschlossen sind[41], so nehmen sie doch teil an der politischen Willensbildung des Volkes, soweit sie in den Art. 5 I, 9 III, 17 gewährleistet ist. Abzulehnen ist daher die Ansicht *Tomuschats*[42], aus Art. 8, 9 I ergebe sich der Ausschluß der Ausländer von der politischen Meinungs- und Willensbildung auch bei entgegenstehendem Wortlaut anderer Grundrechte.

Die These, nur Mitglieder des genossenschaftlich organisierten Staatsverbandes hätten das Recht zu politischer Betätigung, ist daher weder mit Art. 1 I noch mit der positiv-rechtlichen Regelung in Art. 5 I, 9 III, 17 zu vereinbaren.

Ein weiteres grundsätzliches Argument wird gegen jede politische Betätigung von Ausländern vorgebracht: Sie tragen angeblich „keine Verantwortung für die Akte deutscher Staatsgewalt. Jederzeit könnten sie den Folgen von ihnen mitbestimmter Entscheidungen durch Rückkehr in ihr Heimatland ausweichen. Diesem Status geringerer Verantwortung muß ein Status minderen Rechts entsprechen"[43].

Das Argument verblüfft, geht es doch davon aus, daß sich Deutsche nicht jederzeit ins Ausland „absetzen"[44] können. Im Elfes-Urteil hat dagegen das BVerfG[45] den grundrechtlichen Schutz der Ausreise- und

---

[38] *P. Schneider*, a.a.O., S. 28 (zur öffentlichen Meinung).

[39] *Herzog*, Kommentar, Rdnr. 6 zu Art. 5, 3 zu Art. 8; zu Art. 5 I ebenso *P. Schneider*, a.a.O., S. 30 f.; *A. Arndt*, NJW 1963, 193 (194); *Dagtoglou*, Wesen und Grenzen der Pressefreiheit, 1963, S. 27 ff.; *Schnur*, VVdStRL 22, 101 (105 f. mit Fn. 11), *Rehbinder*, NJW 1963, 1387 (1388) u. a.; a. A. bes. *Ridder*, GR II, S. 243 ff., bes. S. 269 f.; die Pflichtbindung kommt auch bei *Smend*, Bürger und Burgois, in: Staatsrechtl. Abhandl., 2. Aufl. 1968, S. 309 (318 ff.), zum Tragen.

[40] Statt aller *Maunz*, Kommentar, Rdnr. 49 zu Art. 20 m. w. N.

[41] Dazu sogleich unten § 6.

[42] S. 56 ff., bes. S. 60 f.; näher dazu unten § 7.

[43] *Tomuschat*, S. 60.

[44] Dieses Wort wird der Vorstellung *Tomuschats* von einer Art „Fahnenflucht" wohl am ehesten gerecht.

[45] BVerfGE 6, 32 (41 f.); außerdem ist die Auswanderungsfreiheit als Menschenrecht konzipiert in Art. 13 II der Allgemeinen Menschenrechtserklärung der UN v. 10. 12. 1948, Teil II Art. 18 Nr. 4 der Europäischen Sozialcharta v. 18. 10. 1961 (BGBl. 1964 II S. 1261) und in Art. 2 II des Protokolls Nr. 4 zur MRK (BGBl. 1968 II S. 422).

Auswanderungsfreiheit ausdrücklich anerkannt, wenngleich es in concreto die auf § 7 I lit. a PaßG gestützte Paßversagung nicht beanstandet hat. Das BVerwG[46] hat mittlerweile trotz des gleichen Ausgangspunktes das damalige Ergebnis des BVerfG umgekehrt und § 7 I lit. a PaßG sowie die Paßversagung aus politischen Gründen erheblich eingeschränkt. Ein Deutscher, dem die politischen Verhältnisse in der BRD mißliebig sind, kann daher in der Regel nicht am Verlassen des Bundesgebietes gehindert werden. Im kommunalen oder landespolitischen Bereich kann er sich ohnehin nach Art. 11 ungehindert „der Verantwortung entziehen". Daß vom Tatsächlichen her eine große Wahrscheinlichkeit für den Auszug der Ausländer aus der BRD besteht, steht der Ablehnung von *Tomuschats* Ansicht nicht entgegen, zumal mit zunehmender Integration eines Ausländers dessen Mobilität geringer wird[47].

Gegen die politische Betätigung von Ausländern wird schließlich die Überfremdungsangst mobilisiert. Eine zahlenmäßige oder wirtschaftliche Überfremdung könne „zu einer Unterordnung der Ziele deutscher Politik unter ausländische Interessen"[48] führen.

Was die zahlenmäßige Überfremdung angeht, so erscheint es so gut wie ausgeschlossen, daß die Zahl der Ausländer sich der Zahl der Deutschen annähert. Außerdem müßten alle Ausländer die gleichen politischen Ziele verfolgen, was ausgeschlossen erscheint. Die wirtschaftliche Überfremdung ist wahrscheinlicher, wird sich aber subtilere Wege der politischen Einflußnahme als die „unmittelbare" Ausübung der hier in Frage stehenden Grundrechte suchen. Sie wird sich durch wirtschaftliche Zuwendungen politisch einschalten — ein Vorgang, der sicher nicht zum Minimum des Art. 1 I, II gehört und nicht gegen jede politische Betätigung der Ausländer spricht.

Die Überfremdungsthese geht außerdem von zwei fragwürdigen Prämissen aus, nämlich daß die Interessen der Heimatstaaten der Ausländer mit denen der BRD kollidieren und daß die Ausländer im Kollisionsfall diesen Interessen den Vorrang geben. *Rolvering*[49] hat zutreffend dargelegt, daß in weiten Bereichen des Politischen ein Interessenkonflikt nicht besteht und daß dieser allenfalls im engeren Bereich der „Staatspolitik" gegeben ist. Interessenkonflikte sind denkbar im Bereich der Außen- und Sicherheitspolitik und im Außenhandel. Weite Bereiche der Innenpolitik bieten keine Berührungspunkte mit

---

46 DÖV 1969, 74 ff.

47 Zur Aufenthaltsdauer ausländischer Arbeitnehmer s. o. Einführung, Text zu Fn. 6.

48 *Tomuschat*, S. 60; ähnl. *H. Krüger*, Allgemeine Staatslehre, S. 592 mit Fn. 66; *v. Mangoldt-Klein*, Vorbem. B V 3 vor Art. 1; *Kanein*, S. 25 (bez. der Einreise); früher *Isay*, Fremdenrecht, S. 109; *Heinze*, S. 9.

49 S. 100 ff.

Auslandsinteressen, die politische Betätigung wird hier in der Regel auf die Verbesserung der Arbeits- und Lebensbedingungen in der Bundesrepublik gerichtet sein[50]. Bei der heimatbezogenen politischen Betätigung entfällt jede Überfremdungsgefahr, hier können nur außenpolitische Interessen der BRD tangiert sein.

Die These, im Kollisionsfall würden die Ausländer stets ihre Heimatinteressen wahrnehmen, ist in dieser Allgemeinheit höchstens als Faustregel nützlich. Stets wird es darauf ankommen, wo der endgültige Mittelpunkt der Lebensgestaltung liegt.

Schließlich wäre einer möglichen Überfremdung durch eine sinnvolle Praxis bei Erteilung der Aufenthaltserlaubnis zu begegnen, nicht aber damit, daß man die Ausländer mundtot macht und lediglich zur Steigerung des Sozialprodukts „benutzt"[51].

Zusammenfassend ist also festzustellen, daß die Menschenwürde ein Minimum an politischer Betätigung impliziert, das deshalb auch Ausländern zukommt. Über Art. 1 II kann es in einzelne Grundrechte auch insoweit hineinwirken, als diese nach dem Wortlaut nur für Deutsche gewährleistet sind. Eine Gleichstellung mit den Deutschen erfolgt dadurch nicht, da es sich nur um einen Kernbereich handelt, der hinter der positiv-rechtlichen Gewährleistung des Einzelgrundrechts zurückbleibt. Für jedes Einzelgrundrecht ist der Umfang des politischen Menschenrechtsgehaltes gesondert zu ermitteln.

---

[50] Die meisten Ausländer in der BRD sind Arbeitnehmer und gehören den unteren Lohngruppen an, vgl. *Franz*, ZRP 1970, 229 (234).

[51] Nach *Weißmann* (S. 46) ist Zweck des Aufenthalts von Ausländern „Hilfe für die deutsche Wirtschaft und Industrie"! Hier wird der Ausländer unter Mißachtung der Wertsetzungen des GG als nützliches Objekt betrachtet. Vgl. auch *Thieme* (S. 63): „Der Staat hat am Ausländer kein Interesse." Dies entspricht einer verbreiteten Einstellung gegenüber den Gastarbeitern: Eine Untersuchung in Köln hat ergeben, daß 35 % der dortigen Bevölkerung die Gastarbeiter als notwendiges Übel betrachten, die man eben „benutzen" müsse, vgl. *Der Spiegel*, Nr. 43 vom 19. 10. 1970, S. 54.

B. Die einzelnen politischen Rechte nach dem GG und den „Ausführungsgesetzen“ (ohne AuslG)

§ 6 Die Rechte des status activus

I. Das aktive und passive Wahlrecht

1. Zum Bundestag

Aus dem Wortlaut des Art. 38 II ergibt sich nicht eindeutig, ob das aktive und passive Wahlrecht den Deutschen vorbehalten ist oder nicht. Die Entstehungsgeschichte[1] ist ziemlich unergiebig, da im Parlamentarischen Rat nie über das Wahlrecht der Ausländer gesprochen wurde. Art. 45 des Entwurfs von Herrenchiemsee sowie die Fassung des Organisations- und Hauptausschusses in dritter Lesung[2] sahen vor, daß die Abgeordneten „vom Volk“ gewählt werden. In der vierten Lesung strich der Hauptausschuß die Worte „vom Volk“ ohne nähere Begründung[3]. Unter „Volk“ war dabei wohl nur die Summe der wahlberechtigten Staatsangehörigen zu verstehen. Die Streichung der zwei Worte legt den Schluß nahe, daß man selbstverständlich davon ausging, daß Ausländer kein Stimmrecht haben sollten[4].

Nach § 12 I Nr. 1 und 2 des Bundeswahlgesetzes vom 7. 5. 1956[5] sind nur Deutsche wahlberechtigt, die seit mindestens 3 Monaten ihren Wohnsitz oder dauernden Aufenthalt im Wahlgebiet haben[6]. Wählbar sind nach § 16 I Nr. 1 BWahlG ebenfalls nur Deutsche[7].

Der Ausschluß der Ausländer vom aktiven Wahlrecht zum Bundestag verstößt nicht gegen Artikel 38 II, da dieser im Zusammenhang mit Art. 20 II 1 und 2 zu lesen ist. Zum Staatsvolk i. S. d. Art. 20 II gehören jedenfalls nicht die Ausländer[8], so daß ihr Ausschluß vom Wahlrecht schon

---

1 Vgl. *Füsslein*, JöR NF 1 (1951), S. 349 ff.

2 a.a.O., S. 349, 351, 353.

3 a.a.O., S. 353.

4 *Ruppel*, S. 187.

5 BGBl. I S. 383, mit späteren, hier nicht interessierenden Änderungen.

6 So schon § 1 des BWahlG v. 15. 6. 1949 (BGBl. S. 21) und das BWahlG v. 8. 7. 1953 (BGBl. I S 470). — Die Amtliche Begründung zum Regierungsentwurf des BWahlG 1953 (BT-Drucks. I/4090 S. 16, zu § 1) begründete den Ausschluß der Ausländer mit den Wahlgesetzen anderer Staaten und aller Bundesländer und ging offenbar davon aus, daß die Einschränkung durch Art. 38 III gedeckt ist. Ebenso *Grabitz*, S. 27. Zu den übereinstimmenden Regelungen der anderen EWG-Staaten *ders.*, S. 25 ff.

7 Ebenso BWahlG 1949 in § 5 I b; BWahlG 1953 in § 5 I Nr. 2.

8 *Maunz*, Kommentar, Rdnr. 49 zu Art. 20, 39 zu Art. 38; *v. Mangoldt-Klein*, Anm. V 4 c, d zu Art. 20 (mit Nachw. zur gleichen Meinung zu Art. 1 II WRV), s. auch Vorbem. A II 3 e vor Art. 1; *Wernicke*, BK (Erstbearb.), Anm. II 2 b zu Art. 20; *Hamann*, in: *Hamann-Lenz*, Anm. B 6 zu Art. 20, Einführung I D 4 (S. 71 f.), Anm. A 1, B 2 zu Art. 38; *Hesse*, VerfR, S. 59; *Schmidt-Bleibtreu*, GG, Rdnr. 5 zu Art. 38; *Rolvering*, S. 76 f.; *Ruppel*, S. 187.

im GG enthalten ist. Dies entspricht der allgemeinen Meinung[9], daß an der Staatswillensbildung nur die Staatsbürger teilhaben.

Hinsichtlich des passiven Wahlrechts ergibt Art. 20 II allerdings keine Beschränkung auf Deutsche, da er keinen Anhaltspunkt dafür bietet, daß die besonderen Organe nur mit Deutschen besetzt werden können. Man könnte daher annehmen, daß Ausländer nach Verfassungsrecht in den Bundestag gewählt werden können[10]; § 16 BWahlG wäre dann verfassungswidrig, da der Regelungsauftrag in Art. 38 III nur eine Konkretisierung, aber keine Einschränkung des Art. 38 I, II durch den Gesetzgeber zuläßt[11].

Gegen das passive Wahlrecht der Ausländer sprechen die Geschichte[12], der Brauch fast aller Staaten sowie die überkommene Meinung[13], Rechte des status activus (und damit das passive Wahlrecht) könnten schon ihrer Natur nach dem Ausländer nicht zustehen.

Man könnte im passiven gegenüber dem aktiven Wahlrecht ein Plus sehen, was zu dem Grundsatz führen würde, daß das passive Wahlrecht das aktive voraussetzt[14]. So überzeugend dieser Gedanke erscheint, er ist nicht zwingend. Die Fassung des § 16 BWahlG spricht eher dagegen, da er nicht auf das aktive Wahlrecht — im Gegensatz etwa zu Art. 54 I 2 — Bezug nimmt. Gegen diese Argumentation spricht auch die Tatsache, daß die Stimmberechtigung in der Regel auf die Mitglieder eines Verbandes beschränkt ist, daß aber kein zwingender Grund besteht, Wahlämter nur mit Verbandsangehörigen zu besetzen[15]. Die Besetzung mit Verbandsfremden kann dann zweckmäßig sein, wenn besondere sachliche Anforderungen mit dem Amt verbunden sind, die im konkreten Falle nur ein Verbandsfremder erfüllen kann.

---

[9] s. die Nachw. in Fn. 8; Einführung Fn. 16, 17; *Schiedermair*, S. 446, 447; *Thieme*, S. 64 mit zahlr. Nachw. aus der älteren Literatur; *Seifert*, BWahlG, Rdnr. 1 zu § 12; zur WRV s. *C. Schmitt*, Verfassungslehre, S. 169; *Anschütz*, WRV, S. 614 (für Ehrenämter); *Heinze*, S. 9; historische Nachw. bei *v. Frisch*, Fremdenrecht, S. 116 f., 352.

Für die Schweiz Art. 74, 89, 121 BV, dazu *Moser*, ZSR NF 86 (1967) II, 325 (350).

[10] So in der Tat *Thieme*, S. 89, allerdings ohne Konsequenzen für das BWahlG zu erwägen.

[11] *v. Mangoldt-Klein*, Anm. V zu Art. 38 (S. 893); *Hamann*, in: *Hamann-Lenz*, Anm. B 9 zu Art. 38 (S. 457); ähnl. *Maunz*, Kommentar, Rdnr. 57 zu Art. 38.

[12] s. *v. Frisch*, Fremdenrecht, S. 352.

[13] s. o. § 1 II zu Fn. 19.

[14] So *Schiedermair*, S. 447; Amtl. Begründung zum Regierungsentwurf des BWahlG 1953, BT-Drucks. I/4090 S. 17, zu § 5: „Selbstverständliche Voraussetzung für die Wählbarkeit muß der Besitz des aktiven Wahlrechts sein."

[15] Für das Kommunalrecht bezeichnet *Gönnenwein* (Gemeinderecht, 1963, S. 73 Fn. 22) es als „undenkbar", daß jemand, der nicht Bürger der Gemeinde ist, eine organschaftliche Stellung innehat. — Die Praxis geht andere Wege, wie die Wahl ortsfremder Bürgermeister zeigt. Erst durch die Wahl wird der Kandidat Bürger der Gemeinde. Dieser Eingliederungsmechanismus könnte gleichermaßen auf Ausländer angewandt werden.

Die Vorstellung, das aktive Wahlrecht sei ein Minus gegenüber dem passiven, läßt sich auch nicht mit Art. 20 II 1 und 2 begründen, nach dem die Staatsgewalt vom Volk und nicht von seinen gewählten Vertretern ausgeht. Entscheidend ist also das aktive Wahlrecht, durch das erst die besonderen Organe des Art. 20 II 2 besetzt werden. Daß der einmal Gewählte faktisch mehr Macht hat als der aktiv Wahlberechtigte, steht dem nicht entgegen, da diese Möglichkeit aus der Organwalterstellung und nicht aus dem aktiven Statusrecht der Wählbarkeit fließt[16].

Sinnvoller erscheint es, den Rechtsgedanken des Art. 33 II fruchtbar zu machen, der gleichen Zugang zu öffentlichen Ämtern nur den Deutschen gewährleistet. Eine unmittelbare Anwendung derart, daß Art. 33 II den Art. 38 II modifiziert, ist allerdings nicht unproblematisch. Zwar spricht das GG in Art. 48 II 1 vom „Amt des Abgeordneten"[17], Art. 33 II dürfte aber nur solche Ämter im Auge haben, die nicht in der Parlamentsmitgliedschaft bestehen, da die Wahl der Parlamentsmitglieder nach dem demokratischen Prinzip ohne Rücksicht auf Art. 33 II erfolgt[18]. Wie dem auch sei, so ergibt sich aus Art. 33 II doch der allgemeine Grundsatz, daß das GG dem Ausländer den Zugang zur Stellung als Organwalter verfassungsrechtlich nicht gewährleisten will. Dieser Grundsatz gilt auch für Parlamentswahlen[19], da das demokratische Prinzip nur die drei Eignungsmerkmale überspielt, für die Frage, wer eine verfassungsrechtlich gewährleistete Möglichkeit hat, Organwalter zu werden, aber nichts besagt.

2. Zu den Landtagen (Bürgerschaften)

Wie oben[20] dargelegt wurde, beschränken die meisten Landesverfassungen das aktive und passive Wahlrecht ausdrücklich auf Deutsche. Dies ist angesichts der eben angestellten Erwägungen unbedenklich[21].

---

[16] Unterscheidung nach *v. Mangoldt-Klein*, Vorbem. A II 3 c vor Art. 1.

[17] Zum Status des Abgeordneten s. *Köttgen*, Gedächtnisschrift für W. Jellinek (1955), S. 195 ff., bes. S. 220; *v. Mangoldt-Klein*, Anm. IV 1, 2 zu Art. 38 m. w. N.; *Maunz*, Kommentar, Rdnr. 8 zu Art. 38; *Badura*, BK (Zweitbearb.), Rdnr. 53 ff. zu Art. 38: *Hamann*, in: *Hamann-Lenz*, Anm. B 7 zu Art. 38.

[18] *Maunz*, a.a.O., Rdnr. 13, 12 zu Art. 33; vgl. auch *Hamann*, a.a.O., Anm. B 2 (S. 428 f.); *v. Mangoldt-Klein*, Anm. IV 4 je zu Art. 33; zum entsprechenden Art. 128 WRV *Anschütz*, WRV, S. 513, 515.

[19] Den Zusammenhang des Art. 33 II mit dem Wahlrecht hat *v. Mangoldt* schon bei den Beratungen im Parlamentarischen Rat betont, vgl. *Matz*, JöR NF 1, 312.

[20] s. o. § 3 Text zu Fn. 13.

[21] Die Wahlgesetze der Länder gewähren dementsprechend das Wahlrecht nur den Deutschen: Art. 8, 11 BaWüLandeswahlG; Art. 1 I, 39 II BayLandeswahlG; §§ 1, 5 BerlLandeswahlG; §§ 1, 5 BremWahlG für die Bürgerschaft; §§ 2, 5 HessLandtagswahlG; §§ 2, 6 NdsLandeswahlG; §§ 2, 29 I Rh-PfLandeswahlG; §§ 13, 17 SaarlLandtagswahlG.

Auch in den Ländern, in denen der Verfassungstext nicht eindeutig ist[22], beschränken die Wahlgesetze das aktive und passive Wahlrecht zulässigerweise auf Deutsche[23].

3. In den Kommunen

Grundlage des Kommunalwahlrechts ist Art. 28 I 2, der die Wahlrechtsgrundsätze des Art. 38 I für das Kommunalwahlrecht übernimmt. Die Gleichheit der Wahl gebietet dabei ebensowenig wie in Art. 38 I die Anerkennung des aktiven Wahlrechts für Ausländer.

Einige Landesverfassungen wiederholen diese Wahlrechtsgrundsätze für die Kommunalwahlen[24], z. T. wird auf die Grundsätze der Landtagswahl verwiesen[25]. Alle Gemeindeordnungen und Kommunalwahlgesetze gehen von der Unterscheidung Bürger/Einwohner[26] aus und gewähren das Wahlrecht nur dem Bürger, der Deutscher i. S. v. Art. 116 I sein muß[27]. Auch zu den Vertretungskörperschaften der Landkreise sind Ausländer nicht wahlberechtigt[28].

4. Kritik

Als Ergebnis ist zu konstatieren, daß Ausländer zu keiner Volksvertretung das aktive oder passive Wahlrecht haben. Dies ist ohne weiteres mit Art. 1 I, II zu vereinbaren, da dieser nur ein Minimum an politischer Betätigung umfaßt, aber nicht die formalisierte Mitwirkung bei der Staatswillensbildung garantiert.

---

22 s. o. § 3 zu Fn. 14, 15.

23 §§ 6, Nr. 2, 10 HambWahlG; §§ 1 Nr. 1, 4 I NRWLandeswahlG; §§ 1 I; 9 I Nr. 1 SchlHLandeswahlG.

24 Art. 72 I BaWüVerf; Art. 54 BerlVerf; Art. 44 II NdsVerf; Art. 3 I SchlHVerf.

25 Art. 12 I BayVerf; Art. 50, 76 Rh-PfVerf.

26 Dazu *Gönnenwein*, a.a.O. (Fn. 15), S. 70 ff.; *v. Unruh*, Gemeinderecht, in: Besonderes Verwaltungsrecht, S. 81 (111).

27 §§ 12 I, 14 I BaWüGemO; Art. 15 II, 17 BayGemO i. V. m. Art. 1 I, 5 GemeindewahlG; §§ 29, 30 I lit. a, 32 HessGemO; §§ 21 II, 34 I, 35 I Nr. 3 NdsGemO; §§ 6 II, 29 NRWGemO i. V. m. §§ 7, 12 KommunalwahlG; §§ 16, 18 RhPfGemO; §§ 1, 5 KommunalwahlG; §§ 17 II, 30 I SaarlGemO; §§ 12, 16 KommunalwahlG; § 6 II SchlHGemO i. V. m. §§ 3, 7 KommunalwahlG.

28 §§ 10 I, 19 I BaWüLKO; Art. 11 II, 12 BayLKO; Art. 3 Nr. 2 BayLandkreiswahlG i. V. m. Art. 1, 5 BayGemeindewahlG; §§ 22 I, 23 I HessLKO; §§ 29 I, 30 I NdsLKO; § 19 NRWLKO, §§ 7, 12 NRWKommunalwahlG; §§ 14, 17 I SaarlLKO; §§ 3, 7 SchlHKommunalwahlG. — Bemerkenswert sind aber die Möglichkeiten des bawü Kommunalrechts und der Erlaß des bawü Innenministeriums v. 8. 7. 1971 über die Beteiligung von Ausländern am kommunalen Geschehen (GABl. S. 800): Das Innenministerium begrüßt darin die Bildung von Arbeitsgemeinschaften, die sich mit den sozialen Problemen der Ausländer befassen und in denen auch Ausländer mitwirken. Darüber hinaus empfiehlt es den Gemeinden und Landkreisen, von den Möglichkeiten der GemO und LKO Gebrauch zu machen. Danach können Ausländer als sachkundige Einwohner (vgl. §§ 10 I GemO, 9 LKO) vom Gemeinderat oder Kreistag zu den Beratungen einzelner Angelegenheiten zugezogen werden (§§ 33 II GemO, 23 I LKO). Außerdem können sie widerruflich als beratende

Die Wahlrechtsregelungen entsprechen zwar alter Tradition und fast allgemeinem Brauch der Staaten, sie begegnen dennoch rechtspolitischen Zweifeln.

Schon *v. Frisch*[29] hielt 1910 (!) das unbedingte Festhalten an der Staatsangehörigkeit als Wahlvoraussetzung für eine „Übertreibung formeller Vorschriften", da Ausländer nach jahrelangem Aufenthalt oft mehr Verständnis für die Bedürfnisse des Aufenthaltsstaates hätten als die Masse der politisch indifferenten Staatsangehörigen. Es ist in der Tat nicht einzusehen, warum sie generell vom Wahlrecht ausgeschlossen sein müssen. Die Ideologie des Aktivbürgers beruht auf einer 1647 von Henry Ireton formulierten These: "No person hath a voice in elections, that hath not a permanent fixed interest in the kingdom[30]." Man sollte anerkennen, daß auch Ausländer dieses „permanent fixed interest" haben können, wenn sie sich lange in der BRD aufgehalten haben.

Das Wahlrecht ist keineswegs „begrifflich" oder „naturgemäß" auf die Staatsangehörigen beschränkt, wie einige ausländische Regelungen zeigen: Nach Art. 20 der Verfassung der UdSSR von 1918 waren auch „ausländische Werktätige" wahlberechtigt[31]; Art. 26 I 2[32] der Österreichischen Bundesverfassung von 1920 eröffnet dem Gesetzgeber die Möglichkeit, bei verbürgter Gegenseitigkeit auch Ausländern das aktive und nach Art. 26 IV damit auch das passive Wahlrecht zu gewähren. Von dieser Ermächtigung wurde bislang allerdings kein Gebrauch gemacht[33]. In der Schweiz haben Ausländer im Kanton Neuenburg nach fünfjährigem Aufenthalt im Kanton und einjährigem Aufenthalt in der Gemeinde das Stimmrecht (nicht das passive Wahlrecht) in Gemeindesachen. Ähnliche Regelungen bestehen in den Kantonen Thurgau und Freiburg[34].

Mitglieder in die beschließenden Ausschüsse (§§ 40 I 4 GemO, 27 I 3 LKO) oder als Mitglieder in die beratenden Ausschüsse (§§ 41 I 3 GemO, 28 I 3 LKO) berufen werden. Nach dem Erlaß sollen bei der Auswahl der Personen neben sachlicher Eignung und sprachlichen Fähigkeiten auch (nicht näher spezifizierte) politische Gesichtspunkte beachtet werden.

[29] Fremdenrecht, S. 353 unter Hinweis auf die insofern großzügigeren Vorschriften der USA; s. dazu auch S. 355.

[30] Zitiert nach *Badura*, BK (Zweitbearb.), Rdnr. 37 zu Art. 38; dort auch nähere Darstellung der historischen Entwicklung des Begriffs der Aktivbürgerschaft. Zu den historischen und staatstheoretischen Aspekten der Staatsangehörigkeit s. auch *Grabitz*, S. 30 ff., 46 ff.

[31] Nach *Ruppel*, S. 187 Fn. 4.

[32] Art. 26 I 2 des Österreichischen Bundesverfassungsgesetzes von 1920: „Ob und unter welchen Voraussetzungen auf Grund staatsvertraglich gewährleisteter Gegenseitigkeit auch Personen, die nicht die Bundesbürgerschaft besitzen, das Wahlrecht zusteht, wird in dem Bundesgesetz über die Wahlordnung geregelt"; s. dazu *Ermacora*, Handbuch der Grundfreiheiten und Menschenrechte, 1963, S. 565; *Adamovich-Spanner*, Handbuch des österreichischen Verfassungsrechts, 5. Aufl. 1957, S. 165.

[33] *Adamovich-Spanner*, a.a.O.

Daß die Staatsangehörigkeit keine unabdingbare Voraussetzung des Wahlrechts ist, wird durch das GG bestätigt, das in Art. 74 Nr. 8 von der „Staatsangehörigkeit in den Ländern" spricht[35], eine Differenzierung danach aber in Art. 33 I auch für das Wahlrecht in den Ländern verbietet[36]. Dies ist um so bemerkenswerter, als die h. M.[37] von der Eigenstaatlichkeit der Länder ausgeht. Art. 116 I knüpft ebenfalls nicht nur an das formale Kriterium der Staatsangehörigkeit, sondern an tatsächliche Verhältnisse an.

Neben der Deutscheneigenschaft fordern alle Wahlrechtsnormen einen gewissen Aufenthalt im Wahlgebiet, der für das aktive Wahlrecht bei der Bundestagswahl 3 Monate[38], bei den Landtagswahlen 3 oder 6 Monate[39] und bei den Kommunalwahlen zwischen 3 und 12 Monaten[40] beträgt. Das Aufenthaltserfordernis soll eine ausreichende Kenntnis der politischen Verhältnisse im Wahlgebiet sicherstellen[41], bei der Bundestagswahl soll es außerdem bewirken, daß DDR-Flüchtlinge erst dann wahlberechtigt sind, wenn feststeht, daß sie sich endgültig in der BRD niedergelassen haben[42].

---

[34] *Moser*, ZSR NF 86 (1967) II, S. 325 (350). In den Niederlanden bestehen Bestrebungen, Ausländer an den Kommunalwahlen zu beteiligen, vgl. *Frankfurter Rundschau* vom 9. 2. 1970, S. 1 („Wahlrecht für Ausländer?").

[35] Als einzige Landesverfassung enthält die Bayerns in Art. 6 eine besondere Regelung der Staatsangehörigkeit im Land.

[36] Statt vieler *Maunz*, Kommentar, Rdnr. 6, 7, zu Art. 33. Dem entsprechen alle Landeswahlgesetze, Fundstellen oben Fn. 21, 23.

[37] Statt aller *Maunz*, Kommentar, Rdnr. 11 (m. w. N.), 48 zu Art. 20, 8, 9 zu Art. 30, 1 zu Art. 31, 19 zu Art. 109; *Maunz-Dürig*, ebenda, Rdnr. 33 zu Art. 79.

[38] § 12 I Nr. 3 BWahlG. Das Weimarer Reichstagswahlrecht kannte dieses Erfordernis nicht, vgl. *Seifert*, BWahlG, Rdnr. 5 zu § 12.

[39] 3 Monate: Bremen (§ 1 lit. c LandeswahlG); Hamburg (§ 6 Nr. 3 WahlG); Hessen (§ 2 Nr. 3 LandtagswahlG); Niedersachsen (§ 2 Nr. 2 LandeswahlG); Saarland (§ 13 LandtagswahlG); Schleswig-Holstein (5 I Nr. 2 LandeswahlG).
6 Monate: Baden-Württemberg (§ 8 I lit. b LandeswahlG); Bayern (Art. 1 I Nr. 2 LandeswahlG); Berlin (1 I Nr. 2 LandeswahlG); Rheinland-Pfalz (§ 2 lit. a LandeswahlG).
In Nordrhein-Westfalen entscheidet der Tag der Wahlausschreibung, § 1 Nr. 3 LandeswahlG.

[40] 3 Monate: Hessen (§ 30 I lit. c GemO): Niedersachsen (§ 34 I Nr. 2 GemO); Nordrhein-Westfalen (§ 7 KommunalwahlG); Saarland (§ 12 KommunalwahlG).
6 Monate: Bayern (Art. 1 I Nr. 2 GemeindewahlG); Rheinland-Pfalz (§§ 16, 18 GemO; § 1 KommunalwahlG).
12 Monate: Baden-Württemberg (§§ 12, 14 GemO).

[41] Die unterschiedlichen Fristen sind wenig einleuchtend. Der Gesetzgeber in Baden-Württemberg scheint davon auszugehen, daß es besonders schwierig ist, den kommunalpolitischen Bereich kennenzulernen: Die politischen Verhältnisse in den Kommunen kann man erst in 12 Monaten durchschauen, die im Land schon in 6 Monaten, während der Bundesgesetzgeber 3 Monate für das ganze Bundesgebiet für ausreichend erachtet!

[42] *Seifert*, BWahlG, Rdnr. 5 zu § 12.

Die Kenntnis der politischen Verhältnisse im Wahlgebiet ist auch bei Ausländern häufig gegeben. Es ist kaum anzunehmen, daß ein DDR-Bürger 3 Monate nach seiner Niederlassung oder ein Auslandsdeutscher, der — evtl. erstmals — mehr als 3 Monate in der BRD weilt, wesentlich besser über die politischen Verhältnisse im Wahlgebiet orientiert ist, als ein Gastarbeiter nach mehrjährigem Aufenthalt. Insbesondere im kommunalen Bereich wird ein Ausländer nach längerem Aufenthalt integriert sein, so daß ihm zumindest das aktive Wahlrecht nicht vorenthalten werden sollte[43]. Die Staatsangehörigkeit, die im Regelfall immer noch mit Kenntnis der Sprache und der politischen Verhältnisse verbunden ist, würde dabei ihre Bedeutung nicht völlig verlieren. Man sollte nur anerkennen, daß die genannte Kenntnis und die tatsächliche Integration auch ohne Staatsangehörigkeit gegeben sein können und daß dieser dafür nur Indizfunktion zukommt. Entsprechend § 8 AuslG könnte man den Ausländern nach 5jährigem Aufenthalt in der BRD das aktive Wahlrecht zumindest im kommunalen Bereich zugestehen[44] oder doch mit der — bislang allerdings nur spärlich erteilten[45] — Aufenthaltsberechtigung nach § 8 AuslG koppeln, zumal Interessenkollisionen wegen der Bindung an den Heimatstaat in diesen Fällen ausgeschlossen sind[46].

---

[43] Ähnl. wie hier *Rolvering,* S. 112 f.

[44] So auch jetzt der Vorschlag des FDP-Landesverbandes Hamburg, nach *Frankfurter Rundschau* v. 3. 12. 1971, S. 4 („Nach fünf Jahren Wahlrecht?"). Darüber hinaus sollen Ausländer nach fünfjährigem Aufenthalt auf Antrag eingebürgert werden. — Einen auf EWG-Angehörige beschränkten Vorschlag hat die Europa-Union Hessen im Mai 1970 gemacht: Nach zweijährigem Aufenthalt soll das Kommunalwahlrecht erworben werden, bei Ausländern mit Familie allerdings nur, wenn auch diese in der BRD lebt; nach *Frankfurter Rundschau,* Nr. 104 v. 6. 5. 1970, S. 15 („Nicht länger Bürger zweiter Klasse"). — Hinsichtlich des passiven Wahlrechts kündigte Frankfurts Oberbürgermeister eine entsprechende Initiative über den deutschen Städtetag an, nach *Frankfurter Rundschau,* Nr. 285 v. 9. 12. 1970, S. 9 („Ausländer auch in städtischen Ausschüssen?"). — Die von *Kotthaus* (S. 25 Fn. 90) befürchtete Einschleusung ausländischer Saisonarbeiter in Grenzgebieten zur Manipulation der Wahlen ist damit hinfällig. Wie hier *Rolvering,* S. 112 f.; s. auch den in Fn. 28 genannten Erlaß des bawü Innenministeriums.

[45] Bis September 1968 wurden nur 5 187 Aufenthaltsberechtigungen erteilt; nach *Franz,* ZRP 1970, 229 (234). In Anbetracht der oben (Einführung, Text zu Fn. 6) genannten Zahlen ein bescheidenes Ergebnis.

[46] Die Frage des Wahlrechts im Heimatstaat ist nach dessen Rechtsordnung zu entscheiden. Da Wahlen als staatliche Hoheitsakte begriffen werden, dürfen sie nicht im Aufenthaltsstaat (auch nicht im Konsulat) vorgenommen werden, weil nach allgemeinem Völkerrecht Hoheitsakte auf fremdem Staatsgebiet „in Ermangelung eines permissiven Völkerrechtstitels grundsätzlich unzulässig" sind (*Geck,* WBVR I, S. 795). Zur strengen Schweizer Praxis *Moser,* ZSR NF 86 (1967) II, S. 325 (351); *H. Huber,* Festschrift für H. Jahreiß (1964), S. 101 (102 ff.), der mit Recht auf die sinnwidrige Spaltung zwischen der Teilnahme an der staatlichen Willensbildung durch Stimmabgabe im Heimatstaat und dem Verbot der Vorbereitung dieser Teilnahme im Aufenthaltsstaat hinweist.

II. Der Zugang zu öffentlichen Ämtern

Art. 33 II gewährt gleichen Zugang zu öffentlichen Ämtern nur für Deutsche. Art. 13 des Herrenchiemsee-Entwurfs hatte noch gelautet: „Die öffentlichen Ämter stehen jedem nach Maßgabe seiner Befähigung und Eignung offen." Der Grundsatzausschuß hat ohne Angabe von Gründen die Beschränkung auf Deutsche vorgeschlagen[47], bei der es dann auch blieb.

Die Regelung des Art. 33 II ist insoweit negativ, als Ausländer keinen verfassungsrechtlich gesicherten Zugang zu Organwalterstellungen haben. Das bedeutet nicht, daß sie nie Organwalter sein können. Für sie gilt nur der spezielle Gleichheitssatz des Art. 33 II nicht, der deshalb insoweit ein spezieller Ungleichheitssatz ist und Differenzierungen nach der Staatsangehörigkeit in seinem Anwendungsbereich zuläßt. M. a. W.: Art. 33 II überläßt dem Gesetzgeber die Entscheidung, ob er Ausländern den Zugang zu öffentlichen Ämtern ganz oder teilweise versagt, ohne die Differenzierung zu gebieten. Dies folgt aus dem Wortlaut, der nur den gleichen, nicht aber jeden Zugang ausschließt[48]. Diese Auslegung wird durch Art. 54 I 2 bestätigt, wonach nur ein Deutscher Bundespräsident werden kann. Würde Art. 33 II die Besetzung öffentlicher Ämter mit Ausländern verbieten, wäre Art. 54 I 2 überflüssig. Da Art. 33 II die gleichen Bewerbungschancen für Deutsche regelt[49], ist Art. 54 I 2 notwendig und sinnvoll.

III. Ausländer als Träger öffentlicher Ämter

1. Ausländer in leitenden Staatsfunktionen

a) Bundespräsident

Art. 54 I 2 bestimmt ausdrücklich, daß nur ein Deutscher zum Bundespräsidenten gewählt werden kann.

---

[47] s. *Matz*, JöR NF 1 (1951), S. 311.

[48] *Schiedermair*, S. 44; für Art. 128 I WRV schon *Brand*, Nipp. II, S. 210 (219); unzutr. *Eschenburg*, Staat und Gesellschaft in Deutschland, 5. Aufl. 1962, S. 408; *Ruppel*, S. 188, s. auch S. 186. Daß prinzipiell auch Ausländer gleichen Zugang zu öffentlichen Ämtern haben können, zeigen Art. 13 BerlVerf., 134 HessVerf; dazu oben § 3 zu Fn. 9, 18, 19. — Dagegen sind in Österreich die Ausländer ausdrücklich von der Übernahme öffentlicher Ämter ausgeschlossen, Art. 3 II des Staatsgrundgesetzes v. 21. 12. 1867, das nach Art. 149 des Verfassungsgesetzes von 1920 insoweit weitergilt; dazu *Ermacora*, a.a.O. (Fn. 32), S. 105. Wie Art. 33 II die Regelungen in den Mitgliedsstaaten der EWG, s. *Grabitz*, S. 28 ff.

[49] *Ipsen*, GR II, S. 111 (193); weitere Nachw. bei *Maunz*, Kommentar, Rdnr. 16 mit Fn. 3 zu Art. 33.

b) *Bundeskanzler oder Bundesminister*

Die Frage, wer Bundeskanzler oder Bundesminister sein kann, ist im GG nicht geregelt. Im Parlamentarischen Rat wurden dazu keine Erörterungen angestellt[50]. Da bei der Wählbarkeit des Bundespräsidenten die Frage der Staatsangehörigkeit und eines zusätzlichen Aufenthaltserfordernisses mehrfach diskutiert wurde[51], liegt der Schluß nahe, daß subjektive Voraussetzungen nicht geschaffen und Ausländer von diesen Ämtern nicht ausgeschlossen werden sollten. Dafür spricht auch der Gegenschluß aus Art. 54 I 2.

Das Bundesministergesetz[52] enthält ebenfalls keine Beschränkung auf Deutsche.

Nach *Münch*[53] können nur solche Personen Mitglieder der Bundesregierung sein, die das passive Wahlrecht haben. Da nur Deutsche Beamte sein könnten, müsse dies erst recht für das Regierungsmitglied als Behördenleiter gelten. Das Regierungsmitglied übe darüber hinaus ein „Staatsbürgerrecht besonderen Vertrauens"[53] aus. Regierungstätigkeit bedeute Aufsicht über den Amtsapparat im Namen des Volkes und könne daher nur von den Personen ausgeübt werden, die die Wählbarkeit zur Volksvertretung besitzen.

Diese Ansicht ist nicht überzeugend. Neben der Entstehungsgeschichte und Art. 54 I 2 spricht dagegen das System der Regierungsbildung im GG. Nach Art. 63 I wird der Bundeskanzler vom Bundestag gewählt, der als Repräsentativorgan des Volkes diese politische Entscheidung nach politischen Kriterien fällt. Es erscheint nicht erforderlich, der politischen Entscheidung des Bundestages durch das Erfordernis der Staatsangehörigkeit rechtliche Schranken zu setzen, da eventuellen Mißbräuchen[54] mit politischen und nicht mit rechtlichen Sanktionen zu begegnen ist. Für die Auswahl seiner Minister trägt der Bundeskanzler die politische Verantwortung gegenüber dem Bundestag; auch insoweit sind rechtliche Schranken nicht erforderlich, da die Kontrolle politischer Art ist und wiederum mittelbar durch den Bundestag erfolgt, der ggf. nach Art. 67 verfahren muß.

Daß die Mitglieder der Bundesregierung gleichzeitig Vorgesetzte eines Behördenapparates sind, rechtfertigt keine andere Beurteilung.

---

[50] Vgl. *Füßlein*, JöR NF 1 (1951), S. 425 ff., 433 ff. *Grabitz* (S. 29) entnimmt aus Art. 63, daß Bundeskanzler nur ein Deutscher werden kann. Weder Text noch Sinn des Art. 63 rechtfertigen diesen Schluß.

[51] *Füßlein*, a.a.O., S. 400, 401, 405.

[52] Ges. v. 17. 6. 1953, BGBl. I S. 407, mit späteren Änderungen.

[53] *F. Münch*, Die Bundesregierung, 1954, S. 121; ebenso *v. Mangoldt-Klein*, Vorbem. V 1 a, b vor Art. 62; *Kleinrahm*, in: *Geller-Kleinrahm-Fleck*, Die Verfassung des Landes Nordrhein-Westfalen, 2. Aufl. 1963, Anm. 3 c zu Art. 52; *Papke*, NJW 1960, 2326 (2327).

[54] Die Mißbrauchsgefahr ist der tiefere Grund für die Ansicht von *Münch*,

Minister sind nach § 1 des BMinG gerade nicht Beamte, unterliegen somit auch nicht den subjektiven Ernennungsvoraussetzungen des Beamtenrechts. Dies ergibt sich auch daraus, daß die Beendigungsgründe ihres Amtsverhältnisses völlig andere sind als die des Beamtenrechts[55].

Auch wenn die Mitglieder der Bundesregierung nach Art. 20 II als Vertreter des Volkes handeln, folgt daraus nicht zwingend, daß sie Mitglieder des Volkes im rechtlichen Sinne sein müssen. Sie müssen nur ihre Legitimation vom Staatsvolk beziehen; dies ist auch dann der Fall, wenn Ausländer im verfassungsgemäßen Verfahren Mitglieder der Bundesregierung geworden sind[56].

Daß möglicherweise Interessenkonflikte durch die Bindung an den Heimatstaat entstehen, ist nicht zu leugnen. Die Beurteilung dieser Konfliktslage ist aber ausschließlich der politischen Entscheidung des Bundestages anheimzustellen[57].

c) Parlamentarische Staatssekretäre

Nach § 1 des Gesetzes über die parlamentarischen Staatssekretäre vom 6. 4. 1967[58] müssen diese Mitglieder des Bundestags sein. Ausländer können in Ermangelung des passiven Wahlrechts[59] dieses Amt daher nicht bekleiden.

d) Die leitenden Staatsfunktionen in den Ländern

In den Verfassungen von Baden-Württemberg, Bayern, Bremen, Hamburg und Nordrhein-Westfalen[60] ist ausdrücklich bestimmt, daß der Ministerpräsident Deutscher sein bzw. das aktive oder passive Wahlrecht haben muß. In Bremen und Hamburg gilt dies auch für die Senatoren[61]. Die anderen Landesverfassungen enthalten wie das GG

---

wie sich aus den Ausführungen a.a.O., S. 119, ergibt; ebenso bei *v. Mangoldt-Klein*, a.a.O.

55 Mit *Münchs* Argumentation könnte man auch die fachliche Eignung zur rechtlichen Voraussetzung für die Ministerernennung machen.

56 Historisch ist es nichts Außergewöhnliches, daß Ausländer hohe Staatsämter bekleiden; in der Fürstenzeit und in Kleinstaaten war dies öfter der Fall, s. *Münch*, a.a.O., S. 120; zu Art. 45 BayVerf ähnl. wie hier *Schweiger*, in: *Nawiasky-Leusser-Schweiger-Zacher*, Die Verfassung des Freistaates Bayern, 2. Aufl. 1970, Anm. 3 zu Art. 45.

57 a. A. *Rolvering*, S. 107, der wegen des Interessenkonfliktes das Amt des Bundeskanzlers und des Bundesministers Deutschen vorbehält. Ihm ist aber darin zu folgen, daß ein gesetzlicher Ausschluß der Ausländer von diesen Ämtern möglich wäre; dies ergibt sich schon aus Art. 33 II.

58 BGBl. I S. 396.

59 s. o. I 1.

60 Art. 46 I 2 BaWüVerf; Art. 44 II BayVerf (nur jeder wahlberechtigte Bayer); Art. 107 IV BremVerf; Art. 34 II HambVerf; Art. 52 NRWVerf (Wahl aus der Mitte des Landtages), s. dazu *Kleinrahm*, a.a.O., Anm. 2 c zu Art. 52.

61 Art. 107 II, IV BremVerf; Art. 34 II HambVerf.

keine Regelungen. Soweit die subjektiven Voraussetzungen nicht geregelt sind, ist aus denselben Erwägungen wie zum GG anzunehmen, daß auch Ausländer das betreffende Amt innehaben können.

2. Richter

Berufsrichter können nach § 9 Nr. 1 DRiG nur Deutsche werden. Die Ernennung eines Ausländers ist nichtig (§ 18 II Nr. 1 DRiG). Bei nachträglichem Verlust der Staatsangehörigkeit ist der Richter kraft Gesetzes entlassen (§ 21 I Nr. 1, III 2 DRiG). Eine Befreiung von der subjektiven Ernennungsvoraussetzung ist nicht möglich[62].

Für die ehrenamtlichen Richter gilt dasselbe, auch sie müssen Deutsche sein[63]. Ausländer sind damit vom Richteramt völlig ausgeschlossen.

3. Beamte

Ausländer können nach den übereinstimmenden Regelungen aller Beamtengesetze grundsätzlich nicht zu Beamten ernannt werden[64]. Die Ernennung eines Ausländers ist nichtig[65], sie wird durch spätere Einbürgerung nicht geheilt[66]. Bei Verlust der Staatsangehörigkeit ist der Beamte kraft Gesetzes entlassen[67]. Eine Ausnahme machen nur die Wahlkonsuln nach § 177 I Nr. 2 BBG.

Die Ernennung eines Ausländers zum Beamten ist ausnahmsweise dann möglich, „wenn für die Gewinnung des Beamten ein dringendes dienstliches Bedürfnis besteht"[68]. Diese Ausnahmen können nur durch den jeweiligen Innenminister zugelassen werden. Beispiel dafür ist die Gewinnung ausländischer Hochschullehrer[69, 70].

---

[62] *Schmidt-Räntsch,* Deutsches Richtergesetz, 1962, Anm. 3 zu § 9.

[63] Wegen der einzelnen Fälle s. o. § 3 Fn. 19.

[64] § 7 I Nr. 1 BBG; § 4 I Nr. 1 BRRG; § 6 I Nr. 1 BaWüLBG; Art. 9 I Nr. 1 BayBG; § 9 I Nr. 1 BerlLBG; § 8 I Nr. 1 BremBG; § 6 I Nr. 1 HambBG; § 7 I Nr. 1 HessBG; § 9 Nr. 1 NdsBG; § 6 I Nr. 1 NRWLBG; § 9 I Nr. 1 Rh-PfLBG; § 7 Nr. 1 SaarlBG; § 9 I Nr. 1 SchlHLBG.

[65] §§ 11 Nr. 1 BBG; 8 II Nr. 1 BRRG und stellvertretend für alle Landesgesetze § 13 III Nr. 1 BaWüLBG.

[66] *v. Münch,* Öffentlicher Dienst, in: Besonderes Verwaltungsrecht (Hrsg. von *v. Münch*), 2. Aufl. 1970, S. 19 (45); *Schiedermair,* S. 528; dies folgt aus § 16 I RuStG.

[67] § 29 I Nr. 1 BBG; § 22 I Nr. 1 BRRG; § 35 I Nr. 1 BaWüLBG; and. noch in der Weimarer Republik, vgl. *Brand,* Nipp. II, S. 210 (219).

[68] § 7 II BBG; § 4 II BRRG; § 6 III BaWüLBG.

[69] *v. Münch,* a.a.O., S. 38; vgl. auch *Schiedermair,* S. 528. Nach Art. 6 IV des Österreich. Bundesverfassungsgesetzes von 1920 erwirbt ein Ausländer mit Antritt eines öffentlichen Lehramtes an einer Hochschule die österreichische Staatsangehörigkeit!

[70] Die Ausnahmemöglichkeit bestätigt die obige Auslegung des Art. 33 II. Würde dieser die Ernennung eines Ausländers zum Beamten verbieten, wären die Ausnahmevorschriften verfassungswidrig, was noch niemand behauptet hat.

4. Ausländer in Selbstverwaltungskörperschaften

a) Kommunen

Daß Ausländer weder das Kommunalwahlrecht haben noch Kommunalbeamte sein können[71], folgt aus den obigen Ausführungen. Sie sind damit auch vom Amt des Bürgermeisters und des Landrates ausgeschlossen[72]. Auch die kommunalen Ehrenämter sind ausdrücklich Deutschen vorbehalten[73].

b) Hochschulen

Die Stellung der Ausländer im Selbstverwaltungsbereich der Hochschule ist vor allem eine Frage der körperschaftlichen Rechte der ausländischen Studenten, da deren Zahl erhebliche Größenordnungen angenommen hat[74]. Die Mitglieder des Lehrkörpers sind großenteils Beamte[75], so daß Ausländer diese Position nur bei Bejahung des „dringenden dienstlichen Bedürfnisses" nach den Ausnahmevorschriften des Beamtenrechts[76] erreichen können.

Im Zuge der noch andauernden Reform des Hochschulrechts werden bzw. wurden auch die nicht zum Lehrkörper gehörenden Beamten, Angestellten und Arbeiter als Mitglieder der Universität betrachtet[77]. Für die Beamten gelten dabei die allgemeinen Regeln, während bei den Angestellten und Arbeitern der Anteil der Ausländer erheblich sein kann[78]. Dies ist insofern bedeutsam, als diese Gruppe der Universitätsangehörigen körperschaftliche Mitwirkungsrechte[79] bei der

---

[71] Die Landesbeamtengesetze gelten auch für die Kommunalbeamten, s. z. B. § 1 BaWüLBG.

[72] Dies folgt daraus, daß z. B. nach § 42 II BaWüGemO der Bürgermeister Beamter auf Zeit oder Ehrenbeamter ist. § 46 BaWüGemO stellt außerdem ausdrücklich klar, daß nur Deutsche wählbar sind. Für den Landrat ebenso §§ 32 II, 33 BaWüLKO.

[73] §§ 15, 12 BaWüGemO; §§ 11 II, 10 BaWüLKO; Art. 19 BayGemO; §§ 21, 23 HessGemO; §§ 23, 24 NdsGemO; § 20 NRWGemO; §§ 19, 21 Rh-PfGemO; §§ 22, 23 SaarlGemO; §§ 19, 20 SchlHGemO. Für die Mitwirkung bei der Durchführung der Bundestagswahlen ebenso §§ 11, 12 BWahlG.

[74] s. o. Einführung, Text zu Fn. 5.

[75] §§ 105 ff. BRRG; §§ 16 I, 19 I, 22 I, 29 I, 31, 36 II, 37 I BaWüHochschulG v. 13. 3. 1968 (GVBl. S. 81); s. auch § 5 I BerlHSchLG v. 21. 1. 1963 i. d. F. v. 28. 8. 1969 (GVBl. S. 1884); *Gerber*, Das Recht der wissenschaftlichen Hochschulen, 1965, Bd. 1, S. 131 ff.

[76] s. o. Fn. 68—70.

[77] So z. B. § 5 I Nr. 6 BaWüHochschulG; § 4 I Nr. 5 BerlUniG v. 16. 7. 1969 (GVBl. S. 909); § 6 I Nr. 5 HambUniG v. 25. 5. 1969 (GVBl. S. 61); § 4 I Nr. 6 HessUniG v. 12. 5. 1970 (GVBl. I S. 324); § 6 I HessFachhochschulG v. 15. 7. 1970 (GVBl. I S. 415); § 4 I Nr. 5 NRWHochschulG v. 7. 4. 1970 (GVBl. A S. 254); § 13 I des Entwurfs eines Hochschulrahmengesetzes (E-HRG).

[78] Man denke insbesondere an das Pflege-, Küchen- und Reinigungspersonal der Universitätskliniken.

[79] Nach dem BaWüHochschulG Mitwirkung im Großen Senat (§ 10 II), im Senat (§ 11 II Nr. 5), im Verwaltungsrat (§ 12 III 3, V).

Selbstverwaltung der Universität und damit in einem Bereich öffentlicher Verwaltung hat. Diese Rechte sind mit denen der Personalvertretungsgesetze nicht zu vergleichen.

Die neu erlassenen Hochschulgesetze verdienen besondere Berücksichtigung, da die Geltungsdauer der alten Regelungen angesichts der Reformbemühungen und des Umbruchs im Hochschulrecht begrenzt sein dürfte.

aa) Nach den neuen Hochschulgesetzen werden die Studenten mit der Immatrikulation Mitglieder der Universität[80]. Keines der Gesetze differenziert dabei zwischen Deutschen und Ausländern, so daß diese gleichermaßen vollberechtigte Mitglieder der Universität werden. Mit dem Eintritt in die Hochschule wird der Student Mitglied der Studentenschaft[81], soweit diese durch die neue Gesetzgebung nicht abgeschafft wurde[82]. Über die korporative Natur und den öffentlichrechtlichen Charakter der Studentenschaft besteht heute Einigkeit[83]. Da keines der Hochschulgesetze die Mitgliedschaft in der Studentenschaft von der Staatsangehörigkeit abhängig macht[84], haben ausländische Studenten in diesem Bereich öffentlicher Verwaltung die gleichen körperschaftlichen Rechte wie die deutschen Studenten.

Die körperschaftlichen Mitwirkungsrechte der Studenten beziehen sich auf den Bereich studentischer Selbstverwaltung, die in zwei Arten

---

Ähnl. nach dem BerlUniG: Im Senat (§ 10 I Nr. 4), in der Kommission für Entwicklungsplanung (§ 12 II), in der Kommission für Bibliothekswesen (§ 12 V), im Konzil (§§ 13 I, 14 I Nr. 4), im Fachbereichsrat (§ 16 I Nr. 4). Nach dem HambUniG: Im Akademischen Senat (§ 29 I Nr. 7), im Konzil (§ 38 I Nr. 6); im Fachbereichsrat (§ 43 II Nr. 3).

[80] § 41, S. 1 BaWüHochschulG; § 13 I HambUniG; § 46 I HessUniG; § 15 NRWHochschulG; das BerlUniG enthält keine Regelung; § 13 I E-HRG.

[81] § 47, S. 1 BaWüHochschulG; § 55 I HambUniG; § 26 I HessUniG.

[82] Das BerlUniG und das NRWHochschulG haben die Studentenschaft abgeschafft. § 68 a BaWüHochschulG sieht die Abschaffung vor.

[83] Vgl. *Berner*, JZ 1967, 242 m. w. N.; *Gerber*, a.a.O. (Fn. 75), Bd. 1, S. 124; Bd. 2, S. 225 Fn. 92 mit Nachw. aus den Universitätssatzungen vor 1965; *Schmitt Glaeser*, Die Rechtsstellung der Studentenschaft, 1968, S. 5 m. w. N.; *Thieme*, Hochschulrecht, S. 334, 335. Jetzt so ausdrücklich § 47 S. 2 BaWü-HochschulG; § 26 II HessUniG; § 55 II HambUniG.

[84] s. Fn. 81; § 1 des Gesetzes über die Bildung von Studentenschaften an den wissenschaftlichen Hochschulen vom 22. 4. 33 (RGBl. I S. 215), nach dem die „eingeschriebenen Studenten deutscher Abstammung und Muttersprache ... unbeschadet ihrer Staatsangehörigkeit“ die Studentenschaft bildeten, ist durch die neuen Hochschulgesetze überholt, auch wenn er nicht wie in § 71 II Nr. 1 BaWüHochschulG ausdrücklich aufgehoben wurde. Ob er unter dem GG überhaupt Geltung hatte, kann hier dahinstehen (verneinend *Bartsch*, Die deutschen Studentenschaften, 1969, S. 37; *Thieme*, Hochschulrecht, S. 333). Das Österreichische Hochschülerschaftsgesetz v. 12. 7. 1950 (BGBl. Nr. 174/1950) faßt nur die österreichischen Staatsangehörigen zur „Österreichischen Hochschülerschaft“ zusammen; nur sie sind aktiv und passiv wahlberechtigt, vgl. *Gerber*, a.a.O., Bd. 1 S. 114, Bd. S. 225 Fn. 91 a; zur Entwicklungsgeschichte s. ebenda Bd. 1 S. 114 f.

gegeben ist: In der selbständigen Aufgabenerledigung durch eigene Organe und in der Teilnahme an der Arbeit universitärer Organe[85].

Die Organe der Studentenschaft sind im BaWüHochschulG nicht geregelt, sondern der satzungsmäßigen Regelung überlassen (§ 50). Das HessUniG sieht in § 28 Studentenparlament, allgemeinen Studentenausschuß und Ältestenrat vor und läßt die satzungsmäßige Bildung weiterer Organe zu. § 57 des HambUniG schreibt Studentenparlament, allgemeinen Studentenausschuß und Organe der Fachschaften vor.

Die Gleichstellung der ausländischen mit den deutschen Studenten bedeutet, daß auch die ausländischen Studenten das aktive und passive Wahlrecht haben. Ihnen sind alle Ämter der studentischen Selbstverwaltung zugänglich, auch das Amt des AStA-Vorsitzenden[86].

Was die Mitwirkung in universitären Selbstverwaltungsorganen anbetrifft, gehen die neuen Hochschulgesetze ebenfalls von der Gleichbehandlung aller akademischen Bürger aus. Das bedeutet, daß auch ausländische Studenten alle Mitwirkungsrechte in diesem Bereich haben. Diese bestehen im aktiven und passiven Wahlrecht[87] und damit im Zugang zu all den Gremien, an denen nach den Hochschulgesetzen Studenten zu beteiligen sind[88].

Nach dem BaWüHochschulG sind dies der Große Senat (§ 10 II 2 Nr. 3), der Senat (§ 11 II 2 Nr. 4), der Verwaltungsrat (mit beratender Stimme, § 12 V), die ständigen Einheiten für Forschung und Lehre (§ 49 I Nr. 2), der Schlichtungsausschuß (§ 54 I 5 Nr. 2) und der Disziplinarausschuß (§ 55 c II 3)[89].

Die Gleichberechtigung der ausländischen Studenten bei der Wahrnehmung der Selbstverwaltungsaufgaben im Hochschulbereich ist keine

---

[85] Vgl. *Thieme*, Hochschulrecht, S. 337; *Gerber*, a.a.O., Bd. 1, S. 125; *Schmitt Glaeser*, a.a.O., S. 7 mit Fn. 9; *Bartsch*, a.a.O., S. 113 ff., 124 ff. trennt zwischen studentischer Selbstverwaltung und gemeinsamer Selbstverwaltung von Hochschullehrern und Studentenschaft. Ähnl. §§ 48, 49 BaWüHochschulG; § 27 I HessUniG; § 56 I HambUniG.

Zum Aufgabenkatalog s. §§ 48 II, 49 BaWüHochschulG, § 27 HessUniG; § 56 II HambUniG; *Berner*, JZ 1967, 242 (243); *Schmitt Glaeser*, a.a.O., S. 6 f. mit Fn. 7; *Bartsch*, a.a.O., S. 113 ff. mit zahlr. Nachw.

[86] *Luetjohann* (DUZ 1964/7, 3, 5 f.) möchte die Gleichstellung auf den akademischen Bereich beschränken und bei außerakademischen Fragen wie der Verwaltung der Studentenschaft wegen deren nationalem Charakter die Ausländer ausschließen. Dies widerspricht dem geltenden Recht und erscheint auch rechtspolitisch nicht sinnvoll, zumal die Frage der außerakademischen Betätigung der Studentenschaften kontrovers ist. Gegen *Luetjohann* auch *Bussiek*, DUZ 1964/11, 3 f.

[87] Vgl. dazu § 66 II BaWüHochschulG, der ebenfalls keine Beschränkung des Wahlrechts auf Deutsche enthält. Ebenso die Grundordnung der Universität Tübingen v. 1. 10. 1969 in § 6 III a. E.

[88] Insoweit ist die Lage nach allen Hochschulgesetzen auch bei Abschaffung der Studentenschaft gleich.

[89] Wegen des Studentenwerks s. die von der Rechtsform abhängige Mitwirkung in § 61 BaWüHochschulG.

Errungenschaft der neuen Hochschulgesetze, sondern entspricht dem vorher bestehenden Rechtszustand, nach dem alle immatrikulierten Studenten ohne Rücksicht auf die Staatsangehörigkeit gleichberechtigte akademische Bürger[90] mit allen Mtiwirkungsrechten[91] waren. Soweit für das passive Wahlrecht zu Organen der Studentenschaft subjektive Voraussetzungen aufgestellt wurden, gehörte die Staatsangehörigkeit nirgendwo dazu[92].

Diese Gleichstellung wird mit der Internationalität der Wissenschaft und damit der Universität begründet, der eine Bindung an Staatsangehörigkeit und Landesgrenzen zuwiderlaufe[93]. Diese Begründung ist wenig überzeugend, da die Angelegenheiten der Studentenschaft, die sie durch ihre eigenen Organe wahrnimmt, wenig Beziehung zur Wissenschaft aufweisen[94] und da es sich bei der Mitwirkung in den universitären Selbstverwaltungsorganen hauptsächlich um den Lehr- und Forschungs*betrieb* handelt[95]. Eine unmittelbare Teilhabe an der Wissenschaft ist darin nicht enthalten.

Gegen die Gleichstellung der Ausländer werden rechtspolitische Bedenken geltend gemacht, die hauptsächlich darauf gestützt sind, daß es nicht angehe, evtl. sprach- und landesunkundige Personen am Erlaß von Verwaltungsakten zu beteiligen[96] und ihnen Entscheidungsbefugnisse in einem Bereich öffentlicher Verwaltung einzuräumen. Insbesondere das passive Wahlrecht wird in Frage gestellt[97].

Diese Bedenken sind nicht völlig von der Hand zu weisen. Entscheidend ist aber die Kenntnis der Organisation und der Belange der Universität, die primär von der Dauer der Mitgliedschaft in dieser und nicht von der Staatsangehörigkeit abhängt. Im geltenden Hochschulrecht ist der Grundsatz verwirklicht, daß jeder, der in der Körperschaft lebt, an ihrer Verwaltung ohne Rücksicht auf die Staatsangehörigkeit Anteil hat. Dieser Grundsatz erscheint sachgerecht und sollte auf

---

90 *Bartsch*, a.a.O., S. 35 ff., bes. S. 37; *Gerber*, a.a.O., Bd. 1 S. 124 mit zahlr. Nachw. der Normen in Fn. 89, Bd. 2 S. 223 f.; *Thieme*, Hochschulrecht, S. 335 mit Quellenangaben auf S. 438 ff.; *Köttgen*, Deutsches Universitätsrecht, 1933, S. 161, 162; *Thomsen*, S. 98; *Bussiek*, a.a.O.; *Jörg*, DVBl. 1965, 471 (473).

91 *Thieme*, Hochschulrecht, S. 301, spricht hinsichtlich der studentischen Mitwirkungsrechte ausdrücklich vom status activus.

92 *Bartsch*, a.a.O., S. 38 f.

93 So *Bartsch*, a.a.O., S. 37; ähnl. *Gerber*, a.a.O., Bd. 1 S. 124; *Thomsen*, S. 98.

94 *Schmitt Glaeser*, a.a.O., S. 14 f.

95 *Ders.*, a.a.O., S. 12.

96 Vgl. *Jörg*, DVBl. 1965, 471 (473 mit Fn. 31), der bei der Wahl eines sprach- oder landesunkundigen Ausländers aufsichtsrechtliche Maßnahmen der Universität wegen mangelnder Eignung (Ermessensmißbrauch!) in Betracht zieht.

97 So bes. *Gerber*, a.a.O., Bd. 1 S. 124 unter Hinweis auf frühere abweichende Regelungen in Fn. 91 a (Bd. 2 S. 225).

andere Bereiche übertragen werden, wobei für Ausländer wegen der in der Regel geringeren Vertrautheit mit den jeweiligen Umständen eine besondere Aufenthalts- oder Mitgliedschaftsdauer vorausgesetzt werden könnte. Die Übertragung auf das Kommunalrecht liegt besonders nahe, da es sich dabei ebenfalls um einen relativ begrenzten und überschaubaren Bereich handelt.

bb) Für die Gruppe der Hochschullehrer und der sonstigen Bediensteten der Universität gilt dasselbe wie für die Studenten: Soweit Ausländer unter Bejahung des dringenden dienstlichen Bedürfnisses zu Beamten ernannt wurden, liegt bereits darin die volle korporationsrechtliche Gleichstellung mit den Deutschen. Soweit sie Angestellte oder Arbeiter im Hochschulbereich sind, wird ihre Mitgliedschaft mit Beginn des Dienstverhältnisses begründet. Eine Differenzierung nach der Staatsangehörigkeit kennt keines der neuen Hochschulgesetze[98]. Auch die ausländischen Lehrkräfte und sonstigen Bediensteten haben damit das aktive und passive Wahlrecht zu den Hochschulgremien, an denen sie nach Maßgabe der Hochschulgesetze[99] beteiligt sind. Insoweit stehen ihnen öffentliche Ämter unter den auch für Deutsche geltenden Voraussetzungen offen.

Als Grundsatz ist damit festzuhalten, daß das Hochschulrecht hinsichtlich der körperschaftlichen Rechte keinerlei Differenzierung zwischen ausländischen und deutschen Mitgliedern kennt[100, 101].

IV. Ausübung öffentlicher Gewalt ohne Organwalterstellung

1. Hoheitliche Befugnisse bei privatrechtlicher Anstellung

Da Ausländer in der Regel nicht Beamte werden können, ist die Frage von Bedeutung, ob ihnen Aufgaben, die regelmäßig Beamten übertragen werden, durch privatrechtlichen Dienstvertrag anvertraut werden können. Die hoheitlichen Befugnisse sind dabei in Übereinstimmung mit der Auslegung des Art. 33 IV durch *Maunz*[102] weit zu

---

98 Fundstellen s. o. Fn. 77.

99 s. o. Fn. 79.

100 Der Mitgliedschaftserwerb ist ebenfalls nicht von der Staatsangehörigkeit abhängig, da diese weder für die Immatrikulation noch für den Abschluß eines privatrechtlichen Dienstvertrages Voraussetzung ist. Bez. der Immatrikulation s. aber § 27 E-HRG.

101 In anderen Selbstverwaltungskörperschaften ist dies z. T. anders: So haben Ausländer z. B. nicht das passive Wahlrecht zu den Handwerkskammern, §§ 97 I Nr. 1 d, 99 Nr. 3, 108 HandwO; für den Gesellenausschuß bei den Handwerksinnungen ebenso § 71 I Nr. 1 HandwO; Art. 18 ENA (s. o. § 2 III 5 c bb) steht nicht entgegen, da er nur das aktive Wahlrecht betrifft.

102 Kommentar, Rdnr. 33, 36 zu Art. 33.

verstehen; sie erfassen die gesamte Verwaltungstätigkeit mit Ausnahme der Fiskalverwaltung.

Nicht von Interesse ist hier die Grenze, die Art. 33 IV der Übertragung hoheitlicher Befugnisse auf Angestellte setzt, da es nur auf die Bedeutung der Staatsangehörigkeit unbeschadet des Art. 33 IV ankommt. Soweit ersichtlich, wurde diese Frage bislang in Rechtsprechung und Literatur nicht erörtert.

Das Problem läßt sich nicht aus dem Grundsatz lösen, Ausländer könnten keine Staatsgewalt ausüben[103], da ein solcher Grundsatz weder dem GG[104] noch dem einfachen Gesetzesrecht zu entnehmen ist. Die Beamtengesetze schließen die Ausländer nur vom Beamtenstatus aus und das nicht lückenlos. Aus ihnen ist nicht zu entnehmen, daß Ausländer grundsätzlich keine hoheitlichen Befugnisse ausüben können. Dieser Schluß wäre allenfalls dann möglich, wenn hoheitliche Befugnisse nur von Beamten wahrgenommen werden könnten, was nach Art. 33 IV nicht der Fall ist; er enthält nur einen elastischen Funktionsvorbehalt und kein striktes Monopol für das Beamtentum. Wenn die Ausübung hoheitlicher Befugnisse durch Nicht-Beamte möglich ist, geht es nicht an, die subjektiven Ernennungsvoraussetzungen des Beamtenrechts auf diese Personen zu übertragen.

Zweck der beamtenrechtlichen Regelung ist es, Ausländer nicht in das besondere Pflicht- und Treueverhältnis zu stellen, das für beide Seiten mit dem Beamtenstatus verbunden ist und beim Angestellten nicht in gleichem Maße besteht; gerade auf diesem Unterschied beruht der Funktionsvorbehalt des Art. 33 IV[105]. Der Ausschluß der Ausländer vom Beamtenstatus hat also vorwiegend dienstrechtliche Gründe, die einer Übertragung hoheitlicher Befugnisse auf sie durch privatrechtlichen Dienstvertrag unbeschadet des § 33 IV nicht entgegenstehen[106].

2. Ausländer als Beliehene

Die Wahrnehmung öffentlicher Aufgaben durch Private, denen dazu öffentlichrechtliche Befugnisse zur selbständigen Ausübung verliehen sind[107], unterscheidet sich von der Tätigkeit eines Beamten oder Ange-

---

[103] So sinngemäß *Eschenburg*, Staat und Gesellschaft, S. 408; *Schiedermair*, S. 528; *Tomuschat*, S. 57.

[104] s. o. II.

[105] Trotz faktischer Nivellierung ist nicht zu leugnen, daß das GG von der Zweispurigkeit des öffentlichen Dienstes ausgeht, vgl. *Isensee*, DÖV 1970, 397 (398 f.).

[106] Im Hochschulbereich wird dies auch praktiziert, vgl. *Gerber*, a.a.O., Bd. 2 S. 224 f., Fn. 91; wie hier *Rolvering*, S. 78, s. auch S. 112 zur Anstellung ausländischer Lehrkräfte.

[107] So die Definition des Beliehenen bei *E. R. Huber*, Wirtschaftsverwal-

stellten dadurch, daß sie im eigenen Namen und nicht als Amtswalter ausgeübt wird[108]. Wie eben dargelegt wurde, sind Ausländer nicht von der Ausübung öffentlicher Funktionen, sondern nur vom Beamtenstatus ausgeschlossen. Wenn ihnen durch privatrechtlichen Dienstvertrag hoheitliche Befugnisse übertragen werden können, so muß dies auch für die Delegation gelten, da es sich insoweit nur um eine andere Rechtsform mit unterschiedlicher Eingliederung in den staatlichen Verwaltungsapparat handelt. Der spezialgesetzliche Ausschluß der Ausländer ist in Anlehnung an Art. 33 II jedoch zulässig[109].

V. Das Widerstandsrecht

Das Widerstandsrecht des Art. 20 IV ist ausdrücklich auf Deutsche beschränkt, was angesichts seiner Zuordnung zu Art. 20 II 1 konsequent erscheint. Dies widerspricht an sich der tradierten Auffassung, die im Widerstandsrecht ein überpositives Menschenrecht im qualitativen Sinne sah, und jedermann, auch Ausländer, für widerstandsberechtigt hielt[110].

Art. 20 IV ist in seiner personalen Beschränkung gleichwohl unbedenklich, da er nur das bürgerschaftliche Organschaftsrecht des verfassungsschützenden Widerstands regelt, das nicht zu den Menschenrechten des Art. 1 I, II gehört, die als Grundlage jeder menschlichen Gemeinschaft wegen der personalen Freiheit des einzelnen unverbrüchlich sind[111] und nicht den Status aktiver Zivität i. S. *G. Jellineks* umfassen.

Eine allerdings nur scheinbare Ausnahme besteht dann, wenn es sich um die systematische Unterdrückung und Verletzung der Menschenrechte im qualitativen Sinne handelt. Auch wenn man diesen Fall durch Art. 20 IV erfaßt sieht[112], kann es nicht bei der Beschränkung auf Deutsche bleiben, da sich hier das organschaftliche und das personale Prinzip überlagern: Soweit die Verletzung von Menschenrechten

---

tungsrecht I, S. 533; *Wolff*, VerwR II, § 104 I b (mit Beispielen); *Leisner*, AöR 93 (1968), 161 (192); *Steiner*, JuS 1969, 69 (70); *Zuleeg*, DÖV 1970, 627 (628).

108 *Wolff*, a.a.O., § 104 I d 7.

109 Art. 33 II erlaubt u. U. auch dort Sonderregelungen, wo es sich nicht um öffentlichen Dienst handelt; für die Notare vgl. BVerfGE 17, 371 (377); das Verhältnis des Art. 33 zu Art. 12 ist hier ohne Bedeutung, da auch Art. 12 ein Deutschen-Recht ist. Vgl. auch *Leisner*, a.a.O., S. 194 ff.

110 Vgl. *Bertram*, Das Widerstandsrecht des Grundgesetzes, 1970, S. 40 f., 51; *J. v. Gierke*, Widerstandsrecht und Obrigkeit, 1956, S. 19; *Scheidle*, Widerstandsrecht, S. 18 ff., 20 mit Fn. 23; *Wertenbruch*, Festgabe für E. v. Hippel (1965), S. 318 (333).

111 *Wertenbruch*, a.a.O.

112 Einzelne Verstöße fallen nicht hierunter, s. o. § 1 II 2 zu Fn. 32. Ist die Verbürgung der Menschenrechte Teil der verfassungsmäßigen Ordnung des Art. 20 II, so muß beim Totalangriff auf sie Art. 20 IV erfüllt sein können.

in Frage steht, handelt es sich bei der Widerstandsleistung nicht nur um die Ausübung originärer Staatsgewalt i. S. v. Art. 20 II 1, sondern auch um die Verteidigung der personalen Menschenrechte durch deren Rechtsträger; hier besteht „Koinzidenz von bürgerlicher Freiheit und obrigkeitlicher Gewalt“[113]. Als Inhaber der Menschenrechte sind die Ausländer bei einem Totalangriff zu deren Verteidigung befugt[114], da ihnen diese Rechte unabhängig von der Staatsangehörigkeit um ihrer Personalität willen zustehen. Daß sie dann zugleich die an sich nur dem Aktivbürger zukommende Verteidigung der in Art. 20 I—III umschriebenen staatlichen Ordnung wahrnehmen, steht ihrem aus dem personalen Bereich entspringenden Widerstandsrecht nicht entgegen. Die Differenzierung des Art. 20 IV zwischen Deutschen und Ausländern wird dadurch nicht verwischt, da die Ausländer nur beim Angriff auf die Menschenrechte im qualitativen Sinne widerstandsberechtigt sind, während die in Art. 20 IV angesprochene staatliche Ordnung der Abs. 1 bis 3 mehr umfaßt.

Dieser Frage kommt letztlich keine praktische Bedeutung zu. Das Widerstandsrecht hat seinen Sinn in der Erweiterung der Befugnisse des einzelnen über die Rechte der staatlichen Normallage hinaus, was sich aus dem Subsidiaritätsvorbehalt ergibt. Jede Ausübung der in der Normallage verbürgten Rechte ist kein Widerstand und damit keine Ausübung des Widerstandsrechtes[115]. Die Rechtfertigung von Widerstandshandlungen, die in der Normallage illegal sind, bleibt ohne Folge, wenn der Widerstand erfolglos ist und das GG auf revolutionärem Wege durch eine andere Ordnung ersetzt wird. Das Schicksal des Widerstandskämpfers hängt dann vom neu etablierten Regime ab[116], das den Widerstand ohne Rücksicht auf die Staatsangehörigkeit nicht honorieren wird.

Gelingt es, durch Widerstand die Normallage wiederherzustellen und den revolutionären Angriff abzuschlagen, so rechtfertigt Art. 20 IV die in der Normallage illegalen Handlungen[117] zwar nur für Deutsche, aber

---

113 *Isensee*, Widerstandsrecht, S. 82.

114 Dies war schon immer h. M. und wird auch heute nicht in Zweifel gezogen; nur sieht man darin nicht den „politischen“ Widerstandsfall des Art. 20 IV, sondern das individuelle, menschenrechtskonnexe Notwehrrecht, ohne allerdings festzustellen, daß beides zusammenfallen kann (so z. B. *Isensee*, a.a.O., S. 41 ff., der — zu eng — nur auf einzelne staatliche Übergriffe abstellt). Zur h. M. s. *Bertram*, a.a.O., S. 40 f., 51 f.; *Isensee*, a.a.O., S. 52 Fn 108 i. V. m. S. 41 ff.; *C. Schmitt*, Verfassungslehre, S. 164; *Wertenbruch*, a.a.O., S. 333 f., 339; auf dieser Linie wohl auch BVerfGE 5, 85 (377); s. auch *Scholler*, Der Staat 8 (1969), 19 (26, 34).
Die Gewährleistung des individuellen Notwehrrechts ist auch der Sinn der — konsequenterweise jedermann berechtigenden — Art. 23 III BerlVerf, 19 BremVerf; weitergehend aber Art. 147 HessVerf, s. *Isensee*, a.a.O., S. 52 Fn. 108; S. 84 Fn. 185; *Heyland*, Das Widerstandsrecht des Volkes, S. 89 ff.

115 So bes. *Isensee*, a.a.O., S. 58 ff. m. w. N.

116 *Isensee*, a.a.O., S. 86.

die gerettete staatliche Ordnung des GG wird kaum zu Sanktionen greifen, sondern auch den ausländischen erfolgreichen Widerstandskämpfer glorifizieren. Seine Widerstandshandlungen bleiben in dem nicht von den Menschenrechten gedeckten Bereich zwar rechtswidrig, eine nachträgliche Legalisierung wird aber politisch geboten und wahrscheinlich sein. Hier zeigt sich die Schwäche der Beschränkung des Art. 20 IV auf Deutsche: Die zur Erhaltung der staatlichen Ordnung erforderlichen und an sich gewünschten Widerstandshandlungen sind rechtswidrig, wenn sie von Ausländern begangen werden, was dem abzuwehrenden revolutionären Angriff das Notwehrrecht verleiht und ihn insoweit plan- und systemwidrig legalisiert. Eine Verfassung sollte nicht danach fragen, ob sie von einem Ausländer oder einem Staatsangehörigen verteidigt wird[118]. Da sie der sozialen und politischen Ordnung der in ihrem Geltungsbereich Lebenden dient, sollte es nur darauf ankommen, ob der Widerstandskämpfer unter der Herrschaft dieser Verfassung lebt, ihren Schutz in Anspruch nimmt und an ihrem Bestand ein Interesse hat. Die Staatsangehörigkeit ist dafür nicht von Bedeutung[119]. Art. 20 IV erweist sich auch insoweit als verfehlt[120].

VI. Zusammenfassung

Zusammenfassend ist festzustellen, daß Ausländer von den Rechten des status activus weitgehend, aber nicht prinzipiell ausgeschlossen sind.

Das Wahlrecht im Bund, in den Ländern und Kommunen ist ihnen versagt. Sie haben grundsätzlich Zugang zu öffentlichen Ämtern, allerdings ohne ein Recht auf Gleichbehandlung mit den Deutschen. Der spezialgesetzliche Ausschluß von öffentlichen Ämtern ist zulässig.

Ausländer können leitende Staatsfunktionen bekleiden, soweit nicht ausdrücklich etwas anderes bestimmt ist. Nach geltendem Recht können sie nicht Richter werden, Beamte nur in Ausnahmefällen. Die Wahrnehmung hoheitlicher Befugnisse aufgrund privatrechtlicher Anstellung oder aufgrund Beleihung ist zulässig.

---

117 Zum Umfang der Rechtfertigung *Bertram*, a.a.O., S. 83 ff.; *Isensee*, a.a.O., S. 86 ff.

118 Bei der Nothilfe fragt man auch nicht nach der Beziehung des Nothelfers zum gefährdeten Rechtsgut.

119 *Heyland*, a.a.O., S. 87 f. zu Art. 147 HessVerf; zust. *Wertenbruch*, a.a.O. (Fn. 110), S. 333.

120 Zur allgemeinen Kritik des Art. 20 IV treffend *Isensee*, a.a.O., S. 97 ff.; z. T. ähnlich schon *Geiger*, Gewissen, Ideologie, Widerstand, Nonkonformismus, 1963, S. 94, 114. Jetzt auch *Kröger*, Widerstandsrecht und demokratische Verfassung, 1971, passim.

Im Hochschulbereich ist die körperschaftliche Gleichbehandlung vollständig durchgeführt. Sie erscheint zumindest im Kommunalbereich rechtspolitisch geboten, da die Staatsangehörigkeit allein in vielen Fällen kein sinnvolles Differenzierungsmerkmal ist. Maßgeblich sollten tatsächliche Umstände sein, insbesondere eine bestimmte Aufenthaltsdauer.

Von dem organschaftlichen Widerstandsrecht sind die Ausländer ohne rechtspolitische Notwendigkeit ausgeschlossen.

§7 Meinungs-, Informations- und Pressefreiheit

Die Frage, ob die Rechte aus Art. 5 I[1] auch Ausländern zustehen, beschränkt sich entsprechend dem Gegenstand dieser Arbeit auf die politische Dimension dieser Rechte.

Angesichts des klaren Wortlauts des Art. 5 I 1, 2, der keine Beschränkung auf Deutsche enthält, erscheint der Grundrechtsschutz der Ausländer unproblematisch, zumal Art. 118 WRV nur von allen Deutschen sprach und eine bewußte Abkehr davon zu vermuten ist. Ungeachtet dieses Wortlauts hat insbesondere *Tomuschat*[2] die These vertreten, die politische Meinungsfreiheit sei Ausfluß der Rechtsstellung als Staatsbürger und stehe dem Ausländer daher nicht zu, soweit es sich um innerdeutsche Angelegenheiten handelt[3]. Art. 5 I greife für den Ausländer bei der Diskussion über Entscheidungen der deutschen Staatsgewalt auch dann nicht ein, wenn Regelungsgegenstand die Rechtsstellung der Ausländer, z. B. die Novellierung des AuslG, sei[4].

Eine ähnliche Meinung vertritt neuerdings *Erbel*[5]: Art. 5 I enthalte nur einen menschenrechtlichen Kern, die sog. „kleine Meinungsfreiheit" des „schlichten Stellungnehmens" auch zu Fragen der Politik, während

---

1 Funk und Fernsehen sollen hier ausgeklammert bleiben, da sie in der BRD staatlicher Kontrolle unterliegen.

2 S. 56 ff.; Kernsatz auf S. 61; ähnl. *Schmitt Glaeser*, Verwirkung, S. 185, 186 aus dem Obersatz, alle politischen Teilhaberechte stünden nur den Staatsangehörigen zu. Dies steht im Widerspruch zu seinen Ausführungen auf S. 126 über die Funktion des Art. 5 I und der öffentlichen Meinung, wo er nicht differenziert und eine Differenzierung seinen Thesen auch widersprechen würde. Ähnl. wie *Schmitt Glaeser, Klinkhardt*, DVBl. 1965, 467 (468), aber im Widerspruch zu S. 469; *Ridder*, GR II, S. 243 (269). Wie *Tomuschat, Heuer*, S. 36, wodurch die Ausführungen auf S. 14 praktisch bedeutungslos sind; differenzierter aber S. 26 f.

3 Die Stellungnahme zu Vorgängen in fremden Staaten unterstellt *Tomuschat* (S. 62) ausdrücklich dem Schutz des Art. 5 I.

4 *Tomuschat*, S. 63.

5 JuS 1971, 34 (35); dagegen *Dolde*, JuS 1971, 314 f.

die „große“ Meinungsfreiheit als Instrument der politischen Mitbestimmung und der Beeinflussung der politischen Entwicklung „unseres *deutschen*[6] Staatswesens“ unter Beachtung der Volkssouveränität ein nur den Deutschen zustehendes Grundrecht sei.

In der Begründung geht *Tomuschat* vom Ergebnis aus: Es müsse „zumindest ein gewisses Mißbehagen“[7] auslösen, wenn man spanischen Gastarbeitern das Recht einräumen würde, einen Wahlaufruf zugunsten der NPD zu erlassen oder wenn arabische Studenten „aus Rache“ für die angeblich israelfreundliche Haltung der Bundesregierung ohne Verstoß gegen das StGB ihre Sympathie mit der DDR bekunden könnten. Das gewünschte Ergebnis wird dogmatisch damit begründet, daß Ausländer nicht Bürger, sondern Gäste seien[8] und demzufolge kein Recht auf Teilhabe an der deutschen Staatsgewalt hätten, was auch der Ausschluß vom Wahlrecht und das fehlende Recht auf Zugang zu öffentlichen Ämtern zeige. Der Ausschluß der Ausländer von der Teilhabe an der deutschen Staatsgewalt müsse auch deren Vorfeld, die öffentliche Meinungsbildung, umfassen. Dies sei auch zur Abwehr der Überfremdungsgefahr erforderlich, zumal die Ausländer durch Rückkehr in ihr Heimatland den Folgen der von ihnen mitbestimmten Entscheidungen ausweichen könnten. Positivrechtlicher Anhaltspunkt für diese Ansicht sei die Beschränkung der Art. 8, 9 I auf Deutsche, die nur aus deren Schlüsselstellung im Prozeß der öffentlichen Meinungsbildung verständlich sei. Der Text des Art. 5 I sei insoweit unbeachtlich, da der Verfassungsgeber die Doppelfunktion[9] der Meinungsfreiheit als Menschenrecht im privaten Bereich und als politisches Teilhaberecht übersehen habe. Fazit: Der Fremde bleibt Außenstehender, „soweit diese Gesellschaft als Staatsvolk verfaßt ist, und er hat ihre Entscheidungen hinzunehmen, wie sie auch ausfallen mögen“[10, 11].

---

6 Hervorhebung im Original.

7 a.a.O., S. 57.

8 Daß auch Gastgeber besondere Pflichten haben, wird von *Tomuschat* dabei nicht erwähnt.

9 Dazu *Schmitt Glaeser*, a.a.O., S. 113; *Scheuner*, VVdStRL 22, 1 (2 f.); *Schnur*, VVdStRL 22, 101 (110 f.).

10 *Tomuschat*, S. 61; ähnl. schon *Isay*, Fremdenrecht, S. 167 bez. Art. 124 WRV: politische Macht gesteht das Gesetz im Zweifel dem Ausländer nicht zu.

11 *Tomuschat* (S. 62 f.) spricht dem Ausländer die vollen Rechte des Art. 5 I in seiner Eigenschaft als Mitglied der Universität zu, da er insoweit voll in das Leben der BRD integriert sei. Dies ist inkonsequent, da nicht ersichtlich ist, worin der Integrationsunterschied liegen soll und da es auch bei der Hochschulverwaltung um die Ausübung deutscher Staatsgewalt geht. Es ist widersprüchlich, einmal nur an die Staatsangehörigkeit, ein andermal aber an die tatsächliche Integration anzuknüpfen und damit zuzugeben, daß die Staatsangehörigkeit allein die Differenzierung nicht rechtfertigt. Wie T. aber *Heuer*, S. 36 Fn. 54.

Die h. M. spricht dem Ausländer dagegen die Rechte des Art. 5 I unter Berufung auf den Wortlaut zu[12]. Unterschiedliche Meinungen bei der Schrankenproblematik sind hier nicht zu berücksichtigen, da es nur um die Frage geht, ob Ausländer überhaupt Grundrechtsträger sind.

Tomuschats Ansicht kann weder in ihrer politischen Intention noch in ihrer rechtlichen Begründung geteilt werden.

Was die politischen Prämissen anbetrifft, so offenbart sich das Bestreben, den als unzureichend empfundenen Bereich politischer Straftaten dahingehend zu ergänzen, daß inopportune Meinungen mit Hilfe des Verwaltungsrechts unterdrückt werden können; es geht *Tomuschat* primär um die Disqualifizierung bestimmter Meinungen, denn „sachliche Kritik in angemessener Form"[13] soll kein Mißbrauch des Gastrechts und damit wohl stets erlaubt sein. Tomuschats Beispiele legen die Frage nahe, was denn so besonders gefährlich daran ist, wenn gerade Ausländer und nicht Deutsche die NPD fördern oder mit der DDR sympathisieren. In anderem Zusammenhang führt Tomuschat selbst aus, daß „ein Gemeinschaftswert ... in seiner Qualität nicht unterschiedlich bestimmt werden (kann) in Abhängigkeit von dem Urheber des jeweils auf ihn gerichteten Angriffs"[14]. Politische „Racheaktionen" in dem von Tomuschat beschriebenen Sinne sind auch bei nicht erfüllten Forderungen deutscher Interessenverbände denkbar,

---

[12] OVG Münster, OVGE 21, 300 ff.; BaWüVGH, NJW 1969, 2109 (2110), zustimmender Kommentar in *Die Welt*, Nr. 273 v. 24. 11. 1969 S. 24 („Der Ausländerpolizei genügte es, daß der Perser ein Perser war"); *Herzog*, Kommentar, Rdnr. 16, 142, 143 zu Art. 5; *v. Mangoldt-Klein*, Anm. II 5 zu Art. 5; *Maunz*, Kommentar, Rdnr. 31 zu Art. 16; *Wernicke*, BK (Erstbearb.), Anm. II 1 a zu Art. 5; *Angerer*, BayVBl. 1965, 325 (327); *Eschenburg*, Staat und Gesellschaft, S. 391, 392; *Forch*, S. 76, 77; *Geiger*, Festschrift für A. Arndt (1969), S. 119 (131); *Guradze*, MRK, Anm. 5 I zu Art. 16; *Jörg*, DVBl. 1965, 471 (472); *Kanein*, Anm. B 1 zu § 6; *ders.*, DVBl. 1966, 617 (619); *Kemper*, Pressefreiheit und Polizei, 1964, S. 29; *Kimminich*, ArchVR 10 (1962/63), 132 (138); *Klinkhardt*, DVBl. 1965, 467 (469) im Gegensatz zu S. 468; *Kloesel-Christ*, Anm. 1, 3 zu § 6; *Löffler*, Presserecht, 2. Aufl., Bd. 1, 1969, S. 119, 120 (Rdnr. 124, 126, 127); *ders.*, NJW 1964, 2279; *Marxen*, Rdnr. 8, 9 zu § 6; *Ott*, DemonstrationsR, S. 125, 128 Fn. 212; *Rebe*, Die Träger der Pressefreiheit nach dem Grundgesetz, 1969, S. 73 f.; *Rolvering*, S. 43, 44; *Ruppel*, S. 163; *Weißmann*, Anm. 2 zu § 6; *Willms*, ArchPr 1965, 514. Schon im 19. Jahrh. wurden Meinungs- und Pressefreiheit überwiegend Ausländern gewährleistet, ohne daß man allerdings die politische Gestaltungsfunktion dieser Rechte erkannt hätte; vgl. *v. Frisch*, Fremdenrecht, S. 349; s. auch § 1 RPG, dazu RGSt 61, 19 (25); die Geltung des Art. 118 WRV für Ausländer war umstritten; bejahend *Anschütz*, WRV, S. 510 ff.; *Isay*, Fremdenrecht, S. 89 f.; *C. Schmitt*, HdbDStR II, S. 572 (590 f.); verneinend *Häntzschel*, HdbDStR II, S. 651 (653 mit Fn. 8); *Hellwig*, Nipp. II, S. 1 (15); *Strupp*, HdbDStR I, S. 274 (278 ff.); *Thoma*, Nipp. I, S. 1 (25 f.).

[13] S. 61; die inhaltliche Ausrichtung wird auch auf S. 56 f. deutlich.

[14] S. 53.

etwa wenn der Bauernverband aus „Protest" gegen die Agrarpolitik der Bundesregierung zur Unterstützung der NPD aufrufen würde.

Auf das Argument der Überfremdung und der Ausreisemöglichkeit wurde bereits oben eingegangen[15].

Tomuschats Ansicht führt zu Konsequenzen, die er nicht ausdrücklich nennt und wohl auch nicht bedacht hat: Er spricht zwar nur von der politischen Meinungsfreiheit, seine Ausführungen müssen aber erst recht für die Pressefreiheit gelten, zumal er selbst von den Rechten des Art. 5 I spricht[16]. Ausländern wäre nach Tomuschat die Pressefreiheit versagt, mit der Folge, daß kein ausländischer Journalist, sei er für eine deutsche oder eine ausländische Zeitung tätig, sich auf sie berufen könnte und daß das Zensurverbot des Art. 5 I 3 entfallen würde. Daß dies weder außen-[17] noch innenpolitisch tragbar wäre, liegt auf der Hand.

Die rechtliche Begründung *Tomuschats* ist ebenfalls nicht überzeugend. Zwar ist ihm zuzugeben, daß Ausländern die Rechte des status activus weitgehend versagt sind[18]. Die Annäherung des Art. 5 I an den status activus[19] darf aber nicht dazu führen, gegen den Verfassungstext die Ausländer von diesen Rechten auszuschließen[20], da der Obersatz nur für die „klassischen" Rechte des status activus Gültigkeit hat.

Zwar hat das BVerfG[21] ausgeführt, Art. 5 I ermögliche jedem *Staatsbürger*[22] die Teilnahme an der öffentlichen Diskussion. Daraus dürften aber keine Schlüsse i. S. der Gegenmeinung zu ziehen sein, da die Frage der Grundrechtsausübung durch Ausländer nicht zur Entscheidung stand und auch nicht erwähnt wurde. Es dürfte sich nur um einen falschen Zungenschlag handeln, zumal diese Terminologie in anderen Entscheidungen nicht verwendet wird.

Bei den Rechten des Art. 5 I handelt es sich nicht um Ausübung von Staatsgewalt, sondern um die der Staatswillensbildung vorgelagerte Willensbildung des Volkes bzw. um deren Vorformung[23]. Der Ausschluß der Ausländer von der Ausübung deutscher Staatsgewalt besagt nicht, daß sie auch von der gesellschaftlichen, d. h. der sich außerhalb

---

[15] s. o. § 5, Text zu Fn. 43—51.
[16] s. etwa S. 62; auch die Anknüpfung an *Ridder* (GR II, S. 243 ff.) legt dies nahe.
[17] Darauf stellt auch *Eschenburg*, a.a.O., S. 391, ab.
[18] s. o. § 6.
[19] s. etwa *Smend*, Bürger und Burgois, in: Staatsrechtl. Abhandl., 2. Aufl. 1968, S. 309 (318, 319); *Schmitt Glaeser*, Verwirkung, S. 104 ff. mit zahlr. Nachw.; *Tomuschat*, S. 59.
[20] *Rolvering*, S. 10 f.
[21] BVerfGE 12, 113 (125).
[22] Hervorhebung vom Verfasser.
[23] BVerfGE 8, 104 (113); 20, 56 (98 f.); s. auch oben § 1 zu Fn. 16.

des organisierten Staatsapparates vollziehenden Willensbildung ausgeschlossen sind[24]. Dafür spricht zwar die Beschränkung der Art. 8, 9 I auf Deutsche, andererseits stehen die Jedermann-Rechte der Art. 5 I, 9 III, 17 dieser Auffassung entgegen. Es mag richtig sein, daß der Verfassungsgeber die demokratische Komponente des Art. 5 I übersehen hat, bei Art. 9 III, 17 ist dies sicher nicht der Fall, so daß eine Textkorrektur des Art. 5 I unzulässig erscheint. Man könnte auch den umgekehrten Schluß aus den Art. 5 I, 9 III, 17 ziehen und eine Textkorrektur bei Art. 8, 9 I vornehmen. Dies ist jedoch ebenfalls ausgeschlossen, da der Verfassungsgeber ersichtlich keinen allgemeinen Satz normiert hat, daß Ausländer überhaupt nicht oder in vollem Umfang an der politischen Willensbildung des Volkes beteiligt sein sollen. Er hat vielmehr bei den einzelnen Beteiligungsmodalitäten differenziert, wofür sich sachliche Gründe anführen lassen, wie z. B. die größere soziale Wirkung bei Ausübung der Rechte aus Art. 8, 9 I[25]. Diese Differenzierung kann nicht ohne weiteres nivelliert werden, auch nicht durch die Konstruktion einer „großen" und „kleinen" Meinungsfreiheit, die im GG keine Stütze findet und Untrennbares willkürlich ohne Rücksicht auf die Voraussetzungen des Kommunikationsprozesses auseinanderreißt[26].

Der Ausschluß der Ausländer widerspricht auch dem Zweck des Art. 5 I[27]. Es ist ausgeschlossen, an dieser Stelle die Funktion des Art. 5 I im demokratischen Staat umfassend darzulegen. Insoweit ist auf die zutreffende Darstellung bei *Schmitt Glaeser*[28] zu verweisen. Zweck des Art. 5 I ist danach die Bildung der öffentlichen Meinung als Integrations-

---

[24] Dies ergibt sich auch daraus, daß Art. 5 I nicht im Zusammenhang mit Art. 20 II normiert wurde, vgl. *Herzog*, Kommentar, Rdnr. 6 zu Art. 5. Dies verkennt *Erbel*, JuS 1971, 34 (35). Vgl. *Dolde*, JuS 1971, 315. Wie hier *Ott*, DemonstrationsR, S. 128 Fn. 212.

[25] *E. Stein* (StaatsR, S. 148) stellt eine Stufenfolge der Integration nach der „Staatsnähe" auf. Ausländer seien nur auf der niedersten Stufe des Art. 5 I gleichberechtigt, die höheren Integrationsstufen der Art. 8, 9 I seien den Deutschen vorbehalten.

[26] Wie *Erbels* Abgrenzung zwischen bloßer Aufklärung und aktiver und gezielter Beeinflussung der Willensbildung in der BRD (s. JuS 1971, 34, 36) vollzogen werden soll, ist unerfindlich. Jede Aufklärung beinhaltet die Minimalintention, den Kommunikationsprozeß dahingehend zu beeinflussen, daß er sich überhaupt mit der betr. Frage befaßt. Meist steht hinter der „Aufklärung" auch eine handfeste Absicht „zu beeinflussen" (Beispiel: „informative" Werbung, s. dazu *Lerche*, Werbung und Verfassung, 1967, S. 11 ff., 18 f., 26 ff.). Zur Unmöglichkeit der Abgrenzung Meinung-Bericht s. auch BVerfGE 12, 205 (260); *Herzog*, Kommentar, Rdnr. 51 zu Art. 5, *Tomuschat*, S. 52. Vgl. zum Ganzen auch *Dolde*, JuS 1971, 314 (315).

[27] s. auch *Dolde*, a.a.O.

[28] Verwirkung, S. 104 ff., 126 ff.; *ders.*, DVBl. 1966, 6 ff., 166 ff., jeweils mit zahlr. Nachw.; vgl. auch *P. Schneider*, Pressefreiheit und Staatssicherheit, 1968, S. 23 ff., 70 ff.; BVerfGE 5, 85 (135, 205); 7, 198 (208); 10, 118 (121); 12, 113 (125); 20, 56 (97 ff.); 20, 162 (174 f.); 25, 256 (264 f.).

faktor i. S. *Smends*[29]. Die Funktion der politischen Meinungsfreiheit ist es, „*jedem* die Möglichkeit zu eröffnen, *seine* geistig-politische Konzeption auf den Markt zu tragen — auf einen Markt der offen ist und zu dessen Betreten man keiner staatlichen Konzession bedarf“[30]. Dieser politischen Funktion des Art. 5 I läuft der Ausschluß der Ausländer zuwider. Für sie würde der Zugang zum Meinungsmarkt unter Verbotsvorbehalt stehen. Werden sie ausgeschlossen, wird die Integrationswirkung für einen erheblichen Teil der Bevölkerung vereitelt; damit werden soziale und politische Konflikte mit dieser Personengruppe geradezu provoziert, während es Sinn der Verfassungsordnung ist, die in der Demokratie aufgegebene politische Einheitsbildung[31] zu verwirklichen. Die Befriedung im Innern erfordert ein Mindestmaß an Integration der gesamten Bevölkerung, nicht nur des Staatsvolkes[32]. Das setzt voraus, daß alle Bevölkerungsgruppen ihre Interessen und Meinungen in gleicher Weise artikulieren können.

Der Ausschluß ausländischer Stimmen aus der politischen Diskussion in der BRD würde im Zeitalter internationaler Verflechtung zudem eine erhebliche Verarmung bedeuten, während Art. 5 I die umfassende Unterrichtung und Diskussion über alle öffentlichen Belange ermöglichen und sichern will.

Hinzu kommt ein systematisches Argument: So wie die Deutschen-Rechte des GG spezielle Ungleichheitstatbestände sind[33], so sind die Jedermann-Rechte spezielle Gleichheitssätze derart, daß in ihrem Geltungsbereich eine Differenzierung allein aufgrund der Staatsangehörigkeit unzulässig ist[34]. Die Differenzierung aus anderen Gründen, die mit der Staatsangehörigkeit zusammenfallen können, kann zulässig sein, z. B. wenn bestimmte Rechtsgüter nur von Ausländern gefährdet

---

[29] Verfassung und Verfassungsrecht, in: Staatsrechtl. Abhandl., 2. Aufl. 1968, S. 119 (148 ff.).

[30] *Schmitt Glaeser*, Verwirkung, S. 126; *ders.*, DVBl. 1966, 6, 166 (170); Hervorhebung im Original, dort aber bezogen auf die positiv-inhaltliche Qualifizierung der Meinungsfreiheit.

[31] Vgl. dazu *Hesse*, VerfR, S. 5 ff.

[32] In dieser Richtung allerdings *Smend*, a.a.O. Wie hier *Eschenburg*, Staat und Gesellschaft, S. 392: „Jede Einschränkung der Meinungsfreiheit durch Ausschluß eines Teils der Bevölkerung von diesem Recht ist entweder unwirksam oder gefährdet die Meinungsfreiheit an sich.“ — Wenn überhaupt ein Mitspracherecht eingeräumt wird, ist der Ausschluß von der Versammlungs- und Vereinsfreiheit zu verschmerzen und hindert nicht jede Integration. — Die Befriedung durch Gleichstellung der Ausländer bestreitet *Doehring* (Fremdenrecht, S. 89 Fn. 313), da die Gleichstellung unzumutbar sei.

[33] s. o. § 4 II 5 Text zu Fn. 65.

[34] Im Grundsatz wie hier *Lenz*, in: *Hamann-Lenz*, Anm. B 1 zu Art. 3; *Grabitz*, S. 46; vgl. auch *Kloesel-Christ*, Anm. 2 zu § 50 und *Tomuschat* selbst, S. 54 f. — Damit ist die These von *Anschütz* (WRV, S. 511 ff.) und seiner Anhänger (s. o. § 4 Fn. 3), die Grundrechte regelten nicht das Verhältnis der Staatsangehörigen zu den Fremden, sondern das des einzelnen zum Staat, in dieser Form für das GG nicht aufrechtzuerhalten.

werden können und der Schutz dieser Rechtsgüter vorrangig ist. Der Verfassungsgeber hat die Frage der Grundrechtsträgerschaft durch die differenzierte Regelung insoweit abschließend geregelt. Somit muß den Ausländern die Meinungs- und Pressefreiheit in politischen Angelegenheiten sowohl der BRD wie fremder Staaten zustehen, da Art. 5 I insoweit keine Differenzierung kennt[35].

Der Schutz der Pressefreiheit greift nicht nur dann ein, wenn die betr. Zeitung im Inland vertrieben wird[36]. Zwar wird dann kein Beitrag zur öffentlichen Meinungsbildung in der BRD geleistet und damit der Zweck des Art. 5 I 2 nicht erfüllt[37]. Dies hat aber nicht den Verlust des Grundrechtsschutzes zur Folge, der weiter reicht als die Funktion des Grundrechts[38]. Insoweit greift evtl. nicht der institutionelle Gehalt, jedenfalls aber das Individualrecht des Art. 5 I 2 ein, das der deutschen Staatsgewalt die Behinderung jedweder Pressetätigkeit untersagt. Andernfalls wäre der Grundrechtsschutz von der Inlandsnachfrage oder vom auch erfolglosen Anbieten des Presseprodukts in der BRD abhängig, was nicht Sinn des Art. 5 I 2 sein kann.

Der Ausschluß der Ausländer von der politischen Meinungsfreiheit verstößt auch gegen das Menschenbild des GG. Dieses hat eine demokratische Komponente und fordert ein — wenn auch nicht formalisiertes — Mitspracherecht hinsichtlich der Regelungen, denen das Individuum unterworfen ist. Wenn die Ausländer nach *Tomuschat*[39] nicht einmal bei einer Novellierung des AuslG an der politischen Diskussion in der BRD mitwirken dürfen, so werden sie unter Verstoß gegen Art. 1 I zum bloßen Objekt bundesrepublikanischer Staatsgewalt degradiert, über das kurzerhand von Obrigkeits wegen verfügt wird.

Meinungs-, Presse- und Informationsfreiheit stehen Ausländern demnach in gleichem Umfang zu wie Deutschen. Dies gilt auch für die Ausübung von Presseberufen durch Ausländer, obwohl Art. 12 I auf Deutsche beschränkt ist, da zwischen Art. 5 I 2 und Art. 12 I Gesetzeskonkurrenz mit Vorrang des Art. 5 I 2 besteht[40, 41].

---

35 *Geiger*, Festschrift für A. Arndt (1969), S. 119 (132); *Maunz*, Kommentar, Rdnr. 20 zu Art. 26; *Menzel*, BK (Erstbearb.), Anm. II 3 zu Art. 26; *Heuer*, S. 41; *Tomuschat*, S. 62; einschränkend *H. W. Bayer*, DÖV 1968, 709 (715 ff., 718).

36 a. A. *Reebe*, a.a.O. (Fn. 12), S. 74.

37 Das ist das Hauptargument von *Rebe*, a.a.O.

38 s. o. § 5 Fn. 34.

39 S. 63.

40 So zutr. *Herzog*, Kommentar, Rdnr. 142, 143 zu Art. 5; folgend *Rolvering*, S. 44; ähnl. *Scheuner*, VVdStRL 22, 1 (71). Dem entsprechen die Landespressegesetze, vgl. §§ 2, 9 BaWüLPrG v. 14. 1. 1964 (GBl. S. 11).

41 Die Gleichstellung der Ausländer im Rahmen des Art. 5 I legt ihre Beteiligung in den Aufsichtsgremien der Rundfunk- und Fernsehanstalten nach den Maßstäben von BVerfG 12, 205 (261 f.) nahe (so auch *Tomuschat*, S. 50 Fn. 120; *Rolvering*, S. 46), da sie sicher eine besondere Gruppe dar-

§ 8 Vereinsfreiheit

Die Vereinsfreiheit des Art. 9 I umfaßt nach heute h. M.[1] zwei Ebenen: Sie gewährleistet einmal den Assoziationsvorgang als solchen und schützt damit die Individualentscheidung für die gruppenmäßige Betätigung. Daneben schützt sie das Handeln und Wirken der Assoziation selbst, da nur so die Garantie des Art. 9 I effizient werden kann[2]. Grundrechtsträger sind damit das Individuum wie die Assoziation selbst. Dementsprechend sind auch für Ausländer diese beiden Ebenen getrennt zu behandeln.

I. Das Individualrecht auf Assoziation

1. Nach Art. 9 I

Art. 9 I gewährt die Vereinsfreiheit nur Deutschen[3]. Art. 9 des Herrenchiemsee-Entwurfs hatte sie noch für alle vorgesehen. Die Änderung wurde auf Vorschlag des Redaktionskomitees vom Grundsatzausschuß vorgenommen. Die Abgeordneten *v. Mangoldt* und *Zinn* be-

---

stellen. Die Einführung besonderer Rundfunkprogramme für Gastarbeiter zeigt, daß dafür auch ein Bedürfnis besteht.

[1] BVerfGE 3, 383 (391 f.); 6, 273 (277); 13, 174 (175); BVerfG NJW 1971, 1123 mit abl. Anm. *H. H. Rupp*, NJW 1971, 1403; *Dürig*, Kommentar, Rdnr. 3, 55 ff. zu Art. 19 III; *Hamann*, in: *Hamann-Lenz*, Anm. A 2 zu Art. 9 m. w. N.; *v. Mangoldt-Klein*, Anm. III 1, 7 zu Art. 9; *Maunz*, Kommentar, Rdnr. 17, 47, 48 zu Art. 9; *v. Münch*, BK (Zweitbearb.), Rdnr. 10, 16, 18, 47 zu Art. 9; *Schmidt-Bleibtreu-Klein*, GG, Rdnr. 2 zu Art. 9; *Wernicke*, BK (Erstbearb.), Anm. II 1 c zu Art. 9; *Čopić*, Grundgesetz und politisches Strafrecht neuer Art, 1967, S. 63; *Mallmann*, Staatslexikon, Bd. 8, Sp. 106 (108); *Maunz*, StaatsR, S. 124 f.; *W. Schmidt*, NJW 1965, 424 (425); *Schmitt Glaeser*, Verwirkung, S. 240; *Schnorr*, VereinsG, Rdnr. 9 zu § 1 (modifizierend); a. A. *Füßlein*, GR II, S. 425 (429).

[2] Mit *Dürig* und *Maunz*, a.a.O., ist die Erstreckung des Grundrechtsschutzes aus der teleologischen Auslegung des Art. 9 I und nicht aus Art. 19 III herzuleiten, der bei nicht rechtsfähigen Vereinigungen zu erzwungenen Analogien nötigt. Ganz anders *Scholz*, S. 142 ff.; *Rupp*, a.a.O.

[3] Dies hat schon *Nawiasky*, Die Grundgedanken des Grundgesetzes für die Bundesrepublik Deutschland, 1950, S. 23 f., bedauert. — Zur Lage im Ausland: Art. 56 der Schweizer. BV garantiert die Vereinsfreiheit für „Bürger"; teilweise wird ein Schutz nur für politische Vereine von Aktivbürgern angenommen, z. T. sieht man in Art. 56 ein Menschenrecht im Sinne der Grundrechtssubjektivität, andere gestehen die Vereinsfreiheit den Ausländern nur für unpolitische Vereine zu, vgl. *H. Huber*, Festschrift für Jahrreiß (1964), S. 101 (108 f.) m. w. N. und *Thomsen*, S. 36. —
In Österreich besteht kein verfassungsrechtlicher Schutz für die vereinsmäßige Betätigung der Ausländer, durch einfaches Gesetz wurde ihnen die Vereinsfreiheit aber eingeräumt, vgl. *Adamovich-Spanner*, Handbuch des österr. Verfassungsrechts, 5. Aufl. 1957, S. 449; *P. Feßler*, Österreichisches Vereinsrecht, o. J., S. 15 ff., der meint, ein politischer Ausländerverein „wird ... zu untersagen sein" (S. 15). — Nach Art. 18 der italienischen Verfassung ist die Vereinsfreiheit ebenfalls nur ein staatsbürgerliches Recht, s. *H. Huber*, a.a.O., S. 107.

gründeten die Änderung damit, in Übereinstimmung mit Art. 124 WRV und den meisten Verfassungen des Auslandes sei die Beschränkung auf Deutsche geboten, um der BRD die Möglichkeit offenzuhalten, durch Staatsverträge im Wege der Gegenseitigkeit den Deutschen im Ausland die Vereinsfreiheit zu verschaffen[4]. Diese Möglichkeit wurde hinsichtlich der politischen Vereinigungsfreiheit in keinem der bislang geschlossenen Verträge genutzt[5].

Ob Ausländern ungeachtet der Beschränkung auf Deutsche ein Kernbereich an politischer Vereinigungsfreiheit zusteht, hängt nach den obigen Ausführungen[6] davon ab, ob Art. 1 I, II einen solchen Kernbereich umfaßt, m. a. W. ob die Vereinsfreiheit wenigstens teilweise ein Menschenrecht im qualitativen Sinne ist.

Die naturrechtliche Staatslehre der Aufklärung sah in der Vereinsfreiheit ein ursprüngliches Menschenrecht, das in der staatlichen Positivierung aber unterschiedliche Ausgestaltungen erfuhr. Die wirtschaftliche Assoziation wurde wesentlich stärker begünstigt als die politische, die als verdächtig und gefährlich erschien[7]. Dies mag auch heute noch der tiefere Grund für den Ausschluß der Ausländer im politischen Bereich sein[8].

Das preußische ALR von 1794 ging zwar vom natürlichen Vereinigungsrecht aus, behielt sich aber „ihm gegenüber verwaltungsmäßig sozusagen alle Rechte vor“[9]. Am 20. 10. 1798 erging das preußische Verbot aller politischen Gesellschaften, das 1816 bestätigt wurde. 1832 beschloß der Deutsche Bund ein fast unbedingtes Verbot aller politischen Vereinigungen, das von Preußen anerkannt wurde. Art. VIII § 162 der Paulskirchenverfassung von 1849 erhob die Vereinsfreiheit zum Grundrecht, aber nur für Deutsche. Ebenso enthielt Art. 30 der Preußischen Verfassung von 1850 die Vereinsfreiheit nur für Preußen und sah zudem eine besondere Beschränkungsmöglichkeit für politische Vereine vor. Auch das Reichsvereinsgesetz von 1908 beschränkte sich in § 1 auf Deutsche; diese Beschränkung wurde in Art. 124 WRV aufrechterhalten[10, 11]. Ähnlich war die Entwicklung im Ausland[12]. Art. 11

---

4 *Matz*, JöR NF 1 (1951), S. 116, 117.

5 s. o. § 2 III b, c, h.

6 s. o. § 5.

7 *Waldecker*, HdbDStR II, S. 637 (638).

8 Dazu, daß er es früher war, *v. Frisch*, Fremdenrecht, S. 349. Für heute s. *Herzog*, Kommentar, Rdnr. 11 zu Art. 8, folgend *Maunz*, ebenda, Rdnr. 22 zu Art. 9.

9 *Waldecker*, a.a.O., S. 639.

10 Zu alledem *Waldecker*, a.a.O., S. 639—641; *Mallmann*, Staatslexikon, Bd. 8, Sp. 106; *Füßlein*, GR II, S. 425 (427 ff.); bes. ausführlich *K. Küchenhoff*, Die geistesgeschichtliche Entwicklung der Vereins- und Versammlungsfrei-

MRK[13] und Art. 20 der UN-Deklaration vom 10. 12. 1948 gehen dagegen von einem Menschenrecht der Vereinsfreiheit aus.

Art. 9 I steht somit in einer langen verfassungsgeschichtlichen Tradition[14]. Diese bietet keinen Anhaltspunkt dafür, die politische Vereinsfreiheit als Menschenrecht aufzufassen.

Das ist jedoch kein zwingender Grund, die Menschenrechtsqualität der Vereinsfreiheit abzulehnen, da das dem GG zugrunde liegende Menschenbild maßgebend ist. In der jeweiligen historischen Situation kann die Frage, was zum Schutz der Menschenwürde erforderlich ist, unterschiedlich beantwortet werden, weil sich die Gefährdungslagen verändern. Somit kann auch das Demokratieverständnis des GG für diese Frage nicht belanglos sein.

Die Menschenrechtsqualität der Vereinigungsfreiheit wird in der Literatur verschiedentlich bejaht[15], da der Mensch von Natur aus ein geselliges Wesen sei und nach Zusammenschluß mit anderen strebe, weil die Persönlichkeit sich nur in der Gemeinschaft entfalten könne und eine Interessenbefriedigung teilweise nur in einem geordneten dauernden Zusammenwirken möglich sei[16]. z. T. wird auch der Zu-

---

heit, in: *Wurzbacher - Küchenhoff - v. Schrötter,* Vereinigungs- und Versammlungsfreiheit, 1966, S. 5 (15 ff.); *Schnorr,* VereinsG S. 19 ff.

[11] Die Geltung des Art. 124 WRV für Ausländer war umstritten, vgl. *Anschütz,* WRV, S. 511 ff., aber in Wirklichkeit bestanden keine Differenzen: Einerseits wollte *Anschütz* (S. 573 f.) nur beweisen, daß die Beschränkung des Art. 124 WRV auf Deutsche kein Verbot der Vereinsbildung durch Ausländer bedeutete, daß diese aber weitergehenden gesetzlichen Einschränkungen — insbesondere im Gegensatz zu den Deutschen der polizeilichen Generalklausel — unterlag. Der „Gegenmeinung" ging es andererseits nur darum, den Grundrechtsschutz des Art. 124 WRV und die Unanwendbarkeit der polizeilichen Generalklausel abzulehnen, vgl. *Waldecker,* a.a.O., S. 647; *Thoma,* Festschrift für das Preuß. OVG (1925), S. 183 (198); *Stier-Somlo,* HWBRW II (1927), S. 533 (534); ausführlich *Isay,* Fremdenrecht, S. 108 f., 167 ff., bei dem die sachliche Übereinstimmung deutlich wird; s. auch *Anschütz,* a.a.O., S. 512 Fn. 1.

[12] s. *Mallmann,* a.a.O., Sp. 107; *H. Huber,* Festschrift für Jahrreiß (1964), S. 101 (110 ff.); *Küchenhoff,* a.a.O.

[13] s. aber auch Art. 16 MRK, dazu unten § 14.

[14] And. Art. 114 BayVerf; Art. 18 BerlVerf; Art. 17 BremVerf; Art. 13 Rh-PfVerf; s. o. § 3 zu Fn. 6.

[15] *v. Mangoldt-Klein,* Anm. II 5 zu Art. 9; Vorbem. B IV 3 vor Art. 1; *Maunz,* Kommentar, Rdnr. 12, 23 zu Art. 9; *Schmidt - Bleibtreu - Klein,* GG, Rdnr. 5 zu Art. 9; *Bäumen,* Sinn und Grenzen der Vereins- und Versammlungsfreiheit im Rahmen der Grundrechte des Bonner Grundgesetzes, 1955, S. 67 ff.; *Habscheid,* „Verein", in: Staatslexikon, 6. Aufl. Bd. 8, Sp. 29 (30); *H. Huber,* Festschrift für Jahrreiß, S. 101 (109); *ders.,* GR I/1, S. 175 (200); *K. Küchenhoff,* a.a.O. (Fn. 10), S. 13; *Lengsfeld,* S. 29; *Rolvering,* S. 119 f.; *Ruppel,* S. 175; wohl auch *Thomsen,* S. 34, and. aber S. 38.

[16] So bes. *Habscheid,* a.a.O., Sp. 29; ähnl. *Ruppel,* a.a.O.

sammenhang mit der Meinungsfreiheit betont, deren Menschenrechtsqualität zweifelsfrei gegeben sei[17].

Andere gehen nur vom Wortlaut aus und entnehmen ihm ein reines Deutschen-Recht mit der Konsequenz, daß die Ausländer sich gegenüber gesetzlicher Beschränkung ihrer Vereinstätigkeit nicht auf Art. 9 I berufen können[18].

Der ersten Meinung ist zu folgen, da die soziale Verflochtenheit des Menschen und seine Selbstverwirklichung den organisierten Zusammenschluß mit anderen bedingt. Wenn *Ruppel*[19] den Menschenrechtsgehalt auf ideelle Vereinigungen ohne politische und wirtschaftliche Zielsetzung beschränkt, so bleibt praktisch nichts übrig von der vorher postulierten gemeinschaftlichen Daseinsbewältigung. Soll sie sich im Schachclub oder im Kleintierzüchterverein erschöpfen, bedarf es nicht des Pathos von Art. 1 I[20], zumal bei absoluter politischer Abstinenz selten ein Anlaß für staatliches Eingreifen bestehen wird. Es waren gerade die politischen Vereinigungen, die der Staat zu unterdrücken suchte und die deshalb im Zentrum der Vereinsfreiheit stehen[21].

Wo Umweltgestaltung praktisch nur durch kollektive Betätigung möglich ist, muß diese von der Menschenwürde mitumfaßt sein. Die besondere Effizienz der gruppenmäßigen Betätigung führt allerdings nicht dazu, sie in vollem Umfang der Menschenwürde zuzurechnen. Dies kann nur für einen Kernbereich gelten. Die Grenzlinien können im einzelnen hier nicht gezogen werden. Festzustellen ist nur, daß z. B. dort, wo die Rechtsstellung der Ausländer unmittelbar tangiert ist, auch ihnen die politische Vereinigungsfreiheit nicht entzogen werden kann[22]. Konkreter: Wo es um die Rechte und Pflichten der Ausländer in der

---

[17] *H. Huber*, Festschrift für Jahrreiß, S. 101 (108, 109); *ders.*, GR I/1, S. 175 (200); *Mallmann*, a.a.O. (Fn. 10), Sp. 108.

[18] Vgl. allgemein die Nachw. oben § 4 I 1 Fn. 1; speziell zu Art. 9: *v. Mangoldt-Klein*, Anm. III 3 im Gegensatz zu Anm. II 5 zu Art. 9; *v. Münch*, BK (Zweitbearb.) Rdnr. 1, 15 zu Art. 9; *Hamann*, in: *Hamann - Lenz*, Anm. B 1 zu Art. 9; *Giese - Schunck*, GG, Anm. II 1 zu Art. 9; *Wernicke*, BK (Erstbearb.), Anm. II 1 a zu Art. 9; *Maunz*, StaatsR, S. 124 im Gegensatz zu S. 96; *Füßlein*, GR II, S. 425 (430); *Apelt*, JZ 1951, 353 (354); *Erbel*, JuS 1971, 34 (35); *v. Feldmann*, DÖV 1965, 29 (34); *Forch*, S. 62; *Kanein*, Anm. D 3 zu § 6; *Petzold*, NJW 1964, 2281 (2283); *Schnorr*, RdA 1964, 317; *Schiedermair*, S. 42; *Seifert*, DÖV 1964, 685 (686).

[19] S. 175.

[20] So auch *Rolvering*, S. 119.

[21] So schon *v. Frisch*, Fremdenrecht, S. 244, 349.

[22] Eine sachgerechte Abgrenzung wird sich in einer besonderen Ausprägung des Verhältnismäßigkeitsprinzips finden lassen: Je unmittelbarer der Ausländer in seiner Rechtsstellung betroffen wird, um so mehr an kollektiver Betätigung muß ihm zur Wahrnehmung seiner Belange möglich sein. Bei Fragen der allgemeinen Wehrpflicht, die bislang für Ausländer nicht gilt (§ 1 WehrpflG, Ausnahme in § 2), besteht z. B. kein Anlaß, unter dem Gesichtspunkt der Menschenwürde die Vereinsfreiheit der Ausländer zu garantieren.

BRD geht, z. B. bei der Frage der Gleichstellung mit den Deutschen im Bereich politischer Betätigung, ist der völlige Entzug der Vereinsfreiheit unzulässig.

Die Menschenwürde gebietet es dagegen nicht, jede Art der Assoziation mit politischen Zwecken zu schützen. Für die Ausländer bedeutet das, daß sie hinsichtlich der nicht primär sie betreffenden Angelegenheiten auf andere Mitgestaltungsmöglichkeiten — insbesondere die des Art. 5 I — beschränkt sind und kein geschütztes Recht auf kollektive Betätigung haben.

Hinsichtlich der auf den Heimatstaat bezogenen vereinsmäßigen politischen Betätigung[23] besteht eine doppelte soziale Verflochtenheit[24], so daß auch insoweit Art. 1 I, II ein Minimum an politischer Vereinsfreiheit entsprechend der obigen Abstufung garantiert. Daß es sich dabei um die versuchte Einflußnahme auf fremde Staatsgewalt handelt, steht dem nicht entgegen, da die Zulässigkeit von Maßnahmen der BRD in Frage steht, die durchgängig an Art. 1 I, II zu messen sind.

Die auf fremde Staaten bezogene politische Betätigung fällt nicht unter Art. 1 I, II, wenn es sich nicht um den Heimatstaat handelt, da insoweit keine Umweltgestaltung vorliegt. Dies ist besonders für die auslandsbezogene Betätigung Staatenloser von Bedeutung.

Zusammenfassend ist also festzustellen, daß Ausländern ein unantastbares Minimum an politischer Vereinsfreiheit dort zusteht, wo es sich um die Einflußnahme auf sie unmittelbar betreffende Entscheidungen handelt.

2. Nach § 1 I VereinsG

§ 1 I VereinsG formuliert: „Die Bildung von Vereinen ist frei (Vereinsfreiheit).“ Er scheint die vorstehenden Erörterungen überflüssig zu machen, da er nach zutreffender h. M.[25] die Vereinsfreiheit auch Ausländern gewährleistet. Die verfassungsrechtliche Untersuchung ist gleichwohl unentbehrlich, da § 1 VereinsG zur Disposition des Gesetzgebers steht und sein Verhältnis zu § 6 AuslG anders zu beurteilen ist als das des Art. 9 I.

---

[23] Darauf dürfte das tatsächliche Schwergewicht der z. Z. etwa 1 000 politischen Ausländervereinigungen in der BRD (vgl. *Das Parlament* Nr. 44 v. 31. 10. 1970, S. 8) liegen. Großenteils handelt es sich dabei um Exilorganisationen. Vgl. auch den Überblick bei *Thomsen*, S. 44 ff.

[24] s. o. § 5 nach Fn. 30.

[25] *Maunz*, Kommentar, Rdnr. 25 zu Art. 9; *v. Münch*, BK (Zweitbearb.), Rdnr. 2 zu Art. 9; *Forch*, S. 62; *Froehlich*, DVBl. 1964, 799; *Kanein*, D 3 zu § 6; *Kloesel-Christ*, Anm. 1 zu § 6; *Rolvering*, S. 72; *Schiedermair*, S. 42, 551; *Schnorr*, VereinsG, Rdnr. 3 zu § 1; *ders.*, RdA 1964, 317; *Seifert*, DÖV 1964, 685 (686).

Ausländerrechtliche Sondernormen enthält das VereinsG nur in den §§ 14, 15, 18. Schon ein erster Blick auf den Wortlaut zeigt, daß es sich dabei um das Vereinsverbot und damit um die Rechtsstellung der Korporation handelt. Davon ist das individuelle Assoziationsrecht zu unterscheiden, das durch das Vereinsverbot nur mittelbar und teilweise betroffen wird[26]. Im Zusammenhang mit dem abschließenden Charakter des VereinsG (§ 1 II)[27] erscheint damit im Bereich der Vereinsfreiheit — auch der politischen — die volle Gleichberechtigung der Ausländer verwirklicht. Daß dieser Befund trügt und § 6 AuslG das VereinsG insoweit aus den Angeln hebt, wird unten zu zeigen sein[28].

II. Die Rechtsstellung der Korporation

1. Nach Art. 9 I und II

Wenn die teleologische Auslegung des Art. 9 I dazu führt, daß auch der Verein Grundrechtsträger ist, so folgt daraus umgekehrt, daß Vereinigungen von Personen, die nicht Träger der Vereinsfreiheit sind, diesen Schutz nicht genießen, da das Kollektivrecht nicht weiter reichen kann als das Individualrecht[29]. Das bedeutet, daß Vereine, die nur aus Ausländern bestehen, nicht am Schutz des Art. 9 I teilhaben und somit auch nicht unter Art. 9 II fallen; sie können auch aus anderen Gründen verboten werden.

Fraglich ist, ob die Korporation am Menschenrechtsgehalt der Vereinsfreiheit teilhat, d. h. ob die aus der Menschenwürde fließende Vereinsfreiheit des einzelnen zu einer gesicherten Rechtsposition des Vereins führt. Zwar hat eine Korporation keine Menschenwürde, die verletzt sein könnte[30], aber die teleologische Interpretation gebietet die Erstreckung auch des Kernbereiches der Vereinsfreiheit auf die Tätigkeit und Existenz der Korporation, da auch insoweit eine effektive Gewährleistung des Vereinigungsrechts nur gegeben ist, wenn nicht nur der Assoziationsvorgang als solcher geschützt ist. Es ist eben stets im Auge zu behalten, daß der Bestandsschutz der Korporation aus dem Individualrecht folgt und sich mit dessen Inhalt deckt.

Außerhalb des Menschenrechtsgehalts des Art. 9 I ergeben sich besondere Probleme bei gemischten Vereinen, die aus Ausländern und

---

[26] Dazu *Willms*, NJW 1964, 225 (227); *Wihlidal*, S. 57; *Schmitt Glaeser*, Verwirkung, S. 242; *ders.*, JZ 1970, 59 (60).

[27] Dazu *Schnorr*, VereinsG, Rdnr. 5 ff. zu § 1; *Seifert*, DÖV 1964, 685 (686).

[28] s. u. § 22 V.

[29] *v. Mangoldt-Klein*, Anm. III 3; *v. Münch*, a.a.O., Rdnr. 11, je zu Art. 9; *v. Feldmann*, DÖV 1965, 29 (34); *Füßlein*, GR II, S. 425 (430); *Seifert*, DÖV 1964, 685 (689); ebenso *Maunz*, Kommentar, Rdnr. 31, 33 zu Art. 9, der mit Recht darauf hinweist, daß Art. 19 III deshalb hier nicht anwendbar ist.

[30] *Maunz*, a.a.O., Rdnr. 65 zu Art. 9.

Deutschen bestehen. Hinsichtlich der Individualrechte können sich nur die Deutschen auf Art. 9 I berufen, während es fraglich ist, ob und ggf. wann das Vereinsverbot über Art. 9 II hinaus zulässig ist. Dieser Frage soll erst unten bei der Erörterung der §§ 14, 15 Vereinsgesetz und ihrer Verfassungsmäßigkeit nachgegangen werden.

2. Nach §§ 14, 15 VereinsG

a) Anwendungsbereich

Nach der Legaldefinition des § 14 I VereinsG ist ein Ausländerverein ein Verein, dessen Mitglieder oder Leiter sämtlich oder überwiegend Ausländer sind. Ein ausländischer Verein liegt nach § 15 I VereinsG dann vor, wenn der Sitz des Vereins sich im Ausland befindet, seine Organisation oder Tätigkeit sich aber auf die BRD erstreckt. Der Vereinsbegriff ist dabei der Legaldefinition des § 2 VereinsG zu entnehmen[31].

Nicht unter die §§ 14, 15 VereinsG fallen Koalitionen i. S. v. Art. 9 III, da dieser ein Jedermann-Recht ist und besondere Verbotstatbestände für Koalitionen mit Ausländerbeteiligung nicht zuläßt[32]. Nach § 16 VereinsG i. V. m. Art. 10 des Übereinkommens Nr. 87 der Internationalen Arbeitsorganisation v. 9. 7. 1948[33] ist „jede Organisation von Arbeitnehmern oder -gebern, welche die Förderung und den Schutz der Interessen der Arbeitnehmer oder der Arbeitgeber zum Ziel hat", von den §§ 14, 15 VereinsG ausgenommen[34], da § 16 VereinsG nur auf die engeren Verbotstatbestände der §§ 3 I, 8 II 1 VereinsG und nicht auf die der §§ 14, 15 VereinsG verweist.

Weiter fallen die in § 17 VereinsG genannten Kapitalgesellschaften nicht unter die §§ 14, 15 VereinsG. Sie können nach § 17 Nr. 1—3 VereinsG außer nach den gesellschaftsrechtlichen Auflösungsmöglichkeiten[35] nur unter den Voraussetzungen des Art. 9 II verboten werden, wobei die Strafgesetzwidrigkeit auf den strafrechtlichen Staatsschutz beschränkt ist. Das hat die eigenartige Konsequenz, daß z. B. eine Ausländer-GmbH einen größeren Bestandsschutz genießt als ein gewöhn-

---

[31] Dazu statt aller *Schnorr*, VereinsG, Rdnr. 2 ff. zu § 2.

[32] *Schnorr*, a.a.O., Rdnr. 2 zu §§ 14, 15; *Forch*, S. 64; *Petzold*, NJW 1964, 2281 (2283); *Reichel*, Vereinigungsfreiheit, in: AR-Blattei, B II 3; *Schiedermair*, S. 552; ebenso die Amtl. Begründung zu § 14 VereinsG, BT-Drucks. IV/430 S. 23.

[33] BGBl. 1956 II S. 2072.

[34] Ob die Legaldefinition in Art. 10 des Übereinkommens mit dem Begriff des § 2 I TVG übereinstimmt, kann hier offen bleiben; dazu *Reichel*, AuR 1965, 79 (81).

[35] §§ 396 ff. AktG; 62 GmbHG; 81 GenG; 87 VAG.

licher Ausländerverein, was insbesondere dann zu seltsamen Ergebnissen führt, wenn ein Ausländerverein einen Presseverlag in der Rechtsform der GmbH betreibt: Der Verein kann nach § 14 VereinsG unter weiteren Voraussetzungen verboten werden als „seine" GmbH, die unter § 17 VereinsG fällt. Das Verhältnis des § 17 zu §§ 14, 15 VereinsG wurde vom Gesetzgeber offenbar nicht bedacht[36]. Eine korrigierende Auslegung des § 17 VereinsG dahingehend, daß er nur für deutsche Gesellschaften gilt, ist angesichts des klaren Wortlauts ausgeschlossen.

Nach § 30 II Nr. 4 VereinsG bleibt § 13 HAG unberührt. Da die Gleichstellung der heimatlosen Ausländer für Vereine mit politischer Zwecksetzung in § 13 I 2 HAG ausdrücklich ausgeschlossen ist und die §§ 14, 15 VereinsG nur für die politische Betätigung gelten, sind sie für die politischen Vereinigungen der heimatlosen Ausländer in vollem Umfang anwendbar.

Unberührt bleiben nach § 30 II Nr. 5 VereinsG außerdem die zwischenstaatlichen Vereinbarungen über Ausländervereine und ausländische Vereine. Für deren politische Betätigung wurden bislang keine Sonderregelungen vereinbart[37], so daß auch insoweit die §§ 14, 15 VereinsG voll anwendbar sind.

b) Ausländerverein und ausländischer Verein

aa) Bei der Definition des Ausländervereines ließ sich der Gesetzgeber von der Kontrolltheorie leiten. Die Auslandskontrolle wird bei einer Mehrheit ausländischer Mitglieder oder Leiter unwiderlegbar vermutet[38], d. h. ihr tatsächlicher Einfluß ist nicht zu überprüfen. Der Begriff des Leiters ist untechnisch zu verstehen; an Hand der Vereinssatzung und wohl auch der Vereinspraxis ist festzustellen, welchem Vereinsorgan der maßgebliche Einfluß auf die Vereinspolitik zukommt. Dies muß nicht der Vorstand sein[39]. Leiter kann nur eine Einzelperson sein und nicht die Mitgliederversammlung, die keine Staatsangehörigkeit hat. Deshalb erscheint es inkonsequent, unter Berufung auf die Kontrolltheorie und den Grundrechtsschutz der Deutschen auf den Grad der Bindung des Leiters an Beschlüsse der Mitgliederversammlung abzustellen, wenn der einzige Leiter Ausländer ist, die Mitglieder aber mehrheitlich Deutsche sind[40]. Hier handelt es sich um ausschließlich

---

36 Vgl. die Amtl. Begründung zu § 17 VereinsG, a.a.O., S. 24; auch *Schnorr*, a.a.O., erwähnt dieses Problem in der Kommentierung des § 17 nicht.

37 s. o. § 2 III 5 h; vgl. noch den deutsch-französischen Niederlassungs- und Schiffahrtsvertrag v. 27. 10. 1956 (BGBl 1957 II, S. 1661); s. auch *Schnorr*, VereinsG, Rdnr. 3 zu §§ 14, 15.

38 *Schnorr*, a.a.O., Rdnr. 4 zu §§ 14, 15; *Forch*, S. 41.

39 Ähnl. *Schnorr*, a.a.O.

40 So aber *Schnorr*, a.a.O.; *Thomsen*, S. 41.

ausländische Leitung, so daß die Frage des tatsächlichen Einflusses nach § 14 VereinsG nicht gestellt werden darf. Wie verfassungsrechtlichen Bedenken Rechnung getragen werden kann, ist später zu untersuchen. Der Verein wird in diesen Fällen gut daran tun, kollegiale Leitungsorgane zu schaffen und mit ggf. deutschen „Galeonsfiguren" zu besetzen.

§ 14 VereinsG ist nur dann nicht anwendbar, wenn sowohl die Mehrheit der Mitglieder als auch der Leiter Deutsche sind[41].

bb) Der für die ausländischen Vereine maßgebliche Sitz ist nach dem Mittelpunkt der tatsächlichen Verwaltung zu beurteilen; wo die Anmeldung zum Vereinsregister erfolgt, ist nicht entscheidend[42]. Die Abgrenzung zu § 14 VereinsG ist ohne praktische Bedeutung, da § 15 vollinhaltlich auf ihn verweist. Auch § 15 II VereinsG begründet keinen wesentlichen Unterschied zu § 14 VereinsG, da er wie dieser die erweiterten Verbotsmöglichkeiten nur dann entfallen läßt, wenn Mitglieder *und* Leiter überwiegend Deutsche sind[43]. Dies gilt auch dann, wenn ein Verein seinen Sitz in der BRD hat und Teilorganisation eines ausländischen Vereins ist. Das Verbot des ausländischen Vereins nach § 15 VereinsG erfaßt trotz § 3 III VereinsG nicht die innerstaatliche Teilorganisation der Deutschen, da für sie der Verbotstatbestand des § 15 VereinsG nicht gilt und Art. 9 I, II der Erstreckung des Verbots entgegensteht[44].

c) Die Verbotstatbestände

Ausländervereine können nach § 14 VereinsG außer nach Art. 9 II i. V. m. § 3 VereinsG[45] auch dann verboten werden, „wenn sie durch politische Betätigung die innere oder äußere Sicherheit, die öffentliche Ordnung oder sonstige erhebliche Belange der Bundesrepublik Deutschland oder eines ihrer Länder verletzen oder gefährden". Dieser Tatbestand ist alles andere als präzise und gibt dem Ausländer Steine statt Brot, wenn er sich über die Grenzen der Vereinstätigkeit informieren will[46].

aa) Der Begriff der politischen Betätigung wird außer in § 14 VereinsG auch in § 6 II, III AuslG gebraucht. Da in beiden Fällen der

---

[41] *Schnorr*, a.a.O., Rdnr. 5 zu §§ 14, 15.
[42] *Schnorr*, a.a.O., Rdnr. 6 zu §§ 14, 15.
[43] § 15 II VereinsG ist im Hinblick auf Art. 9 I wegen der Vereine von Auslandsdeutschen erforderlich, vgl. *Schnorr*, a.a.O.
[44] *Schnorr*, a.a.O., Rdnr. 7 zu §§ 14, 15.
[45] Der Tatbestand des Art. 9 II ist kein spezielles Ausländerrecht und soll daher hier nicht behandelt werden; vgl. dazu *v. Mangoldt-Klein*, Anm. IV; *Maunz*, Kommentar, Rdnr. 68 ff.; *v. Münch*, BK (Zweitbearb.), Rdnr. 54 ff. alle zu Art. 9; *Schnorr*, a.a.O., Rdnr. 6 ff. zu § 3 m. w. N.
[46] Ähnl. *Friederichsen*, S. 276. Einen ähnlichen Tatbestand enthalten die Richtlinien des Eidgenössischen Justiz- und Polizeidepartements v. 7. 8. 1945, vgl. *H. Huber*, Festschrift für Jahrreiß (1964), S. 101 (103 Fn. 9).

Tatbestand auf eine Freiheitsbeschränkung für Ausländer zielt und für eine unterschiedliche Gesetzessprache kein Anhaltspunkt besteht, sind die Begriffe gleich auszulegen[47]. Für den Definitionsversuch ist auf die Erörterung zum Begriff des Politischen und der politischen Rechte[48] zu verweisen. Im Anschluß daran ist unter politischer Betätigung zu verstehen

„jede Handlung, die die Schaffung oder Erhaltung bestimmter gesellschaftlicher Einrichtungen und Daseinsformen bezweckt. Sie reicht dem Gegenstand nach von der Mitwirkung an der Gestaltung zwischenstaatlicher Beziehungen bis zur Wahrnehmung innerstaatlicher Gruppeninteressen und bewegt sich hierbei nicht nur im Bereich der Staatspolitik, sondern umfaßt ebenso jedes auf die Änderung oder Bewahrung wirtschaftlicher, sozialer oder kultureller Verhältnisse gerichtete Verhalten. Der Form nach kann sie sich ebenso in der Teilnahme an einem gewaltsamen Staatsstreich wie in dem Bemühen äußern, im Zwiegespräch den Partner für irgendwelche gesellschaftspolitischen Ziele zu gewinnen"[49].

Politische Betätigung ist dabei stets Ausübung eines politischen Rechts i. S. der obigen Abgrenzung[50], und zwar auch dann, wenn sie auf die Verhältnisse anderer Staaten bezogen ist[51].

Erbel[52] unterscheidet bei § 6 AuslG zwischen der politischen Betätigung i. w. S., unter der jede aktive Teilnahme am politischen Geschehen zu verstehen sei, und der i. e. S., die darauf abziele und geeignet sei, „die öffentliche politische Willensbildung, die Funktion oder das politische Wirken der staatlichen Organe zu beeinflussen". Nur diese auf de BRD bezogene[53] politische Betätigung sei nach dem Zweck des § 6 AuslG gemeint.

Diese evtl. auch für § 14 VereinsG relevante Differenzierung kann aber nicht überzeugen, schon weil eine Grenzziehung völlig ausgeschlossen erscheint. Auch das Stammtischgespräch ist Element öffentlicher politischer Willensbildung; die politische Betätigung bezieht ihren Sinn in der Regel gerade aus dem Versuch, andere zu überzeugen, und

---

47 Ebenso *Schiedermair*, S. 552.

48 s. o. § 1.

49 OVG Münster, OVGE 21, 300 (302) = DÖV 1966, 206 zur APVO; ihm folgend: *Kanein*, DVBl. 1966, 617 (619); *Marxen*, Rdnr. 6 zu § 6; ähnl. *Schnorr*, VereinsG, Rdnr. 14 zu §§ 14, 15; *Seifert*, DÖV 1964, 685 (687, 689); *ders.*, DÖV 1956, 1 (3); *Forch*, S. 70; *Wurzbacher - v. Schrötter*, Das Grundrecht der freien Vereinigung, in: *Wurzbacher* etc., s. Fn. 10, S. 49 (99); *Maunz*, Kommentar, Rdnr. 31 zu Art. 16; früher schon RGSt 44, 426; zu den einzelnen Betätigungsformen s. *Heuer*, S. 12 f.; *Thomsen*, S. 12; vgl. auch *Tomuschat*, S. 49.

50 s. o. § 1 II.

51 *Seifert*, DÖV 1964, 685 (689).

52 JuS 1971, 34 (35); dagegen *Dolde*, JuS 1971, 314.

53 Die kritische Auseinandersetzung mit dem Heimatstaat rechnet er nicht dazu, wenn sie nicht mit einer Einflußnahme auf die deutsche Öffentlichkeit verbunden ist, a.a.O., S. 36.

aus der Intention, in die politische Willensbildung einzufließen[54]. Für die Einschränkung des Begriffes auf die deutschen politischen Verhältnisse fehlt jeder Anhaltspunkt. Das Gesetz sollte vielmehr gerade die auslandsbezogene Tätigkeit erfassen, wie die „sonstigen erheblichen Belange" in § 14 VereinsG und in § 6 AuslG zeigen[55]. Weder § 14 VereinsG noch § 6 AuslG gebieten eine solche einschränkende Auslegung. Die Restriktion des Tatbestandes kann nur bei anderen Tatbestandsmerkmalen und beim Übermaßverbot ansetzen. Zu folgen ist *Erbel* allerdings darin, daß auch die kommunalpolitische Aktivität eine politische Betätigung darstellt, weil die Gründe, die bei Art. 21 eine Beschränkung auf die staatlich-politische Ebene rechtfertigen, wegen der anderen Zielrichtung der §§ 14 VereinsG, 6 AuslG hier nicht durchgreifen[56].

bb) Was die innere und äußere Sicherheit der BRD angeht, so liegt es nahe, sie mit den Staatsschutzbestimmungen der §§ 81—101 a StGB (vgl. bes. § 92 III Nr. 2 StGB) gleichzusetzen. Dagegen hat sich *Schnorr*[57] mit der Überlegung gewandt, daß dann die § 14, 15 VereinsG überflüssig wären, weil Art. 9 II (Verstoß gegen die Strafgesetze) eingreift. Der Begriff müsse also weiter sein. Er rechnet dazu „jedes Interesse an der Aufrechterhaltung einer funktionsfähigen staatlichen Ordnung", ohne damit zu einer Präzisierung des Tatbestandes beizutragen. Als Verletzung oder Gefährdung der inneren Sicherheit betrachtet er die Lahmlegung lebenswichtiger Betriebe (Bahn, Post, Energie, Nachrichten) und staatlicher Dienststellen, die Verhinderung ordnungsgemäßer Gerichtsbarkeit, die Verunglimpfung von Staatsorganen und die Zersetzung der Polizei. Eine Gefährdung oder Verletzung der äußeren Sicherheit sieht er in der Zersetzung der Bundeswehr, der publizistischen Beeinträchtigung der Verteidigungsbereitschaft der BRD, in Spionage und verfassungsverräterischer nachrichtendienstlicher Tätigkeit. Sozialadäquate Handlungen sollen nicht unter § 14 VereinsG fallen.

Die von *Schnorr* angesprochenen Tätigkeiten betreffen genau die Schutzgüter des strafrechtlichen Staatsschutzes[58]. Der Ausschluß sozialadäquater Handlungen — er nennt einen Verein zur diplomatischen Anerkennung Rot-Chinas — und das Erfordernis der Rechtswidrigkeit[59] zeigen, daß seine Beispiele nicht außerhalb des StGB liegen und ein Unterschied zu den Strafgesetzen des Art. 9 II nicht besteht, zumal

---

54 Bez. Art. 5 ebenso *Tomuschat*, S. 52 f.; vgl. auch *Herzog*, Kommentar, Rdnr. 58 zu Art. 5.
55 s. u. cc).
56 a.a.O., S. 36.
57 VereinsG, Rdnr. 11 zu §§ 14, 15.
58 s. bes. §§ 88, 89, 90, 90 b, 92, 93 ff., 109 b, 109 c, 109 d, 109 f. StGB; ansonsten werden z. B. die §§ 113 ff., 240, 185 ff. StGB eingreifen.
59 *Ders.*, a.a.O., Rdnr. 14 zu §§ 14, 15.

sowohl bei Art. 9 II wie bei §§ 14, 15 VereinsG kein Verschulden erforderlich ist[60].

Der Versuch, den Tatbestand des § 14 VereinsG einzuengen, ist zwar anerkennenswert, in dieser Form aber kaum durchführbar. Aus dem Gesamtzusammenhang der Norm ergibt sich vielmehr, daß trotz des abweichenden Wortlauts die innere und äußere Sicherheit gleichbedeutend mit der öffentlichen Sicherheit des Polizeirechts sein muß.

Dafür spricht die Entstehungsgeschichte: Schon § 14 I des Regierungsentwurfs[61] enthielt die geltende Formulierung. In der amtlichen Begründung[62] wird ausgeführt, es entspreche

„dem seit jeher geltenden Rechtszustand, daß Ausländervereine ... auch bei Gefährdung der öffentlichen Sicherheit und Ordnung, also aufgrund der allgemeinen Polizeiermächtigung aufgelöst werden können. Die Entwicklung der tatsächlichen Verhältnisse hat dazu geführt, daß zu den Gefahren für die innere Sicherheit und Ordnung, die von gewissen Ausländervereinigungen ausgehen, heute mehr und mehr Gefahren für die äußere Sicherheit und die auswärtigen Belange der Bundesrepublik getreten sind. ... Bisher konnte in derartigen Fällen nur unter extensiver Auslegung der Polizeigesetze eingegriffen werden. Der Entwurf hält es deshalb für erforderlich, nunmehr eindeutige Rechtsgrundlagen für ein solcherweise begründetes Einschreiten zu schaffen“.

Ein weiteres Argument ergibt sich daraus, daß § 14 VereinsG einen Verbotstatbestand über Art. 9 II hinaus normieren will und als zweite alternative Tatbestandsvoraussetzung nur die öffentliche Ordnung nennt, die mit dem polizeirechtlichen Begriff identisch ist[63]. Es würde jeglichen Sinnes entbehren, wenn die Gefährdung der öffentlichen Ordnung, nicht aber die der öffentlichen Sicherheit i. S. d. Polizeirechts ein Verbotsgrund wäre. Daß diese nicht im Zusammenhang mit der öffentlichen Ordnung erwähnt wird, ist nur damit zu erklären, daß der Gesetzgeber sie in der inneren und äußeren Sicherheit mitumfaßt sah. Dafür spricht auch § 14 II VereinsG, der ausdrücklich feststellt, daß im übrigen — d. h. unabhängig von der Verbotsmöglichkeit — für die einzelnen Betätigungen des Vereins die Vorschriften zur Wahrung der öffentlichen Sicherheit und Ordnung Ausländervereinen (und nach § 15 VereinsG ausländischen Vereinen) gegenüber unberührt bleiben[64]. Das zeigt, daß der Gesetzgeber in § 14 I VereinsG die ganze polizeiliche Generalklausel normieren wollte.

---

60 *Maunz*, Kommentar, Rdnr. 70 zu Art. 9; *Schnorr*, a.a.O., Rdnr. 14 zu §§ 14, 15, 8 zu § 3; a. A. wohl *v. Münch*, BK (Zweitbearb.), Rdnr. 60 zu Art. 9.

61 BT-Drucks. IV/430.

62 a.a.O., S. 23.

63 *Schnorr*, a.a.O., Rdnr. 12 zu §§ 14, 15.

64 Also sowohl bezüglich der politischen wie der nicht politischen Betätigung. § 14 II des Regierungsentwurfs (a.a.O.) entsprach der heutigen Fassung

Verbotstatbestand ist somit die polizeiliche Generalklausel[65, 66]. Dieses Ergebnis mag man bedauern, aber § 14 VereinsG läßt keine andere Auslegung zu. Den gröbsten Unzuträglichkeiten ist damit zu begegnen, daß nicht jede Polizeiwidrigkeit für ein Vereinsverbot ausreicht. Andernfalls wäre § 14 II VereinsG überflüssig[67], der gerade davon ausgeht, daß die allgemeine Polizeipflichtigkeit von der Verbotsmöglichkeit unberührt bleibt. Nach dem Übermaßverbot des Polizeirechts[68] sind für einen so gravierenden Eingriff wie das Vereinsverbot strenge Anforderungen zu stellen. Wenn Polizeiverfügungen gegen einzelne Betätigungen den polizeilichen Zweck erreichen, ist das Vereinsverbot rechtswidrig. Entsprechend der Auslegung zu Art. 9 II[69] ist es nur zulässig, wenn der Gesamtcharakter des Vereins aufgrund beständiger und systematischer Polizeiwidrigkeit polizeiwidrig ist[70] oder wenn weniger häufig besonders schwere Verstöße vorkommen.

cc) Als weiteren Verbotsgrund nennt § 14 VereinsG die Verletzung oder Gefährdung „sonstiger erheblicher Belange" der BRD oder eines ihrer Länder. Der Begriff tauchte, soweit ersichtlich, erstmals in § 7 I lit. a PaßG auf und findet zunehmend Verwendung: Außer in § 14

---

mit der Abweichung, daß die allgemeinen Polizeigesetze *Ausländern* gegenüber unberührt bleiben sollten. Damit sollten polizeirechtliche Maßnahmen gegen einzelne Ausländer ermöglicht werden (a.a.O., S. 23). Die geltende Fassung des § 14 II geht auf einen Vorschlag des Innenausschusses zurück (BT-Drucks. IV/2145 neu), der über das VereinsG hinausgehende Eingriffsmöglichkeiten gegen den Verein erhalten wollte. Daraus ist nicht zu schließen, daß die tatbestandlichen Voraussetzungen des § 14 II weiter sein sollen als die des Abs. 1, sondern nur, daß außer dem Vereinsverbot auch andere Maßnahmen getroffen werden können.

65 Im Erg. ähnl. *Kanein*, Anm. D 4 zu § 6; *Friederichsen*, S. 276 f. — Insoweit brachte das VereinsG also keine Neuerung, da das schon vor seinem Erlaß galt, vgl. *Füßlein*, GR II, S. 425 (430); *Forch*, S. 62. Für die materiellen Voraussetzungen des Vereinsverbotes nach §§ 14, 15 VereinsG ist damit § 1 II VereinsG bedeutungslos. — Zur polizeilichen Generalklausel gehört nicht die öffentliche Sicherheit und Ordnung fremder Staaten, vgl. *H. W. Bayer*, DÖV 1968, 709 (714 f.).

66 Die gleichlautenden Begriffe in §§ 7 I lit. a PaßG, 92 III Nr. 2 StGB, 12 I AufenthaltsG/EWG, 10 I Nr. 1 AuslG, 9 I RuStG brauchen angesichts dieses Normaufbaus nicht herangezogen zu werden. Die Äußerungen dazu sind zudem meist recht dürftig, vgl. *Schaffarczyk*, Neues deutsches Paßrecht, 2. Aufl. 1956, Rdnr. 40 zu § 7; *v. Wolff*, Das deutsche Paßrecht, Ergänzungsband 1955, S. 18 f.; *Schönke - Schröder*, StGB, 15. Aufl. 1970, Rdnr. 15 zu § 92; zu § 10 I Nr. 1 AuslG *Kanein*, Anm. B 1; *Kloesel - Christ*, Anm. 5; *Marxen*, Rdnr. 22; *Schiedermair*, Anm. 8, alle zu § 10.

67 Zutr. *Schnorr*, a.a.O., Rdnr. 12 zu §§ 14, 15.

68 s. § 41 PVG, § 5 BaWüPolG. Trotz § 1 II VereinsG sind die allgemeinen polizeirechtlichen Grundsätze heranzuziehen, da er nur die polizeiliche Generalklausel als Eingriffstatbestand verdrängt.

69 Vgl. etwa *Maunz*, Kommentar, Rdnr. 69; *v. Münch*, BK (Zweitbearb.) Rdnr. 58 ff., je zu Art. 9; *Schnorr*, a.a.O., Rdnr. 6, 10 zu § 3.

70 Zutr. *Schnorr*, VereinsG, Rdnr. 12 zu §§ 14, 15.

VereinsG ist er in §§ 6 II, 10 I Nr. 11, 25 I Nr. 1 AuslG[71], in § 12 I AufenthaltsG/EWG[72] und in § 9 I RuStG i. d. F. vom 8. 9. 1969 (BGBl. I S. 1581) zu finden, während §§ 2 I 2, 5 III AuslG nur von Belangen der BRD sprechen. Auffallend an diesem Begriff ist seine Unbestimmtheit, die auch bald zu Zweifeln Anlaß gegeben hat, ob er dem rechtsstaatlichen Bestimmtheitsgebot genügt und die Gesetzmäßigkeit der Verwaltung nicht unterläuft[73].

Forch[74] nennt den Begriff „eine verführerische Handhabe zum fast willkürlichen Verbot ausländischer Vereinigungen“. Für § 7 I lit. a PaßG haben BVerfG[75] und BVerwG[76] in ihren Elfes-Urteilen die hinreichende Bestimmtheit bejaht. Sie sind dabei von der inneren und äußeren Sicherheit in § 7 I lit. a PaßG ausgegangen, die Rückschlüsse auf die sonstigen erheblichen Belange ermögliche. Dies könnten nur Belange sein „die so erheblich sind, daß sie der freiheitlichen Entwicklung in der Bundesrepublik aus zwingenden staatspolitischen Gründen vorangestellt werden müssen“[77]. Das BVerfG hat die hinreichende Bestimmtheit nur für diese Auslegung bejaht[78]. Als Gefährdung erheblicher Belange bezeichnete das BVerwG[79] die Beeinträchtigung des internationalen Vertrauens in die BRD, ihrer Stellung in der Völkergemeinschaft und der friedlichen Entwicklung im Verkehr mit anderen Staaten. Nicht für ausreichend hielt es die Bekämpfung der außenpolitischen

---

71 Vorläufer war § 5 I 2 a APVO, der von „wichtigen Belangen“ sprach; dazu OVG Münster, NJW 1968, 1588 f.; *Thomsen*, S. 70.

72 § 12 II—IV AufenthaltsG/EWG enthält einen Negativ-Katalog, der Rückschlüsse auf den dortigen Begriffsinhalt erlaubt. *Dürig*, Kommentar, Rdnr. 122 (d) zu Art. 11; *Rolvering*, S. 68 ff., halten § 12 mit Recht für gemeinschaftsrechtswidrig; ebenso *Grabitz*, S. 92 ff.; *Rittstieg*, 1971, 113 Fn. 1.

73 *Zu § 7 I lit. a PaßG* vgl. BVerfGE 6, 32 (42); *Dürig*, a.a.O., Rdnr. 114 mit Fn. 8, ebenso Rdnr. 122 mit Fn. 3 bzw. § 12 AufenthaltsG/EWG; *Hartmann*, JöR NF 17 (1968), 437 (470 f.); *zu § 6 II AuslG Heldmann*, studentische politik, S. 9 (10 f., 14, 15); *Franz*, DVBl. 1963, 797 (801); 1965, 457 (465 f.); 1966, 651 f.; *Klinkhardt*, DVBl. 1965, 467 (470); *Rolvering*, S. 88 ff.; *Ruppel*, S. 153 mit Fn. 2; *Schultz*, MDR 1965, 883 (884); s. auch *Erbel*, JuS 1971, 34 (35).

74 S. 72; ähnl. *Friederichsen*, S. 276.

75 BVerfGE 6, 32 (42 f.).

76 BVerwGE 3, 171 (176); bestätigt in BVerwG, DÖV 1969, 74 (75).

77 BVerwGE, a.a.O.; gebilligt von BVerfGE 6, 32 (43); in E 3, 130 (134) hatte das BVerwG noch keine Abgrenzung vorgenommen. Noch weiter *v. Wolff*, a.a.O. (Fn. 66), S. 19; *Schaffarczyk*, a.a.O. (Fn. 66), Rdnr. 41 zu § 7; krit. dazu *Dürig*, Kommentar, Rdnr. 114 Fn. 8 zu Art. 11. — *Schmitt Glaeser* (Verwirkung, S. 283) hält § 7 I lit. a PaßG wegen Verstoßes gegen Art. 18 für verfassungswidrig; so teilweise auch *Haller*, S. 158 f.

78 BVerfGE 6, 32 (42), unter Verneinung eines Beurteilungsspielraumes; ebenso BVerwGE 3, 130 (134); 3, 171 (178); BVerwG, DÖV 1969, 74 (75); *Dürig*, a.a.O., Rdnr. 114 zu Art. 11.

79 BVerwGE 3, 171 (178), ähnl. in 3, 130 (135); in der Tendenz wohl weniger eng BVerwG, DÖV 1969, 74 (75).

Haltung der Bundesregierung sowie Kontakte mit der SED und eine Rede vor der Volkskammer der DDR[80].

Für die Bestimmtheit hat das BVerfG allgemein gefordert, der Gesetzgeber dürfe „sich seines Rechtes, die Schranken der Freiheit zu bestimmen, nicht dadurch begeben, daß er mittels einer vagen Generalklausel die Grenzziehung im einzelnen der Verwaltung überläßt"[81].

Die Frage ist, ob diese Auslegung des § 7 I lit. a PaßG auf § 14 I VereinsG zu übertragen ist. Schon das methodische Vorgehen von BVerfG und BVerwG zeigt, daß dies nicht möglich ist. Bestimmtheit und Inhalt des Begriffes sind im jeweiligen Zusammenhang mit den anderen Tatbestandsmerkmalen zu untersuchen[82].

Enthält § 14 I VereinsG sachlich die polizeiliche Generalklausel, so können sonstige erhebliche Belange nur von ihr nicht erfaßte, aber gleichwertige Rechtsgüter sein. Dazu gehören insbesondere die außenpolitischen Interessen der BRD[83], deren Einbeziehung in die öffentliche Sicherheit und Ordnung fraglich ist[84] und die auch der Grund für die Formulierung des § 14 I VereinsG waren[85]. Daraus folgt, daß nur die außenpolitischen Belange erhebliche Belange i. S. v. § 14 I VereinsG sind[86]. Bei der Weite der polizeilichen Generalklausel[87] sind keine anderen gleichwertigen Rechtsgüter denkbar, die nicht von ihr erfaßt werden. Ein Verbot darf also z. B. nicht erlassen werden, weil die mit allgemein erlaubten Mitteln ausgeübte Vereinstätigkeit wegen Widerspruchs zur offiziellen Regierungspolitik oder zur öffentlichen Meinung mißliebig ist.

---

80 BVerwGE 3, 171 (177).

81 BVerfGE 6, 32 (42); ebenso E 8, 71 (76); 8, 274 (325) 13, 153 (160); 15, 140 (142); 20, 150 (158); 21, 73 (79 f.); dazu *Leibholz-Rinck*, GG, Rdnr. 29, 30 zu Art. 20 mit den Argumenten aus der Gesetzmäßigkeit der Verwaltung, der Gewaltenteilung und dem Rechtsschutz; vgl. auch *Bachof*, VerfR II, S. 111. S. zuletzt BVerfG, JZ 1971, 779.

82 So auch *Rolvering*, S. 89, für die einzelnen Normen des AuslG.

83 *Schnorr*, VereinsG, Rdnr. 13 zu §§ 14, 15; *Thomsen*, S. 42; *Forch*, S. 71, weist zutreffend darauf hin, daß *Schnorrs* Beispiele alle strafrechtlich relevant sind und deshalb schon unter Art. 9 II fallen.

84 Dies bejaht *H. W. Bayer*, DÖV 1968, 709 (714 ff.) mit z. T. bedenklichen Erwägungen. Wegen der ausdrücklichen Erwähnung der erheblichen Belange kann die Frage hier offenbleiben; s. dazu unten § 22 IV 2.

85 S. die Wiedergabe der Amtl. Begründung (BT-Drucks. IV/430 S. 23) oben II 2 c bb.

86 Übereinstimmend geht der Regierungsentwurf zur Änderung der Art. 73 Nr. 10, 87 I und des § 3 des Gesetzes über die Zusammenarbeit des Bundes und der Länder in Angelegenheiten des Verfassungsschutzes von einer Beeinträchtigung der inneren und äußeren Sicherheit oder der *„auswärtigen* Belange" der BRD aus, vgl. *Das Parlament* Nr. 44 v. 31. 10. 70 S. 8 und Nr. 4 v. 23. 1. 71 S. 13, jeweils mit Berichten von der ersten Lesung im Bundestag.

87 Dazu *Drews-Wacke*, Allgemeines Polizeirecht, 7. Aufl. 1961, S. 63 ff., 73 ff.; vgl. auch *Herzog*, Kommentar, Rdnr. 263 zu Art. 5.

Erhebliche Belange können nur objektive staatliche Interessen von einigem Gewicht sein[88]. Das Übermaßverbot gebietet auch hier eine sorgfältige Abwägung[88a]. Nicht jedes Interesse an guten Beziehungen zu jedem fremden Staat kann ausreichen; ebensowenig jede Betätigung, die diesem Interesse in irgend einer Form zuwiderläuft, z. B. die Kritik an Verhältnissen des Heimatstaates, die diesem unangenehm ist und die er durch die BRD unterbunden wissen möchte[89].

Was die hinreichende Bestimmtheit der erheblichen Belange angeht, so hat der Gesetzgeber sein rechtsstaatliches Soll kaum erfüllt[90]. Es ist jedoch nicht zu übersehen, daß die Normierung von präzisen Tatbeständen über die Beeinträchtigung außenpolitischer Interessen schwierig, wenn nicht gar unmöglich ist, da die außenpolitische Situation sich ständig ändert und die Verbotsvoraussetzungen damit immer in gewisser Weise von der Außenpolitik der jeweiligen Regierung abhängig sein werden. Da das BVerfG die Verwendung unbestimmter Rechtsbegriffe zuläßt, um der „Vielgestaltigkeit des Lebens Herr zu werden"[91] und Rechtsstaatswidrigkeit nur dann annimmt, wenn keine konkretisierende Auslegung möglich ist[92], kann man bei der hier vertretenen restriktiven Auslegung gerade noch annehmen, daß der Gesetzgeber sich nicht seines Rechtes zugunsten der Verwaltung begeben hat.

dd) Verbotsvoraussetzung ist weiter eine Verletzung oder Gefährdung der bezeichneten Rechtsgüter. Die Gefährdung muß dabei so konkret und nachweisbar sein, daß eine Verletzung der geschützten Rechtsgüter in absehbarer Zeit wahrscheinlich ist[93], d. h. die Gefährdung ist identisch mit dem Gefahrenbegriff des allgemeinen Polizeirechts[94], so daß auch präventive Vereinsverbote möglich sind.

---

[88] *Schnorr*, a.a.O., Rdnr. 13 zu §§ 14, 15.

[88a] Bez. § 2 I AuslG ähnl. OVG Berlin, JZ 1971, 650 ff.

[89] Dies ist besonders dann von Bedeutung, wenn totalitäre Zustände im Heimatstaat bekämpft werden, zu dem die BRD dennoch gute politische Beziehungen unterhalten will. Um hier die Existenz des Vereins nicht der Richtlinienkompetenz des Bundeskanzlers in auswärtigen Angelegenheiten zu überantworten, müssen die Wertvorstellungen des GG berücksichtigt werden: Wenn die politische Vereinstätigkeit inhaltlich der Verfassungsordnung des GG entspricht, ist ein Verbot nicht schon deshalb zulässig, weil die Duldung der Vereinstätigkeit dem fremden Staat ein Dorn im Auge ist. Dabei geht es nicht darum, die Vorstellungen des GG in missionarischem Eifer zu exportieren, sondern darum, jede Ausübung deutscher Staatsgewalt am GG zu messen und diesem zu verpflichten, und zwar auch bei Gefahr außenpolitischer Komplikationen. Andernfalls wird die BRD allzu leicht Handlanger totalitärer Machtansprüche. Im Prinzip ähnl. wie hier *Tomuschat*, S. 62.

[90] Die Kritik von *Herzog*, Kommentar, Rdnr. 100 zu Art. 8, zum VersG trifft in vollem Umfang auch für das VereinsG zu.

[91] BVerfGE 3, 225 (243); 13, 153 (161); 21, 73 (79).

[92] BVerfGE 4, 352 (358); 11, 234 (237).

[93] *Schnorr*, a.a.O., Rdnr. 14 zu §§ 14, 15; *Forch*, S. 72.

[94] Dazu *Drews-Wacke*, a.a.O. (Fn. 87), S. 56 f.; *Ule-Rasch*, Allgemeines Polizei- und Ordnungsrecht, 1965, Rdnr. 4 ff. zu § 14 PVG.

Da § 14 VereinsG in seinen tatbestandlichen Voraussetzungen der polizeilichen Generalklausel unter Hinzufügung der außenpolitischen Belange entspricht und er eine Norm des besonderen Polizeirechts ist, sind trotz § 1 II VereinsG die allgemeinen Grundsätze des Polizeirechts auch hier anwendbar[95].

Das bedeutet, daß nur gegen Vereine vorgegangen werden kann, die Störer im polizeirechtlichen Sinne sind. Da § 14 VereinsG das Vereinsverbot nur bei politischer Betätigung zuläßt, muß der Verein Handlungsstörer sein. Weiter ergibt der Wortlaut („*durch* politische Betätigung"), daß Verbotsvoraussetzung die Kausalität zwischen der politischen Betätigung und der Störung ist[96]. Kausalität ist dabei nur die unmittelbare Verursachung i. S. d. allgemeinen Polizeirechts[97], auf die im einzelnen hier nicht einzugehen ist, da sie keine speziell ausländerrechtlichen Fragen aufwirft. So kann z. B. wegen fehlender Kausalität ein Verein nicht deshalb verboten werden, weil er zur Vorbereitung oder Durchführung seiner politischen Betätigung ständig in einem baufälligen Gebäude arbeitet. Hier geht die Störung nicht unmittelbar von der politischen Tätigkeit, sondern von einem davon unabhängigen Verhalten aus. Selbst wenn man in der wegen mangelhafter Austattung der Verwaltung unzureichenden Überwachungsmöglichkeit eine Gefährdung der öffentlichen Sicherheit und Ordnung sehen wollte[98], würde dies kein Verbot rechtfertigen, da die Gefährdung nicht unmittelbar von der politischen Betätigung ausgeht. Ein Verbot ist nur zulässig, wenn Form oder Inhalt der politischen Tätigkeit selbst polizeiwidrig sind oder eine polizeiliche Haftung sich aus der Zweckveranlassung[99] ergibt. Wann dies im einzelnen der Fall ist, ist eine Frage des allgemeinen Polizeirechts und kann hier nicht untersucht werden[100]. Es ist aber noch einmal zu betonen, daß das Übermaß-

---

95 Zum zulässigen Rückgriff auf das allgemeine Polizeirecht bei spezialgesetzlicher Regelung s. *Drews-Wacke*, a.a.O., S. 50.

96 Ebenso *Schnorr*, a.a.O., Rdnr. 14 a. E. zu §§ 14, 15 und das allg. Polizeirecht, z. B. § 6 I BaWüPolG.

97 Dazu *Drews-Wacke*, a.a.O., S. 220 ff., 223 ff.; *Ule-Rasch*, a.a.O., Rdnr. 5 ff. zu § 19 PVG; *Friauf*, Polizei- und Ordnungsrecht, in: Besonderes Verwaltungsrecht (Hrsg. von *v. Münch*), 2. Aufl. 1970, S. 139 (168 ff.).

98 Überwachungsschwierigkeiten führen in zunehmendem Maße dazu, eine Gefährdung erheblicher Belange auch bei geringfügigen Verstößen gegen Ordnungsvorschriften anzunehmen, vgl. die Beispiele von *Heldmann*, studentische politik, S. 53 ff.

99 Dazu *Drews-Wacke*, a.a.O., S. 227; *Ule-Rasch*, a.a.O., Rdnr. 10 zu § 19 PVG; *Friauf*, a.a.O., S. 170.

100 Die von *Drews-Wacke*, a.a.O., S. 91 f., aufgestellten Ordnungsnormen des politischen Lebens sind teilweise überholt. Die für die öffentliche Ordnung maßgebenden Wertvorstellungen können bei der politischen Betätigung von Ausländern auch insoweit von den Grundrechten beeinflußt werden, als es sich nur um Deutschen-Rechte handelt. Die bloße Inanspruchnahme von Deutschen-Rechten durch Ausländer unabhängig von Form und Inhalt der politischen Betätigung dürfte auch dann keine Gefährdung der öffentlichen

verbot dem behördlichen Einschreiten Grenzen setzt. Um nicht von der Empfindlichkeit (besonders totalitärer) fremder Staaten abhängig zu werden, muß die Verletzung bzw. Gefährdung der erheblichen Belange nach generellen Maßstäben beurteilt werden; sie ist nur zu bejahen, wenn nach allgemeinen Erfahrungen eine zumindest erhebliche Klimaverschlechterung im zwischenstaatlichen Verkehr als die übliche Auswirkung der betreffenden Betätigung erscheint. Ebenso muß eine Bewertung der außenpolitischen Belange der BRD erfolgen[101]; sie müssen von erheblicher Bedeutung sein.

ee) Bei ausländischen Vereinen ist nach § 15 VereinsG weitere Verbotsvoraussetzung, daß sich ihre Organisation oder Tätigkeit auf die BRD erstreckt. Eine gelegentliche Tätigkeit dürfte dazu nicht ausreichen; gewisse organisatorische Einrichtungen (z. B. eigene Büros) oder eine regelmäßige Tätigkeit sind Voraussetzung für das Verbot[102].

d) Rechtsfolge

Bei Vorliegen der Verbotsvoraussetzungen werden der Verein und/oder seine Tätigkeit im Inland verboten[103]. Das Verbot erfaßt auch Organi-

---

Ordnung sein, wenn sich etwa gebietsweise eine entsprechende Wertvorstellung herausbilden sollte (ähnl. wohl *Forch*, S. 72 f.); das GG gewährt nur keinen Grundrechtsschutz, verbietet aber nicht die Betätigung. Die auch für Ausländer geltende Entscheidung des GG für die freiheitliche Demokratie verbietet es, schon die Tatsache der politischen Betätigung als Störung der öffentlichen Ordnung zu bezeichnen; vgl. auch *W. Zeidler*, Außerparlamentarische Bewegungen, Demonstrationsrecht und Widerstand, in: Das Recht auf Demonstration, 1969, S. 3 (6 f.). Zum Einfluß des GG auf den Begriff der öffentlichen Ordnung s. *Denninger*, Polizei in der freiheitlichen Demokratie, 1968, passim; *ders.*, JZ 1970, 145 ff.; vgl. auch *Friauf*, a.a.O., S. 159 f.

[101] Die Wertungsschwierigkeiten hat das BVerwG (DÖV 1969, 74, 75) nicht verkannt und dennoch — mit Recht — einen Beurteilungsspielraum verneint (zu § 7 I lit. a PaßG).

[102] Ebenso *Kanein*, Anm. D 5 zu § 6.

[103] Bei ausländischen Vereinen ist nach § 15 I 2 VereinsG der Bundesinnenminister zuständig; bei Ausländervereinen richtet sich die Zuständigkeit nach § 3 II VereinsG, *Schnorr*, VereinsG, Rdnr. 16 zu §§ 14, 15; *Forch*, S. 73. Das Verbot setzt eine ausreichende Überwachung und Nachrichtensammlung voraus. Sie sollte durch § 19 Nr. 4 VereinsG und die danach ergangene DVO vom 28. 7. 1966 (BGBl. I S. 457) gewährleistet werden. §§ 19 ff. der DVO sehen Anmelde- und Auskunftspflichten für die ausländischen und Ausländervereine vor; hervorzuheben ist die Auskunftspflicht über die Mitglieder, auch die deutschen. Die Überwachung durch das Bundesverwaltungsamt (§ 22 DVO) war wenig effektiv (vgl. *Thomsen*, S. 43 Fn. 1), so daß die Bundesregierung dem Bundestag einen Entwurf zur Änderung der Art. 73 Nr. 15, 87 I und des § 3 des Gesetzes über die Zusammenarbeit des Bundes und der Länder in Angelegenheiten des Verfassungsschutzes vorlegte, nach dem der Bund die ausschließliche Gesetzgebungs- und die Verwaltungskompetenz erhalten soll und die Ämter für Verfassungsschutz die Überwachung durchführen sollen (vgl. *Das Parlament* Nr. 44 vom 31. 10. 1970 S. 8, Nr. 4 vom 23. 1. 1971 S. 13). Der Überwachung soll auch § 47 I Nr. 7 AuslG dienen, der durch Art. 6 Nr. 7 des 8. StrafrechtsänderungsG v. 25. 6. 1968 (BGBl. I S. 741) als Restbestand des alten § 128 StGB eingefügt wurde.

sationen, die keine Vereine sind[104]. Die Wirkungen des Vereinsverbotes sind die gleichen wie beim Verbot eines deutschen Vereins. Zuwiderhandlungen gegen das Verbot sind nach § 20 VereinsG strafbar[105].

Für den ausländischen Verein enthält § 18 VereinsG eine Sondervorschrift. Das Verbot erstreckt sich hier nur auf die inländische Organisation oder Tätigkeit. *Seifert*[106] hat daraus den Umkehrschluß gezogen, daß die Fortführung eines verbotenen Vereins im Ausland, der seinen Sitz im Inland hatte[107], ebenfalls verboten sei. Dies kann jedenfalls für Ausländer nicht überzeugen[108], da sie nicht der Personalhoheit der Bundesrepublik unterstehen und der Schutz der Bundesrepublik eine solche Ausdehnung nicht erfordert[109]. Wenn es sich gleichzeitig um die Fortführung der illegalen Organisation in der Bundesrepublik handelt, greift das Verbot selbstverständlich ein[110].

Ein weiteres Problem bildet die Anwendung des § 8 VereinsG: Kann die Neugründung eines nach § 14, 15 VereinsG verbotenen Vereins nach § 8 VereinsG untersagt werden? § 8 I VereinsG ist auf Organisationen beschränkt, die gegen Art. 9 II verstoßen, während der Tatbestande der §§ 14, 15 VereinsG weiter ist. Das Problem wurde bislang nicht gesehen[111].

In diesen Fällen dürfte § 8 VereinsG analog anzuwenden sein, da die §§ 14, 15 VereinsG nur neue Verbotsgründe und keine Verbotsfolgen

---

[104] BGHSt 20, 45 (50 ff.).

[105] Die Verfassungsmäßigkeit des § 20 VereinsG ist äußerst fraglich, soweit er den Verstoß gegen ein vollziehbares, aber anfechtbares und u. U. später aufgehobenes Verbot poenalisiert. Die Vollziehbarkeit tritt mit der Zustellung ein, Widerspruch und Anfechtungsklage haben aber aufschiebende Wirkung (§ 3 IV 3 VereinsG). Die §§ 84, 85, 86 a StGB setzen dagegen ein unanfechtbares Verbot voraus. Beim Verbot nach §§ 14, 15 hat § 20 VereinsG besondere Bedeutung, weil die tatbestandlichen Voraussetzungen der §§ 49 b, 84, 85, 86 a, 129 StGB wesentlich enger sind als die der §§ 14, 15 VereinsG; zur alten Fassung des § 20 VereinsG übereinstimmend *Schnorr*, a.a.O., Rdnr. 1. Die Verfassungswidrigkeit des § 20 a. F., dessen Änderung diese Frage aber unberührt ließ, bejahten — meist mit dem Versuch einer verfassungskonformen Auslegung — *v. Feldmann*, DÖV 1965, 29 (33 f.); *W. Schmidt*, NJW 1965, 424 (428 f.); *Schnorr*, a.a.O., Rdnr. 2 zu § 20; *Maunz*, Kommentar, Rdnr. 78 zu Art. 9; *Willms*, JZ 1965, 86 (90 f.); verneinend — aber nicht überzeugend — *Seifert*, DÖV 1964, 685 (690); 1965, 35. Da die verfassungsrechtlichen Bedenken sich neben Art. 9 I, II auch aus dem Rechtsstaatsprinzip ergeben, bestehen sie gegen die Strafbarkeit von Ausländern gleichermaßen; allgemein zur Strafbarkeit der Zuwiderhandlung gegen einen vollziehbaren, später aufgehobenen VA *Schenke*, JR 1970, 449 ff.

[106] DÖV 1964, 685 (689).

[107] Für Ausländer würde dies beim Verbot nach § 14 VereinsG aktuell.

[108] Insoweit wohl auch einschränkend *Seifert*, a.a.O.

[109] Vgl. die Grundsätze des § 4 II StGB; gegen *Seifert* auch *Willms*, JZ 1965, 86 (88 Fn. 21); ebenso BGHSt 20, 45 (50).

[110] Vgl. *Willms*, a.a.O.

[111] Die Amtl. Begründung ist wieder völlig unergiebig, s. BT-Drucks. IV/430 S. 17 f.; unergiebig auch *Schnorr* in der Kommentierung der §§ 8, 14, 15.

normieren. Diese richten sich nach den allgemeinen Vorschriften, also auch nach § 8 VereinsG, dessen Beschränkung auf die Verbotsgründe des Art. 9 II aus seinem Zusamenhang mit § 3 I VereinsG zu erklären ist. § 8 VereinsG enthält den allgemeinen Grundsatz, daß Vereine immer dann Ersatzorganisationen sind, wenn sie die Ziele eines verbotenen Vereins, die zum Verbot geführt haben, an dessen Stelle weiterverfolgen. Die Bildung solcher Organisationen ist verboten. Dieser Grundsatz muß auch dann gelten, wenn es sich nicht um die Verbotsgründe des Art. 9 II handelt. Daß ein selbständiges Verbot dieser Ersatzorganisation nach §§ 14, 15 VereinsG möglich ist, steht dem nicht entgegen, da § 8 VereinsG diese Möglichkeit auch bezüglich § 3 I unberührt läßt und gerade dazu dient, das Vereinsverbot insoweit zu erleichtern, weil nicht mehr nachzuweisen ist, daß ein Verbotstatbestand vorliegt, sondern daß die Bestrebungen eines verbotenen Vereins an dessen Stelle weiterverfolgt werden[112]. Da anders als bei §§ 3, 8 VereinsG bei §§ 14, 15 i. V. m. § 8 in der Regel kein Grundrechtsschutz in Frage steht, ist die Analogie auch unter diesem Gesichtspunkt unbedenklich[113]. Für Kapitalgesellschaften ist aber § 17 Nr. 3 VereinsG zu beachten. Sie können nur dann als Ersatzorganisationen verboten werden, wenn der Verein aus den Gründen des § 17 Nr. 1 verboten wurde.

3. Die Verfassungsmäßigkeit der §§ 14, 15 VereinsG

Wie schon ausgeführt wurde[114], steht Art. 9 I, II einer Erweiterung der Verbotsgründe auf Vereine von Ausländern nicht entgegen, soweit die vereinsmäßige Betätigung der Ausländer nicht dem Menschenrechtsgehalt des Art. 9 I zuzurechnen ist. Bei der restriktiven Auslegung der §§ 14, 15 VereinsG werden sich hier kaum Kollisionen ergeben, da Entfaltung der Menschenwürde keine Gefährdung einer richtig verstandenen öffentlichen Sicherheit und Ordnung oder erheblicher Belange sein kann[115].

Verfassungsrechtliche Bedenken gegen die weiten Verbotsvoraussetzungen könnten sich aus Art. 5 I ergeben, wenn er ein politisches Betätigungsfeld für die Vereine der §§ 14, 15 VereinsG garantiert[116]. Ohne hier Art. 9 I zu Art. 5 I abzugrenzen[117], ist dazu folgendes festzustellen: Wenn die Bedeutung des Art. 9 I darin besteht, daß er staatliche Eingriffe gegen kollektive Tätigkeiten nur wegen deren Kollek-

---

[112] *Schnorr*, a.a.O., Rdnr. 3 zu § 8.
[113] Im Erg. ebenso, aber ohne Begründung, *Forch*, S. 73.
[114] s. o. II 1.
[115] Ebenso *Schmitt Glaeser*, Verwirkung, S. 213 f.
[116] So anscheinend *Forch*, S. 72.
[117] s. dazu unten § 13 V.

tivität verhindert[118] und wenn dieses Grundrecht nur Deutschen zusteht, so bedeutet das, daß für Ausländer nicht jede kollektive Betätigung geschützt ist[119], die als Individualbetätigung unter Grundrechtsschutz steht. Der Ausländer hat also zwar die Rechte aus Art. 5 I; Art. 9 I schützt für ihn aber die kollektive Ausübung dieser Rechte nicht, hindert also nicht eine Untersagung der diesbezüglichen Vereinstätigkeit. Das Vereinsverbot ist also auch dort zulässig, wo für den einzelnen Ausländer der Schutz des Art. 5 I eingreift; §§ 14, 15 VereinsG kollidieren nicht mit Art. 5 I. Dies folgt auch daraus, daß der Bestandsschutz der Korporation ausschließlich aus der teleologischen Interpretation des Art. 9 I und nicht aus anderen Grundrechtsnormen folgt[120].

Die Verfassungsmäßigkeit der §§ 14, 15 VereinsG kann bei gemischten Vereinen wegen des Grundrechtsschutzes der deutschen Mitglieder zweifelhaft sein[121]: Sind die Ausländer im Vorstand oder bei den Mitgliedern in der Überzahl, so unterliegt der Verein den §§ 14, 15 VereinsG; obwohl für die deutschen Mitglieder Art. 9 I eingreift, kann der Verein ohne die Voraussetzungen des Art. 9 II verboten werden. Die Frage ist also, ob Art. 9 I, II auch für die gemischten Vereine gilt und ob Art. 9 I für Deutsche das Recht zur Vereinigung mit Ausländern derart gewährt, daß diesen ein reflexartiger Schutz zukommt, der einschränkende Maßnahmen nur unter den auch für Deutsche geltenden Voraussetzungen zuläßt.

v. Feldmann[122] hat dies im Ergebnis bejaht. Er hält §§ 14, 15 VereinsG für verfassungswidrig, da Art. 9 I die Bildung von Vereinen auch dann

---

118 D. h. was allgemein erlaubt ist, kann nicht deswegen verboten werden, weil es kollektiv getan wird, so zutr. die h. M., z. B. *v. Mangoldt-Klein*, Anm. IV 3; *v. Münch*, BK (Zweitbearb.), Rdnr. 94, 61; *Maunz*, Kommentar, Rdnr. 48, alle zu Art. 9; *Dietel-Gintzel*, VersG, Rdnr. 27 zu § 1; *Bettermann*, Grenzen der Grundrechte, 1968, S. 28; *v. Feldmann*, DÖV 1965, 29 (30); *Füßlein*, GR II, S. 425 (433); *W. Hoffmann*, JuS 1967, 393 (395); *Lengsfeld*, S. 40 f.; *Schnorr*, a.a.O., Rdnr. 8 zu § 1; *ders.*, RdA 1964, 317 (318); *Wihlidal*, S. 37. Dagegen ist die umgekehrte Formel dieser h. M. (außer *Hoffmann*, *v. Münch*, bez. Art. 8 krit. auch *Quilisch*, Die demokratische Versammlung, 1970, S. 172), daß alles, was dem einzelnen untersagt sei, nicht dadurch erlaubt werde, daß es in Ausübung des Art. 9 I geschieht (ebenso BVerwGE 10, 199, 201), in dieser Allgemeinheit nicht richtig, weil sie jede Güterabwägung vermissen läßt und den auch für Art. 9 I anwendbaren Grundsätzen von BVerfG 7, 198 (208 f.) widerspricht. § 2 II des Regierungsentwurfs hatte vorgesehen, daß die Vereinstätigkeit den für jedermann verbindlichen Gesetzen unterliegt, was aber nicht gleichbedeutend mit der Formel der h. M. ist. Vgl. auch BVerfG, NJW 1971, 1124.

119 Dies soll nicht heißen, daß kollektive Betätigungen nur durch Art. 9 I geschützt sind. Auch andere Grundrechte (z. B. Art. 5 I) enthalten kollektive Komponenten.

120 Vgl. *Maunz*, Kommentar, Rdnr. 18 zu Art. 9.

121 Zutr. weist *Ruppel*, S. 182, darauf hin, daß es sich um den Grundrechtsschutz der Inländer handelt. Da ein reflexartiger Schutz aber auch den Ausländern zugute kommen könnte, soll die Frage hier dennoch behandelt werden.

122 DÖV 1965, 29 (34).

schütze, wenn ihnen Ausländer beitreten können. Wenn die Bildung von Mischvereinen verfassungsmäßig geschützt sei, sei die rechnerische Abgrenzung nach der Mehrheit sowohl nach Wortlaut und Sinn des Art. 9 I unzulässig. Die Abgrenzung müsse sich nach anderen Kriterien richten.

Die Gegenmeinung[123] hält §§ 14, 15 VereinsG für verfassungsmäßig; es gebe kein Grundrecht der Vereinigung von Deutschen mit Ausländern, weil diese sonst entgegen dem Wortlaut des Art. 9 I im Reflexwege ein praktisch grundrechtlich geschütztes Vereinigungsrecht bekämen[124]. Das individuelle Freiheitsrecht sei durch die notwendige rechtliche Einheit des Instituts Verein begrenzt. Bei Mischvereinen bestehe ein Ermessensspielraum für den Gesetzgeber, wann er das einheitliche Institut dem Grundrechtsschutz der Deutschen unterstelle und wann nicht. Dieses Ermessen sei durch das Abstellen auf die Majorität in § 14, 15 VereinsG fehlerfrei ausgeübt worden[125].

v. Münch[126] differenziert und nimmt für den eigentlichen Assoziationsvorgang den vollen Grundrechtsschutz der Deutschen nach Art. 9 I an, während nach vollzogener Vereinsbildung § 14 VereinsG uneingeschränkt anwendbar sein soll.

Eine voll befriedigende Lösung des Problems ist nicht möglich[127], da die Individualrechte verschieden ausgestaltet sind, die Frage des Bestandsschutzes der Korporation aber nur einheitlich beantwortet werden kann.

Zutreffend ist die Differenzierung *v. Münchs;* während des Assoziationsvorganges gibt es noch keinen Verein, der Bestandsschutz genießt und der verboten werden kann, so daß nur die Individualrechte aus Art. 9 I und § 1 VereinsG einschlägig sind und sich das Problem nicht stellt.

Nach vollendeter Assoziation bleibt Art. 9 I für die deutschen Mitglieder uneingeschränkt anwendbar, die Frage ist nur, ob auch das Vereinsverbot ausschließlich dem Art. 9 II folgt, und ob ein darüber hinausgehender Verbotstatbestand das Vereinigungsrecht der Deutschen verletzt.

Zur Assoziation gehören immer mehrere. Wenn einem der Beteiligten das Assoziationsrecht nicht zusteht, so kann ihm die Assoziierung mit anderen untersagt werden. Für die anderen bedeutet das eine reflex-

---

[123] *Schnorr*, VereinsG, Rdnr. 5 (s. aber auch 4) zu §§ 14, 15; *Seifert*, DÖV 1965, 35; *Ruppel*, S. 181; *Thomsen*, S. 41 Fn. 2; ähnl. *v. Münch*, a.a.O., Rdnr. 4, 8, 12 zu Art. 9.

[124] So *Seifert*, a.a.O., unter Berufung auf *Delius* (Nipp. II, S. 138, 141) und *Isay* (Fremdenrecht, S. 182 ff.).

[125] So *Ruppel*, a.a.O., *Schnorr*, a.a.O.; *Thomsen*, a.a.O.

[126] a.a.O., Rdnr. 4 zu Art. 9; folgend *Maunz*, a.a.O., Rdnr. 25 zu Art. 9.

[127] Ebenso *v. Münch*, a.a.O.; *Ruppel*, S. 179.

artige Einschränkung ihres Assoziationsrechtes, das dahin geht, sich mit jedem zu assoziieren und das die Untersagung der Assoziation mit bestimmten Personen nicht zuläßt. Dieses Recht hat aber nicht zum Inhalt, daß alle denkbaren Assoziationspartner ebenfalls das Assoziationsrecht haben[128], sondern nur, daß gegen den Berechtigten keine Maßnahmen ergriffen werden. Maßnahmen gegen den Nichtberechtigten sind dagegen zulässig, auch wenn sie mittelbar die Assoziationsmöglichkeit des Berechtigten beeinträchtigen[129, 130].

Für die Lösung unseres Problems ist damit allerdings nur insoweit etwas gewonnen, als die Assoziation von Deutschen mit Ausländern durch das Vereinsverbot betroffen ist. Dessen besondere Problematik liegt aber gerade darin, daß es die bei gemischten Vereinen ebenfalls gegebene Assoziation der deutschen Mitglieder untereinander gleichermaßen berührt.

Wenn reine Deutschenvereine unter Art. 9 I, II, reine Ausländervereine unter §§ 14, 15 VereinsG fallen und Zwischenlösungen für Mischvereine ausgeschlossen sind, so erscheint es nicht völlig sachfremd, die Entscheidung für eine der beiden Lösungen danach zu treffen, wer die Kontrolle über den Verein ausübt, und dabei zur Erleichterung der Feststellung auf die Mehrheitsverhältnisse abzustellen. §§ 14, 15 VereinsG sind damit nicht verfassungswidrig, obwohl sie sicher nicht die rechtspolitisch optimale Lösung darstellen.

Soweit die Mehrheit der Leiter ausreichen soll, ist allerdings eine einschränkende Auslegung erforderlich, da bei einem demokratisch organisierten Verein nicht ohne weiteres davon auszugehen ist, daß die Mehrheit der ausländischen Leiter den Verein unabhängig von dem Anteil der deutschen Mitglieder kontrolliert. Im Extremfall ist es möglich, daß das einzige ausländische Mitglied eines Vereins dessen einziger Leiter ist, so daß an sich § 14 VereinsG anwendbar ist[131], was aber zu unerträglichen Ergebnissen führt.

Ein Korrektiv ist auch hier das Übermaßverbot. Bei der Prüfung der Verhältnismäßigkeit und der Erforderlichkeit ist zu berücksichtigen, ob und wieviele deutsche Mitglieder und Leiter der Verein hat, da deren Grundrecht durch das Vereinigungsverbot über das GG hinaus

---

[128] Wäre dem so, dann würde es ausreichen, daß ein Assoziationspartner die Vereinigungsfreiheit hat; die anderen Beteiligten hätten dann faktisch die gleiche Rechtsstellung.

[129] Der Grenzfall, daß einem Berechtigten alle denkbaren Assoziationspartner genommen werden und damit das Vereinigungsrecht praktisch wertlos wird, ist so gut wie ausgeschlossen.

[130] Bei der Verwirkung der Vereinsfreiheit nach Art. 18 taucht dasselbe Problem auf. Soweit ersichtlich, hat noch niemand behauptet, die Verwirkung verletze hier das Recht der anderen auf Assoziation mit jedermann.

[131] s. o. II 2 b.

tangiert wird. Je stärker die deutsche Beteiligung an dem Verein ist, um so strengere Anforderungen sind z. B. an die Schwere des Verstoßes gegen die Rechtsgüter des § 14 VereinsG zu stellen. Das führt nicht dazu, daß jegliche Maßnahmen ausgeschlossen sind, denn §§ 14, 15 VereinsG betreffen nur das Vereinsverbot und nicht die Betätigung des einzelnen Ausländers, die im VereinsG nicht geregelt ist und ausschließlich dem AuslG unterliegt[132]. Die Verbotsbehörde wird also prüfen müssen, ob das Vereinsverbot erforderlich ist oder ob nicht Maßnahmen gegen den einzelnen Ausländer ausreichen, die die Rechte der deutschen Mitglieder nicht beeinträchtigen. Im genannten Extremfall ist nach diesen Maßstäben das Vereinsverbot unzulässig[133]; statt dessen ist nur eine Maßnahme nach § 6 AuslG gegen den ausländischen Leiter möglich, die die Rechte der deutschen Mitglieder wahrt[134]. Nach einem Verbot gem. §§ 14, 15 VereinsG können die deutschen Mitglieder einen neuen Verein mit gleicher Zielsetzung und einer unter dem Maß der §§ 14, 15 VereinsG liegenden Ausländerbeteiligung gründen, ohne daß § 8 VereinsG eingreift, da es sich dann um einen deutschen Vereins handelt, der nur nach Art. 9 II, § 3 VereinsG verboten werden kann. Wenn die Neugründung wahrscheinlich ist, dürfte das Vereinsverbot das untaugliche Mittel zur Gefahrenabwehr und schon deshalb unzulässig sein.

III. Zusammenfassung

Art. 9 I hat einen Menschenrechtsgehalt, innerhalb dessen eine volle Gleichstellung der Ausländer wie der von ihnen gebildeten Korporatio-

---

132 s. u. § 22 V.

133 So im Erg. auch *Schnorr* (a.a.O., Rdnr. 4 zu §§ 14, 15) und *Thomsen* (S. 41), die dann, wenn der einzige Leiter Ausländer ist, §§ 14, 15 nicht anwenden. Ihre Begründung ist aber nur auf diesen einen Fall zugeschnitten und ist systematisch unklar (s. o. zu Fn. 40). Das Übermaßverbot ermöglicht dagegen eine differenziertere Lösung für verschiedene Fälle.

134 Ähnliches wird immer dann gelten müssen, wenn die wenigen Leiter mehrheitlich Ausländer, die Mitglieder aber ganz überwiegend Deutsche sind. — Das Verhältnis Individualmaßnahmen — Vereinsverbot entspricht dem des Art. 9 II zu Art. 18; *Schmitt Glaeser,* Verwirkung, S. 146 ff., 234 ff., hat überzeugend dargelegt, daß Adressat des Art. 18 nur die Einzelperson, des Art. 9 II nur die Korporation ist und daß beide Normen nebeneinander angewendet werden können. Es sei eine Frage der politischen Klugheit und der Verhältnismäßigkeit (s. bes. S. 147 f., 243 f.), ob man gegen einen Verein mit dem Verbot oder durch die Eliminierung der führenden Köpfe vorgeht. Dies muß in besonderem Maße dann gelten, wenn durch das Vereinsverbot Grundrechte der Deutschen ohne Vorliegen der verfassungsrechtlichen Eingriffsvoraussetzungen tangiert werden. Ähnlich wie *Schmitt Glaeser* das BVerfG (E 25, 44 [60]; 25, 88, 100) zu dem an sich unstreitigen Verhältnis des Art. 21 II zu Art. 18 mit der generellen Feststellung, Art. 18 sei „von vornherein auf Bekämpfung individuellen Verhaltens abgestellt“; zustimmend *Schmitt Glaeser* in der Anm. JZ 1970, 59 ff.; ebenso *Maunz,* Kommentar, Rdnr. 66 f. zu Art. 9.

nen mit Deutschen und ihren Korporationen erfolgt. § 1 VereinsG gewährt auch den Ausländern die Vereinsfreiheit. §§ 14, 15 VereinsG ermöglichen das Verbot von Vereinen, deren Leiter oder Mitglieder überwiegend Ausländer sind, auch bei Gefährdung oder Verletzung der öffentlichen Sicherheit und Ordnung und der außenpolitischen Belange der Bundesrepublik. Sie sind mit Art. 9 I zu vereinbaren. Allerdings sind strenge Anforderungen an die Verhältnismäßigkeit und Erforderlichkeit des Verbotes zu stellen. Bei Mischvereinen mit starker deutscher Beteiligung sind evtl. nur Einzelmaßnahmen gegen die beteiligten Ausländer zulässig. Nicht unter §§ 14, 15 VereinsG fallen die arbeitsrechtlichen Koalitionen und die in § 17 VereinsG genannten Kapitalgesellschaften. Auf Organisationen, die die Ziele eines nach § 14, 15 VereinsG verbotenen Vereins an dessen Stelle weiterverfolgen, ist § 8 VereinsG analog anzuwenden, wenn die Ausländerbeteiligung das Maß der §§ 14, 15 VereinsG erreicht.

IV. Kritik

Rechtspolitisch ist das Ergebnis ziemlich unbefriedigend, da die Schlechterstellung der Ausländer- und ausländischen Vereine nicht unbedingt erforderlich ist. Es wird auf wenig Verständnis stoßen, wenn ein Ausländerverein nach § 14 VereinsG verboten wird, weil er ein ausländisches Mitglied zu viel zählt, während in einem Verein mit deutscher Führungs- und Mitgliedermehrheit die gleichen Aktivitäten ungehindert fortgesetzt werden können. Den häufig befürchteten Gefahren politischer Betätigung von Ausländer- und ausländischen Vereinen kann meistens mit den allgemeinen Strafrechtsnormen hinreichend begegnet werden. Lediglich im außenpolitischen Bereich sind schwererwiegende Beeinträchtigungen denkbar, obwohl auch hier deutsche Vereine wegen derselben Betätigung nicht verboten werden können. Zu kritisieren ist außerdem die mangelhafte tatbestandliche Prägnanz der §§ 14, 15 VereinsG.

§ 9 Versammlungsfreiheit

Die Frage, inwieweit Ausländern die Versammlungsfreiheit gewährleistet ist, enthält die gleiche Problematik wie die Parallelfrage zu Art. 9 I, so daß die dazu angestellten allgemeinen Erwägungen auch hier heranzuziehen sind. Im Unterschied zu Art. 9 I besteht nach zutreffender h. M[1] kein eigenes Grundrecht der Versammlung, da es

---

[1] *Füßlein*, GR II, S. 425 (443); *Herzog*, Kommentar, Rdnr. 16 zu Art. 8;

an der dafür erforderlichen Organisation von einiger Dauer fehlt. Infolgedessen ist im folgenden nur das Individualrecht zu untersuchen.

I. Nach Art. 8 I

Art. 8 I spricht nur vom Versammlungsrecht der Deutschen. Wie bei Art. 9 I hatte Art. 8 des Herrenchiemsee-Entwurfs das Versammlungsrecht für alle vorgesehen. Die Änderung wurde auch hier auf Vorschlag des Redaktionskomitees vom Grundsatzausschuß vorgenommen. Bei ihr blieb es trotz eines Vorstoßes der KPD, das Versammlungsrecht auf „alle Menschen" auszudehnen[2].

Damit stellt sich auch für Art. 8 I die Frage nach seiner Menschenrechtsqualität. Der historische Befund ist derselbe wie bei Art. 9 I[3], da beide Rechte in engem Zusammenhang stehen und deshalb stets die gleiche staatliche Behandlung erfahren haben. Die Beschränkung des Art. 8 I auf Deutsche entspricht wie die des Art. 9 I deutscher verfassungsgeschichtlicher Tradition, ohne daß deshalb die Menschenrechtsqualität zwingend verneint werden müßte.

Wie zu Art. 9 I gehen die Meinungen des Schrifttums über die Menschenrechtsqualität auch hier auseinander. Die h. M.[4] verneint sie, meist unter Berufung auf den Wortlaut, während eine im Vordringen befindliche Mindermeinung[5] mit unterschiedlicher Begründung zumindest einen Menschenrechtskern des Art. 8 I bejaht.

Maunz, ebenda, Rdnr. 17 zu Art. 9; *v. Mangoldt-Klein,* Anm. II 3 zu Art. 8; *v. Münch,* BK (Zweitbearb.) Rdnr. 8, 11 zu Art. 8; *Wernicke,* BK (Erstbearb.) Anm. II 1 a zu Art. 8; *Dietel-Gintzel,* VersG, Rdnr. 37 zu § 1; *W. Hoffmann,* JuS 1967, 393 (397).

[2] *Matz,* JöR NF 1 (1951), 113, 114.

[3] s. o. § 8 I 1 Text zu Fn. 7 ff.; die dortigen Ausführungen gelten für die Versammlungsfreiheit entsprechend und die dort genannte Literatur befaßt sich zugleich mit der Versammlungsfreiheit. Vgl. weiter noch *Ott,* DemonstrationsR, S. 16 f.; *H. Vogel,* Demonstrationsfreiheit und ihre Grenzen, in: Das Recht auf Demonstration, 1969, S. 15 (17 f.); bes. ausführlich jetzt *Quilisch,* Die demokratische Versammlung, 1970, S. 36—91. Art. 8 ist in den Zusammenhang zu stellen mit Art. VIII § 161 der Paulskirchenverfassung, Art. 29 der Preuß. Verfassung von 1850, § 1 RVG 1908 und Art. 123 WRV; in Art. 20 II der UN-Menschenrechtserklärung v. 10. 12. 1948 und in Art. 11 MRK ist die Versammlungsfreiheit dagegen als Menschenrecht konzipiert, s. aber Art. 16 MRK und unten § 14.

[4] Vgl. allgemein die Nachw. oben § 4 Fn. 1; speziell zu Art. 8 *Giese-Schunck,* GG, Anm. II 1; *Hamann,* in: *Hamann-Lenz,* Anm. B 1; *v. Mangoldt-Klein,* Anm. II 3, 4; *v. Münch,* a.a.O., Rdnr. 1, 2, 11; *Schmidt-Bleibtreu-Klein,* GG, Rdnr. 1, alle zu Art. 8; *Apelt,* JZ 1951, 353 (354); *Dietel-Gintzel,* a.a.O., Rdnr. 31, 33 zu § 1; *Erbel,* JuS 1971, 34 (35); *Füßlein,* GR II, S. 425 (443); *ders.,* VersG, Anm. 1 zu § 1; *Hoffmann,* JuS 1967, 393 (397); *Kanein,* Anm. E 2 zu § 6; *Maunz,* StaatsR, S. 123; *Merten,* MDR 1968, 621 (622); *ders.,* Demonstration unter dem Gesetz, in: Das Recht auf Demonstration, 1969, S. 55 (56); *Schiedermair,* S. 42; *Thomsen,* S. 39 f.

Nach dem oben entwickelten Menschenbild des GG und den Ausführungen zu Art. 9 I[6] muß die Versammlungsfreiheit als zweite Urform menschlicher Assoziation[7] ebenfalls einen Menschenrechtsgehalt haben. *Herzog* hat zutreffend ausgeführt, daß es „einfach unrichtig (ist), so zu tun, als ob das Verbot, sich mit anderen zu versammeln, unter gar keinen Umständen den Kern der menschlichen Existenz treffen könne. Das ist schon dort zweifelhaft, wo dem Bürger durch Verbot von nach außen gerichteten Versammlungen systematisch das Recht genommen wird, seine innerste Überzeugung in einer weithin sichtbaren und damit auch weithin wirksamen Weise zu dokumentieren. Mit Sicherheit aber ist die menschliche Existenz in ihrem Kern getroffen, wenn man sie durch systematische Verbote des Zusammenkommens mit anderen ... ‚isoliert', in eine ‚Pariasituation' verbannt"[8]. Die Begründung des Menschenrechtskerns aus der demokratischen Funktion der Versammlungsfreiheit[9] widerspricht dem nicht[10], da das Menschenbild des GG auf eine demokratische Gesellschaft angelegt ist und selbst eine demokratische Komponente enthält, die in der Formel von der Umweltgestaltung ihren Ausdruck findet[11].

Der Menschenrechtsgehalt des Art. 8 I ist aus den gleichen Gründen wie der des Art. 9 I[12] nicht auf unpolitische Versammlungen zu beschränken[13]. Ohne Rücksicht auf die Streitfrage, ob Art. 8 I überhaupt für Versammlungen gilt, die rein private Angelegenheiten zum Gegenstand haben[14], folgt dies daraus, daß Umweltgestaltung politische Betätigung impliziert und daß die Teilnahme an politischen Versammlungen in besonderem Maße des Grundrechtsschutzes bedarf[15]. Für

---

5 *Herzog*, Kommentar, Rdnr. 4 ff., 12 zu Art. 8; *ders.*, BayVBl. 1968, 77 (79); *Brinkmann*, Kommentar, Anm. 1 a zu Art. 8; *Gallwas*, Mißbrauch, S. 132; *K. Küchenhoff*, Vereins- und Versammlungsfreiheit (s. § 8 Fn. 10), S. 13; *Leisner*, Ev. Staatslexikon, Sp. 2372 (2373); *Ott*, a.a.O., S. 24 f.; *ders.*, VersG, Einführung Rdnr. 2; *Rolvering*, S. 120, *Ruppel*, S. 183 f.

6 s. o. § 5, § 8 I 1.

7 *Füßlein*, GR II, S. 425 (426); *ders.*, DVBl. 1954, 553; *Kanein*, Anm. E 1 zu § 6; *v. Mangoldt-Klein*, Anm. II 2 b zu Art. 8; *Ruppel*, S. 183.

8 a.a.O., Rdnr. 4 f. zu Art. 8.

9 So *Leisner*, a.a.O.

10 A. A. hier *Herzog*, a.a.O., Rdnr. 6 mit Fn. 1 zu Art. 8.

11 Unzutr. aber *Ott*, DemonstrationsR, S. 24 f., der die Menschenrechtsqualität aus dem Völkerrecht herleiten will; dagegen zutr. *Tomuschat*, S. 20 Fn. 27; *Thomsen*, S. 39 f.

12 s. o. § 8 I 1 Text zu Fn. 19 ff.

13 So aber auch hier *Ruppel*, S. 183.

14 Dazu BVerwG, NJW 1967, 1191; DVBl. 1969, 587 (588); *Füßlein*, a.a.O., S. 443; *Herzog*, a.a.O., Rdnr. 43 ff.; *v. Mangoldt-Klein*, Anm. III 2; *v. Münch*, BK (Zweitbearb.), Rdnr. 24 f., alle zu Art. 8; *Ott*, a.a.O., S. 18.

15 *Ott*, a.a.O, S. 9, 28, weist zutr. darauf hin, daß politische Demonstrationen vor allem ein Mittel der Andersdenkenden sind. Daraus resultiert die besondere Gefährdungslage für politische Versammlungen. *Merten* (MDR

Versammlungen der Philatelisten und Kleintierzüchter ohne jede politische Relevanz braucht man nicht die Menschenwürde zu bemühen.

Die Abgrenzung des auch Ausländern zustehenden Menschenrechtsgehalts der Versammlungsfreiheit erfolgt nach den oben zu Art. 9 I genannten Maßstäben[16]. Unzulässig ist danach ein generelles Verbot, an politischen Versammlungen teilzunehmen. Aber auch das auf Versammlungen über bestimmte Angelegenheiten beschränkte Verbot kann unzulässig sein, wenn es z. B. die Teilnahme an Versammlungen betrifft, die sich im allgemein erlaubten Rahmen mit dem persönlichen Status der Ausländer befassen.

Ein solches Verbot kann nicht damit gerechtfertigt werden, daß es nur einen Ausschnitt aus der Versammlungsfreiheit betreffe und das Versammlungsrecht zu anderen Zwecken erhalten bleibe. Die Verletzung der Menschenwürde ist nicht danach zu beurteilen, ob überhaupt eine Versammlungsmöglichkeit besteht, sondern zu welchen Zwecken sie gegeben ist.

II. Nach § 1 I VersG[17]

Nach § 1 I VersG hat „jedermann" das Recht, öffentliche Versammlungen und Aufzüge zu veranstalten oder an ihnen teilzunehmen. Der Wortlaut läßt auch im Hinblick auf Art. 8 I keinen Zweifel daran, daß damit die Ausländer den Deutschen gleichgestellt sind. Da das VersG keinerlei Sonderregelungen für Ausländer enthält, scheint die Gleichstellung vollkommen zu sein[18].

Dies ist aber nicht der Fall, da § 1 I VersG nur von öffentlichen, d. h. grundsätzlich für jedermann zugänglichen, Versammlungen[19] spricht,

---

1968, 621) verkennt mit seiner Gegenargumentation die tatsächlichen Verhältnisse. Vgl. auch *Füßlein*, GR II, S. 425 (443).

[16] s. o. § 8 I 1 a. E.

[17] Ges. v. 24. 7. 1953, BGBl. I S. 684, mit späteren, hier nicht interessierenden Änderungen. Trotz § 31 gilt das VersG erst seit dem Übernahmegesetz v. 15. 10. 1968 (GVBl. S. 1507) mit Ausnahme des § 1 II (vgl. die Anordnung der Alliierten Kommandatura v. 10. 10. 1968, GVBl. 1968 S. 1510) in Berlin; vgl. *Merten*, MDR 1968, 621 (623 Fn. 32); *Ott*, DemonstrationsR, S. 66 Fn. 66; *Vogel*, a.a.O. (Fn. 3), S. 26 Fn. 37.

[18] In der Schweiz besteht ein grundsätzliches Verbot öffentlicher Versammlungen von Ausländern, vgl. *H. Huber*, Festschrift für Jahrreiß (1964), S. 101 (103 Fn. 9); dagegen lehnte das Britische Unterhaus unmittelbar vor der großen Vietnam-Demonstration im Oktober 1968 die Verabschiedung eines Gesetzes ab, das die Registrierung, Verhaftung und Abschiebung von Ausländern vorsah, die politische Demonstrationen organisierten oder an ihnen teilnahmen, nach *Frankfurter Rundschau* v. 25. 10. 1968, S. 2 („Ausländer dürfen demonstrieren").

[19] *Enderling*, VersG, Anm. 2 zu § 1; *Füßlein*, a.a.O., S. 445 Fn. 97; *Herzog*, Kommentar, Rdnr. 46, 92 zu Art. 8; *Kanein*, Anm. E 3 zu § 6; *v. Mangoldt-Klein*, Anm. III 3 a zu Art. 8.

während Art. 8 I sowohl für die öffentlichen wie für die nichtöffentlichen Versammlungen gilt[20]. Hinsichtlich der nichtöffentlichen Versammlungen unterliegen die Ausländer damit weitergehenden Einschränkungsmöglichkeiten[21], soweit nicht der Menschenrechtsgehalt ihre Gleichbehandlung mit den Deutschen gebietet. Dieses eigenartige Ergebnis wurde im Gesetzgebungsverfahren[22] nicht gesehen, was damit zusammenhängen dürfte, daß man mit Ausnahme der §§ 3, 21, 28[23] nur das Recht der öffentlichen Versammlung regelte. Eine Analogie zu § 1 I erscheint ausgeschlossen, da keine planwidrige Lücke im Gesetz, sondern eine bewußte Teilregelung vorliegt mit der Folge, daß es für die im VersG nicht geregelten nichtöffentlichen Versammlungen bei Art. 8 I bleibt[24], d. h. die Ausländer haben die Versammlungsfreiheit, nicht aber ein gesetzlich gewährleistetes Versammlungsrecht. Besondere Konsequenzen hat dies allerdings nicht, da einschränkende Maßnahmen auch insoweit nur aufgrund der polizeilichen Generalklausel zulässig sind, die auch Eingriffstatbestand für das Versammlungsrecht der Ausländer aus § 1 I VersG ist, wie noch zu zeigen sein wird.

Soweit die Gleichstellung des § 1 I VersG reicht, ist das Verbot oder die Auflösung einer Versammlung nach allgemeinem Polizeirecht ausgeschlossen[25], auch wenn es sich um eine Ausländerversammlung handelt, weil das VersG keine den §§ 14, 15 VereinsG entsprechende

---

[20] *Füßlein*, GR II, S. 425 (445); *ders.*, VersG, Anm. 1 zu § 1; Vorbem. 3 h; *Herzog*, a.a.O., Rdnr. 46 zu Art. 8; *Mallmann*, „Vereins- und Versammlungsfreiheit", in: Staatslexikon, 6. Aufl. Bd. 8, Sp. 106 (108); *v. Mangoldt-Klein*, Anm. III 3 a zu Art. 8; *v. Münch*, BK (Zweitbearb.), Rdnr. 23 zu Art. 8; *Ott*, VersG, S. 49; *Schmidt-Bleibtreu-Klein*, GG, Rdnr. 3 zu Art. 8.

[21] D. h. auch bei friedlichen Versammlungen ohne Waffen, s. *Füßlein*, VersG, Vorbem. 3 h; *Ruppel*, S. 184.

[22] Der Regierungsentwurf v. 26. 6. 1950 (BT-Drucks. I/1102) enthielt keine dem § 1 I entsprechende Bestimmung; ebenso der Entwurf des Ausschusses zum Schutze der Verfassung v. 19. 10. 1951 (BT-Drucks. I/2759). Erst die Ausschußfassung vom 22. 4. 1953 (BT-Drucks. I/4291) enthielt den § 1 in seiner geltenden Fassung. In der 264. Sitzung des Bundestages vom 6. 5. 1953 (2. und 3. Lesung) wurde zwar § 1, nicht aber das Versammlungsrecht der Ausländer erörtert, vgl. Stenographische Berichte, 1. WP, 12 849 ff., 12 885 ff.

[23] *Füßlein*, VersG, Vorbem. 3; *Ott*, VersG, S. 50.

[24] Abzulehnen daher *Füßlein*, a.a.O., der das VersG in diesen Fällen analog anwenden will, allerdings ohne Bezug auf die Rechtsstellung der Ausländer.

[25] Nach zutr. h. M. verdrängt das VersG die polizeiliche Generalklausel, vgl. *Dietel-Gintzel*, VersG, Rdnr. 34, 69 zu § 1; *Herzog*, Kommentar, Rdnr. 99; *v. Münch*, a.a.O., Rdnr. 37, je ju Art. 8; *Ott*, DemonstrationsR, S. 93; *Drews-Wacke*, Allg. Polizeirecht, S. 144; *Friauf*, Polizei- und Ordnungsrecht, in: Bes. Verwaltungsrecht, S. 139 (185); *Wolff*, VerwR III, § 126 II a. — Wenn *v. Münch*, a.a.O., Rdnr. 2 zu Art. 8, meint, gegen Versammlungen von Ausländern könne auf Grund der polizeilichen Generalklausel eingeschritten werden, da § 1 I VersG keinen Verfassungsrang habe, so steht dies im Widerspruch zu Rdnr. 37 und ist wohl nur so zu verstehen, daß Art. 8 die Anwendung der polizeilichen Generalklausel nicht hindert, das Versammlungsrecht für Ausländer

Regelung kennt, so daß für das Verbot und die Auflösung die Beteiligung von Ausländern unerheblich ist[26].

Probleme ergeben sich aber dann, wenn an nichtöffentlichen Versammlungen Ausländer teilnehmen, da für sie insoweit die polizeiliche Generalklausel anwendbar ist[27]. Verbot und Auflösung sind bei reinen Ausländerversammlungen dann ebenfalls unter den Voraussetzungen der polizeilichen Generalklausel zulässig. Diese Maßnahmen werden aber regelmäßig daran scheitern, daß nicht ohne weiteres festzustellen ist, ob die Versammlung nur aus Ausländern besteht, was aber als Eingriffsvoraussetzung geklärt sein muß.

Bei nichtöffentlichen Versammlungen, an denen Ausländer und Deutsche beteiligt sind, bestehen dann keine Probleme, wenn man die polizeiliche Generalklausel uneingeschränkt als immanente Grundrechtsschranke auch für die Deutschen betrachtet[28]. Das Problem der Polizeifestigkeit des Art. 8 I kann hier als eine Frage des Grundrechtsschutzes der Deutschen nicht weiter verfolgt werden. Man wird aber entweder die Anwendung der Generalklausel in ihrer vollen tatbestandlichen Weite ablehnen oder doch eine den Grundsätzen von BVerfGE 7, 198 (208 f.) entsprechende Güterabwägung vornehmen müssen[29], um das Grundrecht und die Differenzierung zwischen Abs. 1 u. 2 nicht allzu sehr zu relativieren. Diese Einschränkungen bestehen beim Einschreiten gegen Ausländer nicht, so daß sich die Frage erhebt, ob eine gemischte Versammlung nach den für Deutsche oder für Ausländer geltenden Voraussetzungen verboten oder aufgelöst werden kann.

Die Problematik ist die gleiche wie beim gemischten Verein: Verschieden ausgestaltete Rechtsgarantien der Beteiligten stehen der notwendig einheitlichen Beurteilung des Versammlungsverbotes und der Versammlungsauflösung entgegen. Mangels einer den §§ 14, 15 VereinsG entsprechenden gesetzlichen Regelung muß hier dem Grundrechtsschutz der Deutschen der Vorrang gebühren. Die Anwendung der Kontrolltheorie scheitert hier daran, daß eine Versammlung der

---

also nicht „polizeifest" ist, was nichts mit der Subsidiarität der polizeilichen Generalklausel zu tun hat.

Die Spezialität ist aber kaum von Bedeutung, da die polizeiliche Generalklausel durch die Hintertür des § 15 VersG wieder eingeführt wird.

26 *Ruppel*, S. 185.

27 *v. Mangoldt-Klein*, Anm. IV 4 zu Art. 8; ähnl. *v. Münch*, a.a.O., Rdnr. 2 (s. Fn. 25). Wo weder ein Grundrechtsschutz noch eine spezialgesetzliche Regelung bestehen, ist die Anwendbarkeit der polizeilichen Generalklausel unproblematisch.

28 So etwa *Dürig*, Kommentar, Rdnr. 79 ff. zu Art. 2 I; *ders.*, AöR 79, 57 (80).

29 So z. B. *Herzog*, a.a.O., Rdnr. 85 zu Art. 8, 263 zu Art. 5; *ders.*, BayVBl. 1968, 77 (78); vgl. auch BVerwGE 26, 135 (137); LG Köln, JZ 1969, 80 (82); AG Frankfurt/M., JZ 69, 200 (204); *Füßlein*, DVBl. 1954, 553 (555 f.); *ders.*, VersG, Vorbem. 19; *v. Münch*, a.a.O., Rdnr. 33 zu Art. 8.

korporativen Organisation entbehrt und keine Gesamtwillensbildung haben muß; es kann deshalb nicht unterstellt werden, daß die Mehrheit der Teilnehmer oder Leiter bzw. Veranstalter die Versammlung „kontrolliert“. Außerdem ist bei der stets befristeten Aktivität einer Versammlung nicht ohne weiteres — jedenfalls nicht ohne Eingriff in den Versammlungsablauf — feststellbar, ob die Beteiligten überwiegend Deutsche oder Ausländer sind. Deshalb können auch gemischte nichtöffentliche Versammlungen nur unter den für Deutsche geltenden Voraussetzungen verboten oder aufgelöst werden[30].

Da praktisch nicht feststellbar ist, ob eine Versammlung ausschließlich aus Ausländern besteht, kann als Ergebnis festgehalten werden, daß Versammlungen mit Ausländerbeteiligung keinen besonderen Verbots- oder Auflösungsmöglichkeiten unterliegen[31]. Diese völlige Gleichstellung ist aber ebenfalls nur eine scheinbare, da auch hier § 6 AuslG im Bereich der individualrechtlichen Maßnahmen die Gleichstellung aufhebt[32].

§ 10 Parteienfreiheit

I. Art. 21 I als Individualrecht?

Der verfassungsrechtliche Schutz parteipolitischer Betätigung von Ausländern in der Bundesrepublik setzt die allgemeine Gewährleistung eines subjektiven öffentlichen Rechts auf Parteigründung und parteikonnexe Betätigung voraus.

---

[30] So ganz allgemein auch *Ruppel*, S. 185. Unhaltbar *Kanein*, Anm. E 4 zu § 6, nach dem die Entscheidung über das Versammlungsverbot von der Person des ausländischen Leiters abhängig gemacht werden kann. § 15 VersG enthält keinen Eingriffstatbestand, der das Verbot nur wegen der Staatsangehörigkeit des Leiters (oder der Teilnehmer) zuließe.

[31] Dies muß auch für Versammlungen gelten, die von ausländischen Vereinen veranstaltet werden, da § 14 VereinsG nur das Vereinsverbot regelt und keinen Eingriffstatbestand für Versammlungen enthält. Veranstalten nach §§ 14, 15 VereinsG verbotene Vereine eine Versammlung, ist die Rechtslage unklar: § 1 II Nr. 4 versagt das Versammlungsrecht nur den nach Art. 9 II verbotenen Vereinen, was wohl auf einem Redaktionsversehen beruht. Zur Durchsetzung des Verbots, das ja ein mit Strafdrohung bewehrtes Betätigungsverbot (vgl. § 18 VereinsG!) darstellt, wird man auch in diesen Fällen davon ausgehen müssen, daß kein Versammlungsrecht des Vereins besteht, falls er überhaupt noch existiert. — Ob Auflagen oder Versammlungsverbote wegen Gefährdung außenpolitischer Belange zulässig sind (verneinend *Ott*, DemonstrationsR, S. 62, 124 mit Beispielen aus der Praxis auf S. 50, 124, *Thomsen*, S. 39; bejahend *Bayer*, DÖV 1968, 709, 715 ff.), ist hier nicht zu erörtern, da sich das Problem bei Deutschen wie bei Ausländern gleichermaßen stellt. Die Lösung hängt nur davon ab, ob die auswärtigen Belange im Tatbestand des § 15 VersG, d. h. in der polizeilichen Generalklausel, mitenthalten sind; zu diesem Problem s. u. § 22 IV 2.

[32] s. u. § 22 VI.

Ein solches Individualrecht kann sich aus Art. 21 I 1 und 2 ergeben, wobei bejahendenfalls das weitere Problem auftaucht, ob für Ausländer aus Art. 21 eine über den Grundrechtskatalog hinausgehende Rechtsgarantie zu entnehmen ist. Bei Deutschen stellt sich diese Frage nicht in der gleichen Schärfe, da ihre parteipolitische Betätigung individualrechtlich im Grundrechtskatalog weitergehend abgesichert ist. Die Frage lautet also konkret, ob Art. 21 I 1, 2 ein Individualrecht enthält, das ggf. auch dem Ausländer über den Menschenrechtskern der Art. 8, 9 I hinaus zusteht.

Gegen die Annahme eines solchen Individualrechts aus Art. 21 I spricht dessen Stellung im Abschnitt „Der Bund und die Länder" und nicht im Grundrechtsteil. Außerdem nennt Art. 18 nicht den Art. 21 I, obwohl dies sachlich naheliegen würde, da Art. 21 II nur das Parteiverbot regelt und eine davon zu trennende Verwirkung der individuellen parteipolitischen Betätigungsfreiheit möglich und sinnvoll wäre[1]. Dies legt den Schluß nahe, daß die Verwirkung der in Art. 18 genannten Grundrechte auch die parteikonnexe Betätigung erfassen soll, m. a. W., daß diese Betätigung eine Frage der Ausübung der genannten Grundrechte und nicht eines in Art. 21 I enthaltenen Spezialrechts ist. Dies wird durch § 90 BVerfGG und Art. 93 Nr. 4 a bestätigt, die Art. 21 I nicht gesondert nennen[2].

Schließlich gibt das Parteiengesetz (PartG)[3] keinen Aufschluß über die Gewährleistung eines besonderen subjektiven Rechts.

Nach h. M.[4] ist Art. 21 lex specialis zu Art. 9 I, II. Dies wird aber meist nur hinsichtlich der verfassungsrechtlichen Stellung der Parteien

---

1 Dazu, daß Adressat des Art. 21 II nur die Partei und Adressat des Art. 18 nur das Individuum ist, vgl. *Schmitt Glaeser*, Verwirkung, S. 238 ff., s. auch oben § 8 II 4 Fn. 134.

2 „Grundrechte" i. S. v. § 90 BVerfGG und Art. 93 Nr. 4 a sind nur die Grundrechte des I. Abschnitts (*Leibholz-Rupprecht*, BVerfGG, Rdnr. 65 zu § 90; *Schmidt-Bleibtreu*, BVerfGG, Rdnr. 49 zu § 90 m. w. N.; die Berufung auf BVerfGE 2, 237, 244; 2, 336, 338 f.; 3, 58, 74 ist allerdings unzutreffend, da zu dieser speziellen Frage dort nichts ausgeführt ist). Soweit nach der Rspr. des BVerfG Parteien die Verfassungsbeschwerde zusteht, handelt es sich um die Verletzung eines sonstigen Grundrechts und nicht des Art. 21 (vgl. *Schmidt-Bleibtreu*, a.a.O., Rdnr. 27; *Leibholz-Rupprecht*, a.a.O., Rdnr. 20, je zu § 90 mit Nachw. aus der Rspr. des BVerfG; s. auch *Maunz*, Kommentar, Rdnr. 92, 93 zu Art. 21; *Henke*, Parteien, S. 180, nach dem Art. 21 kein materielles Grundrecht ist und sich die Stellung der Parteien aus Art. 21 „i. V. m. dem jeweiligen Grundrecht" ergibt; z. T. and. *ders.*, BK (Zweitbearb.), Rdnr. 25, 26 zu Art. 21; a. A. wohl *v. d. Heydte*, GR II, S. 457 (481).

3 Ges. v. 24. 7. 1967, BGBl. I S. 773, mit späteren Änderungen.

4 *Maunz*, Kommentar, Rdnr. 38 zu Art. 21, 44 zu Art. 9 (s. aber *ders.*, StaatsR, S. 79); *v. Mangoldt-Klein*, Anm. II 6 d zu Art. 21; *v. Münch*, BK (Zweitbearb.), Rdnr. 36 zu Art. 9; *Bericht*, S. 122, 158; *Leibholz-Rinck*, GG, Rdnr. 11 zu Art. 21; *Lenz*, in: *Hamann-Lenz*, Anm. A 3 b zu Art. 21; *v. d. Heydte*, a.a.O., S. 462 f., 490; *Schnorr*, VereinsG, Rdnr. 28 zu § 2; *Seifert*, DÖV 1956, 1 (5); nur scheinbar abw. *Henke*, Parteien, S. 181; *ders.*, BK Rdnr.

und insbesondere für Art. 21 II ausgesprochen, so daß für die individuelle Gründungs- und Betätigungsfreiheit daraus keine Schlußfolgerungen zu ziehen sind. Überwiegend wird angenommen, Art. 21 I 2 sei nur ein „Anwendungsfall“[5], eine „bloße Wiederholung“[6] des Art. 9 I. Diese Äußerungen sind nicht eindeutig, ihnen dürfte aber zu entnehmen sein, daß Art. 21 I als Unterfall von Art. 9 I ein eigenes Individualrecht enthält[7], so daß Art. 21 I 2 lex specialis zu Art. 9 I ist[8].

Dem ist zuzustimmen, denn die Formulierung des Art. 21 I 2 legt den Schluß nahe, daß auch die individuelle Gründungsfreiheit gewährleistet sein soll. Die Parteigründung ist nur durch das Zusammenwirken von Individuen möglich. Sie ist nur dann wirklich frei, wenn dieses Handeln der Individuen geschützt wird[9]. Wie bei Art. 9 I kann die Gründungsfreiheit des Art. 21 I 2 nicht auf den Assoziationsvorgang beschränkt werden, sondern muß die Betätigung für die Assoziation nach vollendeter Gründung umfassen, wobei hier in besonderem Maße Art. 21 I 1 und die verfassungspolitische Stellung der Parteien zu berücksichtigen sind; sie haben Rückwirkungen auf das individuelle Betätigungsrecht.

Die Frage ist nun, ob der individualrechtliche Gehalt des Art. 21 I auch die Betätigung von Ausländern schützt. Aus der These, Art. 21 I 2 sei ein Anwendungsfall des Art. 9 I wird im allgemeinen geschlossen, der Umfang der Gründungsfreiheit folge mit Ausnahme des Art. 9 II der Auslegung zu Art. 9 I[10]. Nur *Seifert*[11] zieht diese Parallele ausdrück-

---

25 zu Art. 21. Aus der Rspr. s. BVerfGE 2, 1 (13); 12, 296 (304); 17, 155 (166); s. auch § 2 II Nr. 1 VereinsG.

A. A. *Hesse*, VVdStRL 17, 11 (45, 52): Art. 21 regelt ein aliud.

[5] *v. d. Heydte*, a.a.O., S. 463; *v. Mangoldt-Klein*, Anm. IV 1 zu Art. 21.

[6] *Maunz*, Kommentar, Rdnr. 92 (c), 93 Fn. 1 zu Art. 21.

[7] Darauf deutet die Äußerung von *Maunz* (a.a.O., Rdnr. 93) hin, daß im Rahmen des Art. 21 I ein subjektiv-öffentliches Recht auf Parteigründung besteht; s. auch *ders.*, StaatsR, S. 79; *v. Mangoldt-Klein*, a.a.O., *v. d. Heydte*, a.a.O, S. 463 Fn. 21 und bes. S. 481; *Grabitz*, S. 49.

[8] So ausdrücklich *Seifert*, DÖV 1956, 1 (5); wohl auch *Henke*, BK, Rdnr. 25 zu Art. 21; a. A. *Ruppel*, S. 177, der Art. 9 I direkt anwendet.

[9] Vgl. BVerfGE 12, 296 (305); 13, 46 (52); 13, 123 (126); 17, 155 (166) und *Rapp*, Parteienprivileg, S. 53. — Ob das Individualrecht aus Art. 21 I 2 nach Art. 18 verwirkt werden kann, ist hier nicht weiter zu untersuchen. Man könnte trotz des abschließenden Charakters der Aufzählung in Art. 18 (vgl. *Schmitt Glaeser*, Verwirkung, S. 116, 194 ff.) daran denken, die Parteigründungsfreiheit als Unterfall des Art. 9 I in Art. 18 mitumfaßt zu sehen (so wohl *v. d. Heydte*, GR II, S. 457, 481). Auch der Problematik um die Verfassungsbeschwerde kann hier nicht nachgegangen werden.

[10] s. z. B. *v. d. Heydte*, a.a.O., S. 463 Fn. 21; *v. Mangoldt-Klein*, Anm. IV 1 zu Art. 21; *Seifert*, DÖV 1956, 1 (5); wohl auch *Henke*, BK (Zweitbearb.), Rdnr. 25 zu Art. 21.

[11] a.a.O.; ebenso jetzt *Grabitz*, S. 49. Ähnl. *v. d. Heydte*, a.a.O., S. 481, wenn er vom Recht des Aktivbürgers spricht; wie *Seifert* die Amtl. Begründung zum Regierungsentwurf eines ParteienG von 1959, BT-Drucks. III/1509 S. 13, 21; a. A. wohl *Maunz*, Kommentar, Rdnr. 34 zu Art. 21: „jedermann“.

lich auch dahingehend, daß die Gründungsfreiheit wie in Art. 9 I auf Deutsche beschränkt sei.

Neben dem systematischen Argument spricht für dieses Ergebnis auch folgende Überlegung: Wenn schon das „gewöhnliche" Vereinigungsrecht den Ausländern nicht zusteht, warum sollte für sie dann die Gründung der dem staatlichen Bereich viel näher stehenden Parteien[12] verfassungsrechtlich gewährleistet sein, zumal sie ohnehin nicht an der Staatswillensbildung teilnehmen können. Aus dem Recht der Deutschen folgt ebensowenig wie bei Art. 9 I[13] quasi im Reflexwege eine rechtlich geschützte Position der Ausländer.

Auf der Ebene rein individualrechtlicher Argumentation ist der Ausschluß der Ausländer vom Recht des Art. 21 I nicht zu widerlegen. Nun ist aber nicht zu verkennen, daß bei Art. 21 I im Gegensatz zu den Art. 1—19 das Individualrecht stark in den Hintergrund tritt und der Schutz der Organisation überwiegt[14]. Hier ist es durchaus möglich, daß die Rechtsstellung der Parteien nicht dem Individualrecht, sondern dieses jener folgt.

II. Das Parteienprivileg

Fraglich ist, ob das Parteienprivileg aus Art. 21 II Auswirkungen auf die Rechtsstellung der Ausländer hat, ob sie sich auf das im Interesse der Partei bestehende Privileg berufen können, so daß ihre parteikonnexe Betätigung geschützt ist, obwohl ihnen an sich kein Individualrecht zusteht.

Das BVerfG hat Art. 21 II dahingehend ausgelegt, daß er den Bestand und die politische Tätigkeit einer Partei bis zur Entscheidung über die Verfassungswidrigkeit nach Art. 21 II schützt; vorher darf die Partei in ihrer politischen Betätigung nicht administrativ behindert werden[15], auch wenn sie sich verfassungsfeindlich gebärdet. Geschützt

---

[12] Zur Stellung der Parteien im Verfassungsgefüge s. BVerfGE 1, 208 (225 ff.); 2, 1 (73); 4, 27 (29 f.); 5, 85 (134); 6, 367 (372); 11, 266 (273); 11, 239 (241); 12, 296 (304); 20, 56 (100, 102); aus der unermeßlichen Literatur s. bes. *Henke*, Parteien, S. 80 ff.; *ders.*, BK, Rdnr. 10 ff. zu Art. 21; *Hesse*, VVdStRL 17 (1959), S. 11 (27 ff.); *Leibholz*, Der Strukturwandel der modernen Demokratie, in: Strukturprobleme der modernen Demokratie, 3. Aufl. 1967, S. 78 ff.; *ders.*, VerhDJT 38 (1951), Abt. C S. 1 ff.; *Maunz*, Kommentar, Rdnr. 2 ff. zu Art. 21; *Bericht*, S. 113 ff.; s. zuletzt den Überblick bei *Rapp*, a.a.O., S. 17 ff., 19 ff.
Zu den verschiedenen Integrationsstufen mit zunehmender Staatsnähe und abnehmender Ausländerbeteiligung s. *E. Stein*, StaatsR, S. 148 (oben § 7 Fn. 25).

[13] s. o. § 8 II 3 zu Fn. 128 ff.

[14] BVerfGE 9, 162 (165); 12, 296 (305); 13, 46 (52); 17, 155 (166); *Rapp*, a.a.O., S. 53 und öfter.

[15] BVerfGE 5, 85 (140); 12, 296 (305); 13, 123 (126); 17, 155 (166); so auch schon BGHSt 6, 318 (320); ebenso die h. M. in der Literatur: *Henke*, BK

ist dabei die Wahrnehmung aller unter Art. 21 I fallenden Parteiaufgaben. Dieser Schutz ist nur dann effektiv, wenn er auf die für die Partei handelnden Personen ausgedehnt wird, weil andernfalls die Partei unter Umgehung des Art. 21 II lahmgelegt werden könnte. Das BVerfG hat deshalb zutreffend das Parteienprivileg auf die Funktionäre und Anhänger einer politischen Partei ausgedehnt, soweit diese mit allgemein erlaubten Mitteln für die Partei tätig sind[16]. Solche Handlungen sind rechtmäßig, auch wenn die Partei später verboten wird. Dies gilt nicht nur für die Strafbarkeit des parteikonnexen Verhaltens[17], sondern für jede nachteilige Rechtsfolge, die an die vor dem Parteiverbot liegende parteikonnexe Betätigung geknüpft wird[18].

Aus dieser Ausdehnung des Parteienprivilegs auf die individuellen Tätigkeiten folgt noch nicht zwangsläufig die Einbeziehung der Ausländer[19]. Gegen sie könnte man geltend machen, die Mitwirkung der Parteien an der Willensbildung des Volkes beschränke sich auf die Staatsangehörigen („Volk" i. S. v. Art. 20 II), da nur sie an der Staatswillensbildung mitwirken können und da die Willensbildung des Volkes auf die Staatswillensbildung ausgerichet sei.

Dies ist aus verschiedenen Gründen nicht zutreffend: Die Argumentation bewegt sich auf der individualrechtlichen Ebene, die für den personellen Umfang des Parteienprivilegs gerade nicht maßgebend sein kann. Wo es um die Reichweite des Parteienprivilegs geht, ist der Rückgriff auf individualrechtliche Gesichtspunkte ausgeschlossen, weil

---

(Zweitbearb.), Rdnr. 26, 31 zu Art. 21; *ders.*, Parteien, S. 203; *v. Mangoldt-Klein*, Anm. VII 5; *Maunz*, a.a.O., Rdnr. 102, 121 mit Fn. 2; *Lenz*, in: *Hamann-Lenz*, Anm. B 9 c alle zu Art. 21; *Rapp*, a.a.O., S. 52; vgl. auch *v. d. Heydte*, GR II, S. 457 (484 f.).

16 Grundlegend BVerfGE 12, 296 (305); ebenso E 13, 46 (52); 13, 123 (126); 17, 155 (166); ähnl. schon BGHSt 6, 318 (320); OVG Lüneburg, OVGE 7, 360 ff.; folgend jetzt BGHSt 19, 311; 20, 88; 20, 111; 20, 115; s. auch die Darstellung bei *Rapp*, a.a.O., S. 51 ff.

17 So der Sachverhalt in BVerfGE 12, 296 ff.; 17, 155 ff.

18 BVerfGE 13, 46 (53) zu § 6 I Nr. 2 BEG; BVerwG, MDR 1964, 872 zu § 8 I Nr. 4 BWGöD. Viele frühere Entscheidungen zu diesem Problemkreis sind damit überholt, z. B. BVerwGE 10, 213 ff.; BayVGH, NJW 1956, 767 ff.: Widerruf eines Beamtenverhältnisses auf Widerruf wegen Betätigung für die noch nicht verbotene KPD; OVG Koblenz, AS 2, 297 ff.: Versagung von Gebührenerlaß wegen kommunistischer Betätigung; krit. hierzu schon vor dem BVerfG *Maunz*, a.a.O., Rdnr. 104 Fn. 1 zu Art. 21; großzügiger *Henke*, Parteien, S. 199 f.; BK, Rdnr. 32 zu Art. 21 (aber bedenklich und nicht im Einklang mit dem BVerfG); eindeutig überholt *Seifert*, DÖV 1956, 1 (5 f. mit Fn. 44); vgl. auch *Rapp*, Parteienprivileg, S. 91 mit Fn. 138; *Lenz*, a.a.O., Anm. B 9 c aa zu Art. 21; zur Bedeutung des Art. 21 II im öffentlichen Dienstrecht s. *Rudolph*, DVBl. 1967, 647 (649 ff.). — Die Verwirkung des Art. 18 bleibt allerdings von Art. 21 I unberührt, s. *Schmitt Glaeser*, Verwirkung, S. 238 f. und bes. ausführlich *Rapp*, a.a.O., S. 55 ff. mit zahlr. Nachw.

19 Das Problem ist bislang nirgendwo erörtert worden, es kann aber jederzeit aktuell werden (DKP, NPD!).

man damit die durch das Parteienprivileg um seiner Funktion willen bezweckte Ausdehnung des Bestandsschutzes auf individuelle Betätigungen unterlaufen würde.

Schon zu Beginn[20] wurde festgestellt, daß Staatswillensbildung und Willensbildung des Volkes mit BVerfGE 20, 56 (98 f.) voneinander zu trennen sind[21], auch wenn die Willensbildung des Volkes im Wahlakt mit der Staatswillensbildung zusammenfällt. Aus dem Ausschluß der Ausländer von der Staatswillensbildung folgt nicht, daß die Parteien ohne Rücksicht auf Art. 21 II gehindert werden können, an der Erfüllung ihrer Aufgaben auch Ausländer zu beteiligen[22]. Vielmehr muß im Interesse einer ungehinderten Parteitätigkeit auch die parteipolitische Betätigung von Ausländern am Privileg des Art. 21 II teilhaben. Wenn eine Partei die Tätigkeit von Ausländern für sich in Anspruch nimmt, z. B. weil sie sich auf dem Gebiet des Ausländerrechts profilieren will oder sich die Sachkunde eines Ausländers auf einem bestimmten Gebiet nutzbar machen will, so ist auch das ein Mittel zur Mitwirkung an der politischen Willensbildung des Volkes, weil es um die Durchsetzung bestimmter Ziele in diesem Willensbildungsprozeß und ggf. in der Staatswillensbildung geht.

Die Partei ist in ihrer gesamten Zielsetzung nur durch Art. 21 II beschränkt; ihre Tätigkeit unterliegt vor dem Verbot nur den allgemeinen Gesetzen, unabhängig davon, ob sie von Staatsangehörigen oder Ausländern ausgeübt wird. Deshalb unterliegt auch die parteikonnexe Betätigung von Ausländern nur den allgemeinen Gesetzen und kann vor dem Parteiverbot nicht mit nachteiligen Sanktionen belegt werden.

Für dieses Ergebnis spricht auch eine Überlegung auf individualrechtlicher Ebene: Art. 5 I gewährleistet dem einzelnen — auch dem Ausländer[23] — das Recht auf Teilhabe an der politischen Meinungsbildung und sichert so die Meinungs- und Willensbildung des Volkes[24] unter Mitbeteiligung des Ausländers. Dieser ist also ohnehin nicht gänzlich von der Willensbildung des Volkes ausgeschlossen. Seine Einbeziehung in den Schutz des Art. 21 II bringt also nicht völlig Neues, sondern nur die zusätzliche Garantie für bestimmte Betätigungen.

---

[20] s. o. § 1 I zu Fn. 16.

[21] Davon geht auch § 1 II PartG in seiner vorletzten Alternative aus.

[22] Selbst wenn man annimmt, „Volk" i. S. v. Art. 21 sei wie in Art. 20 nur das Staatsvolk, so folgt daraus nichts gegen den Text: Wenn sich die Aufgabe der Parteien auf die politische Willensbildung des Staatsvolkes beschränkt, so bedeutet das keineswegs, daß Ausländer bei der Erfüllung dieser Aufgabe nicht mitwirken dürfen. Konsequenterweise muß das zum Schutze der Parteien bestehende Parteienprivileg auch diese Mitwirkung der Ausländer erfassen.

[23] s. o. § 7.

[24] BVerfGE 20, 56 (98).

Erstreckt sich der im Interesse der Partei bestehende Schutz des Parteienprivilegs auch auf Ausländer, so sind dagegen verstoßende Maßnahmen verfassungswidrig. Das einzelne Parteimitglied kann sich gegenüber solchen Maßnahmen auf Art. 2 I berufen[25]. Da er ein Jedermann-Recht ist, muß dies auch für Ausländer gelten, die damit aus eigenem Recht gegen Art. 21 verstoßende Maßnahmen angreifen können. Sie sind also hinsichtlich der parteikonnexen Betätigung im Ergebnis den Deutschen gleichgestellt.

III. Der Umfang des Parteienprivilegs

Der Umfang des Parteienprivilegs kann hier nur kurz skizziert werden[26]:

Was den geschützten Personenkreis anbetrifft, so sprach schon BGHSt 6, 318 (320) von „Mitgliedern und Anhängern" einer Partei. Davon ausgehend hat das BVerfG den Schutz des Parteienprivilegs auf Funktionäre, Anhänger und Gründer[27], auf „diejenigen, die für die Partei tätig werden"[28], erstreckt. Später sprach es von „Funktionären und Anhängern"[29], daneben von „der Tätigkeit der Gründer, Mitglieder oder Förderer"[30]. Die neuere Rechtsprechung des BGH in Strafsachen verwendet in Anlehnung daran die Formel von den „Funktionären, Mitgliedern und Anhängern"[31]. Die Formulierungen der Literatur stimmen sachlich damit überein[32].

Die Bestimmung der Gründer begegnet keinen Schwierigkeiten. Funktionär ist „derjenige, der im Rahmen der Parteiorganisation eine bestimmte Aufgabe übernommen hat und sich im Rahmen dieses Aufgabenkreises für die Verwirklichung der politischen Zielsetzung seiner Partei einsetzt"[33]. Der Begriff des Mitgliedes ist unproblematisch[34]. Schwierigkeiten bereitet die Bestimmung der Anhänger und

---

[25] So ausdrücklich BVerfGE 12, 296 (308); dies deutet darauf hin, daß nach Ansicht des BVerfG eine individuelle Parteigründungs- und -betätigungsfreiheit weder in Art. 21 I noch in Art. 9 I enthalten ist, da es andernfalls kaum auf Art. 2 I zurückgegriffen hätte.

[26] Dazu eingehend *Rapp*, a.a.O., S. 66—104 mit zahlr. Nachw. Die folgenden Ausführungen beruhen weitgehend auf seiner Darstellung.

[27] BVerfGE 12, 296 (305, 306).

[28] a.a.O., S. 306.

[29] BVerfGE 13, 46 (52); 13, 123 (126); 17, 155 (166).

[30] BVerfGE 17, 155 (167).

[31] BGHSt 19, 311 (313); 20, 87 (88); 20, 111 (113); 20, 115.

[32] Vgl. z. B. *Bertram*, NJW 1961, 1099 (1100); *Henke*, Parteien, S. 197; *ders.*, BK, Rdnr. 31 zu Art. 21 („Mitglieder und Anhänger"); *Kölble*, AöR 87 (1962), 48 (57 ff.); *v. Mangoldt-Klein*, Anm. VII 7 zu Art. 21; *Maunz*, Kommentar, Rdnr. 104 Fn. 1 zu Art. 21; *Rudolph*, DVBl. 1967, 647 (649); *Willms*, NJW 1965, 1457, s. auch 1458.

[33] *Rapp*, Parteienprivileg, S. 69.

[34] Zur Mitgliedschaft juristischer Personen s. *Rapp*, a.a.O., S. 70 f.

Förderer[35]. Einigkeit besteht darüber, daß der Begriff weiter ist als der des Mitgliedes und daß mindestens alle diejenigen dazu gehören, die sich für die Partei einsetzen[36].

Rapp[37] hat zutreffend dargelegt, daß die Abgrenzung nur nach der Tätigkeit erfolgen kann. Danach dürfen Handlungen, die der wenn auch nur punktuellen Unterstützung einer Partei dienen, nicht mit Sanktionen belegt werden, wenn sie sich in den Grenzen der allgemeinen Gesetze halten. Dafür reicht z. B. das Bekenntnis zu einem einzelnen Ziel der Partei aus[38]. Dies folgt aus dem Schutz der gesamten Parteitätigkeit, die gerade bezweckt, bislang unbeteiligte Bürger von den Zielen der Partei zu überzeugen und sie damit, wenn auch nicht für eine aktive Mitarbeit, so doch für die Stimmabgabe bei der nächsten Wahl zu gewinnen. Könnte man gegen diese Personen vor der Entscheidung des BVerfG nach Art. 21 II vorgehen, so würde die Betätigungsmöglichkeit der Partei auf ihre Mitglieder beschränkt. Da die Parteien in der Bundesrepublik vorwiegend als Wähler- und nicht als Mitgliederparteien bestehen, käme das ihrer Eliminierung aus dem Willensbildungsprozeß des Volkes gleich.

Das Parteienprivileg erfaßt also alle Handlungen, die der Unterstützung einer Partei dienen und sich im Rahmen der allgemeinen Gesetze halten. Das BVerfG hat beispielhaft die partei-offizielle Tätigkeit[39], das Propagieren und Fördern der Parteiziele, die Beteiligung an Wahlen und am Wahlkampf, das Spenden-Sammeln und die Tätigkeit im Parteiapparat[40] als geschützte Handlungen genannt. Der BGH hat an die Rechtsprechung des BVerfG zu Art. 5 II angeknüpft und dementsprechend das Parteienprivileg begrenzt durch „jene Strafvorschriften . . ., die sich nicht gerade gegen das in Art. 21 GG geschützte Rechtsgut als solches, d. h. nicht gezielt gegen die Freiheit der Parteigründung, den ungeschmälerten Bestand und die freie Entfaltung der Parteien richten, Vorschriften also, die kein Sonderrecht gegen die Parteien enthalten“[41]. Allgemein sind danach die Tatbestände, die nicht notwendig oder wesensgemäß bei der Förderung auch verfassungswidriger Parteiziele verwirklicht werden[42].

---

[35] *v. d. Heydte* (GR II, S. 457, 485) hält den Begriff des Anhängers für normativ nicht bestimmbar.

[36] BVerfGE 2, 1 (22); *Kölble*, a.a.O., S. 57; *Henke*, BK Rdnr. 58; *v. Mangoldt-Klein*, Anm. VII 1 b; *Maunz*, a.a.O., Rdnr. 112, alle zu Art. 21; insoweit z. T. kritisch *Rapp*, a.a.O., S. 72.

[37] a.a.O., S. 72—78; z. T. ähnl. *Kölble*, a.a.O., S. 57 f.

[38] *Kölble*, a.a.O., S. 58, stellt auf das Bekenntnis zur *Partei* ab, läßt die Identifizierung mit einzelnen Parteizielen also nicht ausreichen.

[39] BVerfG 12, 296 (305); 13, 46 (52); 13, 123 (126).

[40] BVerfGE 12, 296 (306).

[41] BGHSt 19, 311 (316); kritisch dazu *Rapp*, a.a.O., S. 85 f.

Diese Formel ist zu eng[43], da es kaum Tätigkeiten gibt, die wesensgemäß nur bei parteipolitischer Aktivität entfaltet werden. Folglich gibt es auch kaum Sanktionstatbestände, die nur solche Handlungen erfassen und daher nicht allgemein i. S. der BGH-Definition sind.

Ausgangspunkt muß der Kernsatz des Parteienprivilegs sein, daß jede Inzidentfeststellung der Verfassungswidrigkeit parteipolitischer Ziele ausgeschlossen ist, bevor das BVerfG die Verfassungswidrigkeit im Verfahren des Art. 21 II festgestellt hat. Jeder Sanktionstatbestand, der sich auch nur teilweise mit dem des Art. 21 II deckt, verstößt gegen das Parteienprivileg, weil damit inzidenter die Verfassungswidrigkeit dieser Bestrebungen festgestellt wird, was zu einer erheblichen Beschränkung der Parteitätigkeit auch dann führen kann, wenn die betreffende Handlung final nicht auf die Unterstützung einer Partei ausgerichtet ist. Die politische Tätigkeit einer Partei ist zum Scheitern verurteilt, wenn inhaltsgleiche Betätigungen einzelner mit dem Verdikt der Verfassungswidrigkeit belegt werden, weil der für die Parteitätigkeit erforderliche Resonanzboden in der Bevölkerung vernichtet wird.

Das Parteienprivileg muß aber weiter reichen als der Tatbestand des Art. 21 II. Die Verbotsgründe sind dort abschließend aufgezählt. Wenn das Verbot aus anderen als den genannten Gründen nicht möglich ist, muß auch die Beeinträchtigung der Parteiarbeit durch Maßnahmen gegen Individuen ausgeschlossen sein. Das hat nicht zur Folge, daß jedes parteipolitisch motivierte Verhalten — etwa ein politischer Mord — unter das Parteienprivileg fällt[44]. Abzustellen ist vielmehr auf die Aufgabe der Parteien, nach Art. 21 I 1 an der politischen Willensbildung des Volkes mitzuwirken. Jede Handlung, die ihrer Natur nach nur ein Beitrag zu diesem Willensbildungsprozeß sein kann, steht unter dem Schutz des Parteienprivilegs, wenn ihr Inhalt mit den Zielen[45] einer nicht verbotenen Partei identisch ist[46].

---

[42] Ähnl. die Literatur, vgl. *Bertram*, NJW 1961, 1099 (1100); *Kölble*, AöR 87 (1962), 48 (64); *Seifert*, DÖV 1956, 1 (5); weitere Nachw. bei *Rapp*, a.a.O., S. 85 Fn. 109.

[43] Ebenso *Rapp*, a.a.O., S. 85 f.

[44] Erst recht fallen Handlungen, die nicht in inhaltlichem Zusammenhang mit den Parteizielen stehen, nicht unter das Parteienprivileg, z. B. Verkehrsverstöße, Sittlichkeitsdelikte u. ä.

[45] Dabei ist wie beim Parteiverbot nicht nur auf das Parteiprogramm abzustellen. Alle parteiamtlichen Schriften und Erklärungen, das Schulungsmaterial u. ä. sind heranzuziehen, vgl. BVerfGE 5, 85 (144); *v. Mangoldt-Klein*, Anm. VII 1 a; *Maunz*, a.a.O., Rdnr. 110 je zu Art. 21; *Rapp*, Parteienprivileg, S. 95 ff., 97. Der Ermittlungsaufwand wird von Art. 21 II verfassungskräftig gefordert.

[46] So im Ergebnis mit teilweise abweichender Begründung auch *Rapp*, a.a.O., S. 88 ff., 148 f. Zu Recht dehnt er (S. 92 f.) das Parteienprivileg auf die zur Sicherung der Parteiarbeit notwendigen neutralen Hilfsgeschäfte aus. — Die Gefahren dieser Lösung dürften kleiner sein, als es den Anschein

Eine solche Handlung wird sich immer als Ausübung eines der zu Beginn genannten politischen Rechte qualifizieren lassen[47]. Damit läßt sich die allgemeine Regel aufstellen: Spezielle Sanktionstatbestände für politische Betätigungen sind dann unanwendbar, wenn sich die politische Betätigung im Rahmen der Ziele einer nicht verbotenen Partei hält.

Es erscheint aber doch fraglich, ob die Anwendung des Parteienprivilegs in diesem weiten Umfang auch auf Ausländer geboten ist. Ausgangspunkt muß auch hier der Zweck des Parteienprivilegs sein, die ungehinderte Betätigung der Parteien bis zum Verbot durch das BVerfG zu sichern.

Ein wesentlicher Bezugspunkt jeder Parteitätigkeit sind die Wahlen, an denen die Ausländer nicht beteiligt sind, so daß Sanktionen gegen ihre im Rahmen der Parteiziele bleibende politische Betätigung der Partei keine Wähler entziehen. Die Partei wird nicht beeinträchtigt, es sei denn durch psychologische Wirkungen der Sanktion bei den Wahlberechtigten. Dies dürfte aber nur selten der Fall sein, da allgemein bekannt ist, daß Ausländer im politischen Bereich einen Status minderen Rechts haben und Sanktionen gegen sie kaum Anlaß sind, bestimmte Ansichten nicht zu vertreten oder die Partei, die inhaltsgleiche Ziele propagiert, nicht zu wählen. Ausländer gehören zwar auch zum erforderlichen Resonanzboden einer Partei, aber nicht in gleichem Maße wie die wahlberechtigten Deutschen, die allein über die Realisierung von Parteizielen durch staatsrechtlich relevante Akte entscheiden können.

Ein Grund für die Ausdehnung des Parteienprivilegs liegt auch darin, daß Handlungen von Individuen ungefährlicher sind als Aktivitäten eines Parteiapparates und daß kein Grund besteht, die weniger gefährliche Tätigkeit mit Sanktionen zu belegen, wenn die gefährlichere nach Art. 21 II sanktionsfrei ist[48]. Dieses an sich richtige Argument kann für Ausländer nur bedingt gelten, denn sie haben schon von Verfassungs wegen einen Status minderen Rechts, der nur aus Gründen des Betätigungsschutzes der Parteien dem des Deutschen angeglichen werden kann. Natürlich ist auch unter dem GG die Frage berechtigt, warum denn gewisse Handlungen von Ausländern weitergehenden Einschränkungen unterliegen, wenn die gleichen Handlungen Deutscher sanktionsfrei bleiben. Das GG hat diese Frage aber positiv-rechtlich

---

hat: Eine Partei wird in der Proklamierung strafgesetz- und verfassungswidriger Ziele vorsichtig sein, um dem Verbot zu entgehen. Die verbleibenden Rechtsschutzlücken sind nicht gravierend, vgl. *Rapp*, a.a.O., S. 102 ff.

[47] s. o. § 1 II. Deshalb fallen Delikte wie §§ 123, 185, 242, 303 StGB nie unter das Parteienprivileg.

[48] Vgl. *Rapp*, a.a.O., S. 77. f.

entschieden, so daß die Überlegung nur rechtspolitischer Art sein kann. Die Gleichstellung Parteitätigkeit - Individualtätigkeit kann zunächst nur für Deutsche gelten. Für Ausländer ist als 2. Schritt die zusätzliche Gleichstellung mit den Deutschen erforderlich, die mangels eines Individualrechts nur aus dem Betätigungsschutz der Partei folgen kann, der diese Gleichstellung aber gerade nicht unbedingt erfordert.

Es erscheint daher nicht geboten, das Parteienprivileg in vollem Umfang auf Ausländer auszudehnen. Dies ist nur dort erforderlich, wo durch Sanktionen die Parteitätigkeit behindert wird. Bei Ausländern genügt dazu nicht die inhaltliche Übereinstimmung mit den Zielen einer Partei ohne weiteren Parteibezug. Man kann andererseits auch nicht nur an die Mitgliedschaft anknüpfen. Ein organisationskonnexes Verhalten, das erkennbar der Partei und ihrer Durchsetzung im Willensbildungsprozeß dienen soll, muß ausreichen, denn das Verbot solcher Handlungen beeinträchtigt unmittelbar die Parteitätigkeit. Letztlich ist also auf die in Rechtsprechung und Literatur genannten Beispiele und Umschreibungen zurückzugreifen, die eine Person als Anhänger erscheinen lassen[49]. Diese Handlungen sind für Ausländer auch dann sanktionsfrei, wenn das thematisch angesprochene Grundrecht ein Deutschen-Recht ist; das Parteienprivileg erweitert also den Rechtskreis des Ausländers nicht unerheblich[50].

An dieser Stelle ist noch einmal auf das Vereinsverbot zurückzukommen[51]. Der Betätigungsschutz für nicht verbotene Parteien wäre nicht vollständig, wenn er lediglich Sanktionen gegen Individuen ausschließen würde. Er muß ganz sicher auch die an sich nicht unter Art. 21 II fallenden Neben- und Hilfsorganisationen umfassen, d. h. deren Verbot nach Art. 9 II, § 3 VereinsG ist wegen parteikonnexer Betätigung im obigen Sinne vor dem Parteiverbot unzulässig[52]. Dasselbe muß für jeden Verein und dessen parteikonnexe Betätigung gelten, da sein Verbot die Parteitätigkeit mindestens genauso behindert, wie die entsprechenden Sanktionen gegen Individuen. Dies muß in gleichem Maße für die Tätigkeit der Ausländervereine und der ausländischen Vereine und die Anwendung der §§ 14, 15 VereinsG gelten, da sich auch Ausländer auf das Parteienprivileg berufen können. Die §§ 14, 15 VereinsG sind infolgedessen insoweit unanwendbar, als ein Verbot wegen parteikonnexer Vereinstätigkeit in Frage steht.

---

[49] Dazu *Rapp*, a.a.O., S. 72 ff.

[50] Dies dürfte für DKP und NPD am ehesten aktuell werden. Ihre Unterstützung im Wahlkampf, z. B. durch Plakatkleben, Verteilen von Flugblättern, Organisation von Wahlveranstaltungen etc., kann auch Ausländern nicht verboten werden; ebenso sind alle anderen nachteiligen Sanktionen ausgeschlossen.

[51] s. o. § 8 II 2.

[52] A. A. hier *Bericht*, S. 227 f., aber vor BVerfGE 12, 296 ff.

IV. Der Parteibegriff

Das Parteienprivileg findet seine Grenze naturgemäß am Parteienbegriff. Für Ausländer ergeben sich dabei zwei besondere Fragen: Fallen außerhalb der BRD tätige Parteien unter Art. 21 und kann die Mitgliedschaft von Ausländern in Parteien der BRD deren Qualifizierung als Partei beeinflussen?

§ 2 I und II PartG bringt eine Legaldefinition der politischen Partei, die an die frühere h. M.[53] anknüpft und entgegen der damaligen Mindermeinung[54] die Ausrichtung am Gemeinwohl nicht zum Inhalt des Parteienbegriffs macht. Das BVerfG hat § 2 I und II PartG nicht beanstandet[55], da er sich im Rahmen des in Art. 21 vorgegebenen Parteienbegriffs halte. Davon ist im folgenden auszugehen.

§ 2 III PartG enthält eine den §§ 14, 15 VereinsG entsprechende Regelung: Politische Vereinigungen sind keine Parteien, wenn die Mehrheit ihrer Mitglieder oder die Mehrheit der Vorstandsmitglieder Ausländer sind (Nr. 1) oder wenn sich ihr Sitz oder ihre Geschäftsleitung außerhalb des Geltungsbereichs des GG befinden (Nr. 2). Die Folge ist, daß solche Vereinigungen nicht dem PartG, sondern dem VereinsG unterliegen, insbesondere dessen §§ 14, 15[56].

Dieser Vorschrift wurde bislang keinerlei Beachtung geschenkt. Die einschlägige Literatur zum PartG und zum Parteienbegriff ignoriert sie auch dann, wenn die Auseinandersetzung damit nahegelegen hätte[57].

Die Verfassungsmäßigkeit des § 2 III Nr. 2 PartG ist unproblematisch, da nur Vereinigungen mit Sitz in der BRD die Aufgaben des Art. 21 I

---

[53] BVerfGE 3, 383 (403); BVerwGE 1, 184 (185); 6, 96 (98); BGHSt 19, 51 (54); *v. d. Heydte*, GR II, S. 457 (463 ff., 466); *Bericht*, S. 127 ff., bes. 134; *Leibholz*, VerhDJT 38, Abt. C S. 1 (16 f.); *Maunz*, Kommentar, Rdnr. 10 ff. zu Art. 21 mit zahlr. Nachw.; *Rinck*, Festschrift für Leibholz (1966) Bd. 2, S. 303 (310); *Schnorr*, VereinsG, Rdnr. 29 ff. zu § 2; *Seifert*, DÖV 1956, 1 (3); *Seuffert*, Festgabe für C. Schmid (1962), S. 199 (207 ff., 212).

[54] Grundlegend *Grewe*, Festgabe für E. Kaufmann (1950), S. 65 (80 ff.); ähnl. *Henke*, Parteien, S. 19 f., 23 f.; *ders.*, BK, Rdnr. 7 zu Art. 21; *Henrichs*, DVBl. 1952, 676 (680); 1958, 227 (231); *Menger*, AöR 78 (1952/53), 149 (157).

[55] BVerfGE 24, 260 (264); zu § 2 III PartG hat es nicht Stellung genommen; dazu bestand auch kein Anlaß.

[56] Mehr ist aus § 2 III PartG nicht zu entnehmen, insbesondere enthält er keine Rechtsgarantie für die parteipolitische Betätigung von Ausländern. Verfehlt daher die Euphorie von *Rolvering* (S. 76), der darin „eine erfreuliche liberale Regelung" sieht. § 2 III ParteiG schränkt keinen Eingriffstatbestand ein.

[57] s. o. Fn. 53, 54; eine Stellungnahme wäre zu erwarten gewesen bei *Breithaupt*, JZ 1967, 561 (sub II); *Groß*, DÖV 1968, 80 (81); *Konow*, DÖV 1968, 73 (74 sub III); *Laufer*, ZPolit. 1967, 405 (412 ff.); *Leibholz*, Festschrift für A. Arndt (1969), S. 179 (188 ff.); *Scheuner*, DÖV 1968, 88 (90); *Schultz*, MDR 1967, 978 f.; Streit zwischen 16 Politologen, Sozialwissenschaftlern und Juristen (DÖV 1967, 256) und *Scheuner* (DÖV 1967, 343).

und des § 2 I i. V. m. § 1 PartG wahrnehmen können. Nur sie wollen an der politischen Willensbildung des Volkes und an der Vertretung im Bundestag oder in den Landtagen mitwirken. Art. 21 kann von vornherein nur die politische Willensbildung der BRD und nicht den Status ausländischer Parteien betreffen, da diese sich nur an der Willensbildung desjenigen Staates beteiligen, in dem sie ihren Sitz haben[58, 59].

Nicht so einfach liegen die Dinge bei der Beteiligung von Ausländern an politischen Parteien der BRD[60]. Die Entstehungsgeschichte des § 2 III Nr. 1 PartG gibt wenig Aufschluß über die gesetzgeberischen Motive dieser Regelung. Im Regierungsentwurf von 1959[61] war in § 1 III lit. d vorgesehen, daß „Parteiorganisationen von Ausländern" keine Parteien sein sollten. Die amtliche Begründung[62] führte dazu aus, das Recht der Parteibildung stehe als Ausfluß von Art. 9 I nur Deutschen zu. Konnte diese Formulierung den Schluß nahelegen, nur reine Ausländervereine seien keine Parteien, so schuf der Entwurf von CDU und FDP vom Dezember 1964[63] insoweit Klarheit, als er in § 2 III formulierte: „Vereinigungen, deren Mitglieder überwiegend Ausländer sind ..." Dieselbe Formulierung enthielt der SPD-Entwurf von 1965[64] und der Gemeinschaftsentwurf aller drei Fraktionen von 1967[65]. Erst der Innenausschuß fügte im Sommer 1967[66] die „Vorstandsklausel" hinzu und formulierte § 2 III Nr. 1 PartG in der geltenden Fassung. Im Ausschußbericht des Abgeordneten *Even*[67] ist kein Wort zur Begründung dieser Änderung zu finden, obwohl die Vorstandsklausel nicht selbstverständlich ist.

---

58 Im Erg. ebenso BGHSt 8, 245 (249); 19, 51 (54); *Forch*, S. 69 f.; *Handschuh*, S. 175; *Rapp*, Parteienprivileg, S. 101 f. (ohne § 2 III zu erwähnen); *Seifert*, DÖV 1964, 685 (689).

59 Wenn sich eine ausländische Partei an Wahlen in der BRD beteiligt, wird zu prüfen sein, ob sie nicht einen Sitz in der BRD begründet. — Die auf die SED zugeschnittene Bestimmung kann sich im EWG-Bereich integrationshemmend auswirken, z. B. bei Bildung einer einheitlichen Europa-Partei für alle Mitgliedstaaten mit dem Sitz der Zentrale im Ausland. Hier wird es ausreichen müssen, daß eine Untergliederung mit Sitz in der BRD besteht.

60 BVerfGE 3, 383 (403), BVerwGE 6, 333 (335), BGHSt 19, 51 (54) und *Rinck*, Festschrift für Leibholz, Bd. 2, S. 303 (310) sprechen beiläufig davon, Parteien seien nur Vereinigungen von *Staatsbürgern*. Dies trifft nach § 2 III Nr. 1 PartG nicht zu.

61 BT-Drucks. III/1509.

62 a.a.O., S. 13.

63 BT-Drucks. IV/2853.

64 BT-Drucks. IV/3112.

65 BT-Drucks. V/1339.

66 BT-Drucks. V/1918 (v. 22. 6. 1967).

67 a.a.O., S. 1 ff.

Soweit auf die Mehrheit der Mitglieder abgestellt wird[68], erscheint § 2 III Nr. 1 PartG unbedenklich: Wenn das Schwergewicht der Parteitätigkeit auf der Teilnahme an den Wahlen und der Einflußnahme auf die Staatswillensbildung liegt, ist es nur konsequent, Vereinigungen, die überwiegend aus Nichtwahlberechtigten bestehen, nicht als Parteien zu behandeln. Zwar ist es auch diesen Vereinigungen möglich, die Parteiaufgaben durch Deutsche wahrzunehmen. Geht man aber davon aus, daß die Mehrheit der Mitglieder die Kontrolle über die Partei zumindest ausüben kann, so erscheint es wenig sinnvoll, den von der Staatswillensbildung Ausgeschlossenen auf diesem Wege doch erhebliche Einflußmöglichkeiten zu eröffnen. Da der Ausschluß der Ausländer von der Staatswillensbildung dem GG nicht widerspricht[69], ist die Definition des § 2 III Nr. 1 PartG verfassungsrechtlich gedeckt, soweit sie auf die Mehrheit der Mitglieder abstellt, zumal die Abgrenzung nach dem Mehrheitsprinzip nicht völlig sachfremd ist[70, 71].

Problematischer ist die zweite Alternative des § 2 III Nr. 1 PartG, nach der schon dann keine Partei vorliegt, wenn nur die Vorstandsmitglieder mehrheitlich Ausländer sind. Berücksichtigt man, daß solche Vereinigungen nach § 14 VereinsG verboten werden können, so ergeben sich erhebliche Zweifel an der Verfassungsmäßigkeit dieser Regelung. Ein Ausgleich durch das Übermaßverbot läßt sich hier anders als bei § 14 VereinsG[72] nicht durchführen, da die Vereinigung den Status einer Partei mit allen Folgen für die Mitglieder hat oder nicht; Zwischenlösungen sind ausgeschlossen.

Die Vorstandsklausel zeigt, daß der Gesetzgeber wenig Vertrauen zum demokratischen Aufbau der Parteien hatte, denn offenbar ging er davon aus, daß die Mehrheit der Vorstandsmitglieder und nicht der

---

68 Die Mitgliedschaft in den deutschen Parteien war früher in der CDU (§ 2 Statut 1960, *Flechtheim* I, S. 206) und in der FDP (§ 2 Satzung 1954, *Flechtheim* I, S. 309) auf Deutsche beschränkt („naturgemäß" ebenso bei BP, DRP, SRP, s. *Flechtheim* I, S. 402, 365, 421, 428). In der CSU (§ 3 Satzung 1952, *Flechtheim* I, S. 279) konnten „alle unbescholtenen Männer und Frauen" Mitglied werden, in der SPD jedermann (§§ 1, 2 Organisationsstatut 1950/58, *Flechtheim* I, S. 442 f.), ebenso in der KPD (I 1 Statut 1951, *Flechtheim* I, S. 483). Den Angaben von *Knöpfle* (Der Staat 1970, 321, 323) zufolge werden nur Deutsche aufgenommen nach § 4 I CDU-Statut, § 3 CSU-Satzung, § 2 I FDP-Satzung, § 4 lit. a NPD-Satzung.

69 s. o. § 6.

70 s. o. § 8 II 3 Text zu Fn. 127 ff.

71 § 2 III Nr. 1 PartG kann als Bestätigung der oben vertretenen Einbeziehung der Ausländer in das Parteienprivileg verstanden werden: Er behandelt die ganze Vereinigung mit Einschluß der Ausländer als Partei, folglich müssen auch diese am Privileg des Art. 21 II teilhaben. Eine eigenständige Individualrechtsgarantie enthält § 2 III PartG aber nicht (s. o. Fn. 56); er läßt aber erkennen, daß grundsätzlich auch Ausländer Parteimitglieder werden können; so auch die Amtl. Begründung zum Regierungsentwurf 1959, BT-Drucks. III/1509 S. 21.

72 s. o. § 8 II 3 a. E. (zu Fn. 132 ff.).

Mitglieder den Kurs der Partei bestimmt. Zweck der Regelung dürfte sein, Ausländer von Vorstandsposten fernzuhalten. Dies hätte besser durch eine wohl zulässige Vorschrift erreicht werden können, daß Ausländer nicht[73] oder nur zu einem bestimmten Anteil in den Vorstand gewählt werden können. Es ist jedoch unverhältnismßig, der ganzen Vereinigung den Charakter als Partei zu nehmen und sie damit ihres verfassungsrechtlichen Status zu berauben, nur weil die Vorstandsmitglieder mehrheitlich Ausländer sind. Eine solche Partei kann ohne weiteres alle in Art. 21 I 1, §§ 1, 2 I PartG enthaltenen Funktionen wahrnehmen, ohne daß dabei der Einfluß der Ausländer dominieren müßte[74]. Das PartG geht in § 11 III selbst davon aus, daß der Vorstand nicht das wichtigste Parteiorgan sein muß. Selbst wenn man annimmt, daß Art. 21 dem Gesetzgeber hinsichtlich der Ausländerbeteiligung eine gewisse Gestaltungsfreiheit läßt, so ist die Vorstandsklausel dadurch nicht gedeckt, da sie keine sachgemäße Differenzierung enthält und wegen der Rechtsverkürzung für die Partei und die insgesamt mehrheitlich beteiligten Deutschen unverhältnismäßig ist[75]. Die Vorstandsklausel ist deshalb verfassungswidrig mit der Folge, daß eine politische Vereinigung auch dann eine Partei ist, wenn die Vorstandsmitglieder in ihrer Mehrheit Ausländer sind.

V. Vereinigungen von Ausländern als Ersatzorganisationen verbotener Parteien?

Das Problem, ob eine Vereinigung von Ausländern Ersatzorganisation einer verbotenen Partei i. S. v. § 33 I PartG sein kann[76], wird sich

[73] Dies sah konsequenterweise § 13 II des Regierungsentwurfs 1959 (s. Fn. 71) vor. *Henke* (Parteien, S. 56 f.) lehnt diese Regelung ab, da sie weder aus allgemeinen demokratischen Grundsätzen noch aus Art. 21 abzuleiten sei. Ein Ausländer könne in Ausnahmefällen Beamter werden und müsse daher auch dem Parteivorstand angehören können, da das Verhältnis Partei-Staat lockerer sei als das des Beamten zum Staat. Die Mitgliedschaft im Parteivorstand werde aus faktischen Gründen wie die Beamtenernennung die Ausnahme sein. And. *Forch*, S. 81, der die Führungsrolle eines Ausländers in einer deutschen Partei für „undenkbar" hält; ähnl. *Weißmann*, Anm. 5 zu § 6.

[74] Die Regelung beruht auf der zweifelhaften Prämisse, daß Einfluß der Ausländer gleichzusetzen sei mit ausländischem Einfluß und einer unangemessenen Bevorzugung ausländischer Interessen, was nach *Seifert* (DÖV 1956, 1, 2) sogar zur Verfassungswidrigkeit der Partei führen soll!! Eine Europa-Partei müßte es sich gerade zum Ziel setzen, ihre Ämter unabhängig von der Staatsangehörigkeit zu vergeben und die Interessen der Einzelstaaten u. U. hintanzusetzen.

[75] Eine differenzierende Regelung, die auf die satzungsmäßigen Entscheidungsbefugnisse des Vorstandes abstellt, wäre wohl zulässig, da Art. 21 nur ein Übergewicht des deutschen Einflusses fordert.

[76] Differenzierend BGHSt 19, 51 ff.; für den Regelfall verneinend *Forch*, S. 74 ff.; zur ähnl. Situation bei der SED vgl. BGHSt 20, 45 ff., dazu *Willms*, JZ 1965, 86 ff.

vor allem hinsichtlich der Tätigkeit von Zellen ausländischer kommunistischer Parteien in der BRD stellen[77]. Diese Frage ist für das verwaltungsmäßige Vorgehen aber in der Regel ohne Belang: Solche Vereinigungen erfüllen nicht die Voraussetzungen des § 2 I PartG und sind nach § 2 III Nr. 1 und 2 PartG keine Parteien. Sie unterliegen daher dem VereinsG und insbesondere dessen §§ 14, 15, wobei wegen des Verbots der KPD keine Probleme des Parteienprivilegs auftreten[78]. Der zuständige Innenminister wird daher in der Regel den für ihn einfacheren Weg über § 14, 15 VereinsG dem über die §§ 33 III PartG, 8 I, VereinsG vorziehen.

Strafbar ist nach §§ 20 I Nr. 1—3 VereinsG, 84, 85 StGB nur die Aufrechterhaltung des organisatorischen Zusammenhalts einer verbotenen Partei oder deren Ersatzorganisation nach Feststellung dieser Eigenschaft. Entscheidend ist also nur die Frage, ob die Arbeit dieser Organisationen den organisatorischen Zusammenhalt der KPD aufrechterhält, was für den Regelfall zu verneinen sein dürfte, da sie sich primär auf die Verhältnisse in den Heimatstaaten beziehen und mit der KPD nur die allgemeine Ideologie, nicht aber die konkrete politische Zielsetzung hinsichtlich der BRD gemeinsam haben[79]. Auch hier kommt es nicht darauf an, ob es sich um eine Ersatzorganisation handelt.

VI. Zusammenfassung

Ausländer haben kein Individualrecht aus Art. 21 auf Parteigründung, Parteibeitritt und parteipolitische Betätigung. Ihre parteikonnexe Betätigung steht aber unter dem Schutz des Parteienprivilegs, d. h. die Mitgliedschaft und die aktive Betätigung für eine politische Partei können ihnen nicht untersagt werden. Das Parteienprivileg gilt nur für Parteien mit Sitz im Inland, deren Mitglieder mehrheitlich Deutsche sind. Die Vorstandsklausel in § 2 III Nr. 1 PartG ist verfassungswidrig.

§ 11 Koalitionsfreiheit

Die Koalitionsfreiheit des Art. 9 III enthält wie Art. 9 I eine Doppelgewährleistung und schützt die koalitionsmäßige Betätigung des Individuums wie auch die Koalition selbst in ihrem Bestand und ihrer

---

[77] So der Fall in BGHSt 19, 51 ff. (persische Tudeh-Partei).

[78] Ob sich aus der Existenz der DKP für diese Vereinigungen Folgen ergeben, kann hier nicht geprüft werden.

[79] Vgl. BGHSt 19, 51 (57 ff., 60 ff.); die dortige Verweisung auf BGHSt 16, 264 ff. wegen des Begriffs der Ersatzorganisation ist durch BGHSt 20, 45 ff. teilweise überholt.

koalitionsmäßigen Betätigung[1]. Dementsprechend sind auch hier die beiden Ebenen getrennt zu behandeln.

I. Das Individualrecht

Nach dem klaren und unmißverständlichen Wortlaut des Art. 9 III 1 steht die individuelle Koalitionsfreiheit jedermann und damit auch den Ausländern zu. Diese können in Ausübung ihres Grundrechts eigene Koalitionen gründen, deutschen Koalitionen beitreten und sich in diesen Koalitionen betätigen. Das ist heute unstreitig[2].

Auf den Koalitionsbegriff des Art. 9 III[3] ist hier nicht näher einzugehen, da er keine spezifischen ausländerrechtlichen Fragen aufwirft.

Von entscheidender Bedeutung für die Rechtsstellung der Ausländer ist die Reichweite der Koalitionsfreiheit, insbesondere die Frage, ob sie über die Regelung der Arbeitsbedingungen in Tarifverträgen hinaus eine Einflußnahme auf die staatliche Gestaltung der Arbeits- und Wirtschaftsbedingungen gewährleistet, ob sie m. a. W. auch eine Mit-

---

[1] Ganz h. M.; BVerfGE 4, 96 (101 f., 106); 17, 319 (333); 18, 18 (26); 19, 303 (312); 20, 312 (319 f.); 28, 295 (304) = JZ 1970, 772 mit Anm. *Säcker; Dietz*, GR III/1, S. 417 (458 f.); *Evers*, Arbeitskampffreiheit, S. 13; *Hueck-Nipperdey* II/1, S. 135 ff.; *Lerche*, Zentralfragen, S. 25; *v. Mangoldt-Klein*, Anm. V 3; *Maunz*, Kommentar, Rdnr. 106; *v. Münch*, BK (Zweitbearb.), Rdnr. 114, 141 ff., alle zu Art. 9; *Nikisch* II, S. 73; *Rüthers*, JuS 1970, 607 (608); *Säcker*, JZ 1970, 774; *ders.*, Grundprobleme S. 33 f. mit Fn. 57; *Scheuner*, Koalitionsfreiheit, S. 36 ff., 44; früher schon *Nipperdey*, Nipp. III, S. 385 (428 ff.); weitere Nachw. bei *Scholz*, S. 40 Fn. 1, 51 Fn. 1. Ganz anders in Begründung und Konstruktion *ders.*, S. 135 ff.; *H. H. Rupp*, NJW 1971, 1403.

[2] So z. B. *Dietz*, a.a.O., S. 419, 426; *Hueck-Nipperdey* II/1, S. 75, 125; *v. Mangoldt-Klein*, Anm. V 5; *Maunz*, a.a.O., Rdnr. 94; *v. Münch*, a.a.O, Rdnr. 101, 102; *Wernicke*, BK (Erstbearb.), Anm. II 3 c, alle zu Art. 9; *Schnorr*, VereinsG, Rdnr. 3 zu § 16; *Forch*, S. 64 f. — Die gegenteilige Ansicht v. *Mangoldts* (Anm. 2 zu Art. 9), der in Art. 9 III einen Unterfall von Art. 9 I mit der Folge der Beschränkung auf Deutsche sah, wird nicht mehr vertreten, s. *v. Mangoldt-Klein*, a.a.O. Wie heute schon die h. M. zu Art. 159 WRV: *Anschütz*, WRV, Anm. 2 zu Art. 159; *Isay*, Fremdenrecht, S. 181; *Nipperdey*, Nipp. III, S. 385 (386); *Richter*, VerwArch. 32 (1927), 1 (6); *Stier-Somlo*, HWBRW II (1927), S. 533 (535).

Spezielle Ausländerkoalitionen gibt es in der BRD z. Z. nicht. Nach *Forch* (S. 64 Fn. 7) sind ca. 10 % der ausländischen Arbeitnehmer gewerkschaftlich organisiert. — In der Schweiz ist die Lage ähnlich, Ausländer sind aber satzungsmäßig vom Zentralvorstand der Gewerkschaften ausgeschlossen, vgl. *H. Huber*, Festschrift für Jahreiß (1964), S. 101 (106 f.). Die Koalitionsfreiheit der Ausländer scheint aber noch kein gemeineuropäischer Grundsatz zu sein; wegen des Widerstands Frankreichs konnte sich 1968 der EWG-Ministerrat nicht darauf einigen, daß EWG-Ausländer in den Mitgliedsstaaten in die Spitzengremien der Gewerkschaften gewählt werden können, vgl. *Frankfurter Rundschau* v. 30. 7. 1968 S. 1 („Bald Freizügigkeit innerhalb der EWG").

[3] Zur Tariffähigkeit s. BVerfGE 4, 96 (106 f.); 18, 18 (26); zum Koalitionsbegriff *Dietz*, a.a.O., S. 426 ff.; *Hueck-Nipperdey* II/1, S. 81 ff.; *Maunz*, Kommentar, Rdnr. 96 ff.; *v. Münch*, a.a.O., Rdnr. 123 ff., beide zu Art. 9.

wirkung an der politischen Willensbildung des Volkes auf bestimmten Sachgebieten umfaßt. Dieses Problem ist für Ausländer deshalb so bedeutsam, weil der sonst einschlägige Art. 9 I auf Deutsche beschränkt ist.

Der Umfang des Art. 9 III wird meist unter dem Aspekt der Betätigungsgarantie der Koalition erörtert[4]. Dies ergibt sich aus deren eminenter Bedeutung für die Sozial- und Wirtschaftsordnung des Gemeinwesens[5], die die Auslegung des Art. 9 III wesentlich beeinflußt. Die Frage nach dem Umfang der Betätigungsgarantie des Art. 9 III stellt sich für die individuelle Betätigung in gleichem Maße, denn „Art. 9 III gewährleistet ... dem einzelnen das Recht, an der verfassungsrechtlich geschützten Koalitionstätigkeit teilzunehmen“[6]. Die Rechtsgarantie hat also in beiden Fällen den gleichen Umfang. Da ausländerrechtliche Maßnahmen gegen Individuen ergriffen werden und für die Ausländer mangels eigener Koalitionen das Individualrecht im Vordergrund steht, soll der Umfang des Art. 9 III hier und nicht erst beim Betätigungsschutz der Koalition behandelt werden.

1. Mitwirkung an der politischen Willensbildung

Ausgangspunkt der Untersuchung muß die Feststellung sein, daß die Koalitionsfreiheit funktionell begrenzt ist auf die Wahrung und Förderung der Arbeits- und Wirtschaftsbedingungen[7]. Geschützt ist demzufolge nur eine Tätigkeit, die diesen Zielen dient[8], nämlich die „spezifisch koalitionsgemäße Betätigung“ i. S. d BVerfG[9].

Ein Teil der älteren Lehre hat unter Arbeits- und Wirtschaftsbedingungen nur die Gegenstände der Tarifautonomie verstanden und die Einflußnahme auf die politischen Entscheidungen des Staates nicht dem Art. 9 III zugerechnet[10]. Das Betätigungsrecht der Koalitionen sollte dementsprechend auf die tarifvertragliche Regelung beschränkt sein.

---

[4] Vgl. die in Fn. 1 genannten Entscheidungen des BVerfG und z. B. *Rüthers*, JuS 1970, 607 (608); *ders.*, Mitgliederwerbung, S. 30 ff.; *Säcker*, JZ 1970, 774 ff.

[5] BVerfGE 28, 295 (306) und auch *W. Weber*, DVBl. 1969, 413 (417).

[6] BVerfGE 28, 295 (306); ähnl. E 19, 303 (312); gegen diese Betonung der kollektiven Seite des Art. 9 III *Rüthers* JuS 1970, 607 (610), der die Betätigungsbefugnis des einzelnen voll aus dem Individualrecht ableitet; vgl. auch *ders.*, Mitgliederwerbung, S. 56 f.

[7] Vgl. *Säcker*, Grundprobleme, S. 21 und öfter.

[8] BVerfGE 19, 303 (312).

[9] BVerfGE 17, 319 (333); 18, 18 (26); 19, 303 (312); 20, 312 (320); 28, 295 (304).

[10] So *Dietz*, GR III/1, S. 417 (428, 460, 462, and. aber 422 Fn. 24); *v. Mangoldt-Klein*, Anm. V 9 zu Art. 9; *E. R. Huber*, Wirtschaftsverwaltungsrecht II, S. 383; *Meißinger*, RdA 1956, 401 (403 f.); *Nikisch* II, S. 58, s. aber auch S. 5; *W. Weber*, in: Rechtsstaatlichkeit und Sozialstaatlichkeit (1968), S. 526 (535); ähnl. wohl *Schnorr*, VereinsG, Rdnr. 3 zu § 16, aber auch Rdnr. 9 a. E.; zur WRV so *Isay*, Fremdenrecht, S. 182; *Kotthaus*, S. 41 Fn. 150.

Die heute h. M. geht im Gegensatz dazu davon aus, daß Arbeitsbedingungen die sich unmittelbar auf das Arbeitsverhältnis selbst beziehenden Bedingungen sind, während Wirtschaftsbedingungen die allgemeinen sozial- und wirtschaftspolitischen Verhältnisse der Koalierten sind. Zum unerläßlichen Kernbereich der Koalitionsbetätigung gehört ein allgemeines Betätigungsrecht zur Verfolgung dieser Zwecke und daher auch die Selbstdarstellung der Koalition nach außen im politischen Willensbildungsprozeß des Volkes im Rahmen dieses Aufgabenbereiches[11]. Art. 9 III gewährleistet damit auch die Einflußnahme auf die staatliche Sozialpolitik. Ohne die Abgrenzung im einzelnen vorzunehmen, wird man das gesamte staatliche individuelle und kollektive Arbeitsrecht, das Sozialversicherungsrecht, weite Teile des Steuerrechts und der Wirtschaftspolitik zu diesem Bereich rechnen müssen.

Teilweise geht man in Verfolg dieses Grundsatzes so weit, die prinzipielle Beteiligung der Koalitionen in der Arbeits- und Sozialgerichtsbarkeit, in der Arbeitsverwaltung und der Sozialversicherung[12] zum Schutzbereich des Art. 9 III zu rechnen[13], in Art. 9 III also ein Recht auf formalisierte Mitwirkung an der staatlichen Gestaltung des Arbeits- und Sozialwesens zu sehen und dadurch u. a. den Zugang zu Organwalterstellungen zu eröffnen. Wäre dies richtig, wäre die Differenzierung nach der Staatsangehörigkeit insoweit äußerst problematisch, so daß u. U. entgegen Art. 33 II und den zahlreichen spezialgesetzlichen Regelungen[14] auch Ausländer einen verfassungsrechtlich gesicherten Zugang zu diesen Positionen hätten.

Der h. M. ist zuzustimmen. Art. 9 III gewährleistet zwar primär das Recht zur eigenverantwortlichen Regelung der Arbeits- und Wirtschafts-

---

[11] So BVerfGE 20, 56 (98, 107); 28, 295 (305), s. auch 19, 303 (314); *Hueck-Nipperdey* II/1, S. 103—105, 192; *Abendroth*, Die Berechtigung gewerkschaftlicher Demonstrationen für die Mitbestimmung der Arbeitnehmer in der Wirtschaft, Rechtsgutachten 1953, S. 8; *Lerche*, Zentralfragen, S. 28, 29, 35; *Rüthers*, Mitgliederwerbung, S. 35 mit Fn. 115; *ders.*, JuS 1970, 607 (608); *Säcker*, Grundprobleme, S. 29; *ders.*, JZ 1970, 774 (775, 776); *Maunz*, Kommentar, Rdnr. 97; *v. Münch*, BK (Zweitbearb.), Rdnr. 113, 122, 123, 147; *Wernicke*, BK (Erstbearb.), Anm. II 3 a, alle zu Art. 9; *Thomsen*, S. 48 f.; *Guradze*, Der Stand der Menschenrechte im Völkerrecht, 1956, S. 212; *ders.*, MRK, Anm. 5 II zu Art. 16; *Schorn*, MRK, Rdnr. 5 zu Art. 16; früher so schon *Nipperdey*, Nipp. III, S. 385 (397 ff.); *Richter*, VerwArch. 32 (1927), 1 (12 f.); vgl. auch *Eyermann-Fröhler*, GewO, Vorbem. 7 vor §§ 152, 153; *Galperin*, AuR 1965, 1 (8); *H. Huber*, Festschrift für Jahrreiß (1964), S. 101 (106).

[12] Zu diesen mannigfachen Mitwirkungsbefugnissen s. die Übersicht bei *Hueck-Nipperdey* II/1, S.190 ff., bes. 196 ff.; *W. Weber*, a.a.O. (Fn. 10), S. 541 ff., 544 ff. je mit zahlr. weit. Nachw.; dazu auch *Peters-Ossenbühl*, Die Übertragung von öffentlich-rechtlichen Befugnissen auf die Sozialpartner unter besonderer Berücksichtigung des Arbeitszeitschutzes, 1967, passim, bes. S. 37 ff., 43 ff.

[13] So *Hueck-Nipperdey* II/1, S. 192; *Rüthers*, Streik und Verfassung, 1960, S. 66 f.; *ders.*, Mitgliederwerbung S. 38; *Schnorr*, VereinsG, Rdnr. 8 (c) zu § 16.

[14] Z. B. § 21 II Nr. 4 ArbGG; § 16 I SGG.

bedingungen in der Auseinandersetzung mit dem sozialen Gegenspieler. Die Koalitionsfreiheit ist aber nicht nur ein soziales Gestaltungsrecht in einem staatlicherseits dafür bereitgestellten Regelungsbereich. Arbeits- und Wirtschaftsbedingungen werden in großem Umfang vom Staat selbst geregelt. Auch auf diese Gestaltung muß sich die Betätigungsgarantie erstrecken, da die Zuordnung zu Art. 9 III die sachnächste ist und die Koalitionen am ehesten berufen sind, hier mitzuwirken. Die Koalitionsfreiheit ist deshalb auch den Kommunikationsrechten zuzuordnen[15]; sie enthält eine umfassende Betätigungsgarantie für die in Art. 9 III genannten Zwecke[16]. Zu diesen gehören alle arbeitsrechtlichen und wirtschaftlichen Belange der Koalierten, auch wenn die nähere Ausgestaltung durch den Staat erfolgt. Art. 9 III sichert die Vertretung dieser Interessen gegenüber der öffentlichen Gewalt und gewährleistet somit die Mitwirkung an der öffentlichen Meinungsbildung und an der Willensbildung des Volkes[17]. Die Koalitionen werden in ihrem Funktionsbereich dadurch in die Nähe der politischen Parteien gerückt; ohne deren verfassungsrechtlichen Status zu teilen, wirken sie neben ihnen an der politischen Willensbildung des Volkes mit[18].

Dagegen ist die formalisierte Mitwirkung bei der staatlichen Arbeits- und Wirtschaftsverwaltung nicht durch Art. 9 III umfaßt, da die Koalitionszweckgarantie diese Mitwirkung nicht als unerläßlich voraussetzt. Die Einräumung dieser Mitwirkungsbefugnisse steht daher im gesetzgeberischen Ermessen[19]. In diesem Bereich ist der Gesetzgeber nicht an Art. 9 III und die dort normierte Gleichstellung der Ausländer

---

15 So bes. *Lerche*, Zentralfragen, S. 35; *Maunz*, a.a.O., Rdnr. 122 zu Art. 9; *Scholz*, S. 137, 295 ff.

16 Weitergehend *Abendroth*, a.a.O. (Fn. 11), passim (bes. S. 12), der die Repräsentation der *allgemeinen* Interessen durch die Gewerkschaften annimmt und deren Aufgabenbereich im politischen Sektor entsprechend weit zieht (enger aber S. 8). Angesichts der ausdrücklichen Funktionsbegrenzung in Art. 9 III ist dieser Weg nicht gangbar.

17 So ausdrücklich BVerfGE 20, 56 (98); das impliziert die Anerkennung als Kommunikationsrecht.

18 Die Verbindung zu Art. 21 wird häufig hergestellt; vgl. etwa *Lerche*, Zentralfragen, S. 27 f.; *Maunz*, a.a.O., Rdnr. 36 zu Art. 21; *Hueck-Nipperdey* II/1, S. 192; *Scheuner*, Koalitionsfreiheit, S. 39, 68; *Wernicke*, BK (Erstbearb.), Anm. II 2 b zu Art. 21; bes. *Ridder*, Zur verfassungsrechtlichen Stellung der Gewerkschaften im Sozialstaat nach dem Grundgesetz für die Bundesrepublik Deutschland, 1960, S. 12 ff.; ähnl. *Lenz*, in: *Hamann-Lenz*, Anm. B 8 zu Art. 9. — Die verfassungsrechtliche Gewährleistung einer Mitwirkung der Sozialpartner an der Willensbildung des Volkes legt schon Art. 21 I 1 nahe, nach dem auch die Parteien nur „mit"-wirken, also neben Individuen und Verbänden. Vgl. auch *Scholz*, S. 164 mit Fn. 16.

19 *Säcker*, Grundprobleme, S. 60 m. w. N.; *W. Weber*, a.a.O. (Fn. 10), S. 547 f.; *Dietz*, GR III/1, S. 417 (462). — Selbst wenn man dem nicht folgt, könnte man den Ausschluß der Ausländer evtl. über Art. 33 II rechtfertigen, der möglicherweise Art. 9 III überlagert und eine Ausnahme vom Gleichbehandlungsgrundsatz zuläßt.

gebunden. Er kann Differenzierungen nach den allgemein zulässigen Kriterien treffen mit der Folge, daß der Auschluß von Ausländern zulässig ist, weil die Art. 33 II, 3 I, III nicht entgegenstehen und Art. 1 I, II nicht tangiert ist.

Soweit Art. 9 III die Mitwirkung an der politischen Willensbildung des Volkes gewährleistet, ist eine Differenzierung nach der Staatsangehörigkeit ausgeschlossen, da Art. 9 III wie Art. 5 I ein spezieller Gleichheitssatz ist und in seinem Anwendungsbereich keine spezifischen ausländerrechtlichen Maßnahmen zuläßt. Im Rahmen der Koalitionszwecke steht daher auch Ausländern anders als nach Art. 9 I ein Recht auf kollektive politische Betätigung zur Beeinflussung staatlicher Maßnahmen zu, soweit sie in bestehenden deutschen Koalitionen (bes. den Gewerkschaften) oder in eigens gegründeten Ausländerkoalitionen zur Wahrung ihrer arbeits- und wirtschaftspolitischen Interessen in der BRD[20] tätig werden. Dies setzt allerdings stets ihre Mitgliedschaft voraus[21].

2. Tarifvertrag und Arbeitskampf

Neben der genannten politischen Tätigkeit, die sich nur in der Beschränkung ihres Gegenstandes von den anderen politischen Mitwirkungsrechten unterscheidet, gewährt Art. 9 III den Ausländern die Gleichberechtigung in der Auseinandersetzung mit dem sozialen Gegenspieler, soweit sie selbst in Art. 9 III gewährleistet ist. Was zu den geschützten spezifisch koalitionsmäßigen Betätigungen gehört, ist im einzelnen sehr umstritten. Diese Frage ist hier nicht in vollem Umfang zu erörtern, da Gegenstand dieser Arbeit nur die politischen Rechte sind und nicht jede koalitionsmäßige Betätigung politisch ist, wie z. B. die gewerkschaftliche Mitgliederwerbung[22]. Entscheidend ist vielmehr, welcher Rechtsausübung eine politische Dimension im eingangs[23] erörterten Sinne zukommt, wann eine politische Mitwirkung vorliegt.

---

[20] Die Koalitionszwecke müssen in der BRD verfolgt werden, da Art. 9 III nur ihre Wirtschafts- und Sozialordnung regeln kann. Vereinigungen, die sich nur auf ausländische Verhältnisse beziehen, sind keine Koalitionen i. S. v. Art. 9 III, für sie kommt nur Art. 9 I in Frage. Gründet aber eine ausländische Gewerkschaft für die Angehörigen ihres Sitzstaates in der BRD eine „Teil“-organisation, die deren Arbeits- und Wirtschaftsbedingungen in der BRD mit den herkömmlichen Koalitionsmitteln wahren will, so ist sie insoweit eine Koalition und genießt den Schutz des Art. 9 III. Dasselbe gilt für die koalitionsbezogene Tätigkeit des einzelnen Ausländers; ähnl. *Schnorr*, VereinsG, Rdnr. 3 zu § 16.

[21] Bei der Gründung ist die tatsächliche Mitwirkung am Gründungsvorgang erforderlich.

[22] Daß die generelle Möglichkeit der Mitgliederwerbung ein politisches Faktum ist, soll damit nicht bestritten werden. Politisch in diesem Sinne ist auch die Gewährleistung der (unpolitschen) Bekenntnisfreiheit.

[23] s. o. § 1 I.

Bei der Koalitionsfreiheit ist dies neben dem oben erörterten, auf die Willensbildung des Volkes bezogenen Aspekt die Mitwirkung an der tarifvertraglichen Regelung von Arbeitsbedingungen. Der politische Bezug dieser Mitwirkung ergibt sich daraus, daß die Gegenstände tarifvertraglicher Regelungen ohne ein funktionierendes System kollektiver Normsetzung weitgehend vom Staat zu regeln wären. Wenn diese Sachbereiche der Regelung durch die Sozialpartner überantwortet werden, verlieren sie den Charakter des Politischen nicht, weil das Politische nicht auf das Staatliche zu beschränken ist[23]. Die politische Bedeutung der Tarifverträge zeigt sich darin, daß sie oft grundlegende Entscheidungen für ganze Wirtschaftszweige, z. T. sogar für die ganze Volkswirtschaft treffen.

In innerem Zusammenhang mit dem Abschluß von Tarifverträgen steht der Arbeitskampf. Die Teilnahme von Ausländern an Arbeitskämpfen wird am ehesten geeignet sein, ausländerrechtliche Sanktionen auszulösen, so daß im folgenden darauf und auf den Abschluß von Tarifverträgen mit Ausländerbeteiligung näher eingegangen werden soll. Dabei ist die Rechtsprechung des BVerfG zugrunde zu legen, da eine umfassende Auseinandersetzung mit den zu Art. 9 III vertretenen Meinungen hier nicht möglich ist.

Nach der ständigen Rechtsprechung des BVerfG[24] gewährleistet Art. 9 III mit der Koalitionsfreiheit auch die Tarifautonomie und damit den Kernbereich eines Tarifvertragssystems, das die sinnvolle Ordnung des Arbeitslebens durch normative Regelungen ermöglicht. Die Gewährleistung ist aber nur eine ganz allgemeine; sie bezieht sich nur auf einen Kernbereich und bedarf der Konkretisierung durch den Gesetzgeber, der dabei einen erheblichen Gestaltungsspielraum hat. Der Koalitionsfreiheit dürfen vom Gesetzgeber nur solche Schranken gezogen werden, die „zum Schutze anderer Rechtsgüter von der Sache her geboten sind".

Die Frage ist, ob der Gesetzgeber innerhalb dieses Gestaltungsspielraumes nach der Staatsangehörigkeit differenzieren kann, ob er also z. B. Ausländerkoalitionen von der Tariffähigkeit ganz oder teilweise ausschließen könnte, oder ob Art. 9 III der Gestaltungsfreiheit durch das Prinzip der Gleichbehandlung Grenzen setzt. Die von der Sache her gebotenen Schranken hat das BVerfG stets im Hinblick auf die Funktion der Koalitionsfreiheit bestimmt, eine sinnvolle Ordnung des Arbeitslebens zu gewährleisten[25]. Zu berücksichtigen sind demzufolge

---

[24] BVerfGE 4, 96 (106 ff.); 17, 319 (333 f.); 18, 18 (27, 28); 19, 303 (321); 20, 312 (317, 319 f.); 28, 295 (304, 305 f.); dazu *Säcker*, Grundprobleme, S. 89 ff.

[25] BVerfGE 4, 96 (107 f.); 18, 18 (27 ff.); 19, 303 (322); 20, 312 (318 ff.); 28, 295 (306, 307).

nur solche Rechtsgüter, deren Schutz vom Arbeitsverhältnis und von der Gesamtordnung des Arbeitswesens gefordert wird.

Das hat zur Folge, daß ausländerrechtliche Gesichtspunkte per se keine sachlich gebotenen Schranken sind; dies ist nur dann der Fall, wenn sie Auswirkungen auf die sinnvolle Ordnung des Arbeitslebens haben. Für die Staatsangehörigkeit ist dies zu verneinen, da Anknüpfungspunkt für alle koalitionsmäßigen Regelungen die Eigenschaft als Arbeitnehmer oder Arbeitgeber und das daraus resultierende Spannungsverhältnis unabhängig von der Staatsangehörigkeit ist[26].

Dies war auch die Ansicht des Verfassungsgebers, wenn er Art. 9 III als Jedermann-Recht ausgestaltet hat und damit in dessen Schutzbereich die Gleichstellung der Ausländer vollzogen hat. Daraus muß die Konsequenz gezogen werden, daß insoweit kein Spielraum für den Gesetzgeber besteht. Seine Gestaltungsfreiheit bei der Konkretisierung des Art. 9 III kann nur soweit gehen, wie dieser selbst keine ausreichend konkretisierte Regelung enthält. Die personelle Reichweite ist aber definitiv geregelt.

Als Ergebnis ist damit festzustellen, daß bei allen durch Art. 9 III geschützten koalitionsmäßigen Betätigungen die Gestaltungsfreiheit des Gesetzgebers nicht die Differenzierung nach der Staatsangehörigkeit umfaßt, da Art. 9 III die definitive Gleichstellung enthält. Nur in Regelungsbereichen, die nicht unter Art. 9 III fallen, ist die Differenzierung nach den allgemeinen Maßstäben zulässig.

Für die Tarifautonomie folgt daraus, daß das vom Staat bereitzustellende Tarifvertragssystem nicht zwischen Deutschen und Ausländern differenzieren darf, daß Ausländer damit ein verfassungsmäßig gewährleistetes Recht auf Beteiligung an der Normsetzung im Bereich der Tarifautonomie haben. Dementsprechend differenziert das TVG[27] nicht nach der Staatsangehörigkeit. Dieses Ergebnis verdient angesichts des sonst

---

[26] Nicht unbedenklich daher der prinzipielle Ausschluß der Ausländer vom passiven Wahlrecht zum Betriebsrat (§ 7 BetrVG) und zum Personalrat (§ 10 I lit. d PersVertrG), zumal sie das passive Wahlrecht zum Aufsichtsrat haben (76 II 2 BetrVG i. V. m. §§ 100 I, 101 I 1 AktG). Versuche, auch das aktive Wahlrecht der Ausländer einzuschränken (so *Schleßmann*, DB 1964, 586), müssen am eindeutigen Wortlaut des § 6 BetrVG scheitern (zutr. *Halberstadt*, DB 1965, 780, 781; *Rolvering*, S. 79). § 7 Betr.VG dürfte sich damit halten lassen, daß er die Rechtsstellung des einzelnen im Betrieb und nicht eine koalitionsmäßige Betätigung regelt (er nimmt keine Rücksicht auf die Zugehörigkeit zu einer Koalition!) und deshalb nicht unter das Differenzierungsverbot fällt. Rechtspolitisch ist er aber verfehlt.

Angehörige der EWG-Staaten sind durch Art. 8 der Verordnung 1612/68 des Rates vom 15. 10. 1968 (ABlEurGem v. 19. 10. 1968 Nr. 257/4) den Deutschen auch hinsichtlich des passiven Wahlrechts völlig gleichgestellt. Nach *Schiedermair* (S. 582) gab es Ende 1966 200 ausländische Betriebsratsmitglieder.

[27] Ges. v. 9. 4. 1949, WiGBl. S. 55, mit späteren Änderungen.

prinzipiellen Ausschlusses von der Normsetzung, -vollziehung und -anwendung[28] besondere Beachtung.

Die Tarifautonomie ist nicht zu trennen vom Problem der Arbeitskampffreiheit, das sich für ausländische Arbeitnehmer in besonderem Maße stellt, da sie wegen der Beteiligung an Arbeitskämpfen evtl. mit ausländerrechtlichen Sanktionen zu rechnen haben. Da das Arbeitskampfrecht noch keine gesetzliche Regelung erfahren hat, lag die Aufgabe der Konkretisierung bei den Gerichten, die bislang keinen Anlaß hatten, zur Beteiligung von Ausländern am Arbeitskampf Stellung zu nehmen. Ob beim Arbeitskampf eine Differenzierung nach der Staatsangehörigkeit und damit der Ausschluß der Ausländer zulässig ist, hängt nach den vorhergehenden Ausführungen davon ab, ob die Arbeitskampffreiheit unter Art. 9 III fällt oder nicht.

Diese Frage war lange Zeit kontrovers; die früher wohl h. M. sah die Arbeitskampffreiheit nicht in Art. 9 III, sondern in Art. 2 I gewährleistet[29]. Wenn *Nipperdey*[30] meint, das Problem sei ohne praktische Relevanz, so trifft dies jedenfalls für die Rechtsstellung der Ausländer nicht zu: Art. 2 I ist zwar auch ein Jedermann-Recht, stellt aber wegen seines Auffangcharakters und seines weiten Gesetzesvorbehalts, vor allem in der Auslegung des BVerfG[31], keinen speziellen Gleichheitssatz wie Art. 9 III dar. Im Rahmen des Gesetzesvorbehalts ist die Zulässigkeit von Differenzierungen nach Art. 3 zu beurteilen, so daß eine Sonderregelung zuungunsten der Ausländer möglich wäre, was bei Art. 9 III nicht der Fall ist.

In neuerer Zeit wurde gegen die früher h. M. zunehmend geltend gemacht[32], die Betätigungsgarantie des Art. 9 III umfasse auch den Arbeitskampf als notwendiges Korrelat der kollektiven Regelung von

---

28 s. o. § 6.

29 *Dietz*, GR III/1, S. 417 (463); *ders.*, Koalitionsfreiheit und Arbeitskampfrecht, S. 99 ff.; *ders.*, JuS 1968, 1 (3); *v. Mangoldt-Klein*, Anm. VII, 2, 3 zu Art. 9; *Scheuner*, Koalitionsfreiheit, S. 69 f.; *Ramm*, Das Koalitions- und Streikrecht der Beamten, 1970, S. 120 ff.; weitere Nachw. bei *Lerche*, Zentralfragen, S. 42 Fn. 146—150; s. auch *Evers*, Arbeitskampffreiheit, S. 13 ff.; besonders ausführlich die differenzierende Darstellung bei *Hueck-Nipperdey* II/1, S. 140 ff. mit zahlr. Nachw.; *Däubler*, Der Streik im öffentlichen Dienst, 2. Aufl., 1971, S. 66 ff.; *Scholz*, S. 61.

30 *Hueck-Nipperdey* II/1, S. 148 Fn. 34.

31 BVerfGE 6, 32 (38, 40 f.); 20, 150 (154).

32 Vgl. im einzelnen *Brox-Rüthers*, Arbeitskampfrecht, 1965, S. 41 ff.; *Däubler*, a.a.O., S. 70 ff. mit Nachw. S. 67 Fn. 11; *Evers*, a.a.O., S. 16 ff (für das Individualrecht greift er allerdings nach wie vor auf Art. 2 I zurück, vgl. S. 17); *Hueck-Nipperdey* II/1, S. 141 f., die daneben Art. 2 I anwenden, was aber in II/2, S. 915 ff., nicht mehr der Fall ist; *Lerche*, a.a.O., S. 43 ff. mit Nachw. in Fn. 155; *Ridder*, a.a.O. (Fn. 18), S. 31 f.; *Rüthers*, Streik und Verfassung, 1960, S. 70 ff.; *Säcker*, Grundprobleme, S. 81 ff. mit zahlr. Nachw.; *Maunz*, Kommentar, Rdnr. 112; *v. Münch*, BK (Zweitbearb.), Rdnr. 155; *Lenz*, in: *Hamann-Lenz*, Anm. B 8 a bb, alle zu Art. 9; *Schnorr*, VereinsG, Rdnr. 8

Arbeitsverhältnissen. Der Interessenausgleich sei nur durch freiwillige Schlichtung oder durch Arbeitskampf möglich, der wesentliche Voraussetzung der autonomen Konfliktslösung sei. Mit dem Tarifvertragssystem müsse deshalb auch ein Arbeitskampfsystem bereitgestellt werden, das in gleichem Maße wie jenes der Konkretisierung zugänglich sei. Diese Meinung wird durch Art. 9 III 3[33] allerdings nur scheinbar bestätigt. Er betrifft nur die Einwirkung notstandsrechtlicher Maßnahmen auf den Arbeitskampf, ohne etwas über dessen Gewährleistung in Art. 9 III oder in Art. 2 I zu besagen[34].

Mit der neueren Meinung ist aus den von ihr genannten Gründen und in Konsequenz von BVerfGE 18, 18 in Art. 9 III eine allgemeine Garantie des Arbeitskampfes zu sehen. Aus der Betätigungsgarantie des Art. 9 III und der freien Wahl der Koalitionsmittel[35] muß die Anerkennung des Arbeitskampfes als mitgeschützte spezifisch koalitionsmäßige Betätigung zum Abschluß von Tarifverträgen folgen[36]. Es besteht kein Grund, zwar die Mitgliederwerbung[37], nicht aber den Arbeitskampf als spezifische koalitionsmäßige Betätigung zu werten und diesen auf eine andere verfassungsrechtliche Ebene zu verlagern. Er ist nur eine der zur Gestaltung des Arbeitslebens erforderlichen Koalitionsbetätigungen.

Ist die Arbeitskampffreiheit in Art. 9 III enthalten, so besteht auch ein subjektives öffentliches Recht des einzelnen wie der Koalition auf Unterlassung staatlicher Eingriffe[38]. Unberührt bleibt aber die auch hier erforderliche Konkretisierung durch den Gesetzgeber, der diese Aufgabe bislang allerdings der Rechtsprechung überlassen hat. Aus der Zuordnung zu Art. 9 III folgt, daß bei der Konkretisierung der Arbeitskampffreiheit nicht zwischen Ausländern und Deutschen differenziert werden darf, d. h. die Beteiligung von Ausländern an Streiks ist unter den gleichen Voraussetzungen rechtmäßig wie die von Deutschen[39]. Ausländerrechtliche Sanktionen wegen der Beteiligung an rechtmäßigen Arbeitskämpfen sind daher ausgeschlossen.

---

zu § 16; ebenso die Amtl. Begründung zum 17. Ges. zur Änderung des GG (Notstandsverfassung), BT-Drucks. V/1879 S. 24; dazu *Evers*, a.a.O., S. 105 f.; *Lerche*, a.a.O., S. 89. Vgl. auch *Scholz*, S. 352 ff.

33 Eingefügt durch das 17. Gesetz zur Änderung des GG (Notstandverfassung) vom 24. 6. 1968, BGBl. I S. 709.

34 *Evers*, a.a.O., S. 103 ff.; *Lerche*, a.a.O., S. 89 ff.; *Säcker*, a.a.O., S 82 f.; and. aber *Hueck-Nipperdey*, II/2, S. 916 f.; *Däubler*, a.a.O., S. 72 f.; *Isensee*, Widerstandsrecht, S. 65 f. mit Fn. 141. Vgl. auch *Scholz*, S. 38 f., 61.

35 So bes. *BVerfGE* 18, 18 (32).

36 Diese Konsequenz aus BVerfG, a.a.O., betonen besonders *Evers*, a.a.O., S. 16; *Säcker*, a.a.O., S. 83 f.

37 Vgl. BVerfGE 28, 295 ff.

38 *Hueck-Nipperdey* II/2, S. 916 Fn. 36 k; *Säcker*, Grundprobleme, S. 85 f., gegen Versuche, nur eine Arbeitskampffreiheit anzunehmen, ein Arbeitskampfrecht aber abzulehnen.

39 Zum rechtmäßigen und rechtswidrigen Streik vgl. die ausführliche Darstellung bei *Hueck-Nipperdey* II/2, S. 977 ff.

II. Das Recht der Korporation

Für die Rechte der Koalition gelten die vorstehenden Erörterungen entsprechend. Als zusätzliches Problem taucht hier nur die Frage des Koalitionsverbotes auf. Das GG enthält keinen ausdrücklichen Verbotstatbestand. § 16 VereinsG geht davon aus, daß die allgemeine Verbotsnorm des Art. 9 II und des § 3 VereinsG auch für Koalitionen gilt. Er sieht nur ein besonderes Verfahren der gerichtlichen Bestätigung von Verbotsverfügungen vor[40], das auf Art. 4 des Abkommens Nr. 87 der ILO zurückgeht, nach dem Koalitionen nicht von Verwaltungsbehörden verboten werden dürfen.

Die Verfassungsmäßigkeit des § 16 I VereinsG wird von der h. M[41] bejaht, da der Verbotstatbestand des Art. 9 II auch für die Koalitionen des Art. 9 III gelten müssen. Dieser Frage ist hier nicht nachzugehen, da sie keine spezifischen ausländerrechtlichen Aspekte aufwirft. Festzuhalten ist aber, daß eine spezielle Verbotsnorm für Koalitionen mit Ausländerbeteiligung nicht besteht, da § 16 VereinsG nicht nach der Staatsangehörigkeit der Koalierten differenziert und die §§ 14, 15 VereinsG auf Koalitionen nicht anwendbar sind[42]. Die Gleichstellung der Ausländer ist auch insoweit strikt durchgeführt.

III. Zusammenfassung

Die Koalitionsfreiheit steht Ausländern in gleichem Umfang zu wie Deutschen. Sie umfaßt neben der Koalitionsbildung den Beitritt und die spezifisch koalitionsmäßige Betätigung, zu der außer der Mitwirkung an der politischen Willensbildung des Volkes in Fragen der Sozial- und Wirtschaftspolitik die Beteiligung bei der kollektiven Regelung der Arbeitsbedingungen und am Arbeitskampf gehört. Soweit Art. 9 III

---

[40] Krit. dazu *W. Schmidt*, NJW 1965, 424 (427); *Petzold*, NJW 1964, 2281 (2283); *Seifert*, DÖV 1964, 685 (689), nach dem sich das Verfahren „an der äußersten Grenze des Gewaltenteilungsprinzips" bewegt. Zu den Verfahrensfragen *Schnorr*, VereinsG, Rdnr. 18 ff. zu § 16.

[41] *Brinkmann*, Kommentar, Anm. 5 c; *Maunz*, Kommentar, Rdnr. 125; *v. Münch*, BK (Zweitbearb.), Rdnr. 117, alle zu Art. 9; *v. Feldmann*, DÖV 1965, 29 (30); *Forch*, S. 65; *Guradze*, MRK, Anm. 17 zu Art. 11; *Lengsfeld*, S. 26 f.; *Lerche*, Zentralfragen, S. 33; *Schnorr*, VereinsG, Rdnr. 5 zu § 16; *ders.*, RdA 1962, 169 (171); 1964, 317 (318); *Däubler*, a.a.O., S. 86; *Hueck-Nipperdey* II/1 S. 77, and. noch die 6. Aufl. (1957) Bd. II S. 54, 56; *Nikisch* II, S. 27 f.; *Reichel*, AuR 1965, 79 f.; vgl. auch *Dietz*, GR III/1, S. 417 (448); *Füßlein*, GR II, S. 425 (432); *E. R. Huber*, Wirtschaftsverwaltungsrecht II, S. 385 Fn. 10, S. 389; *v. Mangoldt-Klein*, Anm. VI 1 zu Art. 9; *Scholz*, S. 328 f.; a. A. bes. *W. Schmidt*, NJW 1965, 424 (426 f.), der Vorrang von Art. 18 annimmt; ebenso *Lenz*, in: *Hamann-Lenz*, Anm. B 7, 10 zu Art. 9; ähnl. *Wernicke*, BK (Erstbearb.), Anm. II 3 g zu Art. 9, der Art. 2 I anwendet.

[42] s. o. § 8 II 2 a.

der Konkretisierung durch Gesetzgebung oder Rechtsprechung bedarf, ist eine Differenzierung nach der Staatsangehörigkeit ausgeschlossen. Ausländer können sich am Abschluß von Tarifverträgen und an Arbeitskämpfen unter den gleichen Voraussetzungen wie Deutsche beteiligen. Sanktionen wegen der Teilnahme an rechtmäßigen Arbeitskämpfen dürfen nicht verhängt werden. Nicht zum Kernbereich des Art. 9 III gehört die prinzipielle Beteiligung der Koalitionen an der staatlichen Wirtschafts- und Sozialverwaltung. Ausländer können davon nach den allgemein zulässigen Differenzierungskriterien ausgeschlossen werden. Besondere Verbotstatbestände für Koalitionen mit Ausländerbeteiligung gibt es nicht.

§ 12 Das Petitionsrecht

I. Allgemeines

Art. 17 gewährt das Petitionsrecht abweichend von Art. 126 WRV nicht nur Deutschen, sondern jedermann[1], also auch Ausländen[2]. Deren Petitionen sind daher wie die der Deutschen entgegenzunehmen, zu prüfen und zu bescheiden, repressive und präventive Maßnahmen gegen die Ausübung des Petitionsrechts sind unzulässig[3]. § 75 VII der Geschäftsordnung des Bundestages, nach dem nur Staatsbürger Petitionen beim Bundestag einbringen können, ist daher wegen Verstoßes gegen Art. 17[4] verfassungswidrig.

Im Hinblick darauf ist die Meinung *Heuers*[5] unhaltbar, eine Einflußmöglichkeit von Ausländern auf Entscheidungen der deutschen Staats-

---

[1] So bereits Art. 10 HChE. Die Entstehungsgeschichte gibt keinen Aufschluß über die Gründe für die Abweichung von der WRV, vgl. *Matz*, JöR NF 1 (1951), S. 170.

[2] H. M.: *Dürig*, Kommentar, Rdnr. 24; *Dagtoglou*, BK (Zweitbearb.), Rdnr. 48; *Lenz*, in: *Hamann-Lenz*, Anm. B 1; *v. Mangoldt-Klein*, Anm. II 5, alle zu Art. 17; *Mattern*, GR II, S. 623 (627); *D. H. Hoffmann*, S. 37; *Ruppel*, S. 189; *Thormann*, DÖV 1961, 888 (889). Zu Art. 126 WRV bestand wiederum Streit, s. einerseits *Hüfner*, Nipp. II, S. 176 (180); andererseits *Anschütz*, WRV, Anm. 2 zu Art. 126 (S. 580 f.). — In den Verfassungen des 19. Jahrhunderts war das Petitionsrecht meist nicht auf die Staatsangehörigen beschränkt, so schon Art. 83 der französischen Verfassung von 1799, dazu *v. Frisch*, Fremdenrecht, S. 339 ff. und *D. H. Hoffmann*, S. 15 ff.

[3] Zu diesem Inhalt des Art. 17 BVerfGE 2, 225 ff.; *Dagtoglou*, a.a.O., Rdnr. 75 ff. zu Art. 17 m. w. N.; *Dürig*, a.a.O., Rdnr. 3 ff. zu Art. 17.

[4] So zutr. die h. M.: *Dagtoglou*, a.a.O., Rdnr. 48; *Dürig*, a.a.O., Rdnr. 24; *Brinkmann*, a.a.O., Anm. I 1 a; *Lenz*, a.a.O., Anm. B 1, alle zu Art. 17; *Lechner-Hülshoff*, Parlament und Regierung, 2. Aufl., 1958, Anm. 4 zu § 75 GO BT; abgeschwächt in der 3. Aufl., 1971, a.a.O., *Ruppel*, S. 189; *Thormann*, DÖV 1961, 888 (889).

[5] S. 36 f., ohne Art. 17 überhaupt zu erwähnen! Ob Art. 5 I entgegenstehen würde, kann hier offenbleiben. *Heuer* bezieht sich auf folgenden, bei *Held*-

gewalt sei durch das GG ausgeschlossen, so daß man z. B. iranischen Staatsangehörigen verbieten könne, in einem offenen Brief den Bundespräsidenten aufzufordern, sich für die Rücknahme einer Einladung des iranischen Staatsoberhauptes einzusetzen[6]. Ein solcher Brief ist eine Petition, d. h. ein formloser „Antrag an ein (unmittelbar oder mittelbar) staatliches Organ, etwas Bestimmtes zu tun oder zu unterlassen"[7]. Der Bundespräsident ist auch „zuständige Stelle" i. S. v. Art. 17. Zuständig ist jedes staatliche Organ[8]; für den Bundespräsidenten besteht keine Sonderregelung[9].

Petitionen von Ausländern sind unabhängig davon, ob ihr Inhalt sich auf private Nöte beschränkt oder die „hohe Staatspolitik" betrifft, den gleichen Normen unterworfen wie die Petitionen von Deutschen. Art. 17 verbietet als Jedermann-Recht eine Differenzierung nach der Staatsangehörigkeit und damit ausländerrechtliche Maßnahmen wegen des Petitionierens.

II. Spezialprobleme

Die Grenzen des Petitionsrechts werfen keine besonderen ausländerrechtlichen Fragen auf und sind daher hier nicht näher zu erörtern[10]. Nur auf drei Probleme, die bei Ausländern besonders häufig auftreten werden, ist kurz einzugehen:

1. ob die Petition in deutscher Sprache abgefaßt sein muß,
2. ob die Petition an ausländische oder internationale Stellen unter Art. 17 fällt,

---

mann (vorgänge 1970, 124 (126) = studentische politik, S. 33, 36) dargestellten Fall aus der Praxis: Die Stadt Kiel hatte 1965 gegenüber einem persischen Studenten verfügt: „... daß Sie sich jeglicher Äußerungen und Handlungen zu enthalten haben, die die Beziehungen zwischen der Bundesrepublik Deutschland und dem Iran beeinträchtigen könnten". Dessen ungeachtet hatte der Student den genannten offenen Brief an den Bundespräsidenten mitunterzeichnet und schahfeindliche Flugblätter verteilt. Das brachte ihm einen auf § 48 I Nr. 5 AuslG gestützten Bußgeldbescheid über 500 DM ein.

[6] Die Ausführungen *Heuers* (a.a.O.) zeigen, wie begründet *Dürigs* Besorgnis (a.a.O., Rdnr. 3) und seine Annahme eines auch negativen Statusrechts ist.

[7] *Dagtoglou,* a.a.O., Rdnr. 17; s. auch *Dürig,* a.a.O., Rdnr. 14, beide zu Art. 17.

[8] *Dagtoglou,* a.a.O., Rdnr. 104; *Dürig,* a.a.O., Rdnr. 54 je zu Art. 17; vgl. auch Rdnr. 107 bzw. 64 je a.a.O. gegen BVerfGE 2, 225 (229).

[9] Vgl. BVerfGE 2, 225 ff., wo es um die Petition an einen Ministerpräsidenten ging.

[10] Dazu, bes. zum Verhältnis des Art. 17 zum Zivil- und Strafrecht, *Dagtoglou,* a.a.O., Rdnr. 81 ff., 85 ff., 123 ff.; *Dürig,* a.a.O., Rdnr. 39 ff., 43, 53, je zu Art. 17; *D. H. Hoffmann,* S. 67 ff. — Auch unzulässige Petitionen sind Petitionen und fallen deshalb unter Art. 17 (*Dürig,* a.a.O., Rdnr. 39 zu Art. 17). Wegen des bloßen Petitionierens können keine ausländerrechtlichen Sanktionen mit der Begründung verhängt werden, die Petition sei unzulässig. Unberührt bleiben die straf- und zivilrechtlichen Grenzen.

3. ob Art. 17 den Aufenthalt des Ausländers im Bundesgebiet voraussetzt.

1. Art. 17 sagt nichts darüber, ob eine Petition in deutscher Sprache abgefaßt sein muß. Da er die Differenzierung nach der Staatsangehörigkeit verbietet, kommt nur eine Differenzierung aufgrund der Sprache in Betracht. Die rechtliche Behinderung der Grundrechtsausübung aufgrund der Sprache verbietet aber Art. 3 III, so daß auch fremdsprachige Petitionen unter Art. 17 fallen[11]. Zur Verhinderung von Mißbrauch und Schikanen wird man diesen Grundsatz auf die Muttersprache des Petenten einschränken müssen[12].

2. Nach h. M. greift Art. 17 auch bei Petitionen an ausländische oder internationale Stellen ein, da er den untechnischen Begriff „Stelle" und nicht den technischen Behördenbegriff verwendet. Freilich könne Art. 17 diesen Stellen keine Erledigungspflicht auferlegen; er erschöpfe sich in einem negativen Status-Recht gegen die Staatsgewalt der BRD, die solche Petitionen nicht unterbinden dürfe[13].

Daß dies Auslegung kein Scheinrecht in Art. 17 hineininterpretiert[14], zeigt sich bei der Frage, ob ausländerrechtliche Sanktionen wegen einer Petition an Stellen des Heimatstaates zulässig sind. Für Ausländer ist die negative Komponente des Art. 17 in diesen Fällen von erheblicher Bedeutung.

Der h. M. ist zuzustimmen, da der Wortlaut des Art. 17 keine Beschränkung auf deutsche (oder auch internationale) Stellen enthält und da es nicht Sache der Bundesrepublik sein kann, Petitionen an ausländische Stellen zu unterbinden, wenn nicht allgemeine Straftatbestände erfüllt sind. Art. 17 eröffnet jedermann das Recht, gegenüber jeder von ihm ausgewählten Stelle sein Petitum ungehindert vorzutragen. Ausländerrechtliche Maßnahmen sind in diesen Fällen auch dann

---

[11] *Dagtoglou,* a.a.O., Rdnr. 35; *Dürig,* a.a.O., Rdnr. 36 je zu Art. 17; einschränkend *D. H. Hoffmann,* S. 58; abl. *Ruppel,* S. 190.

[12] Sie muß nicht mit der Staatsangehörigkeit zusammenfallen, z. B. bei Auslandsdeutschen, die des Deutschen nicht mächtig sind. Ein Mißbrauch würde z. B. vorliegen, wenn ein „gewöhnlicher" deutscher Staatsbürger die Petition in einem afrikanischen Dialekt abfaßt. Eine solche Petition ist unzulässig, ohne daß deswegen der Grundrechtsschutz, besonders der negatorische, entfiele, s. Fn. 10.

[13] So bes. *Dürig,* a.a.O., Rdnr. 55 zu Art. 17; *v. Mangoldt-Klein,* Anm. IV 1 zu Art. 17; *Wernicke,* BK (Erstbearb.), Anm. II 3 a zu Art. 17; *Mattern,* GR II, S. 623 (631 f.); *Ridder,* „Petitionsrecht", in: Staatslexikon, 6. Aufl., Bd. 6, Sp. 230 (233), aber nur für internationale, nicht für ausländische Stellen; ebenso *D. H. Hoffmann,* S. 43; dies war auch die Absicht des Verfassungsgebers, vgl. *Matz,* JöR NF 1, S. 170; *Dagtoglou* (a.a.O., Rdnr. 103 zu Art. 17) weicht nur teilweise davon ab, wenn er hier Art. 17 analog anwendet und nur die Weiterleitungspflicht deutscher Stellen ablehnt.

[14] So aber *Dagtoglou,* a.a.O., im Widerspruch zur analogen Anwendung des Art. 17.

unzulässig, wenn das Petitum politisch mißliebig ist, da in Art. 17 kein entsprechender Vorbehalt hineinzukonstruieren ist.

3. Der Schutz des Art. 17 für im Ausland wohnende Ausländer wird verneint, weil die Rechtsordnung des Staates als eines territorialen Verbandes nur Verbandsmitglieder oder Personen verpflichte und berechtige, die sich im staatlichen Territorium aufhalten[15]. Eine andere Begründung geht dahin, daß für solche Petitionen den deutschen Stellen die Zuständigkeit fehle[16].

Gegen die letzte Begründung hat *Dagtoglou*[15] mit Recht eingewandt, die Zuständigkeit sei keine Zulässigkeitsvoraussetzung und könne auch hier Art. 17 nicht begrenzen.

Auch die erste Begründung ist in dieser Allgemeinheit nicht überzeugend. Die Rechtsordnung der BRD ist für einen Ausländer nicht erst dann relevant, wenn er in der BRD wohnt. Hinsichtlich seines in der BRD liegenden Vermögens unterliegt er unabhängig von seinem Aufenthalt der deutschen Rechtsordnung. Sollte ihm z. B. bei einer Enteignung oder einer Abbruchverfügung die Möglichkeit der Petition verschlossen bleiben[17]? Auch ohne einen solchen „dinglichen" Bezug unterliegt der im Ausland wohnende Ausländer der deutschen Rechtsordnung und Staatsgewalt, wenn er z. B. vor seiner Einreise die Aufenthaltserlaubnis nach § 2 AuslG beantragt[18]. Es ist nicht einzusehen, warum er bei Ablehnung seines Antrages kein Petitionsrecht mit Schutz vor negativen Sanktionen wegen des Petitionierens[19] und mit Bescheidungsanspruch haben sollte. Natürlich gibt es daneben Fälle, in denen keine Beziehung zur deutschen Staatsgewalt besteht, z. B. wenn ein Bürger Japans von dort aus eine Petition zur Durchführung einer Verwaltungsreform einbringt.

Die Lösung muß dementsprechend differenziert sein: Sofern ein im Ausland wohnender Ausländer von Akten der deutschen Staatsgewalt in seinem nach deutschem Recht zu beurteilenden Rechtskreis betroffen wird[20], steht ihm das Petitionsrecht in vollem Umfang zu. Soweit dies nicht der Fall ist, genügt es, die Pflicht zur Entgegennahme, Prüfung und Bescheidung entfallen zu lassen. Der negatorische Schutz des

---

15 *Dagtoglou*, a.a.O., Rdnr. 50 zu Art. 17.

16 *Dürig*, a.a.O., Rdnr. 24 zu Art. 17.

17 Dasselbe gilt für den Rechtsweg.

18 Vgl. den Fall OVG Münster, DÖV 1965, 774 ff. mit Anm. v. *Treviranus*; dazu z. T. abw. vom Text *Forch*, S. 13 ff. — Weiteres Beispiel: Gnadengesuch eines im Ausland lebenden Ausländers für seinen in der BRD verurteilten Ehegatten.

19 Die Sanktion könnte bei einer ohne Aufenthaltserlaubnis zulässigen Einreise (nach § 2 III AuslG i. V. m. § 1 II Nr. 1 DVAuslG) vollstreckt werden.

20 Anders als sonst (vgl. *Dürig*, a.a.O., Rdnr. 21 zu Art. 17) ist hier also eine Beschwer erforderlich; ähnlich, aber unscharf, *Ruppel*, S. 189.

Art. 17 vor nachteiligen Sanktionen wegen des Petitionierens sollte aber aufrechterhalten bleiben[21], da für seine Aufgabe kein Bedürfnis besteht.

III. Zusammenfassung

Ausländer genießen das Petitionsrecht in gleichem Umfang wie Deutsche. § 75 VII GO BT ist verfassungswidrig. Ausländer können in allen, auch politischen Angelegenheiten an deutsche, internationale oder ausländische Stellen petitionieren, wobei sich in den beiden letzten Fällen Art. 17 im negatorischen Schutz und ggf. einer Pflicht zur Weiterleitung erschöpft. Ausländer können ihre Petitionen in ihrer Muttersprache abfassen. Bei Beschwer steht ihnen das Petitionsrecht auch dann zu, wenn sie sich nicht in der Bundesrepublik aufhalten. Ausländerrechtliche Maßnahmen wegen des bloßen Petitionierens sind unzulässig.

§ 13 Die Abgrenzung der Deutschen- von den Jedermann-Rechten

Zum Problem der Grundrechtskonkurrenzen

Da den Ausländern nicht alle politischen Grundrechte zustehen, ist deren thematische Abgrenzung erforderlich. Politische Betätigung kann als einheitliche Handlung verschiedenen Grundrechten oder dem Schutz teils des einen, teils des anderen Grundrechts unterfallen[1]. Dabei ergeben sich besondere Probleme, wenn nicht beide Rechte Deutschen- oder Jedermann-Rechte sind. Das Problem der Grundrechtskonkurrenz stellt sich im allgemeinen unter dem Aspekt der Schrankenkonkurrenz[2]. Auf sie ist hier nicht einzugehen, da es sich um ein allgemeines Grundrechtsproblem ohne besondere ausländerrechtliche Aspekte handelt. Von besonderer Bedeutung für Ausländer ist nur die tatbestandliche Abgrenzung der Deutschen- von den Jedermann-Rechten; bei einer tatbestandlichen Konkurrenz ist zu entscheiden, ob das Deutschen-Recht dem Jedermann-Recht vorgeht oder umgekehrt[3].

---

[21] Er ist auch hier von Bedeutung, z. B. wenn eine Aufenthaltserlaubnis wegen einer früheren Petition vom Ausland aus versagt wird.

[1] So bez. Art. 12 *Bachof*, GR III/1, S. 155 (169 f.).

[2] Dazu eingehend *W. Berg*, Konkurrenzen schrankendivergenter Freiheitsrechte im Grundrechtsabschnitt des Grundgesetzes, 1968, passim; s. auch *Scholz*, S. 110 ff.

[3] Hier zeigt sich die Fragwürdigkeit der Unterscheidung von Tatbestand und Schranke, die *Berg* (a.a.O., S. 73 ff., 83 f., 96, 134) mit der h. M. vor-

Zu bestimmen ist das Verhältnis der Jedermann-Rechte in Art. 5 I, 9 III, 17 zu den Deutschen-Rechten der Art. 8, 9 I[4] unter Einbeziehung des auf die Ausländer erstreckten Parteienprivilegs[5].

I. Parteienprivileg und Deutschen-Rechte

Der Einfachheit wegen sei mit dem Parteienprivileg begonnen: Handlungen, die unter seinen Schutz fallen, sind vor dem Parteiverbot auch für Ausländer sanktionsfrei ohne Rücksicht auf andere Individualverbürgungen und deren Beschränkung auf Deutsche[6]; die Art. 8, 9 I treten insoweit vollständig zurück.

II. Art. 9 I — Art. 9 III

Relativ unproblematisch ist die Abgrenzung des Art. 9 III zu Art. 9 I. Unabhängig davon, ob Art. 9 III ein Unterfall der allgemeinen Vereinigungsfreiheit des Art. 9 I oder ein selbständiges Grundrecht ist[7], steht fest, daß er im Rahmen seiner oben umrissenen Funktionsgarantie[8] dem Art. 9 I vorgeht. Selbst wenn man eine tatbestandliche Konkurrenz annehmen wollte, ist alles, was der Wahrung und Förderung der Arbeits- und Wirtschaftsbedingungen durch koalitionsspezifische Tätigkeiten dient, ausschließlich an Art. 9 III zu messen. Überschreitet die Tätigkeit der Koalition bzw. des Koalierten den funktionellen Rahmen des Art. 9 III, ist nur Art. 9 I einschlägig, so daß insoweit für Ausländer kein Grundrechtsschutz besteht, falls nicht Art. 5 I eingreift.

---

nimmt. Ist die Beschränkung auf Deutsche nur eine tatbestandliche Begrenzung oder eine Grundrechtsschranke? Sie hat weitergehende Eingriffsmöglichkeiten zur Folge; dementsprechend liegt im Konkurrenzfall das Hauptproblem bei der Einschränkungsmöglichkeit: Einschränkung nur nach Maßgabe der Schranken des Jedermann- oder des Deutschen-Rechtes. Die Unterscheidung Tatbestandskonkurrenz — Schrankenkonkurrenz wird z. B. von *Herzog* (Kommentar, Rdnr. 26 ff., bes. 31 zu Art. 8) nicht durchgehalten. Gegen jedes Schrankendenken bes. *Häberle,* Wesensgehalt, passim, bes. S. 180 ff., 202 ff.; dazu *Berg,* a.a.O., S. 10 ff., 30 ff.

4 Die Abgrenzung der Art. 5 I, 9 III, 17 bzw. 8, 9 I untereinander kann hier unterbleiben, da hinsichtlich der allein zu untersuchenden Rechtsträgerschaft Tatbestandskongruenz besteht und insoweit Konkurrenzprobleme ausgeschlossen sind.

5 An sich ist auch die Abgrenzung zu den Rechten des status activus erforderlich, die aber wegen ihrer Formalisierung deutlich von den anderen politischen Rechten abgehoben sind, so daß die Konkurrenzen vernachlässigt werden können.

6 s. o. § 10 II und III.

7 s. dazu die Nachw. oben § 1 II Fn. 41 und *v. Münch,* BK (Zweitbearb.), Rdnr. 117 zu Art. 9.

8 s. o. § 11 I.

III. Art. 9 III — Art. 8

Konkurrenzprobleme mit Art. 8 treten auf, wenn Ausländer an gewerkschaftlichen Versammlungen zur koalitionsinternen Willensbildung oder zur Kundgabe von Koalitionszielen gegenüber einer breiteren Öffentlichkeit teilnehmen[9]. Art. 8 ist hier tatbestandsmäßig erfüllt, da es sich um eine Versammlung zur Erörterung öffentlicher Angelegenheiten handelt[10]. Desgleichen ist Art. 9 III tatbestandsmäßig erfüllt, da die interne Willensbildung wie die Selbstdarstellung der Koalition nach außen auch mit diesem Mittel zum Kernbereich des Art. 9 III gehören[11]. Die Frage ist, welche Norm für den Grundrechtsschutz der Ausländer maßgebend ist. Eine generelle Lösung dahingehend, daß im Zweifel das Jedermann-Recht den Vorrang hat[12], ist bedenklich und vom GG nicht gefordert. Das Verhältnis von Art. 9 III zu Art. 8 könnte immerhin derart zu bestimmen sein, daß Art. 8 als Sonderregelung für eine koalitionsspezifische Betätigung den subjektiven Geltungsbereich des Art. 9 III einschränkt. Das würde voraussetzen, daß beide Normen in einem Entsprechungsverhältnis, sozusagen auf der gleichen Grundrechtsebene, stehen[13].

Dies ist aber nicht der Fall: Art. 8 gehört ausschließlich zu den Kommunikationsrechten und ist der zentralen Kommunikationsnorm des Art. 5 I zuzuordnen[14]. Wie oben dargelegt wurde[15], gehört Art. 9 III zwar auch zu den Kommunikationsrechten; er ist jedoch mehr als die Sondergarantie eines bestimmten Kommunikationsmittels[16], das ohne die Sondergarantie in der zentralen Kommunikationsnorm des Art. 5 I miterfaßt sein könnte. Sonst wäre die Sonderregelung gegenüber der allgemeinen Vereinigungsfreiheit des Art. 9 I ziemlich unverständlich.

---

[9] Überholt ist die Auffassung von *Nipperdey*, Nipp. III, S. 385 (402) und *Richter*, VerwArch. 32 (1927), 1 (2), nach der keinerlei Berührungspunkte zwischen Art. 123 WRV und Art. 159 WRV bestanden.

[10] Zum Versammlungsbegriff *Herzog*, Kommentar, Rdnr. 39 ff.; *v. Münch*, a.a.O., Rdnr. 21 ff., je zu Art. 9; *W. Hoffmann*, JuS 1967, 393 (396f.).

[11] s. o. § 11 I 1.

[12] So *Ruppel*, S. 173; unklar insoweit *Maunz*, Kommentar, Rdnr. 122, 58; *v. Münch*, a.a.O., Rdnr. 116, 24 je zu Art. 9.

[13] Zur Voraussetzung einer systematischen Beziehung für die Annahme eines Entsprechungsverhältnisses und daraus folgender systematischer Gewährleistungsschranken *Rüfner*, Der Staat 7 (1968), S. 41 ff.

[14] BVerfGE 20, 56 (98); *Hamann*, in: *Hamann-Lenz*, Anm. A zu Art. 8; *Lenz*, ebenda, Anm. A 3 zu Art. 9; *Herzog*, a.a.O., Rdnr. 2; *v. Münch*, a.a.O., Rdnr. 18, je zu Art. 8; *Häberle*, Wesensgehalt, S. 13; *Hesse*, VerfR, S. 164; *W. Hoffmann*, JuS 1967, 393 (397); *Lerche*, Zentralfragen, S. 35; *Mallmann*, Staatslexikon, Bd. 8, Sp. 106 (108); *Rüfner*, a.a.O., S. 47, 43; *Dietel-Gintzel*, VersG, Rdnr. 38 zu § 1; *Enderling*, VersG, Anm. 1 zu § 1; ausführlich zum verfassungsrechtlichen Standort der Versammlungsfreiheit jetzt *Quilisch*, Die demokratische Versammlung, 1970, S. 8, 112 ff.; s. auch oben § 1 III 2 Fn. 45.

[15] s. o. § 11 I 1.

[16] So bes. *Lerche*, a.a.O., S. 35; *Maunz*, Kommentar, Rdnr. 122 zu Art. 9.

Art. 8 und Art. 9 III liegen auf zwei verschiedenen Ebenen. Die Versammlungsfreiheit gehört zum klassischen Bestand der liberalen Freiheitsrechte mit ursprünglich rein negatorischem Charakter, der im Zuge eines gewandelten Grundrechtsverständnisses zugunsten der politischen Gestaltungsfunktion etwas in den Hintergrund getreten ist. Die Koalitionsfeiheit entstammt dagegen nicht dem Kampf der bürgerlichen Gesellschaft um ihre Selbstdarstellung gegenüber dem Staat und dem negatorischen Freiheitsanspruch des Individuums, sondern resultiert aus dem sozialen Kampf der Arbeitnehmer und Arbeitgeber. Sie erhält ihren Sinn aus der autonomen Gestaltung der Arbeits- und Wirtschaftsbedingungen[17]. Die Einflußnahme auf die staatliche Gestaltung dieser Bedingungen ist nur Annex dieser Regelungsbefugnis und besagt nichts Gegenteiliges.

Dieser unterschiedliche verfassungsrechtliche und verfassungspolitische Standort der Art. 8 und 9 III verbietet es, sie derart in ein Ergänzungsverhältnis zu bringen, daß Art. 8 ein Koalitionsmittel aus Art. 9 III herausnimmt und gesondert regelt. Das bedeutet, daß der Tatbestand des Art. 9 III den des Art. 8 I verdrängt und daß gewerkschaftliche Versammlungen ihren verfassungsrechtlichen Standort in Art. 9 III haben[18], wenn ihr Gegenstand im Rahmen seiner Funktionsbestimmung liegt. Infolgedessen genießen Ausländer auch insoweit den Grundrechtsschutz des Art. 9 III[19], d. h. gegen sie sind trotz der Beschränkung des Art. 8 auf Deutsche nur die Maßnahmen zulässig, die auch gegen Deutsche zulässig sind.

IV. Art. 5 I — Art. 8

Das Verhältnis des Art. 5 I zu Art. 8 I wurde soeben angedeutet: Art. 8 ist eine Komplementärgarantie[20] zu Art. 5 I und regelt eine bestimmte „Form" der Meinungsäußerung, indem er die kollektive Meinungsäußerung schützt[21]. Soweit in der Teilnahme an einer Ver-

---

[17] *Scheuner*, Koalitionsfreiheit, S. 36 f.; ähnl. *Maunz*, a.a.O., Rdnr. 7 zu Art. 9; *Schnorr*, VereinsG, Rdnr. 3 zu § 16; *Lenz*, a.a.O., Anm. A 3 zu Art. 9; vgl. auch *Dietz*, GR III/1, S. 417 (418, 419); *Lerche*, Zentralfragen, S. 28 ff., 35; *Rüfner*, a.a.O., S. 48.

[18] *Rüfner*, a.a.O., S. 60; im Erg. auch *Ott*, DemonstrationsR, S. 127; ähnl. *Quilisch*, a.a.O., S. 151 f. mit Fn. 12. Über die Schranken solcher Versammlungen ist damit nichts gesagt. Art. 8 II und das VersG dürften anwendbar sein, da auch die koalitionsmäßige Betätigung den allgemeinen Gesetzen unterliegt (vgl. *Lerche*, a.a.O., S. 36 f.), zu denen auch das VersG gehört (im Erg. ebenso *Ott*, a.a.O.). Überspielt wird nur die personelle Beschränkung des Art. 8. — Vgl. auch BVerfGE 28, 295 (310), wo Art. 9 III für die koalitionsmäßige Betätigung als lex specialis geg. Art. 5 I bezeichnet wird.

[19] So ausdrücklich *Rüfner*, Der Staat 7 (1968), 41 (60).

[20] *Hesse*, VerfR, S. 164.

sammlung oder in ihrer Leitung gleichzeitig eine Meinungsäußerung liegt[22], tritt der tatbestandsmäßig gegebene Art. 5 I hinter Art. 8 zurück, da dieser insoweit eine Spezialregelung darstellt und alles erfaßt, was mit der Beteiligung an der Versammlung notwendig verbunden ist[23]. Ein Ausländer kann sich deshalb für die Leitung oder Teilnahme nicht auf Art. 5 I berufen; Art. 8 versagt ihm den Schutz der versammlungsmäßigen Betätigung, der nicht auf dem Umweg über Art. 5 I wieder einzuführen ist.

Bei Meinungsäußerungen innerhalb einer Versammlung ist die Lage anders. Hier liegen gleichsam zwei Handlungsabschnitte mit unterschiedlichem Grundrechtsschutz vor: Die bloße Teilnahme oder Leitung fällt unter Art. 8[24], während die Äußerung einer bestimmten Meinung über das bloße Sich-Versammeln hinausgeht und Art. 5 I unterfällt[25]. Deshalb steht zwar nicht die Teilnahme des Ausländers, wohl aber seine Meinungsäußerung unter Grundrechtsschutz. Ihm kann nur die Teilnahme an der Versammlung[26], nicht aber das Äußern einer bestimmten Meinung außerhalb einer Versammlung untersagt werden[27, 28].

Dabei ist jedoch eine Einschränkung zu machen. Die Meinungsfreiheit ist nur sinnvoll, wenn sie ein Recht auf Zuhörer oder Leser einschließt[29], da sie als Kommunikationsrecht auf Resonanz angewiesen ist. Die Meinungsfreiheit des Ausländers darf deshalb nicht dadurch unterlaufen werden, daß er unter Hinweis auf die personelle Beschränkung des

---

21 Vgl. *E. Stein*, StaatsR, S. 148; Art. 5 schützt die Kommunikation zwischen einzelnen, Art. 8 die *gemeinsame* Meinungsbildung; s. auch *Quilisch*, Die demokratische Versammlung, 1970, S. 149, 169.

22 Dies muß entgegen *Herzog* (Kommentar, Rdnr. 29 zu Art. 8) bei der Teilnahme nicht unbedingt der Fall sein. Sie kann auch auf einem Informationsbedürfnis beruhen. Oft wird unklar sein, welche Meinungsäußerung in der Teilnahme liegt, da sie evtl. gerade zum Zweck des Widerspruches erfolgt.

23 OVG Münster, DÖV 1970, 344 (345); *Herzog*, a.a.O., Rdnr. 38 zu Art. 5; insoweit auch *Quilisch*, a.a.O., S. 169; wohl auch *Dietel-Gintzel*, VersG, Rdnr. 74 zu § 1; *W. Hoffmann*, JuS 1967, 393 (397); a. A. *Füßlein*, GR II, S. 425 (449): Idealkonkurrenz; unklar *v. Münch*, BK (Zweitbearb.), Rdnr. 18 zu Art. 8 und die dort zitierten Autoren.

24 Etwas weiter *Ott*, DemonstrationsR, S. 58 unter Berufung auf *Lerche*, Übermaß, S. 246 Fn. 343; s. aber auch *Ott*, a.a.O., S. 60 und VersG, Einführung, Rdnr. 14.

25 BVerwG, DVBl. 1969, 587 (588); *Herzog*, a.a.O., Rdnr. 30 ff. zu Art. 8; ähnl. *v. Mangoldt-Klein*, Anm. IV 2 b zu Art. 8; *Dietel-Gintzel*, a.a.O., Rdnr. 40 zu § 1; wohl auch *Füßlein*, a.a.O.; insoweit a. A. *Quilisch*, a.a.O., S. 169.

26 Ebenso OVG Münster, a.a.O.

27 Ähnl. *Rüfner*, Der Staat 7 (1968), 41 (53).

28 Bestehen Zweifel, ob sich die Maßnahme gegen die Meinungsäußerung richtet, ist auf die Motivation des Eingriffs abzustellen, OVG Münster, a.a.O.; *Herzog*, a.a.O., Rdnr. 32 zu Art. 8.

29 *Kloepfer*, Grundrechte als Entstehenssicherung und Bestandsschutz, 1970, S. 59 mit Nachw. in Fn. 225; *Herzog*, a.a.O., Rdnr. 58 f. zu Art. 5; *Lerche*, GR IV/1, S. 447 (469).

Art. 8 von jeder Zuhörerschaft isoliert und damit gleichsam zum einsamen Rufer in der Wüste wird[30]. Das generelle Verbot, sich mit anderen zu versammeln, kann daher auch Art. 5 I verletzen, insbesondere dann, wenn man für eine Versammlung zwei Teilnehmer ausreichen läßt[31]. Unbedenklich ist unter diesem Aspekt nur das Verbot der Teilnahme an einzelnen Versammlungen, das genügend Raum für anderweitige Kommunikationsmöglichkeiten läßt. Möglich wäre auch ein auf Versammlungen einer gewissen Größenordnung beschränktes Verbot[32].

V. Art. 5 I — Art. 9 I

Das Verhältnis des Art. 5 I zu Art. 9 I entspricht weitgehend dem zu Art. 8 I[33]. Wie die Versammlungsfreiheit ist auch die Vereinsfreiheit eine Komplementärgarantie zur Meinungsfreiheit des Art. 5 I und regelt zumindest auch eine bestimmte Kommunikationsform[34].

Soweit im Beitritt oder in der Mitgliedschaft eine Meinungsäußerung liegt, geht Art. 9 I dem Art. 5 I vor[35], da das Schwergewicht auf der Assoziation und nicht auf der Meinungsäußerung liegt und Art. 9 I gerade die Meinungsäußerung durch Assoziation erfaßt. Auch hier kann die grundrechtliche Vereinigungsfreiheit der Ausländer nicht auf dem Umweg über Art. 5 I begründet werden, weil Ausländern das Assoziieren nach Art. 9 I gerade nicht grundrechtlich gewährleistet ist.

Meinungsäußerungen im Zusammenhang mit vereinsmäßiger Betätigung unterfallen analog der Situation bei Art. 8 I sowohl dem Art. 9 I als auch dem Art. 5 I. Der Grundrechtsschutz besteht hier für Ausländer zwar für die Äußerung der betreffenden Meinung, nicht

---

30 Dies wird vor allem bei mündlichen Äußerungen relevant, die ein Gegenüber voraussetzen und deshalb näher bei Art. 8 stehen als schriftliche Äußerungen, die ohne physische Anwesenheit anderer ihre Resonanz finden können.

31 Wie etwa *Herzog*, a.a.O., Rdnr. 40 zu Art. 8; *Ott*, DemonstrationsR, S. 16, je mit Nachw. über die h. M., die zumeist drei Teilnehmer fordert.

32 Das würde am ehesten dem Zweck der Beschränkung des Art. 8 auf Deutsche entsprechen, da Ausländern die verbreiterte Resonanz versammelter Massen und die damit verbundene potenzierte Wirksamkeit nicht gewährleistet werden sollte.

33 *Maunz*, Kommentar, Rdnr. 58 zu Art. 9; *Rüfner*, a.a.O., S. 47, 53.

34 BVerfGE 20, 56 (98); *Hesse*, VerfR, S. 166; *Lenz*, in: *Hamann-Lenz*, Anm. A 3; *v. Mangoldt-Klein*, Anm. II 4; *Maunz*, a.a.O., Rdnr. 6; *v. Münch*, BK, Rdnr. 17, 23, alle zu Art. 9; *Mallmann*, Staatslexikon, Bd. 8, Sp. 106 (108).

35 *Maunz*, a.a.O., Rdnr. 58 zu Art. 9; *Herzog*, a.a.O., Rdnr. 38 zu Art. 5; a. A. *Füßlein*, GR II, S. 425 (434 f.), der auch hier Art. 5 I anwendet. Vgl. auch die Unterscheidung *Gastrophs* (Die politischen Vereinigungen, 1970, S. 64 ff., 115 f.) zwischen interner und externer Vereinstätigkeit; erstere soll ausschließlich Art. 9 I, II, letztere den anderen Grundrechten unterfallen. Diese Unterscheidung hat vor allem die Schranken im Auge, um die es hier nicht geht. Unklar *v. Münch*, a.a.O., Rdnr. 23 zu Art. 9.

aber für ihre Äußerung im kollektiven Rahmen des Art. 9 I[36]. Nur diese kollektive Basis kann ihnen entzogen werden. Das Recht, dieselbe Meinung außerhalb eines Vereins zu äußern, bleibt unberührt.

VI. Art. 17 — Art. 8, 9 I

Die Abgrenzung des Art. 17 zu den Art. 8, 9 I wirft keine besonderen Probleme auf. Das Petitionsrecht erfaßt nur die Möglichkeit, schriftlich Bitten und Beschwerden vorzubringen, und begründet kein Recht zur persönlichen Überreichung des Petitums oder zur Kundgabe des Petitums in einer Versammlung; dies ist eine Frage des Art. 8[37], so daß aus Art. 17 kein wie auch immer geartetes Versammlungsrecht der Ausländer folgt. Mit Art. 9 I bestehen praktisch keine Berührungspunkte.

Da auch gemeinschaftliche Petitionen unter Art. 17 fallen, gehört zu dessen Schutzbereich auch das Werben für eine Petition und das Sammeln von Unterschriften[38]. Dies schließt jedoch nicht die Freiheit ein, sich zur Formulierung oder Unterzeichnung der Petition zu versammeln oder zu vereinigen. Dafür sind allein die Art. 8, 9 I einschlägig[39], mit der Folge, daß für Ausländer nur die anderen Vorbereitungsmittel des Petitionierens grundrechtlich geschützt sind[40].

---

[36] So *Rüfner*, Der Staat 7 (1968), 41 (53); ohne Bezug auf die Ausländer auch *Schnorr*, VereinsG, Rdnr. 21 zu § 1; *Maunz*, a.a.O.; *v. Münch*, a.a.O., Rdnr. 94 zu Art. 9; *Haller*, S. 72, 73. Die Unterscheidung von *Gastroph* (s. Fn. 35) ist hier unfruchtbar; auch bei vereinsexterner Betätigung handelt es sich um vereinsmäßige Betätigung, die dem Ausländer nicht verbürgt ist. — Ein von einem Verein eingeladener ausländischer Gastredner betätigt sich nicht vereinsmäßig, sondern nur nach Art. 5 I, 8.

[37] *Dagtoglou*, BK (Zweitbearb.), Rdnr. 31, 78; *Dürig*, Kommentar, Rdnr. 38; *v. Mangoldt-Klein*, Anm. III 2, alle zu Art. 17.

[38] *Dagtoglou*, a.a.O., Rdnr. 75; *Dürig*, a.a.O., Rdnr. 26; *v. Mangoldt-Klein*, Anm. II 6, alle zu Art. 17.

[39] *Dagtoglou*, a.a.O., Rdnr. 31 zu Art. 17.

[40] Eine völlige Isolierung des einzelnen Ausländers würde aber analog zur Situation bei Art. 5 I (s. o. IV) Art. 17 doch verletzen.

Dritter Abschnitt

Die politischen Rechte der Ausländer nach dem Völkerrecht

§ 14 Die politischen Rechte der MRK

I. Die Art. 10 und 11 der Europäischen Menschenrechtskonvention vom 4. 11. 1950[1] gewährleisten jedermann die Meinungsfreiheit, die Versammlungs- und Vereinsfreiheit sowie die Freiheit, Gewerkschaften zu bilden und ihnen beizutreten. Nach Art. 1 der Konvention ist dieses „Jedermann" im wörtlichsten Sinne zu verstehen, da der persönliche Geltungsbereich der MRK unabhängig von der Staatsangehörigkeit ist. Sie gilt für jeden, der der Jurisdiktion eines Unterzeichnerstaates unterliegt, auch wenn er nicht die Staatsangehörigkeit eines anderen Vertragsstaates hat[2].

Die Gleichstellung der Ausländer mit den Staatsangehörigen, wie sie sich aus Art. 10, 11 und 14 MRK ergibt, ist im politischen Bereich nur eine scheinbare, da nach Art. 16 die Art. 10, 11, 14 nicht so ausgelegt werden dürfen, daß sie den Vertragsstaaten die Beschränkung der politischen Tätigkeit von Ausländern verbieten. Dieser Vorbehalt steht im Widerspruch zu den sonstigen Intentionen der MRK und stellt „einen Rückfall in die Gedankenwelt des Fremdenrechts"[3] dar, die die MRK gerade überwinden wollte. Dies zeigt, welche Schwierigkeiten der Abkehr von überkommenen Vorstellungen entgegenstehen, wenn es um die politische Betätigung von Ausländern geht.

Der Begriff der „politischen Tätigkeit"[4] kann mangels abweichender Anhaltspunkte mit dem der politischen Betätigung in § 14 VereinsG[5]

---

[1] ZustimmungsG v. 7. 8. 1952, BGBl. II S. 685.

[2] *Partsch*, GR I/1, S. 235 (294 f.); *Guradze*, Der Stand der Menschenrechte im Völkerrecht, 1956, S. 178; *Schorn*, MRK, Rdnr. 4 f. zu Art. 1; *Tomuschat*, S. 39.

[3] *Partsch*, a.a.O., S. 312; Art. 16 wurde bezeichnenderweise erst vom Sachverständigenausschuß des Ministerrates eingefügt, s. *Partsch*, ebenda, und allgemein zur Entstehungsgeschichte der MRK, a.a.O., S. 245 ff.

[4] Im maßgeblichen englischen und französischen Text „political activity" bzw. „activité politique", vgl. *Partsch*, a.a.O., S. 312.

[5] s. o. § 8 II 2 c aa zu Fn. 49; ähnlich der Umschreibungsversuch bei *Partsch*, a.a.O., S. 312 f.; *Guradze*, a.a.O., S. 211; *Schorn*, a.a.O., Rdnr. 4 zu Art. 16; *Schiedermair*, S. 75.

gleichgesetzt werden. Versuche, den Anwendungsbereich des Art. 16 MRK auf die politische Betätigung mit Zielrichtung auf den Aufenthaltsstaat zu beschränken und den Tatbestand des Art. 16 MRK dem des Art. 18 GG anzugleichen[6], finden weder im Wortlaut des Art. 16 MRK noch in der Systematik der MRK eine Stütze[7]. Die Art. 10 II, 11 II und 17 MRK enthalten so umfangreiche Vorbehalte, daß bei dieser Auffassung Art. 16 überflüssig wäre. Sinn und Zweck des Art. 16 MRK kann es nur sein, über diese Schranken hinaus den Unterzeichnerstaaten die Einschränkung der politischen Betätigung von Ausländern vorzubehalten. Erfaßt wird jede politische Betätigung unabhängig davon, ob sie sich auf den Aufenthalts- oder den Heimatstaat bezieht[8].

Die MRK gewährt Ausländern damit politische Rechte nur unter dem Vorbehalt abweichender innerstaatlicher Regelungen. Da die Bundesrepublik den Vorbehalt durch § 6 AuslG genutzt hat, ist die MRK insoweit ohne Bedeutung. Die weitergehenden Gewährleistungen des GG berührt sie nicht, da sie nach ihrem Art. 60 nur einen Mindeststandard gewährleisten will.

II. Das 1. Zusatzprotokoll zur MRK vom 20. 3. 1952[9] enthält in Art. 3 die Verpflichtung der Vertragsstaaten, in angemessenen Zeitabständen freie und geheime Wahlen durchzuführen. Daraus ergeben sich für Ausländer keine besonderen Rechte, da Art. 3 kein Individualrecht, sondern nur eine Pflicht der Vertragsstaaten begründet[10], die Regelung der Wahlberechtigung aber ihnen überläßt und nicht einmal die allgemeine Wahl fordert[11].

Aus der MRK ergeben sich somit keine politischen Rechte der Ausländer.

---

[6] *Schorn*, Rdnr. 4, 6 zu Art. 16; ihm folgend *Ott*, DemonstrationsR, S. 125 f.; *Ruppel*, S. 120; ähnl. *Klinkhardt*, DVBl. 1965, 467 (471).

[7] So zutr. *Partsch*, a.a.O., S. 312 f.; *Doehring*, ZaöRV 25 (1965), 478 (489 Fn. 48); *Guradze*, a.a.O., S. 211; *ders.*, MRK, Anm. 2 zu Art. 16; *Heuer*, S. 15 f.; *Rolvering*, S. 37; *Schiedermair*, S. 75; *Tomuschat*, S. 39 Fn. 85; *Grabitz*, S. 49 f. Fn. 98; vgl. auch OVG Münster, DÖV 1970, 344 (346).

[8] *Partsch*, a.a.O., S. 313, ist darin zuzustimmen, daß es mit dem Geist der Konvention kaum zu vereinbaren sein dürfte, Angehörige von Vertragsstaaten daran zu hindern, sich in einem anderen Vertragsstaat für die Ziele der MRK einzusetzen; Art. 16 dürfte aber einem solchen Verbot nicht entgegenstehen, da er die politische Betätigung von Ausländern vollständig der innerstaatlichen Regelung überläßt.

[9] ZustimmungsG v. 20. 12. 1956, BGBl. II S. 1879.

[10] *Partsch*, a.a.O., S. 477 f. mit Nachw. aus der Spruchpraxis der Kommission; *Guradze*, Der Stand der Menschenrechte, S. 166, 228.

[11] Vgl. *Partsch*, a.a.O., S. 477 f. mit Nachw. aus der Spruchpraxis der Kommission. Zwar gilt über Art. 5 des Zusatzprotokolls das Diskriminierungsverbot des Art. 14 MRK (dazu *Partsch*, a.a.O., S. 478 f.), ebenso aber Art. 16, der in seinem Anwendungsbereich das Diskriminierungsverbot verdrängt.

§ 15 Die Menschenrechtsdeklaration der Vereinten Nationen vom 10. 12. 1948[1]

Diese Deklaration anerkennt in Art. 19, 20 die Meinungs-, Versammlungs- und Vereinigungsfreiheit ohne einen dem Art. 16 MRK entsprechenden Vorbehalt für jedermann. Dagegen ist das Wahlrecht und der Zugang zu öffentlichen Ämtern in Art. 21 auf den jeweiligen Heimatstaat beschränkt.

Rechte für die Ausländer ergeben sich daraus aber nicht, da die Deklaration nach ihrer Präambel keinen normativen Geltungsanspruch hat, sondern nur das „zu erreichende gemeinsame Ideal" darstellt. Nach zutreffender allgemeiner Meinung[2] ist die Deklaration deshalb nur ein Programmsatz ohne Rechtsverbindlichkeit.

§ 16 Die Konvention über bürgerliche und politische Rechte

Nach langen Vorarbeiten[1] beschloß die Generalversammlung der Vereinten Nationen am 16. 12. 1966 die Konvention über bürgerliche und politische Rechte[2]. Art. 19, 21, 22 der Konvention gewährleisten jedermann (everyone) die Meinungs-, Versammlungs- und Vereinsfreiheit, während Art. 15 das Wahlrecht und den Zugang zu öffentlichen Ämtern nur für „every citizen" gewährleistet. Art. 26 enthält ein individualrechtlich formuliertes Diskriminierungsverbot[3], das die nationale Herkunft (national origin) und damit wohl auch die Staatsangehörigkeit umfaßt.

Die Annahme des Konventionstextes durch die Generalversammlung begründet noch keine Verpflichtung für die Mitgliedsstaaten. Nach Art. 49 I tritt die Konvention erst nach der Hinterlegung der 35. Ratifizierungsurkunde in Kraft. Da weder diese 35 Ratifikationen bislang

---

[1] Text abgedruckt bei *Berber*, Völkerrecht, Dokumentensammlung Bd. 1, Friedensrecht, 1967, S. 917 ff.

[2] Statt vieler *Dahm*, Völkerrecht I, 1958, S. 429 f.; *Khol*, Der Menschenrechtskatalog der Völkergemeinschaft, 1968, S. 25 f.; *Kimminich*, ArchVR 10 (1962/63), 132 (138); *Tomuschat*, S. 17 mit Nachw. in Fn. 16; *Hesse*, VerfR, S. 115 Fn. 2; *Ruppel*, S. 114 f. mit Nachw.

[1] Vgl. *Guradze*, Der Stand der Menschenrechte, S. 146; *Khol*, a.a.O., S. 33; *Dahm*, a.a.O., S. 430 f.

[2] Originaltitel: International Convenant on Civil and Political Rights; englischer Originaltext in American Journal of International Law 1967, S. 870 ff.; UNYB 1966, 405 ff.; deutscher Text bei *Khol*, a.a.O., S. 59 ff.; die hier interessierenden Artikel sind auch bei *Tomuschat*, S. 67 ff. abgedruckt.

[3] Neben dem des Art. 2, der nur eine gegenseitige Verpflichtung der Staaten enthält.

erfolgt sind noch die Bundesrepublik die Konvention ratifiziert hat, ergeben sich aus ihr keine politischen Rechte für die Ausländer in der BRD[4].

§ 17 Das allgemeine Völkerrecht

Nachdem das partikulare Völkerrecht nirgendwo ein Recht des Ausländers auf politische Betätigung kennt[1], bleibt zu untersuchen, ob wenigstens das allgemeine Völkerrecht ein solches Recht enthält.

In der neueren Völkerrechtslehre ist die partielle Völkerrechtsfähigheit des Individuums anerkannt[2]. Im völkerrechtlichen Fremdenrecht hat sie ihren Niederschlag in der Lehre vom Mindeststandard gefunden, die sich gegen die Lehre von der Inländergleichbehandlung durchgesetzt hat. Zum Mindeststandard gehört nach allgemeiner Meinung — mit Differenzen in der Detailformulierung — nur die Einräumung einer angemessenen Stellung im bürgerlichen und wirtschaftlichen Leben; hierzu werden gerechnet das Recht auf Leben und körperliche Unversehrtheit, die Anerkennung als Rechtssubjekt und der Fähigkeit zum Rechtserwerb, die Gewissensfreiheit, das Recht auf Eheschließung, Öffnung des Rechtsweges u. ä. Vollkommen einig ist man sich darüber, daß keines der hier behandelten politischen Rechte zum völkerrechtlichen Mindeststandard gehört[3] und daß das allgemeine Völkerrecht die Einräumung der politischen Rechte für Ausländer nicht gebietet, sondern den Staaten die Möglichkeit beläßt, Ausländern diese Rechte zu gewährleisten oder völlig[4] zu versagen.

---

[4] Ob dies bei Inkrafttreten der Konvention der Fall wäre, erscheint angesichts des weiten Vorbehalts zum Schutz der „national security and public order (ordre public)“ in Art. 19 III, 21 S. 2, 22 II fraglich; verneinend *Thomsen*, S. 6; skeptisch auch *Rolvering*, S. 27; vgl. auch *Tomuschat*, S. 23.

[1] s. schon oben § 2 III 5 und näher *Kimminich*, ArchVR 10 (1962/63), 132 (138 ff.); *Tomuschat*, S. 17 ff., 39 f. mit Nachw., vgl. auch S. 15 mit Fn. 8.

[2] Vgl. statt vieler *Doehring*, Fremdenrecht, S. 9 ff., 38 ff., 68 ff., 103 ff. mit Nachw.; *Dahm*, a.a.O., S. 72, 413; *Tomuschat*, S. 12 f.

[3] *Berber*, Völkerrecht I, S. 380 ff.; *Dahm*, a.a.O., S. 503 ff., 501; *Doehring*, a.a.O., S. 70 ff., 80 ff., mit zahlr. Nachw; *ders.*, ZaöRV 25 (1965), 478 (481 f.); *Kimminich*, ArchVR 10, 132 (136 f.); *ders.*, Asylrecht, S. 55 ff.; *ders.*, BK (Zweitbearb.), Rdnr. 5 ff. zu Art. 74 Nr. 4; *Kraus*, Gedächtnisschrift für W. Jellinek (1955), S. 89 (92 f.); *Schindler*, Gleichberechtigung von Individuen als Problem des Völkerrechts, 1957, S. 28 ff.; *Tomuschat*, S. 13 f.; *Ipsen*, GR II, S. 111 (135); *Maunz*, Kommentar, Rdnr. 27 zu Art. 16; *Moser*, ZSR NF 86 (1967) II, 325 (333 ff.); *Heuer*, S. 15; *Marxen*, S. 41; *Schiedermair*, S. 29; *Forch*, S. 60 f.; *Milke*, S. 24 f.; *Rolvering*, S. 22 ff.; *Ruppel*, S. 84 ff.; zum Mindeststandard s. auch BVerwGE 22, 66 (69); *Grabitz*, S. 13 f.

[4] *Kimminich*, Asylrecht, S. 149, 172; *Tomuschat*, S. 40; ebenso der Schriftl. Bericht des Innenausschusses zum Entwurf des AuslG, BT-Drucks. IV/3013, S. 4. — Es besteht keine Pflicht des Aufenthaltsstaates, der auf den Heimatstaat bezogenen politischen Betätigung von Ausländern besondere Schranken

Auch die im allgemeinen Völkerrecht anerkannten Menschenrechte enthalten kein politisches Recht[5]. Sie sind identisch mit den Rechten des Mindeststandards, da auch diese aus der Menschenwürde hergeleitet werden, die keine Differenzierung nach der Staatsangehörigkeit kennt[6]. Weder aus der allgemeinen Menschenrechtserklärung von 1948 noch aus der Verabschiedung des Vertrages über Bürgerrechte und politische Rechte durch die Vereinten Nationen folgt etwas anderes. Die allgemeine Menschenrechtserklärung enthält, wie schon dargelegt, nur eine allgemeine Zielprojektion und kein geltendes allgemeines Völkerrecht. Auch die Konvention von 1966 kodifiziert nicht geltendes Völkerrecht, sondern soll gerade den gegenwärtigen Rechtszustand verändern. Nur damit sind die langwierige Vorgeschichte und die Regelung der Konvention über ihr Inkrafttreten in Art. 49 I zu erklären[7].

Als Ergebnis ist somit zu konstatieren, daß das allgemeine Völkerrecht keine politischen Rechte der Ausländer anerkennt. Die Gewährleistung dieser Rechte ist der staatlichen Rechtssetzung anheimgestellt. Die im 2. Abschnitt dargestellte innerdeutsche Rechtslage kollidiert also nicht mit dem Völkerrecht.

§ 18 Die Inkorporierung des allgemeinen Völkerrechts in die deutsche Rechtsordnung durch Art. 25 GG

Obwohl es sich um eine Frage des deutschen und nicht des Völkerrechts handelt, ist an dieser Stelle kurz auf die Bedeutung des Art. 25 GG einzugehen. Nach ihm hat der allgemeine Völkerrechtssatz von den fehlenden politischen Rechten des Ausländers innerstaatliche Gel-

---

aufzuerlegen, vgl. *Kimminich*, ArchVR 10, 132 (156 f.); *Tomuschat*, S. 27 ff. mit Nachw. Die Freiheit des Aufenthaltsstaates hat ihre Grenze in seiner völkerrechtlichen Verantwortlichkeit für die politische Betätigung Privater; nach wohl h. M. ist der Staat nur verpflichtet, Kriegspropaganda gegen andere Staaten und ehrverletzende Propaganda gegen die diplomatischen und konsularischen Vertreter im Aufenthaltsstaat zu verhindern, vgl. bes. ausführlich *Kimminich*, a.a.O., S. 155 ff. *ders.*, Asylrecht, S. 57 ff.; *Tomuschat*, S. 31 ff.; *Thomsen*, S. 12 ff., alle mit Nachw.; *H. W. Bayer*, DÖV 1968, 709 (712 f.); *Heuer*, S. 39; *Rolvering*, S. 19 ff.; ebenso Art. 20 der Konvention über die bürgerlichen und politischen Rechte. Da die Bundesrepublik dieser Pflicht durch Art. 26 GG, § 103 StGB Genüge getan hat (*Tomuschat*, S. 32, 38), treten keine Kollisionen auf.

[5] s. etwa *Dahm*, a.a.O., S. 413, 442 ff.; *Doehring*, Fremdenrecht, S. 80 ff.; *Khol*, a.a.O., S. 24 ff.; *Tomuschat*, S. 16 ff.; *Wengler*, Völkerrecht II, S. 1023 ff.; für die Versammlungsfreiheit a. A. *Ott*, DemonstrationsR, S. 24; dagegen zutr. *Tomuschat*, S. 20 Fn. 27; *Thomsen*, S. 39.

[6] Zu den Zusammenhängen zwischen Mindeststandard und Menschenrechten *Doehring*, a.a.O., S. 12, 70 ff.

[7] Zutr. *Tomuschat*, S. 23; *Khol*, a.a.O., S. 27.

tung mit Vorrang vor den Bundesgesetzen. Damit stellt sich die Frage nach dem Verhältnis dieses Rechtssatzes zu den im 2. Abschnitt behandelten Normen. Die Lösung scheint von der umstrittenen Frage des innerstaatlichen Ranges der durch Art. 25 übernommenen Normen[1] abhängig zu sein: Haben sie Über-Verfassungsrang, gehen sie allen Normen des GG vor[2]. Haben sie Verfassungsrang, so stellt sich die Frage ihrer Spezialität. Stehen sie zwischen Verfassungs- und einfachem Gesetzesrecht, geht das Verfassungsrecht vor. Gegenüber dem einfachen Gesetzesrecht ergibt sich der Vorrang aus Art. 25 S. 2.

Ausgehend von der Rangfrage hat *Doehring* seine Lehre von der Spezialität des Art. 25 und der von ihm erfaßten Normen entwickelt: Die in das innerstaatliche Recht übernommenen Sätze des allgemeinen völkerrechtlichen Fremdenrechts haben nach ihm Verfassungsrang[3] und gehen als leges speciales dem Fremdenrecht des GG vor, soweit dieses nicht seinerseits Spezialnormen enthält, die eine Differenzierung zwischen Deutschen und Ausländern prima facie statuieren oder untersagen. Wo dies nicht der Fall ist, richtet sich das Maß zulässiger Differenzierung nach dem inkorporierten völkerrechtlichen Fremdenrecht, das als lex specialis Art. 3 vorgeht und diesen ausfüllt[4]. Das bedeutet, daß die Differenzierung auch im Rahmen des Art. 3 bis zur Grenze des völkerrechtlichen Mindeststandards zulässig ist.

Es ist hier nicht der Ort, auf *Doehrings* Prämissen und Thesen im einzelnen einzugehen[5]. Selbst wenn man ihnen folgt, sind sie für den Gegenstand dieser Arbeit ohne sachliche Bedeutung:

Wie schon früher ausgeführt wurde[6], schließt Art. 3 auch ohne Berücksichtigung von Art. 25 die Differenzierung nach der Staatsangehörigkeit bei der Gewährleistung politischer Rechte nicht aus. Außerdem enthält das GG, wie schon mehrfach angedeutet[7], im Grundrechtsabschnitt eine eindeutige Regelung der jeweiligen Rechtsinhaberschaft. Das „System" der Jedermann- und Deutschen-Rechte beinhaltet eine bewußte und gewollte differenzierte Regelung des Kreises der Grundrechtsträger. Die Jedermann-Rechte sind spezielle Gleichheitssätze sowohl gegenüber Art. 3 als auch gegenüber Art. 25 und verbieten eine Differenzierung nach der Staatsangehörigkeit, so wie die Deutschen-

---

[1] Ungenau die Terminologie bei *Doehring*, Fremdenrecht, S. 173; *Thomsen*, S. 72, die vom Rang des Art. 25 sprechen. Dieser hat mit Sicherheit Verfassungsrang. Zur Rangfrage eingehend *Doehring*, a.a.O., S. 173 ff. mit vielen Nachw.

[2] *Doehring*, a.a.O., S. 173; unzutr. *Thomsen*, S. 72.

[3] a.a.O., S. 173 ff., bes. S. 181 ff.

[4] *Doehring*, a.a.O., S. 168, 183, 186 f., bes. S. 188 ff., 191 ff., 204; s. auch S. 16.

[5] Vgl. die Kritik bei *Rolvering*, S. 56 ff.; *Thomsen*, S. 72 ff.

[6] s. o. § 4 II 4, 5 Text zu Fn. 45 ff.

[7] s. o. § 4 II 5 Text zu Fn. 65; § 7 zu Fn. 33 ff.; § 11 I zu Fn. 19, 26, § 12 I.

Rechte als spezielle Ungleichheitssätze die Differenzierung ausdrücklich zulassen. Für die Deutschen-Rechte hat *Doehring* dies ausdrücklich festgestellt, wenn er sagt, das GG habe die Differenzierung insoweit schon vorgenommen, so daß der allgemeine Gleichheitssatz nur noch für die Differenzierung innerhalb der Gruppe der Fremden von Bedeutung sei[8]. Konsequenterweise muß dann in den Jedermann-Rechten eine Spezialprivilegierung der Ausländer kraft originären deutschen Rechts[9] gesehen werden[10].

Dieses Ergebnis wird durch eine weitere Überlegung bestätigt: Der allgemeine Völkerrechtssatz lautet nicht nur dahingehend, daß Ausländer keine politischen Rechte haben. Gleichrangig daneben steht der Satz, daß die Staaten weder gehindert noch verpflichtet sind, solche Rechte zu gewährleisten. Auf völkerrechtlicher Ebene bedeutet dies, daß die politischen Rechte der Ausländer ausschließlich dem innerstaatlichen Recht zu entnehmen sind. Wird dieser Satz ins innerstaatliche Recht inkorporiert, so kann er nur bedeuten, daß für die politischen Rechte der Ausländer ausschließlich das sonstige einschlägige innerstaatliche Recht maßgebend ist, daß anderweitige Verbürgungen unberührt bleiben. Wegen dieser Subsidiarität haben auch einfachgesetzliche Regelungen trotz des in Art. 25 S. 2 statuierten Vorranges des allgemeinen Völkerrechts ihre ungeschmälerte Bedeutung, weil eben nur die Unterschreitung des Mindeststandards unzulässig ist[11].

Es ist daher weder mit Art. 25 noch mit den Jedermann-Rechten des GG zu vereinbaren, wenn *Schiedermair*[12] im Anschluß an *Doehring* unter gründlicher Verkennung von dessen differenzierter These meint, Art. 25 sei lex specialis zu allen Grundrechten, so daß sich ein Ausländer auf kein Grundrecht berufen könne, das für ihn nicht auch nach allgemeinem Völkerrecht gewährleistet sei. Schiedermair verkennt völlig, daß sich ein Staat in der Behandlung der Ausländer über das völker-

---

8 a.a.O., S. 189.

9 Vgl. *Doehring,* a.a.O., S. 192.

10 So andeutungsweise auch *Doehring,* a.a.O., S. 167, 190; s. aber auch S. 16 Fn. 48 und S. 200 f. und *ders.,* ZaöRV 25 (1965), 478 (489), wo er meint, Art. 5 I werde durch Art. 25 ausgefüllt; ähnl. *Heuer,* S. 44. Für Art. 3 mag wegen dessen Ausfüllungsbedürftigkeit etwas anderes gelten als für die Einzelgrundrechte, für die *Doehrings* auf Art. 3 zugeschnittene Argumentation nicht paßt. Ähnl. wie hier *Thomsen,* S. 75 ff., der aber andererseits mit unklarer und widersprüchlicher Argumentation in Art. 25 eine immanente Schranke des Art. 5 I sieht (S. 78 f.). Im Prinzip wie hier auch *Tomuschat,* S. 55 f., der zutr. auf *Doehrings* widersprüchliche Äußerungen hinweist.

11 Deshalb hängt die Lösung der Konkurrenzfrage nicht vom Verfassungs- oder vom Überverfassungsrang der durch Art. 25 inkorporierten Normen ab. Nur wenn man Unterverfassungsrang annimmt, ergibt sich schon daraus der Vorrang des GG. Hinsichtlich des einfachen Gesetzesrechts ist das Problem wegen Art. 25 S. 2 stets dasselbe.

12 S. 36 f.; gegen ihn auch *Rolvering,* S. 59 f.; vgl. auch *Thomsen,* S. 77 ff.

rechtliche Minimum hinaus binden kann und daß dies im GG wie auch in einfachen Gesetzen der Bundesrepublik geschehen ist.

Als Fazit ist somit festzustellen, daß Art. 25 die im 2. Abschnitt erörterten Normen unberührt läßt und nichts über die politischen Rechte der Ausländer besagt.

Vierter Abschnitt

Die Einschränkung der politischen Betätigung von Ausländern nach § 6 AuslG

Die bisherigen Erörterungen haben § 6 AuslG außer acht gelassen. Er hat folgenden Wortlaut:

(1) Ausländer genießen alle Grundrechte, soweit sie nicht nach dem Grundgesetz für die Bundesrepublik Deutschland Deutschen vorbehalten sind.

(2) Die politische Betätigung von Ausländern kann eingeschränkt oder untersagt werden, wenn die Abwehr von Störungen der öffentlichen Sicherheit oder Ordnung oder von Beeinträchtigungen der politischen Willensbildung in der Bundesrepublik Deutschland oder sonstige erhebliche Belange der Bundesrepublik Deutschland es erfordern.

(3) Die politische Betätigung von Ausländern ist unerlaubt, wenn sie

1. mit dem Völkerrecht nicht vereinbar ist,
2. die freiheitliche demokratische Grundordnung der Bundesrepublik Deutschland gefährdet oder
3. bestimmt ist, Parteien, andere Vereinigungen, Einrichtungen oder Bestrebungen außerhalb des Geltungsbereichs dieses Gesetzes zu fördern, die mit Verfassungsgrundsätzen der freiheitlichen demokratischen Grundordnung nicht vereinbar sind.

Im folgenden ist diese Vorschrift auszulegen und mit den im 2. Abschnitt erörterten Normen zu konfrontieren.

§ 19 Allgemeines zu § 6 AuslG

I. Allgemeine Problematik

„Gegensätzliche politische Systeme, Einschränkungen der persönlichen Freiheit und soziale Spannungen in zahlreichen Staaten bestimmen die Bedeutung der politischen Betätigung von Ausländern in ihren Gastländern[1].“ Hinzu kommt die Einflußnahme auf die politischen Verhältnisse im Aufenthaltsstaat und auf dessen Außenpolitik gegenüber dem Heimatstaat.

---

1 *Marxen*, Rdnr. 1 zu § 6; s. auch S. 40.

Die politische Betätigung der Ausländer in der Bundesrepublik kann mannigfache außen- und innenpolitische Probleme aufwerfen[2]: Ist sie gegen den Heimatstaat gerichtet, so werden besonders totalitäre Regime an die BRD mit dem Anliegen herantreten, diese Tätigkeit zu unterbinden, auch wenn die Voraussetzungen der völkerrechtlichen Haftung nicht vorliegen. Innenpolitisch sind Unmutsreaktionen der Bevölkerung über die „Einmischung" von Ausländern in die inneren Angelegenheiten der Bundesrepublik und über die Austragung andernorts begründeter politischer Spannungen in der BRD nicht auszuschließen.

Andererseits besteht zumindest teilweise ein legitimes Interesse der Ausländer an politischer Betätigung, das in der Bundesrepublik in dem im 2. Abschnitt aufgezeigten Umfang rechtliche Anerkennung gefunden hat.

Diesen Interessenkonflikt versucht § 6 AuslG zu lösen, wobei er nicht den in vielen Ländern üblichen Weg[3] geht, Ausländern ohne weiteres jegliche politische Betätigung zu untersagen oder diese Untersagung zu ermöglichen. Rechtsstaatlichkeit und demokratische Glaubwürdigkeit der Bundesrepublik nach innen wie nach außen hängen wesentlich davon ab, wie sie die Probleme der politischen Betätigung von Ausländern löst[4].

II. Seitherige Praxis

Geht man von der veröffentlichten Judikatur aus, scheint die praktische Bedeutung des § 6 AuslG bislang gering zu sein. Lediglich der

---

[2] Vgl. den Schriftlichen Bericht des Innenausschusses zum Entwurf des AuslG (Abg. Rollmann), BT-Drucks. IV/3013 S. 3 f. (hinfort zit. Schriftl. Bericht).

[3] Politische Betätigung ist Ausländern gänzlich verboten in Japan und den lateinamerikanischen Staaten, vgl. *Tomuschat*, S. 15 mit Fn. 8.

Ohne eine dem § 6 AuslG entsprechende Regelung wird in Frankreich ein Recht der Ausländer auf politische Betätigung verneint, *Heuer*, S. 55; *Tomuschat*, S. 15 f.

In der Schweiz ist Flüchtlingen jede politische Betätigung untersagt, politische Reden von Ausländern sind genehmigungspflichtig; politische Vereine sind meldepflichtig, sie dürfen sich nicht in schweizerische Verhältnisse einmischen; ihre Tätigkeit kann eingeschränkt oder sie können verboten werden, wenn die innere oder äußere Sicherheit oder die Neutralität der Schweiz es erfordern. Geschlossene Versammlungen von Ausländern können für bewilligungspflichtig erklärt und überwacht werden, vgl. *H. Huber*, Festschrift für Jahrreiß (1964), S.101 (103 mit Fn. 9); *Tomuschat*, S. 15; *Heuer*, S. 55, 57.

In Österreich, den Niederlanden, Frankreich, Belgien, Großbritannien und USA weist man bei unliebsamer politischer Betätigung aus (*Tomuschat*, S. 56, 64 f.), während man in Dänemark die Aufenthaltserlaubnis mit dem Verbot politischer Betätigung koppeln kann (*Heuer*, S. 57), wie es im Fall Dutschke auch in Großbritannien geschehen ist. Bei Verstoß gegen die Auflage wird ausgewiesen. Zur Rechtslage in den Mitgliedsstaaten der EWG s. auch *Grabitz*, S. 48 ff.

VGH *Baden-Württemberg*[5] und das OVG *Münster*[6] hatten sich mit seiner Auslegung zu befassen. Bezeichnenderweise handelte es sich in beiden Fällen um Verfügungen anläßlich des Schahbesuches im Juni 1967. Dieser scheint die große Stunde des § 6 AuslG gewesen zu sein, wie sich aus *Heldmanns*[7] Darstellung entnehmen läßt: Neben zum Teil außerordentlich weitgehenden Meldepflichten wurde ausländischen Studenten in den Städten Düsseldorf, Wiesbaden, Bonn, Köln, Solingen, Leverkusen auferlegt, für bestimmte Tage jegliche politische Betätigung zu unterlassen. Teilweise wurde die Teilnahme an Demonstrationen gegen die innenpolitischen Verhältnisse des Iran unbefristet verboten. Regelmäßig wurde die sofortige Vollziehung der Verfügung angeordnet und für die Nichtbeachtung Gefängnisstrafe bis zu 1 Jahr (§ 47 AuslG), Ausweisung oder sofortige Abschiebung angedroht. Teilweise hat man auch nicht versäumt, im Reisepaß des Betroffenen einen entsprechenden Vermerk anzubringen[8].

Aufgrund welch' zweifelhafter Tatsachen solche Verfügungen teilweise ergingen, zeigt das Urteil des VGH *Baden-Württemberg*[9] in anschaulicher Weise. Unabhängig von den zugrunde liegenden Tatsachenfeststellungen ist die Rechtmäßigkeit solcher Verfügungen nach den bisherigen Ausführungen zweifelhaft. Die Auslegung des § 6 AuslG und seine erforderliche Zuordnung zum Verfassungsrecht scheinen die Ausländerbehörden häufig zu überfordern[10].

III. Entstehungsgeschichte

§ 6 AuslG ist im deutschen Ausländerrecht ohne Vorbild. Die früheren Ausländerpolizeiverordnungen enthielten keine entsprechenden Rege-

---

4 *Marxen*, Rdnr. 1 zu § 6; ähnl. *Klinkhardt*, DVBl. 1965, 467 (470).

5 NJW 1969, 2109 ff. = DÖV 1970, 95 ff. = DVBl. 1970, 511 ff.

6 DÖV 1970, 344 ff. (nicht rechtskräftig); die Entscheidung des OVG Münster in OVGE 21, 300 ff. erging noch zur APVO, aber im Vorgriff auf § 6 AuslG.

7 Vorgänge 1970, 124 (127) = studentische politik, S. 33 (35 f.); ähnl. der Sachverhalt in BaWüVGH, a.a.O.; vgl. auch den oben § 12 Fn. 5 geschilderten Fall; s. auch *Ott*, DemonstrationsR, S. 124: Die Stadt Köln hatte eine Kundgebung der Conföderation Iranischer Studenten gegen die Verhaftung iranischer Studenten mit der Begründung verboten, sie störe die freundschaftlichen Beziehungen der BRD zum Iran.

8 Vgl. die Beispiele bei *Jörg*, DVBl. 1965, 471 (472 Fn. 1), vor dem AuslG.

9 Allerdings nur der Abdruck in DÖV 1970, 95 ff., der einen ausreichenden Tatbestand enthält und die deutlichen Sätze des Gerichts (bes. auf S. 97) nicht verschweigt wie der Abdruck in NJW 1969, 2109 ff. Vgl. zu diesem Urteil auch den zustimmenden Bericht bzw. Kommentar in *Die Welt* Nr. 273 v. 24. 11. 1969 S. 24 („Der Ausländerpolizei genügte es, daß der Perser ein Perser war"). Gegen diese Entscheidung aber *Heuer*, S. 67.

10 Vgl. die anschauliche Darstellung der Anwendungsprobleme bei *Heuer*, S. 21 ff., die allein schon die Problematik einer solchen Norm aufzeigen.

lungen. Nach § 3 III, IV der APVO von 1938 konnte allerdings auch die politische Betätigung durch Auflagen und Bedingungen zur Aufenthaltserlaubnis eingeschränkt werden[11], was zu der Streitfrage führte, ob dies auch für die Ausländer gelte, die keiner Aufenthaltserlaubnis bedurften[12].

Der Regierungsentwurf zum AuslG vom 28. 12. 1962[13] enthielt keine dem § 6 AuslG entsprechende Regelung. Der Bundesrat empfahl im ersten Durchgang auf Drängen Bayerns[14], die Untersagung unerwünschter politischer Tätigkeit von Ausländern zu ermöglichen[15]. Die Bundesregierung stimmte dem Vorschlag zu, wies aber auf die Schwierigkeit einer praktikablen Abgrenzung hin[16]. Erst in der parlamentarischen Beratung fügte der federführende Innenausschuß einstimmig (!) den jetzigen § 6 ein[17] und begründete dies in seinem schriftlichen Bericht eingehend. Bemerkenswert ist, daß er sich frei von jeder verfassungsrechtlichen Bindung wähnte, wenn er ausführte:

„Erhebliche Interessen des Gastlandes können also dafür sprechen, Ausländern jede politische Betätigung zu untersagen, ohne daß hierdurch irgendwelche Rechte der Ausländer beeinträchtigt würden. Ein Recht auf politische Betätigung steht ihnen weder nach dem Völkerrecht noch auf Grund des Verfassungsrechts der Bundesrepublik Deutschland zu[18]."

Dies wurde insbesondere damit begründet, daß Art. 5 I kein Recht auf politische Betätigung gewährleiste[19].

Daß diese Behauptungen falsch sind[20], haben die bisherigen Erörterungen zum GG gezeigt. Ob sich dieser Geburtsfehler des § 6 AuslG bei der Auslegung auswirkt und ggf. beheben läßt, ist im folgenden zu untersuchen.

---

[11] Vgl. Schriftl. Bericht S. 4; *Heuer,* S. 18; *Kanein,* Anm. A 1 zu § 6; *Klinkhardt,* DVBl 1965, 467 (468); *Marxen,* Rdnr. 3 zu § 6.

[12] *Marxen,* a.a.O.

[13] BT-Drucks. IV/868.

[14] *Kanein,* a.a.O. und DVBl. 1966, 617 (619); die Vermutung liegt nahe, daß er selbst maßgeblich an dieser Anregung beteiligt war.

[15] BT-Drucks. IV/868 S. 21; dagegen äußerte die hessische Landesregierung Bedenken wegen der Einschränkung von Grundrechten der Ausländer, vgl. *Doehring,* ZaöRV 25 (1965), 478.

[16] a.a.O., S. 24.

[17] Schriftl. Bericht, S. 4.

[18] Ebenda; der Bericht ist auszugsweise abgedruckt bei *Kloesel-Christ,* S. 1 ff. zu § 6; *Marxen,* zu § 6; *Schiedermair,* Anm. 2 zu § 6. Ähnl. wie der Schriftl. Bericht schon die Begründung der Regierungsvorlage, BT-Drucks. IV/868 Anhang S. 9, abgedruckt bei *Weißmann,* S. 26 ff.

[19] Schriftl. Bericht, S. 4; zur Entstehungsgeschichte *Heuer,* S. 18 f.; *Kanein,* Anm. A 1 zu § 6; *Rolvering,* S. 80 ff.

[20] So ausdrücklich auch *Klinkhardt,* DVBl. 1965, 467 (468); *Tomuschat,* S. 52.

§ 20 Die Bedeutung des § 6 I AuslG

§ 6 I AuslG wiederholt eine Selbstverständlichkeit, die sich schon aus dem GG ergibt, er hat nur deklaratorische Bedeutung[1]. Gleichzeitig bestätigt er die im 2. Abschnitt vorgenommene Auslegung der Grundrechte und stellt vor allem klar, daß Ausländern die Rechte aus Art. 5 I ungeschmälert zustehen[2].

§ 21 Der Tatbestand des § 6 II AuslG

I. Politische Betätigung

Unter politischer Betätigung ist im Rahmen des § 6 II AuslG dasselbe zu verstehen wie bei § 14 VereinsG, so daß auf die dortigen Ausführungen verwiesen werden kann[1].

II. Störung der öffentlichen Sicherheit oder Ordnung

Dieses Tatbestandsmerkmal ist nach einhelliger und zutreffender Meinung[2] identisch mit dem Begriff des allgemeinen Polizeirechts. Wann eine Beeinträchtigung dieser Rechtsgüter vorliegt, ist keine spezielle Frage des Ausländerrechts. Gleichwohl ist kurz auf einige Äußerungen der Kommentarliteratur zu § 6 AuslG einzugehen[3], da sie eine bemerkenswerte Unsicherheit und Irrationalität offenbaren und da die Ausländerbehörden geneigt sein werden, sich bei ihren Entscheidungen auf die Kommentare zum AuslG zu stützen.

---

1 *Tomuschat*, S. 40 f.; *Heldmann*, studentische politik, S. 9 (14); *Marxen*, Rdnr. 4 zu § 6; *Weißmann*, Anm. 3 zu § 6, *Rolvering*, S. 82.

2 Auch § 6 I AuslG spricht also gegen die Meinung von *Tomuschat*, S. 56 ff.; dazu oben § 7.

1 s. o. § 8 II c aa zu Fn. 49 ff. Vgl. auch *Tomuschat*, S. 49, der politische Betätigung vom Erfolg her bestimmt: Jedes Verhalten mit Ausnahme rein privatrechtlicher Akte, das für die BRD als Staatswesen relevant ist, ist politisch i. S. v. § 6 AuslG.

2 *Tomuschat*, S. 47; *Erbel*, JuS 1971, 34; *Forch*, S. 80; *Klinkhardt*, DVBl. 1965, 467 (471); *Rolvering*, S. 84; *D. Böckenförde*, S. 29; *Kloesel-Christ*, Anm. 2; *Kanein*, Anm. B 3; *Marxen*, Rdnr. 10; *Schiedermair*, Anm. 7; *Weißmann*, Anm. 5, alle zu § 6; ebenso die Allgemeinen Verwaltungsvorschriften zur Ausführung des AuslG (AuslGVwv) vom 7. 7. 1967 (GMBl. S. 231) in Nr. 3 zu § 6.

3 s. auch schon oben § 8 II 2 c Fn. 100.

Wenig problematisch ist die Verletzung der öffentlichen Sicherheit durch politische Betätigung, weil hier im allgemeinen eine Verletzung strafrechtlicher Normen vorliegen wird[4].

Unsicherheit besteht dagegen bei der Bestimmung der öffentlichen Ordnung. *Kanein*[5] konzediert einerseits, daß die Betätigung von Ausländern mit friedlichen Mitteln gegen die totalitäre Regierung ihres Heimatstaates keine Störung der öffentlichen Ordnung sei. Andererseits nimmt er dies an bei Agitation in Betrieben, z. B. bei „Aufhetzung oder Verhetzung ausländischer Arbeitnehmer mit klassenkämpferischen Parolen zur Störung des Arbeits- und Betriebsfriedens; Verteilung von Flugblättern ... vor Universitäten oder in verkehrsreichen Straßen" (!)[6]. Nach *Kloesel-Christ*[7] genügt es, daß die Betätigung des Ausländers geeignet ist, erhebliche Unruhe in der Bevölkerung zu erzeugen. Außerdem soll es genügen, einen wilden Streik oder die Beeinträchtigung des Verkehrs durch Menschenansammlungen und Sitzstreiks hervorzurufen. Für *Marxen*[8] ist der Tatbestand durch Demonstrationen bei Staatsbesuchen[9], Sitz- und Hungerstreiks erfüllt, während sich *Weißmann*[10] mit der allgemeinen Formel begnügt, die politische Betätigung habe sich in den für einen Gast angemessenen Grenzen zu halten.

Es ist offensichtlich, daß nicht alle genannten Beispiele eine Verletzung der öffentlichen Ordnung im herkömmlichen Sinne[11] darstellen. Dies wäre nur dann der Fall, wenn man die gleiche Betätigung Deutscher unter die für sie gleichermaßen geltende polizeiliche Generalklausel subsumieren könnte, wovon zumindest beim Verteilen von Flugblättern, bei Unruhe in der Bevölkerung[12], bei wilden Streiks als rein privatrechtlichen Maßnahmen und bei Hungerstreiks nicht die Rede sein kann, auch wenn man die Grundrechte vorerst außer acht läßt. Es kann nicht Aufgabe dieser Arbeit sein, einen Codex ungeschriebener Verhaltenspflichten im politischen Tageskampf zu entwickeln. Sinnvolle Abgrenzungen werden sich wohl nur durch den Rückgriff auf die hinter den Gemeinschaftsgütern stehenden Individualrechtsgüter[13] sowie auf die in den Art. 9 II, 18, 21 II und 2 I zum Ausdruck kommenden Grenzen politischer Betätigung finden lassen.

---

[4] z. B. §§ 80—109 k, 113 ff., 123 ff., 129, 130, 131, 185, 223, 240, 303 StGB; vgl. die Beispiele bei *Kanein*, Anm. B 3 a zu § 6; *Marxen*, Rdnr. 10 zu § 6.

[5] Anm. B 3 zu § 6; ebenso *Heuer*, S. 41 f.; *Tomuschat*, S. 62.

[6] Anm. B 3 b zu § 6; ähnl. *Forch*, S. 80.

[7] Anm. 2 zu § 6.

[8] Rdnr. 10 zu § 6.

[9] So auch *Schiedermair*, Anm. 7 zu § 6.

[10] Anm. 5 zu § 6.

[11] Dazu *Drews - Wacke*, Allgemeines Polizeirecht, 7. Auflage, 1961, S. 73 ff.; *Ule - Rasch*, Allgemeines Polizei- und Ordnungsrecht, 1965, Rdnr. 11 ff. zu § 14 PVG, je mit Nachw.

[12] Ebenso *Rolvering*, S. 85.

[13] Vgl. *Herzog*, Kommentar, Rdnr. 265 f. zu Art. 5.

III. Die Beeinträchtigung der politischen Willensbildung in der Bundesrepublik

Nach dem eindeutigen Wortlaut wird nur die Willensbildung in der Bundesrepublik und nicht die im Heimatstaat erfaßt. Der Begriff dürfte in Anlehnung an Art. 21 I gewählt worden sein[14], so daß darunter entsprechend den Ausführungen zu Beginn dieser Arbeit[15] die nicht formalisierte, „gesellschaftliche" Meinungs- und Willensbildung des Volkes zu verstehen sein wird, die Bedingung und zugleich Ergebnis der formalisierten Staatswillensbildung ist. Für diese Auslegung spricht auch die Tatsache, daß Ausländern die Mitwirkung an der formalisierten Staatswillensbildung ohnehin weitgehend versagt ist[16], so daß es dazu keines besonderen Verbotes bedarf.

Eine Beeinträchtigung der politischen Willensbildung wird zum Teil in der bloßen Einflußnahme von Ausländern auch mit formell einwandfreien Mitteln gesehen[17]. Die überwiegende Meinung[18] läßt dafür nur die Beteiligung mit Mitteln und in Formen genügen, die nach allgemeiner Auffassung zur Verfolgung politischer Ziele unangemessen sind. Als Beispiele werden genannt: Störung von Wahlversammlungen, Einwirkungsversuche durch Drohung und Bestechung bis zur Parlamentsnötigung[19], Beeinflussung des parlamentarischen Geschäftsganges

---

14 *Kanein*, Anm. B 3 zu § 6; *Rolvering*, S. 86. Daraus folgt aber nicht der Ausschluß der Willensbildung in den Kommunen, da es politische Willensbildung *in* der BRD heißt und die Gründe, die bei Art. 21 zum Ausschluß der Kommunalpolitik führen, im Rahmen des § 6 AuslG nicht durchgreifen; zutr. *Erbel*, JuS 1971, 34 (36).

15 s. o. § 1 I.

16 s. o. § 6.

17 *Heuer*, S. 36 f.; *Weißmann*, Anm. 5 zu § 6 in reichlich diffusen und eher eine politische Zielprojektion als Gesetzesauslegung darstellenden Ausführungen; ähnl. z. T. *Forch*, S. 81; *Ruppel*, S. 168; andeutungsweise auch *Klinkhardt*, DVBl. 1965, 467 (469): „unmittelbare Beeinflussung der innerstaatlichen demokratischen Willensbildung". Wäre dies richtig, müßte bereits die Tätigkeit einer ausländischen Werbeagentur für eine deutsche Partei (bes. im Wahlkampf) unter § 6 II AuslG fallen; ebenso wohl Parteispenden von Ausländern u. ä. Ähnl. auch *Erbel* (JuS 1971, 34, 37; gegen ihn *Dolde*, JuS 1971, 314, 315), wenn er meint, eine Beeinträchtigung liege immer dann vor, wenn Ausländer nicht nur „in eigener Sache" kritisch und wahrheitsgemäß über die politischen Verhältnisse des Heimatstaates aufklären. Warum jede Teilnahme an der Diskussion über Probleme der BRD eine „Beeinträchtigung" sein soll, deutet *Erbel* nicht einmal an. Er übersieht außerdem, daß jede „Aufklärung" ihren Sinn daraus bezieht, die Meinungsbildung der BRD zu beeinflussen, sei es auch nur dahingehend, sich überhaupt mit den dargestellten Problemen zu befassen. Hinter der „Aufklärung" steht meist auch die Intention, die Meinungsbildung inhaltlich in eine bestimmte Richtung zu lenken. Man denke nur an die „informative" Werbung; zu ihr s. *Lerche*, Werbung und Verfassung, 1967, S. 11 ff., 18 f., 26 ff.

18 *D. Böckenförde*, S. 29; *Kanein*, Anm. B 1; *Kloesel - Christ*, Anm. 2; *Marxen*, Rdnr. 11 je zu § 6; *Forch*, S. 80; *Rolvering*, S. 87 f.; ebenso AuslGVwv Nr. 4 zu § 6; vgl. auch *Tomuschat*, S. 48.

19 *Marxen*, Rdnr. 11 zu § 6; ähnl. *Kloesel - Christ*, Anm. 2 zu § 6.

(auch der kommunalen Vertretungskörperschaften) durch Demonstrationen oder Sitzstreiks, Demonstrationen vor Behörden und Parteibüros[20]. Die zuletzt genannten Beispiele zeigen, wie wenig die Ergebnisse der beiden Meinungen differieren.

Auch ohne Berücksichtigung des GG ist die erste Meinung abzulehnen. Sie legt § 6 II AuslG so aus, als hieße er: „Ausländern kann die Beteiligung an der politischen Willensbildung ... untersagt werden." Das Gesetz enthält aber gerade nicht diesen uneingeschränkten Tatbestand, sondern setzt eine Beeinträchtigung voraus, was nur dahingehend zu verstehen ist, daß nicht jede Beteiligung des Ausländers eine Beeinträchtigung sein kann. Erforderlich ist vielmehr ein gewisses Maß an Rechtswidrigkeit oder Inadäquanz[21], das sich nur aus Inhalt oder Form der politischen Betätigung ergeben kann.

Soweit Zwang, Drohung, Einschüchterung und Bestechung als Beeinträchtigung der politischen Willensbildung angesehen werden, ist dem nicht zu widersprechen. Diese Verhaltensformen stehen aber ohnehin unter Strafandrohung und sind jedermann verboten. Sie fallen schon unter die Störung der öffentlichen Sicherheit. Soweit jede Demonstration vor Behörden oder Parteibüros „unangemessen" sein soll, muß dem widersprochen werden, da dies nicht den Vorstellungen des GG von einer demokratischen Willensbildung entspricht. In Wirklichkeit folgt die Unangemessenheit hier aus der Ausländerbeteiligung, da nicht ernsthaft behauptet werden kann, die Verfolgung politischer Ziele durch Demonstrationen von Deutschen sei unangemessen und stelle eine Beeinträchtigung der politischen Willensbildung dar.

Wenn die öffentliche Ordnung den Schutz aller ungeschriebenen Normen umfaßt, „deren Befolgung nach der herrschenden allgemeinen Auffassung zu den unerläßlichen Voraussetzungen gedeihlichen menschlichen und staatsbürgerlichen Zusammenlebens gehört"[22], so besteht kein nennenswerter Unterschied zu der Formel von der nach allgemeiner Auffassung unangemessenen Form politischer Betätigung. Sie rekurriert auf die Ordnungsnormen des politischen Lebens, die Teil der polizeilichen Generalklausel sind. Die zweite Tatbestandsalternative des § 6 II AuslG hat daher neben der polizeilichen Generalklausel keine eigene tatbestandliche Bedeutung und ist überflüssig[23].

---

20 *Kanein*, Anm. 3 c zu § 6; ähnl. *D. Böckenförde*, S. 29; *Forch*, S. 80; *Schiedermair*, Anm. 8 zu § 6.

21 Insoweit wie hier *Erbel*, a.a.O., ähnl. *Rolvering*, S. 87.

22 *Drews - Wacke*, a.a.O. (Fn. 11), S. 73.

23 a. A. wohl *Rolvering*, S. 88, der aber den Zusammenhang mit der polizeilichen Generalklausel übersieht.

IV. Die sonstigen erheblichen Belange der Bundesrepublik

Die bei der Erörterung des § 14 VereinsG dargestellten Einwände und Auslegungsprobleme[24], denen dieser vage Begriff begegnet, bestehen im Rahmen des § 6 II AuslG gleichermaßen, so daß auf die dortigen Ausführungen zu verweisen ist.

Die ganz h. M. versteht unter Beeinträchtigung sonstiger erheblicher Belange vor allem die Beeinträchtigung der Beziehungen zwischen der Bundesrepublik und anderen Staaten[25], ohne sich allerdings darauf zu beschränken. Auch innenpolitische Belange sollen eine Einschränkung rechtfertigen können[26], so z. B. die „Interessen der Bundesrepublik, eines Landes oder der Allgemeinheit“[27]. Da die Abgrenzung zur polizeilichen Generalklausel nicht vorgenommen wird, liegt der Verdacht nahe, daß jedwedes Interesse ausreicht und die politische Betätigung nach Maßgabe der Staatsraison dann eingeschränkt werden kann, wenn sie schlicht inopportun ist. Dieser Verdacht wird bestätigt durch die Ausführungen von *Kloesel-Christ*[28]: Die auswärtigen Beziehungen sollen bereits dann beeinträchtigt sein, wenn sich die politische Betätigung gegen Regierung, Staatsoberhaupt oder politisches System eines Staates richtet, mit dem die Bundesrepublik freundschaftliche Beziehungen unterhält. Wäre dies richtig, würde § 6 II AuslG den „perfekten Maulkorb“[29] für Ausländer bereit halten.

Wie zu § 14 VereinsG dargelegt wurde, muß der Begriff der erheblichen Belange aus dem jeweiligen Normaufbau heraus bestimmt werden, zumal wenn wie hier nach anderen Tatbestandsmerkmalen von *sonstigen* erheblichen Belangen die Rede ist. Eine Auslegung aus der Gesamtsystematik des AuslG anhand des gleichen Begriffes in den §§ 10 I Nr. 11, 25 I Nr. 1 und der „Belange“ in §§ 2 I, 5 II, III ist ausgeschlossen, da es sich um Normen mit verschiedenen Funktionen handelt und da der Begriff mit ganz unterschiedlichen Tatbestandsmerkmalen kombiniert ist, wie besonders ein Vergleich des § 6 II mit

---

[24] s. o. § 8 II 2 c cc zu Fn. 71 ff.

[25] BaWüVGH, NJW 1969, 2109 (2110); OVG Münster, DÖV 1970, 344 (345); *Heuer*, S. 49 f., s. auch S. 37 ff., 42 ff.; *Forch*, S. 71 f., 81; *Rolvering*, S. 90; *Tomuschat*, S. 49; bes. ausführlich aufgrund historischer Analyse *Thomsen*, S. 68 ff., 71; *D. Böckenförde*, S. 29; *Kanein*, Anm. B 3 d; *Kloesel - Christ*, Anm. 2; *Marxen*, Rdnr. 12; *Schiedermair*, Anm. 9; *Weißmann*, Anm. 5, alle zu § 6; ebenso AuslGVwv Nr. 5 zu § 6; vgl. auch § 9 I RuStG i. d. F. v. 8. 9. 69 (BGBl. I S. 1581): „... erhebliche Belange ..., insbesondere solche der inneren und äußeren Sicherheit sowie der zwischenstaatlichen Beziehungen.“

[26] *Heuer*, S. 50; *Kloesel - Christ*, a.a.O.; *Marxen*, a.a.O.; *Weißmann*, a.a.O.; der Optimismus *Rolverings* (S. 90) ist daher nicht begründet.

[27] *Kanein*, Anm. B 3 zu § 6.

[28] Anm. 2 a. E., 3 am Anfang zu § 6; ähnl. *Schiedermair*, Anm. 9 zu § 6.

[29] *Tomuschat*, S. 12.

§ 10 I AuslG ergibt[30]. Die Auslegung hat daher nur aus dem Zusammenhang mit den beiden anderen Tatbestandsmerkmalen des § 6 II AuslG zu erfolgen.

Da die Beeinträchtigung der politischen Willensbildung gegenüber der polizeilichen Generalklausel keine selbständige Bedeutung hat, entspricht der Tatbestand des § 6 II AuslG dem des § 14 VereinsG[31]. Aus den dort dargelegten Gründen[32] können deshalb auch hier die sonstigen erheblichen Belange nur die gewichtigen außenpolitischen Interessen der BRD sein. Die inneren Angelegenheiten der BRD sind ausschließlich von der polizeilichen Generalklausel erfaßt. Eine andere Auslegung würde die tatbestandliche Aufgliederung des § 6 II AuslG ignorieren und die Bedeutung der polizeilichen Generalklausel unterlaufen[33].

§ 22 Verfassungsrechtliche Problematik des § 6 II AuslG und Konkurrenzen

Schon die Auslegung des § 6 II AuslG aus sich heraus ergab einige Einschränkungen gegenüber der extensiven Auslegung der h. M. Damit ist noch nicht geklärt, ob diese Auslegung mit dem GG vereinbar ist. Zu prüfen ist insbesondere, ob § 6 II AuslG dem rechtsstaatlichen Bestimmtheitsgebot genügt und ob er mit den im 2. Abschnitt gewonnenen Ergebnissen übereinstimmt oder diese modifiziert.

I. Bestimmtheit

Verschiedentlich wird § 6 II AuslG wegen mangelnder tatbestandlicher Prägnanz der sonstigen erheblichen Belange für verfassungswidrig gehalten[1]. Die Problematik ist bereits bei § 14 VereinsG dargestellt[2]. Wie dort ist auch hier die hinreichende Bestimmtheit, wenn auch mit Bedenken, zu bejahen. Keiner der Kritiker vermochte bislang eine präzisere tatbestandliche Umschreibung zu nennen. Zwar ist es sachlich geboten, statt von erheblichen Belangen von *auswärtigen* Belangen zu reden, aber eine wesentliche Präzisierung ist damit nicht verbunden[3]. Die Beeinträchtigung der auswärtigen Beziehungen ist

---

30 Ähnl. *Franz*, DVBl. 1965, 457 (465); *Rolvering*, S. 89 f.
31 s. o. § 8 II 2 c.
32 s. o. § 8 II 2 c cc (zu Fn. 82 ff.).
33 So auch *Rolvering*, S. 90.
1 s. die Nachw. oben § 8 II 2 c cc Fn. 73.
2 s. o. § 8 II 2 c cc.
3 Hinsichtlich der „auswärtigen Belange" in § 7 I AWG wurden die gleichen Bedenken vorgebracht, vgl. *H. W. Bayer*, DÖV 1968, 709 (717).

im voraus kaum überschaubar und dürfte sich auch der Aufgliederung in Falltypen entziehen, da mannigfache, sich stets verändernde politische Umstände und Aspekte für die Beurteilung von wesentlicher Bedeutung sind. Die Generalklausel vermindert die Vorhersehbarkeit des Eingriffs; angesichts der Schwierigkeiten, die einer präziseren Tatbestandsfassung entgegenstehen, muß sie aber wohl doch in Kauf genommen werden[4].

II. Politische Betätigung und Grundrechte

Die Diskussion um § 6 II AuslG orientiert sich auf allen Seiten an bestimmten Vorstellungen von politischer Betätigung, die je nach politischer Provenienz des Autors ausgerichtet sind an politischen Diskussionen, friedlichen Demonstrationen, Hungerstreiks etc. oder an Besetzungen von Konsulaten oder Botschaften, Brandanschlägen, politisch motivierten Nötigungen und politischen Morden[5]. All dies gehört zur politischen Betätigung. Die Unterschiedlichkeit der erfaßten Handlungen zeigt, daß differenzierende Lösungen erforderlich sind.

Das GG kennt kein einheitliches Grundrecht auf politische Betätigung. Dieses ergibt sich, wie schon mehrfach betont wurde, aus dem Zusammenhang und der gegenseitigen Ergänzung derjenigen Grundrechte, die eingangs als politische Rechte qualifiziert wurden[6]. Sie gewährleisten in unterschiedlichem Umfang verschiedene Formen politischer Betätigung, wie sie oben in § 13 gegeneinander abgegrenzt wurden. Dementsprechend unterliegt die politische Betätigung von Ausländern, soweit sie Ausübung dieser politischen Rechte ist, unterschiedlicher verfassungsrechtlicher Gewährleistung. § 6 II AuslG ist deshalb an den einzelnen politischen Grundrechten zu messen.

Soweit es sich um politische Betätigung in Form politisch motivierter Straftaten oder durch Benutzung illegitimer Druckmittel handelt[7], besteht auch für Deutsche kein Grundrechtsschutz. Das Verbot ergibt sich aus der Strafnorm, § 6 II AuslG ist hierfür überflüssig. Gegen bevorstehende Straftaten kann schon nach allgemeinem Polizeirecht eingeschritten werden, so daß keine Sonderregelungen für Ausländer erforderlich sind. Eine Verbotsverfügung nach § 6 II AuslG wird in aller Regel

---

[4] Ähnl. wie hier *Tomuschat*, S. 49; *Erbel*, JuS 1971, 34 (35); *Heuer*, S. 48—52, aber viel zu verharmlosend.

[5] Vgl. die typische Gegenüberstellung bei *Heuer*, S. 32—34.

[6] s. BVerfGE 20, 56 (98) und oben § 1 I.

[7] Zum Einsatz wirtschaftlicher Macht im Rahmen des Art. 5 I BVerfGE 25, 256 (264 f.) (Blinkfüer).

keine Straftat verhindern können[8]. Dies ist auch nicht der Sinn dieser Norm. Ihre Bedeutung liegt darin, daß sie die grundsätzliche Beteiligung der Ausländer am politischen Kampf in der Bundesrepublik regelt. § 6 II AuslG will weder die allgemeine Polizeipflichtigkeit noch das allgemeine Strafrecht verdrängen[9].

Zur Vermeidung von Mißverständnissen sei ausdrücklich klargestellt, daß die folgenden Ausführungen nur für die Betätigungsformen gelten, die auch bei Deutschen als Ausübung der politischen Rechte im Rahmen ihres Gewährleistungsbereiches zu qualifizieren sind.

III. § 6 II AuslG und die Rechte des status activus

Soweit die Rechte des status activus Ausländern versagt sind, ist § 6 II AuslG ohne Bedeutung, da sie ohne besondere Verfügung an der Ausübung dieser Rechte gehindert sind.

Wo Ausländern durch einfaches Gesetz Rechte des status activus verliehen sind, könnte man Vorrang des späteren Gesetzes oder Spezialität des AuslG annehmen. Wenn die Gewährleistung, wie z. B. im Hochschulrecht, auf Landesrecht beruht, könnte auch ein Vorrang des § 6 II AuslG nach Art. 31 in Betracht kommen.

Die letzte Möglichkeit scheitert daran, daß die Bundeskompetenz nach Art. 74 Nr. 4 nur das Aufenthalts- und Niederlassungsrecht umfaßt, d. h. das Verweilen, Wohnsitznehmen und Begründen einer beruflichen Tätigkeit[10]. Das ist der überkommene Bestand des allgemeinen Ausländerrechts. Dazu gehört nicht die Regelung der mannigfachen Lebensbereiche, in die der Ausländer als Folge des Aufenthalts eintritt. Dieses „spezielle Ausländerrecht"[11] wurde schon früher nicht in der APVO, sondern in den einzelnen Spezialgesetzen geregelt.

Die körperschaftliche Betätigung ausländischer Studenten in der Hochschule gehört wegen der größeren Sachnähe zum Hochschulrecht und nicht zum Ausländerrecht, wie es Art. 74 Nr. 4 umschreibt. Insoweit besteht keine Bundeskompetenz, so daß § 6 II AuslG die in den Hochschulgesetzen verbrieften Rechte der Ausländer nicht berühren kann, d. h. die Ausländerbehörden haben keine Möglichkeit, auf die

---

[8] *Klinkhardt*, DVBl. 1965, 467 (470); *Heldmann*, studentische politik, S. 9 (14).

[9] Keine Ausländerbehörde wird auf den Gedanken kommen, durch eine Verfügung nach § 6 II AuslG eine politische Erpressung oder ein politisches Sprengstoffdelikt zu untersagen. Die oben in § 19 II genannten Beispiele bestätigen dies.

[10] *Maunz*, Kommentar, Rdnr. 39 zu Art. 74; *Kimminich*, BK (Zweitbearb.), Rdnr. 3, 4 zu Art. 74 Nr. 4.

[11] Zur Unterscheidung allgemeines — spezielles Fremdenrecht *Schiedermair*, S. 10.

Mitwirkung ausländischer Studenten in den Hochschulselbstverwaltungsorganen Einfluß zu nehmen[12].

Wo es sich um Bundesgesetze, etwa das BBG oder das BRRG, handelt, könnte das AuslG als Spezialgesetz derart vorgehen, daß nach § 6 II die im Ausnahmefall mögliche Übernahme in das Beamtenverhältnis untersagt oder nach Übernahme die Amtsführung kontrolliert werden kann. Letzteres ist aber schon deswegen ausgeschlossen, weil es sich um eine Frage der Dienstaufsicht handelt, in die die Ausländerbehörde als Polizeibehörde nicht eingreifen kann. Aber auch der Eintritt in das Beamtenverhältnis kann dem Ausländer nicht nach § 6 II AuslG untersagt werden, da es sich um eine Frage des Beamtenrechts handelt, die herkömmlich nur dort geregelt ist und nicht zum Aufenthalts- und Niederlassungsrecht gehört. Zwar ist der ausländerrechtliche Einschlag der beamtenrechtlichen Regelung nicht zu verkennen, die größere Sachnähe spricht aber für eine ausschließliche Zuordnung zum Beamtenrecht, das überdies nicht wie das AuslG zum besonderen Polizeirecht gehört. Eine echte Kollision dürfte damit nicht vorliegen, zumal — wie schon erwähnt — Art. 74 Nr. 4 keine Kompetenz zur Regelung aller Lebensbereiche des Ausländers unter Zurückdrängen der sonstigen Kompetenznormen gibt. Es bestehen auch keinerlei Anhaltspunkte dafür, daß § 6 II AuslG so weitreichende Folgen haben sollte. Soweit ersichtlich, entspricht dies auch der seitherigen Praxis[13].

Da der Grundsatz der lex posterior nur für Gesetze derselben Spezialitätsstufe gilt, kann er aus den gleichen Gründen keine Anwendung finden.

§ 6 II AuslG ermöglicht also keine Einschränkung derjenigen politischen Betätigung, die Ausübung der auch den Ausländern zustehenden Rechte des status activus ist. Insoweit bleibt es bei den allgemeinen Kontrollmechanismen.

IV. § 6 II AuslG und Art. 5 I, II

Zentrale Bedeutung in der Diskussion um § 6 II AuslG hat die Frage, ob er die Rechte des Art. 5 I tangiert, wenn ja, ob er ein allgemeines Gesetz i. S. v. Art. 5 II ist.

---

[12] Vgl. auch *Marxen*, Rdnr. 23 zu § 6, der für Äußerungen ausländischer Studenten auf Universitätsgelände die Zuständigkeit der Ausländerbehörden wegen Vorranges der Anstalts(!)gewalt verneint; zu ihr s. *Jörg*, DVBl. 1965, 471 ff.

[13] Zur Bedeutung der Staatspraxis für die Auslegung besonders von Kompetenznormen vgl. *Bachof*, in: summum ius summa iniuria, 1963, S. 41 (49—51).

1. Ausgangspunkt der Diskussion ist der ominöse und häufig wiederkehrende[14] Satz aus dem Schriftlichen Bericht des Innenausschusses[15], Art. 5 I enthalte kein Recht auf politische Betätigung, da sich die Begriffe der freien Meinungsäußerung und der politischen Betätigung nicht deckten.

Das BVerfG[16] hat demgegenüber festgestellt: „Aus dem Grundrecht der freien Meinungsäußerung ergibt sich ein grundsätzliches Recht der freien politischen Betätigung." Daran ist festzuhalten. Wie schon unter II. ausgeführt wurde, fallen verschiedene Formen der politischen Betätigung unter verschiedene Grundrechte, zu denen auch Art. 5 I gehört. Richtig ist daher nur, daß Art. 5 I und politische Betätigung sich nicht decken[17], daß vielmehr Art. 5 I nach Maßgabe der in § 13 vorgenommenen Grundrechtsabgrenzung einen Teilbereich der politischen Betätigung umfaßt, während andere Bereiche unter andere Grundrechte fallen[18].

Der Tatbestand des § 6 II AuslG ist daher geeignet, Maßnahmen auszulösen, die in Art. 5 I eingreifen. Wenn dies damit bestritten wird, Art. 5 I sei trotz Art. 19 I 2 nicht in § 50 I AuslG genannt[19], so ist dem zu widersprechen. Allgemeine Gesetze i. S. v. Art. 5 II unterliegen nach h. M.[20] nicht dem Zitiergebot des Art. 19 I 2, so daß aus der unter-

---

14 So immerhin auch bei *Maunz*, Kommentar, Rdnr. 31 zu Art. 16; *Weißmann*, Anm. 2 zu § 6; ebenso die frühere Kommentierung von *Kloesel - Christ*, Anm. 2 zu § 6 (aufgegeben in den Neufassungen vom März 1970 und 1971) mit der unhaltbaren Folgerung, eine Äußerung sei nur dann frei, wenn sie sich in einer Mitteilung erschöpfe und keine Beeinflussung des Gesprächspartners bezwecke; dagegen zutr. *Tomuschat*, S. 52 f.; ähnl. die teilweise abwegigen Ausführungen bei *Schiedermair*, Anm. 6 zu § 6.

15 BT-Drucks. IV/3013 S. 4.

16 BVerfGE 5, 85 (134 f.); 20, 56 (98).

17 *D. Böckenförde*, S. 28; *Klinkhardt*, DVBl. 1965, 467 (468 f.); *Löffler*, Presserecht, Bd. 1, 1969, S. 120, Rdnr. 126; *Marxen*, Rdnr. 8 f. zu § 6; *Rolvering*, S. 90; *Ruppel*, S. 165; *Thomsen*, S. 87 Fn. 1; *Tomuschat*, S. 50, 52; im Ansatz ebenso, aber ungenau, *Heuer*, S. 26 f.; *Angerer*, BayVBl. 1965, 325 (327 f.); *Forch*, S. 76; *Kanein*, Anm. B 1; *Kloesel -Christ*, Anm. 1 je zu § 6; AuslGVwv Nr. 2 zu § 6; wohl and. — aber sehr diffus — *Weißmann*, Anm. 2 zu § 6; *Schiedermair*, Anm. 6 zu § 6.

18 Dies übersieht *Heldmann* (studentische politik, S. 9, 14), wenn er die Unterscheidung zwischen Meinungsäußerung und politischer Betätigung ablehnt.

19 So *Angerer*, BayVBl. 1965, 325 (328); *Forch*, S. 77; *Marxen*, Rdnr. 9 zu § 6; *Rolvering*, S. 88; *Ruppel*, S. 166 f.; *Weißmann*, Anm. 2 zu § 6. — Der Regierungsentwurf hatte in § 32 I den Art. 5 I noch als eingeschränkt genannt (BT-Drucks. IV/868); der Bundesrat regte im ersten Durchgang die Streichung an (a.a.O., S. 22).

20 BVerfGE 28, 36 (46 f.); 28, 282 (289, 293); BVerwG, DVBl. 1970, 362 (364); *Dürig*, Kommentar, Rdnr. 27 zu Art. 17 a; *Lerche*, GR IV/1, S. 447 (478); *v. Mangoldt-Klein*, Vorbem. B XV 3 b vor Art. 1; *Röhl*, AöR 81, 195 (207); *Schwark*, Der Begriff der „Allgemeinen Gesetze" in Art. 5 II GG, 1970, S. 137 f.; *Kloesel - Christ*, Anm. 3 zu § 6; a. A. *Lenz*, in: *Hamann - Lenz*, Anm. B 9 zu Art. 5.

bliebenen Zitierung keine Schlüsse für das Verhältnis des § 6 II AuslG zu Art. 5 I, II zu ziehen sind.

2. Da die Rechte aus Art. 5 I Ausländern in vollem Umfang zustehen[21] und § 6 II AuslG zu Eingriffen in diese Rechte führen kann, ist zu prüfen, ob er ein allgemeines Gesetz i. S. v. Art. 5 II ist.

Die Frage wird in der Literatur z. T. bejaht[22], z. T. verneint[23], soweit es sich um die erheblichen Belange handelt. Da § 6 II AuslG sachlich zwei alternative Eingriffsvoraussetzungen enthält, ist die Frage für jede Voraussetzung gesondert zu untersuchen.

Es ist hier nicht der Ort, die jahrzehntealte Diskussion um den Begriff des allgemeinen Gesetzes i. S. v. Art. 118 WRV und Art. 5 II GG von neuem aufzurollen[24]. Im folgenden wird die Rechtsprechung des BVerfG[25] zugrunde gelegt.

Danach sind diejenigen Gesetze allgemein, die „‚nicht eine Meinung als solche verbieten, die sich nicht gegen die Äußerung der Meinung als solche richten', die vielmehr ‚dem Schutz eines schlechthin, ohne Rücksicht auf eine bestimmte Meinung, zu schützenden Rechtsguts dienen', dem Schutze eines Gemeinschaftswertes, der gegenüber der Betätigung der Meinungsfreiheit den Vorrang hat"[26]. Diese allgemeinen Gesetze sind im Wege der Güterabwägung aus der Erkenntnis der wertsetzenden Bedeutung des Grundrechts in ihrer grundrechtsbegrenzenden Wirkung selbst wieder einzuschränken (Wechselwirkung)[27].

Bedenken gegen die Qualifizierung des § 6 II AuslG als allgemeines Gesetz könnten sich daraus ergeben, daß er nur für Ausländer gilt und damit möglicherweise gegen das in Art. 5 I enthaltene Differenzierungsverbot[28] verstößt.

---

[21] s. o. § 7.

[22] *H. W. Bayer*, DÖV 1968, 709 (Anm.); *Heuer*, S. 27 ff.; *Klinkhardt*, DVBl. 1965, 467 (470); *Kloesel - Christ*, Anm. 3 zu § 6; *Schiedermair*, Anm. 1 zu § 50; bes. ausführlich *Thomsen*, S. 55 ff., bes. S. 67 ff.

[23] *Forch*, S. 77; *Guradze*, MRK, Anm. 5 I zu Art. 16; *Kanein*, Anm. B 1 zu § 6, inkonsequent aber in Anm. B 3, 5; *Marxen*, Rdnr. 9 zu § 6; *Ott*, DemonstrationsR, S. 127; *Rolvering*, S. 46 ff., 88, 90; *Tomuschat*, S. 53 ff.; *Weißmann*, Anm. 2 zu § 6; wohl auch *Ruppel*, S. 167; in der Tendenz auch OVG Münster, DÖV 1970, 344 (346); zweifelnd *Angerer*, BayVBl. 1965, 325 (328).

[24] Dazu eingehend *Schwark*, a.a.O., passim, bes. S. 44—94.

[25] Zur Kritik daran *Schwark*, a.a.O., S. 83 ff. mit Nachw.; *Herzog*, Kommentar, Rdnr. 251 ff. zuA rt. 5.

[26] Grundlegend BVerfGE 7, 198 (209 f.); ebenso E 26, 186 (205); 28, 36 (47); 28, 175 (185 f.); 28, 191 (200); 28, 282 (292).

[27] BVerfGE 7, 198 (208 f., 210 f.); 12, 113 (124 f.); 20, 162 (176 f.); 21, 271 (281); 25, 44 (55); 25, 69 (77); 27, 71 (85 ff.); 27, 104 (110); 28, 175 (186); 28, 191 (201 f.). Der Doppelschritt — Qualifizierung als allgemeines Gesetz, dann erst Güterabwägung — wird besonders deutlich in BVerfGE 28, 191 (202); ähnl. schon E 7, 198 (208 f.); dazu *Herzog*, a.a.O., Rdnr. 255 ff. zu Art. 5.

[28] s. o. § 7 zu Fn. 33—35.

Soweit die Störung der öffentlichen Sicherheit und Ordnung in Frage steht, greifen solche Bedenken nicht durch. Insoweit deckt sich § 6 II AuslG mit der auch für Deutsche geltenden Generalklausel des allgemeinen Polizeirechts. Er begründet i. V. m. § 20 AuslG nur eine vom allgemeinen Polizeirecht abweichende Zuständigkeit der Ausländerpolizeibehörden. Es handelt sich um das allgemeine Problem, ob die polizeiliche Generalklausel ein allgemeines Gesetz i. S. d. Art. 5 II ist. Nach *Dürigs* Immanenzlehre[29] ist dies selbstverständlich. Aber auch wenn man ihr nicht folgt, ist die Frage mit der h. M.[30] zu bejahen, da die polizeiliche Generalklausel sich nicht gegen eine bestimmte Meinung als solche richtet und Rechtsgüter umfaßt, die ohne Rücksicht auf eine bestimmte Meinung zu schützen sind[31]. Damit ist nicht gesagt, daß die Meinungsfreiheit nur nach Maßgabe des allgemeinen Polizeirechts gewährleistet ist, denn die Güterabwägung auf der zweiten Stufe wird regelmäßig dazu führen, der Meinungsfreiheit den Vorrang einzuräumen[32]. Dies kann auch durch eine verfassungsorientierte Auslegung der „öffentlichen Sicherheit und Ordnung" geschehen, so daß Konflikte schon auf der Tatbestandsseite ausgeschlossen werden[33]. Auf die einzelnen Abwägungskriterien kann hier nicht eingegangen werden[34]. Festzuhalten ist nur, daß § 6 II AuslG in seiner ersten Tatbestandsalternative, die die zweite mitumfaßt[35], ein allgemeines Gesetz i. S. v. Art. 5 II ist.

Bei der Gefährdung sonstiger erheblicher Belange scheint es sich um ein echtes Sondergesetz für Ausländer zu handeln, da es keinen Tatbestand gibt, der die Einschränkung der Meinungsfreiheit eines Deutschen wegen Gefährdung der außenpolitischen Interessen der Bundesrepublik zuläßt.

---

[29] Kommentar, Rdnr. 69 ff., bes. 80 ff. zu Art. 2 I; AöR 79 (1953/54), 57 ff., bes. S. 80; vgl. auch die Nachw. bei *Schmitt Glaeser*, Verwirkung, S. 129 Fn. 242.

[30] *H. W. Bayer*, DÖV 1968, 709 (718); *Bettermann*, JZ 1964, 601 (605); *Hesse*, VerfR, S. 162; *Lenz*, in: *Hamann - Lenz*, Anm. B 10 zu Art. 5; *v. Mangoldt-Klein*, Anm. IX 3 a (mit Nachw.) zu Art. 5; *Maunz*, StaatsR, S. 122; *Tomuschat*, S. 47 f.; *Ule - Rasch*, Allg. Polizei- und Ordnungsrecht, Rdnr. 32 zu § 14 PVG; eingehend *Kemper*, Pressefreiheit und Polizei, 1964, bes. S. 69 ff. mit Nachw. auf S. 70 Fn. 5; früher schon *Rothenbücher*, VVdStRL 4, 6 (24 f.); *Smend*, ebenda, S. 44 (52).

[31] Die Ansicht *Herzogs* (Kommentar, Rdnr. 263 mit Fn. 1 zu Art. 5) weicht nur scheinbar ab, da er die Güterabwägung zum *Begriff* des allg. Gesetzes rechnet und bei Vorrang des Art. 5 I die Allgemeinheit des Gesetzes verneint.

[32] Vgl. *Herzog*, a.a.O., Rdnr. 263 zu Art. 5; *Bayer*, a.a.O.

[33] Zur verfassungsrechtlichen Bedingtheit der „öffentlichen Ordnung und Sicherheit" s. schon oben § 8 II 2c dd Fn. 100; vgl. auch *Ule - Rasch*, a.a.O., Rdnr. 32 zu § 14 PVG.

[34] Vgl. die Darstellung der Problematik bei *Herzog*, a.a.O., Rdnr. 259 ff. zu Art. 5.

[35] s. o. § 21 III.

Allerdings hat *Bayer*[36] die Ansicht vertreten, daß es diesen Tatbestand in Form der polizeilichen Generalklausel (öffentliche Sicherheit) doch gebe, da sie die Gefährdung der außenpolitischen Beziehungen mitumfasse. Wäre das richtig, so wäre § 6 II AuslG auch insoweit ein allgemeines Gesetz.

Bayer hat seine These[37] durch einen allgemeinen Schluß aus sehr verschiedenartigen Normen, die einen Schutz der auswärtigen Beziehungen kennen, begründet.

Zentralnorm ist Art. 26, der nach *Bayer* das friedliche Zusammenleben der Völker schützt. Da die Vorbereitung eines Angriffskrieges nur als Beispiel genannt sei, müsse Art. 26 mehr als nur den Zustand des Friedens umfassen. Geschützt seien dem Sinne nach die guten Beziehungen der Bundesrepublik zu anderen Staaten gegen Beeinträchtigungen durch Private.

Weiter könne nach § 6 II Nr. 1 des Kriegswaffenkontrollgesetzes[38] die Genehmigung für das Herstellen, Befördern und In-den-Verkehr-Bringen von Kriegswaffen versagt werden, wenn sie „den Interessen der Bundesrepublik an der Aufrechterhaltung guter Beziehungen zu anderen Ländern zuwiderlaufen würde".

Auch § 7 I Nr. 3 AWG[39] lasse die Beschränkung privater Außenhandelsgeschäfte zu, „um zu verhüten, daß die auswärtigen Beziehungen der Bundesrepublik Deutschland erheblich gestört werden"[40].

Neben den §§ 102 ff. StGB schütze auch § 7 I lit. a PaßG die guten Beziehungen der Bundesrepublik zum Ausland. Nach BVerwGE 3, 177 ff. sei eine Gefährdung erheblicher Belange anzunehmen, wenn durch eine Verleumdung der Bundesrepublik im Ausland das internationale Vertrauen in sie untergraben werde. Da die guten Beziehungen auf diesem Vertrauen beruhten, seien sie mitgeschützt.

---

36 DÖV 1968, 709 (Anm.; 715 ff.); ohne Begründung ebenso *Klinkhardt*, DVBl. 1965, 467 (470); *Rolvering*, S. 90 f., womit er seiner eigenen Ausgangsthese, es handele sich um eine Sonderbelastung für Ausländer (S. 48, 88, 90), widerspricht.

37 In Übereinstimmung damit hat der Frankfurter Polizeipräsident 1965 den deutschen (!) Veranstaltern einer Vietnam-Demonstration folgendes aufgegeben: „Durch die Demonstration dürfen die außenpolitischen Belange der Bundesrepublik und insbesondere ihre sich aus internationalen Verträgen ergebenden Verpflichtungen nicht gefährdet werden." Zitiert nach *Ott*, DemonstrationsR, S. 50, abl. *Ott*, S. 62, and. *Bayer*, a.a.O., S. 715 f. — And. als *Bayer* LVG Düsseldorf, DÖV 1954, 221; skeptisch auch *Heuer*, S. 49; implizit auch die in Fn. 23 Genannten; BaWüVGH, NJW 1969, 2109 (2110), läßt die Frage ausdrücklich offen.

38 Ges. v. 20. 4. 1961, BGBl. I S. 444.

39 Ges. v. 28. 4. 1961, BGBl. I S. 481.

40 Die Bedenken gegen diese Norm wegen eines möglichen Druckes fremder Staaten zur Beschränkung des Außenhandels (vgl. *Bayer*, a.a.O., S. 717 r. Sp.) sind bezeichnenderweise bei § 6 II AuslG gar nicht erst aufgetaucht.

Die Argumentation *Bayers* vermag nicht zu überzeugen. Schon die Auslegung des Art. 26 begegnet Bedenken. Zwar ist zuzugeben, daß er mehr als die Verhütung des völkerrechtlichen Kriegszustandes will und zu gutnachbarlichem Verhalten verpflichtet[41]. Diese Pflicht wird aber nicht durch jede Handlung verletzt, die geeignet ist, die auswärtigen Beziehungen der Bundesrepublik zu belasten. Es besteht Einigkeit darüber, daß — schon zur Wahrung der Grundrechte — strenge Anforderungen an den Störungstatbestand zu stellen sind und eine noch so scharfe Kritik an den Verhältnissen in fremden Staaten nicht ausreicht[42]. Friedensstörend sind nur solche Handlungen, die die Grundsätze der internationalen Ordnung schwerwiegend beeinträchtigen, wie z. B. systematische Mißachtung völkerrechtlicher Verträge, Ablehnung einer friedlichen Lösung internationaler Streitigkeiten, Propagierung von Völker- und Rassenhaß und von Gewalttaten gegen andere Staaten[43].

Die Notwendigkeit einer Einschränkung des Art. 26 ergibt sich auch aus dem als Beispiel genannten Angriffskrieg. Die anderen Störungshandlungen müssen eine Beeinträchtigung von mindestens vergleichbarer Schwere mit sich bringen. Dies wird bestätigt durch das Gebot in Art. 26 I 2, die friedensstörenden Handlungen unter Strafe zu stellen[44]. Es ist deshalb ausgeschlossen, als Schutzgut des Art. 26 I ganz allgemein die auswärtigen Belange der Bundesrepublik zu sehen. Nur gewisse Grundsätze des internationalen Verkehrs sind geschützt, die nichts mit den guten Beziehungen der Bundesrepublik zu einem bestimmten Staat zu tun haben, sondern ihre Stellung als anerkannter völkerrechtlicher Partner betreffen. Es ist nicht möglich, über Art. 26 die Beziehungen der BRD z. B. zum Iran einem besonderen Schutz zu unterstellen und alle Handlungen, die geeignet sind, diese Beziehungen zu belasten, als Verstoß gegen den Grundgedanken des Art. 26 zu bezeichnen. Das aber ist die Konsequenz von *Bayers* Lehre. Art. 26 spricht nur vom friedlichen Zusammenleben der Völker und kann daher nur Handlungen erfassen, die dieses stören, d. h. die Stellung der Bundesrepublik in der Völkergemeinschaft allgemein beeinträchtigen, ohne Rücksicht auf den Stand der Beziehungen zu einem bestimmten Staat; konkreter: Handlungen, die Grundsätze der zwischenstaatlichen Ordnung schwer-

---

[41] *Menzel,* BK (Erstbearb.), Anm. II 1; *v. Mangoldt-Klein,* Anm. III 1, *Maunz,* Kommentar, Rdnr. 10; *Lenz,* in: *Hamann - Lenz,* Anm. B 2, alle zu Art. 26.

[42] *Menzel,* a.a.O., Anm. II 3; *v. Mangoldt-Klein,* Anm. III 3 b; *Maunz,* a.a.O., Rdnr. 20; *Lenz,* a.a.O., Anm. B 2 je zu Art. 26.

[43] Vgl. die Beispiele bei *Menzel,* a.a.O., *v. Mangoldt-Klein,* a.a.O., *Lenz,* a.a.O.

[44] s. die Schwere der Delikte nach §§ 80, 80 a StGB. Beide Normen sind in Vollzug des Art. 26 ergangen.

wiegend beeinträchtigen und daher geeignet sind, die Beziehungen zu *allen* anderen Staaten zu belasten.

Die §§ 102 ff. StGB geben für die Ansicht *Bayers* wenig her, da sie in Vollzug des über Art. 25 inkorporierten allgemeinen Völkerrechts ergingen[45] und gleichfalls nicht die Beziehungen zu einem bestimmten Staat, sondern die allgemeinen Grundsätze zwischenstaatlicher Ordnung betreffen. Dasselbe gilt für die Ausführungen in BVerwG 3, 171 ff. zu § 7 I lit. a PaßG, die zudem teilweise überholt sind[46].

Anders ist es allerdings in § 6 II Nr. 1 Kriegswaffenkontrollgesetz, § 7 I Nr. 3 AWG, wo die Beziehungen zu einem bestimmten Staat miterfaßt sind. Aus diesen singulären Normen aus zwei ganz speziellen Rechtsgebieten mit vielschichtiger Interessenlage einen allgemeinen Grundsatz abzuleiten, erscheint aber ausgeschlossen.

Gegen *Bayer* spricht weiter die Praxis des Gesetzgebers, sowohl in §§ 14 VereinsG, 9 RuStG als auch in § 6 II AuslG den Schutz der auswärtigen Beziehungen *neben* der polizeilichen Generalklausel zu normieren. Bei § 14 VereinsG ging die Bundesregierung ausdrücklich davon aus, daß es zumindest zweifelhaft sei, ob die auswärtigen Belange in der polizeilichen Generalklausel erfaßt sind[47].

Schließlich ist nicht zu übersehen, daß die Ausprägung, die die polizeiliche Generalklausel im Laufe der Jahrzehnte erhalten hat, der Bildung von Gewohnheitsrecht nahekommt. Es ist daher geboten, für ihre Auslegung die Ausführungen des BVerfG[48] zur Fortentwicklung gewohnheitsrechtlicher Eingriffsnormen heranzuziehen:

„Prinzipiell ist nichts dagegen einzuwenden, daß die Rechtsprechung diesen gewohnheitsrechtlichen Satz[49] mit den anerkannten Auslegungsmethoden weiterentwickelt, verfeinert und auch auf neue Tatbestände anwendet ... Bei Weiterentwicklung eines Gewohnheitsrechtssatzes, der ohne die präzise Grundlage eines geschriebenen Rechtssatzes zu Eingriffen in das Grundrecht der freien Berufsausübung der Rechtsanwälte ermächtigt, ist jedoch besondere Zurückhaltung geboten. Jede erweiternde Auslegung schafft hier im Ergebnis einen neuen Eingriffstatbestand. Sie müßte, um als einfache Auslegung bestehen zu können, sich aus Wortlaut, Sinn und Zweck der Rechtsnorm ausreichend rechtfertigen lassen. Aber gerade bei der erweiternden Auslegung von Sätzen des Gewohnheitsrechts ist die Grenze zwischen Auslegung und Schaffung eines neuen Tatbestandes schwer zu ziehen; was vom Blickpunkt eines übergreifenden Grundsatzes her als dessen Anwendung erscheint, wirkt, wenn die bisherigen Anwendungsfälle für sich gesehen werden, als Setzung neuen Rechts ... Es bedarf vielmehr vor der Präzisierung von Tatbestand und Rechtsfolge der umfassenden Abwägung

---

[45] s. o. § 17 Fn. 4.
[46] *Dürig*, Kommentar, Rdnr. 114 zu Art. 11.
[47] Vgl. die Wiedergabe der Amtl. Begründung oben § 8 II 2 c bb zu Fn. 61.
[48] BVerfGE 15, 226 (233 f.).
[49] Es handelte sich um die Entziehung der Verteidigungsbefugnis für Kaul.

aller Gesichtspunkte, die auch der Gesetzgeber bei einer ausdrücklichen Regelung bedenken würde."

Auch unter diesen Gesichtspunkten erscheint *Bayers* Argumentation bedenklich. Gegen sie spricht weiter die herkömmliche Innenbeziehung der polizeilichen Generalklausel[50] und das Ergebnis, daß die Polizeibehörden einschreiten können, „wenn die Kritik einzelner an einem fremden Staat die guten Beziehungen der Bundesrepublik zu diesem Staat in besonders schwerwiegender Weise zu beeinträchtigen droht"[51]. Der Grundrechtsschutz wird damit letztlich von der Empfindlichkeit fremder Regierungen abhängig. Dem GG ist an keiner Stelle zu entnehmen, daß es die guten Beziehungen zu bestimmten, besonders zu totalitären Staaten als einen dem Art. 5 I übergeordneten Selbstwert betrachtet[52].

Aus diesen Gründen ist die Einbeziehung der auswärtigen Belange in die polizeiliche Generalklausel abzulehnen. Die sonstigen erheblichen Belange in § 6 II AuslG stellen damit echtes Sonderrecht für Ausländer dar. Im folgenden ist daher zu überprüfen, ob dies mit Art. 5 II zu vereinbaren ist.

Nach der Definition des allgemeinen Gesetzes durch das BVerfG dürfte dies zu bejahen sein. Dem steht aber entgegen, daß diese Definition nichts über die Zulässigkeit von Einschränkungen der Meinungsfreiheit für bestimmte Personengruppen besagt.

Für Personengruppen, die in einer besonderen Pflichtenbindung stehen, hat das BVerfG besondere Beschränkungen zugelassen[53], wenn sich die einschränkende Norm gegen jedermann richtet, der als Adressat des Gebotes denkbar ist. Ein auf bestimmte Personengruppen beschränktes Gesetz ist also allgemein, wenn das geschützte Rechtsgut begrifflich nur von diesen Personen verletzt werden kann[54]. Konsequenterweise

---

[50] Vgl. *Heuer*, S. 49.

[51] *Bayer*, a.a.O., S. 718 l. Sp. unten.

[52] Ganz zu schweigen von der Problematik, daß der Polizeibeamte die Qualität der Beziehungen und ihrer Beeinträchtigung beurteilen muß. *Ott* (DemonstrationsR, S. 62) spricht ihm die Fähigkeit dazu ab, dagegen *Bayer*, a.a.O., S. 718 Fn. 78. *Bordewin* (S. 133) und *Thomsen* (S. 95) meinen, die Beurteilung setze eine außenpolitische Schulung voraus, die dem Richter fehle, so daß ein weiter Beurteilungsspielraum bestehe. Man muß sich fragen, woher die Beamten der Polizei- und Ausländerbehörden ihre außenpolitische Sachkunde nehmen.

[53] BVerfGE 26, 186 (205) für § 43 BRAO; ebenso schon BGHSt 21, 206 (208); BVerfGE 28, 282 (292) für §§ 14 I, 15 I SG; vgl. auch BVerfGE 28, 36 (47) für § 23 II SG; ebenso BVerwG, DVBl. 1970, 458 (462 f.); so auch schon die Überlegungen im Parlamentarischen Rat, vgl. *Matz*, JöR NF 1 (1951) S. 87.

[54] BVerfGE 28, 282 (292); diese präzise Formulierung taucht hier zum ersten Mal auf, während die anderen in Fn. 53 genannten Entscheidungen mit der allgemeinen Formel des BVerfG arbeiten.

hat das BVerfG auch festgestellt, ein Gesetz sei dann nicht allgemein, wenn es eine Tätigkeit nur der Presse und nicht jedermann verbietet[55].

Auf den gleichen Erwägungen beruht die Ansicht *Tomuschats*[56], ein Gemeinschaftswert könne in seiner Qualität nicht unterschiedlich beurteilt werden nach dem Urheber des Angriffs. Ein Schutz sei entweder gegenüber jedermann oder überhaupt nicht erforderlich. Sondergesetze gegen Ausländer widersprächen der bewußten Entscheidung des Verfassungsgebers, Art. 5 I als Jedermann-Recht zu gewährleisten[57].

Die auswärtigen Belange der Bundesrepublik können nicht nur durch die politische Betätigung von Ausländern, sondern auch durch die von Deutschen beeinträchtigt werden, wie die Ereignisse anläßlich des Schah-Besuches von 1967 gezeigt haben. Als Adressaten des Gebotes, durch politische Betätigung die auswärtigen Beziehungen nicht zu beeinträchtigen, sind damit nicht nur Ausländer denkbar, so daß § 6 II AuslG in dieser Tatbestandsalternative kein allgemeines Gesetz i. S. d. Art. 5 II ist.

Heuer[58] ist diesem nach den Äußerungen des BVerfG eindeutig erscheinenden Ergebnis mit folgender Argumentation entgegengetreten: „Allgemein" i. S. v. Art. 5 II sei nicht gleichbedeutend mit „für jedermann geltend". Wenn die erheblichen Belange nur vor Beeinträchtigungen durch Ausländer geschützt werden, könne daraus nicht gefolgert werden, daß sie gegenüber Deutschen nicht schutzbedürftig seien. Der Gesetzgeber sei nicht gehindert, diesen Schutz in mehreren Etappen herzustellen und z. B. eine entsprechende Regelung für Deutsche später zu treffen. Für die Legislative gelte nicht der Grundsatz des Alles oder Nichts.

Das erste Argument *Heuers* ist nur mit den Einschränkungen richtig, die sich aus der genannten Rechtsprechung des BVerfG ergeben[59]. Das zweite Argument widerspricht ebenfalls des Rechtsprechung des BVerfG und ist sowohl allgemein wie auch im Rahmen des Art. 5 I, II falsch. Die Zulässigkeit einer personellen Teilregelung ist immer am Gleichheitssatz zu messen. Er kann den Gesetzgeber durchaus zwingen, etwas für jedermann oder überhaupt nicht zu regeln[60]. Da Art. 5 I für die Ausländer ein

---

55 BVerfGE 21 271 (280).

56 S. 53 f.; ihm folgend *Rolvering*, S. 48; *Grabitz*, S. 51.

57 Die Ausführungen des BVerfG und *Tomuschats* fügen sich nahtlos in die oben vertretene These ein, Art. 5 I sei ein spezieller Gleichheitssatz (s. o. § 7 zu Fn. 33 ff.).

58 S. 30 f.

59 Die Berufung *Heuers* auf *Herzog* (Kommentar, Rdnr. 245 zu Art. 5) geht insoweit fehl, als dort auf den Gegensatz zu Art. 19 I 1, also zum Einzelfall- und Individualgesetz, abgestellt ist.

60 Die Ansicht *Heuers* müßte zu der unhaltbaren Konsequenz führen, daß der Gesetzgeber etwa die Steuerpflicht (zunächst oder endgültig) nur für Personen einführen könnte, deren Namen bestimmte Anfangsbuchstaben

spezieller Gleichheitssatz ist, verbietet er gerade eine auf sie beschränkte Teilregelung. Daß ihre politische Betätigung möglicherweise eher geeignet ist, außenpolitische Belastungen herbeizuführen[61], ändert daran nichts. Dieser Unterschied berührt nicht die Frage, ob das Rechtsgut auch gegenüber Deutschen schutzbedürftig ist. Er könnte nur dazu führen, daß ein *allgemein* einschränkender Tatbestand durch die politische Meinungsäußerung von Ausländern häufiger und eher erfüllt ist als bei der gleichartigen Betätigung Deutscher und daß die gravierendere Beeinträchtigung im Rahmen der Verhältnismäßigkeit berücksichtigt wird[62].

An die unterschiedlichen Folgen der politischen Betätigung von Ausländern und Deutschen knüpft auch *Thomsen* in seiner ausführlichen Untersuchung des Verhältnisses von § 6 II AuslG zu Art. 5 II GG an[63]. Er geht davon aus, daß eine Güterabwägung zwischen den außenpolitischen Belangen der Bundesrepublik und der Meinungsfreiheit erforderlich sei[64]. Diese Güterabwägung müsse für Ausländer anders ausfallen als für Deutsche, da nur für diese die Rechte des Art. 5 I demokratische Kontrollfunktion und damit institutionellen Gehalt hätten. Bei der Abwägung zwischen der Meinungsfreiheit der Ausländer und den außenpolitischen Belangen der Bundesrepublik stehe diesen nur das individuelle Menschenrecht ohne institutionelle Aspekte gegenüber[65]. Dabei sei zu berücksichtigen, daß die Einengung des völkerrechtlichen Spielraumes durch Art. 5 I der BRD das Mittel der Retorsion zum Schutze der Deutschen im Ausland nehme und ihr die Gewährung diplomatischen Schutzes für die eigenen Staatsangehöri-

---

haben. Desgleichen müßte es danach zulässig sein, z. B. die Lohnsteuerpflicht nur für industrielle Arbeitnehmer vorzusehen oder Schülern und Studenten über das besondere Gewaltverhältnis hinaus besondere Schranken der Meinungsäußerungsfreiheit (etwa analog § 6 II AuslG!) aufzuerlegen!

[61] So *Heuer*, S. 44 mit Fn. 82 und *Thomsen*, S. 84 gegen *Tomuschat*, S. 30, 53 f. und *Rolvering*, S. 51 Fn. 1.

[62] Nur in diesem Sinne können die Grenzen der Meinungsfreiheit für Ausländer enger gezogen sein; and. und abzulehnen *Heuer*, S. 45. Seine Berufung auf *H. Huber* (GR I/1, S. 175, 200; Festschrift für Jahrreiß, S. 101, 109) geht fehl, da *Huber* nur annimmt, die allgemeinen (!) Schranken der Grundrechte dürften bei Ausländern „strenger gehandhabt" werden, was wohl der im Text vertretenen Ansicht einer eher gegebenen Tatbestandsmäßigkeit und Verhältnismäßigkeit entspricht.

[63] S. 55 ff. (allgemein zu Art. 5 II), bes. S. 67 ff., 79 ff. Die Ausführungen auf S. 72 ff. zum Verhältnis Art. 5—Art. 25 werden hier vernachlässigt, da sie nur zu Einschränkung nach Maßgabe der völkerrechtlichen Haftung führen, was auch ohne § 6 II AuslG selbstverständlich ist, s. o. § 17 Fn. 4 und *Rolvering*, S. 49.

[64] S. 55 f., 67, 82.

[65] S. 83. Die Ähnlichkeit mit den Gedankengängen bei *Tomuschat* (S. 56 ff.) und *Erbel* (JuS 1971, 34, 35) liegt auf der Hand. (s. auch oben § 7): Jeweils schließt man von der Nichtbeteiligung an der Staatswillensbildung auf den Ausschluß von der Willensbildung des Volkes und vom demokratischen Prozeß überhaupt.

gen unmöglich machen könne. Die Reaktion fremder Staaten auf Meinungsäußerungen ihrer Staatsangehörigen in der BRD sei wesentlich empfindlicher als auf gleiche Äußerungen Deutscher. Im Bereich politischer Verletzlichkeit werde wegen der völkerrechtlichen Freiheit in der Behandlung der Ausländer die Berufung auf weitergehendes Verfassungsrecht nicht akzeptiert. Durch Äußerungen von Ausländern würden die außenpolitischen Interessen der Bundesrepublik deshalb eher verletzt, so daß für sie nur ein kleinerer Freiheitsbereich gewährleistet sei[66]. Die erheblichen Belange seien ein Sammelbegriff für das Interesse der Bundesrepublik an der Wahrung ihres völkerrechtlichen Spielraumes auch auf Verfassungsebene. Nach Art. 74 Nr. 4 stünden die Grundrechte der Ausländer unter dem immanenten Vorbehalt des innerstaatlichen Fremdenrechts, wozu auch die Wahrung der außenpolitischen Belange der Bundesrepublik gehöre[67]. Diese Belange seien so gewichtig, daß der Gesetzgeber in Ausnutzung der verfassungskräftigen Ermächtigung mit § 6 II AuslG ein neues allgemeines Gesetz geschaffen habe[68].

Dieser Ansicht kann aus verschiedenen Gründen nicht gefolgt werden:

Selbst wenn die institutionelle Seite des Art. 5 I nur bei Meinungsäußerungen von Deutschen gegeben sein sollte, vernachlässigt *Thomsen* die individualrechtliche Seite zu sehr[69]. Seine Differenzierung versagt zudem bei der rein auslandsbezogenen Meinungsäußerung, die keine Beeinflussung der deutschen Staatsgewalt intendiert, da insoweit auch für Deutsche die Kontrollfunktion des Art. 5 I und nach Thomsen damit dessen institutioneller Gehalt entfällt. § 6 II AuslG erfaßt aber vorwiegend[70] diese Betätigung; die Ausgangslage der Güterabwägung ist deshalb bei Ausländern wie bei Deutschen gleich[71].

Im übrigen ist auch auf der institutionellen Seite die Differenzierung nach der Staatsangehörigkeit aus den früher dargestellten Gründen[72] abzulehnen. Der institutionelle Aspekt des Art. 5 I beruht nicht so sehr auf der Bedeutung der individuellen Meinungsäußerung, als vielmehr auf der der öffentlichen Meinung[73]. Es erscheint daher unzulässig, bei der Frage des institutionellen Schutzes auf Eigenschaften des Individuums zurückzugreifen. Maßgebend ist vielmehr allein, ob es

---

[66] S. 84 f.
[67] S. 80.
[68] S. 86 f.
[69] Ebenso *Rolvering*, S. 50.
[70] Auch die auf die Außenpolitik der BRD bezogene politische Betätigung kann erhebliche Belange gefährden, z. B. die Forderung nach Streichung der Entwicklungshilfe, Abbruch der diplomatischen Beziehungen u. ä.
[71] Zutr. *Rolvering*, S. 50 f.; im Prinzip ebenso *Tomuschat*, S. 62.
[72] s. o. § 7.
[73] Dazu *Schmitt Glaeser*, Verwirkung, S. 106 ff.

sich um einen Beitrag zur öffentlichen Meinungsbildung handelt[74]; dafür ist die Person des Kommunikators ohne Belang. Einen solchen Beitrag können auch Ausländer leisten.

Die Güterabwägung selbst ist ebenfalls abzulehnen. *Thomsen* geht davon aus, daß sie im Prinzip auch für Deutsche gilt. Daß es trotz Art. 26 kein allgemeines Verbot gibt, die auswärtigen Beziehungen durch Inanspruchnahme der Rechte des Art. 5 I zu beeinträchtigen, wurde bereits oben dargelegt[75]. Es ist nicht ersichtlich, woraus sich ein solches Verbot gerade für Ausländer ergeben soll, zumal es ihrer Gleichstellung in Art. 5 I widersprechen würde.

Selbst wenn man unterstellt, daß Meinungsäußerungen von Ausländern tatsächlich größeren Einfluß auf die auswärtigen Beziehungen der Bundesrepublik haben, läßt sich damit nach dem oben Gesagten[76] kein neuer einschränkender Tatbestand begründen. Allenfalls ein bestehender allgemeiner Tatbestand, der aber gerade fehlt, könnte häufiger zur Anwendung kommen. *Tomuschat*[77] hat im übrigen mit Recht darauf hingewiesen, daß es höchst widersprüchlich wäre, in § 6 III Nr. 2, 3 AuslG die Förderung politischer Ziele zu untersagen, die mit der freiheitlichen demokratischen Grundordnung nicht vereinbar sind, andererseits aber nach § 6 II AuslG die auf die Herstellung dieser Ordnung gerichtete Kritik zu verbieten, nur weil dadurch die auswärtigen Beziehungen der Bundesrepublik belastet werden. Je konsequenter sie sich repressiver Maßnahmen enthalte, um so eher würden andere Staaten davon absehen, das völkerrechtlich unbegründete Verlangen zu stellen, die Meinungsäußerung der Ausländer einzuschränken. Es ist hinzuzufügen: Um so weniger kann die BRD unter Druck gesetzt werden, solche Maßnahmen zu ergreifen[78].

Unzutreffend ist das Argument, die Bundesrepublik wolle auf Verfassungsebene ihre völkerrechtliche Unabhängigkeit wahren. Dafür enthält das GG hinsichtlich der Behandlung des einzelnen Ausländers keinerlei Anhaltspunkte. Es ist im Gegenteil durch die Gewährung einer ganzen Reihe von Grundrechten auch für Ausländer über den völkerrechtlichen Mindeststandard hinausgegangen und hat damit den durch das Völkerrecht gewährten Spielraum durch Selbstbindung bewußt verkleinert. Noch niemand hat behauptet, das GG wolle den

---

[74] Auf den Beitrag zur öffentlichen Meinung hat z. B. BVerfGE 7, 198 (211) abgestellt; vgl. auch *Herzog*, Kommentar, Rdnr. 259 zu Art. 5.

[75] s. o. zu Fn. 41 ff.

[76] s. o. zu Fn. 62.

[77] S. 62.

[78] Man kann sich leicht ausmalen, welche außenpolitischen Komplikationen durch eine unterschiedliche und unsichere Handhabung des § 6 II AuslG entstehen können. Für die Bundesrepublik ist es leichter und außenpolitisch unschädlicher, auf ihre Bindung durch das GG hinzuweisen.

vom Völkerrecht belassenen Spielraum in der Behandlung der eigenen Staatsangehörigen wahren und hat daraus Konsequenzen für die Grundrechtsauslegung gezogen. Es ist nicht ersichtlich, warum dies bei Ausländern anders sein sollte.

Gefährlich ist die Behauptung *Thomsens*, nach Art. 74 Nr. 4 stünden die Grundrechte unter dem immanenten Vorbehalt des Fremdenrechts. Sie führt dazu, Kompetenzvorschriften als Gesetzesvorbehalte für Grundrechte auszulegen. Thomsens These ist nur insoweit richtig, als die Grundrechte der Konkretisierung durch den Gesetzgeber bedürfen. Aber auch dann sind die gesetzlichen Vorschriften am Grundrecht zu messen. Auf keinen Fall ermächtigt Art. 74 Nr. 4 den Gesetzgeber zur Schaffung neuer, über die einzelnen Vorbehalte der Spezialgrundrechte hinausgehender Grundrechtsschranken speziell für Ausländer.

Es bleibt somit dabei, daß § 6 II AuslG kein allgemeines Gesetz i. S. d. Art. 5 II ist, soweit er die Einschränkung der Meinungsfreiheit wegen der Beeinträchtigung sonstiger erheblicher Belange vorsieht. Das muß nicht zur Verfassungswidrigkeit der Norm führen, wenn sie für andere Formen politischer Betätigung aufrechterhalten werden kann. § 6 II AuslG ist dann verfassungskonform so auszulegen, daß nur die Einschränkung solcher Handlungen zulässig ist, die nach Maßgabe der oben vorgenommenen Abgrenzung[79] nicht unter Art. 5 I fallen[80].

V. § 6 II AuslG und die Vereinsfreiheit

1. Verhältnis zu Art. 9 I

Da Art. 9 I ein Deutschen-Recht ist, bestehen seinetwegen keine verfassungsrechtlichen Bedenken gegen § 6 II AuslG. Nur soweit der Menschenrechtsgehalt des Art. 9 I reicht[81], sind Maßnahmen nach § 6 II AuslG ausgeschlossen.

2. Verhältnis zum VereinsG

Soweit die politische Betätigung Ausübung der Vereinsfreiheit ist, widerspricht § 6 II AuslG dem § 1 I VereinsG, der die Vereinsfreiheit auch für Ausländer gewährleistet[82], so daß das Verhältnis dieser Normen zueinander zu klären ist.

---

[79] s. o. § 13 IV und V.

[80] Ebenso OVG Münster, DÖV 1970, 344 (346), das den Begriff der politischen Betätigung entsprechend einschränkt, a. A. *Ott*, DemonstrationsR, S. 127, allerdings ohne eine Abgrenzung der Art. 5 I, 8 vorzunehmen.

[81] s. o. § 8 I.

[82] s. o. § 8 II.

Die Ausführungen zur Konkurrenz des § 6 II AuslG mit den Rechten des status activus[83] können hier nicht herangezogen werden, da die Vereinsfreiheit der Ausländer herkömmlicher Bestandteil des Ausländerrechts ist. Hinzu kommt, daß Vereinsrecht und Ausländerrecht Materien des besonderen Polizeirechts sind und damit in einem inneren Zusammenhang stehen.

Das VereinsG regelt praktisch nur das Vereinsverbot und das polizeiliche Einschreiten gegen den Verein, wie § 1 II VereinsG deutlich zeigt. Für die individuelle Betätigung bei der Vereinsgründung, für den Ein- und Austritt und für die Betätigung im Verein enthält es mit Ausnahme des zudem nicht individualrechtlich formulierten § 1 I keine Regelung. Insoweit greift die in § 1 II normierte Ausschließlichkeit des VereinsG nicht durch[84], d. h. die Schranken der individuellen Vereinstätigkeit sind anderen Normen zu entnehmen. Eine solche Norm ist § 6 II AuslG, der daher den vom VereinsG offengelassenen Bereich für Ausländer regelt. Das bedeutet, daß gegen die vereinsmäßige Betätigung eines Ausländers nur nach § 6 II AuslG vorzugehen ist, der insoweit lex specialis zum VereinsG ist. Für das Vereinsverbot ist umgekehrt das VereinsG nach § 1 II VereinsG lex specialis, so daß Ausländervereine und ausländische Vereine nur nach §§ 3, 14, 15 VereinsG, nicht nach § 6 II AuslG zu verbieten sind[85]. Dem entspricht die Stellung des § 6 AuslG im Aufenthaltsrecht, das naturgemäß nur für Individuen und nicht für Kollektive gelten kann. Eine Verfügung nach § 6 II AuslG betrifft den Verein nur mittelbar und beläßt ihm seine Aktionsfreiheit; umgekehrt tangiert das Vereinsverbot die politische Betätigung des einzelnen Ausländers ebenfalls nur mittelbar und läßt sie prinzipiell unberührt.

VI. § 6 II AuslG und die Versammlungsfreiheit

Die Ausführungen unter V gelten hier entsprechend. Das VersG regelt mit Ausnahme des § 1 nur die Durchführung und das Verbot von Versammlungen und nicht das Einschreiten gegen Individuen, so daß

---

83 s. o. III.

84 *Schnorr*, VereinsG, Rdnr. 8 zu § 1.

85 h. M.: *Angerer*, BayVBl. 1965, 325 (328); *D. Böckenförde*, S. 29 f.; *Heuer*, S. 47; *Kanein*, Anm. C zu § 6; *ders.*, DVBl. 1966, 617 (619); *Kloesel - Christ*, Anm. 1 zu § 6; *Marxen*, Rdnr. 25 f. zu § 6; *Weißmann*, Anm. 6 zu § 6; unklar AuslGVwv Nr. 1 zu § 6; Das Verhältnis des § 14 VereinsG zu § 6 AuslG entspricht dem des Art. 9 II zu Art. 18 (dazu *Schmitt Glaeser*, Verwirkung, S. 234 ff.); selbstverständlich können die Maßnahmen nach VereinsG und AuslG nebeneinander getroffen werden.

für das Versammlungsverbot das VersG, für das Vorgehen gegen den einzelnen Ausländer § 6 AuslG lex specialis ist[86].

Hier ist noch kurz auf ein Sonderproblem einzugehen. Die Teilnahme von Ausländern an Demonstrationen wird besonders bei Staatsbesuchen aus ihrem Heimatland häufig dadurch verhindert, daß ihnen verboten wird, ihren Wohnort zu verlassen oder den Ort des Staatsbesuches aufzusuchen und daß ihnen zur Überwachung dieses Verbotes tägliche Meldepflichten auferlegt werden[87].

Solche Maßnahmen tangieren nicht primär die Versammlungsfreiheit, sondern das Recht der körperlichen Bewegungsfreiheit, so daß Art. 2 II 2 oder Art. 11[88] einschlägig sein können. Die Bewegungsfreiheit ist kein politisches Recht, sondern nur Akzidens der politischen Rechte, deren Ausübung „raumabhängig" ist.

Die Zulässigkeit solcher Verfügungen ist deshalb nicht an den politischen Grundrechten, sondern an Art. 2 II 2 oder an Art. 11 zu messen. Die Abgrenzung dieser Grundrechte ist hier von besonderer Bedeutung, da Art. 11 im Gegensatz zu Art. 2 II 2 ein Deutschen-Recht ist. Für eine Beschränkung des Art. 2 II 2 durch § 6 AuslG scheint die Art. 19 I 2 entsprechende Zitierung in § 50 I AuslG zu sprechen. Sie ist aber wohl nur mit Rücksicht auf die §§ 13, 16, 38 AuslG erfolgt[89].

---

86 Ausführlich OVG Münster, DÖV 1970, 344 (345 f.) mit Anm. *Kloesel; Kanein,* a.a.O., und Anm. E 4; *Kloesel - Christ,* a.a.O.; *Marxen,* Rdnr. 28 zu § 6; *Hoffmann,* JuS 1967, 393 (397); *Thomsen,* S. 39 f.; *Ruppel,* S. 185, anders aber S. 186, wo er annimmt, die Teilnahme von Ausländern an gemischten Versammlungen sei nur unter den auch für Deutsche geltenden Voraussetzungen einschränkbar. — Das OVG Münster (a.a.O.) hält das Verbot, an einer Versammlung teilzunehmen, für unzulässig, wenn dadurch die Versammlung praktisch verhindert wird, z. B. wenn allen in Frage kommenden Ausländern die Teilnahme untersagt wird. *Kloesel* hat dies in der Anmerkung (a.a.O., S. 346 f.) als inkonsequent kritisiert und absoluten Vorrang des § 6 II AuslG angenommen. Die Argumentation des OVG Münster mag dogmatisch inkonsequent erscheinen, sie ist dennoch richtig, da nur so die gesetzgeberische Entscheidung, im VersG keinen besonderen Verbotstatbestand für Ausländerversammlungen zu schaffen, respektiert wird. Im Grenzfall handelt es sich eben nicht mehr nur um eine mittelbare Beeinträchtigung der Versammlung, sondern um deren Verbot, wenn alle potentiellen Teilnehmer nach § 6 II AuslG an der Teilnahme gehindert werden. Für das Versammlungsverbot ist die Ausländerbehörde auch gar nicht zuständig. — Dasselbe Problem stellt sich im Verhältnis des § 6 II AuslG zu § 14 VereinsG. Auch hier muß es trotz Tatbestandsgleichheit der Eingriffsnormen unzulässig sein, einen Verein faktisch nach § 6 II AuslG zu verbieten, indem allen Mitgliedern die Mitgliedschaft untersagt wird. Auch hier ist die Ausländerbehörde nicht zuständig. (Vgl. §§ 15 I 2 VereinsG, 20 AuslG.)

87 s. die oben § 19 II zu Fn. 7 genannten Beispiele und *Heuer,* S. 19, 79.

88 Zur Abgrenzung einerseits *Dürig,* Kommentar, Rdnr. 50 zu Art. 2 II; 23 zu Art. 11; 5 ff. zu Art. 104; andererseits *Merten,* Freizügigkeit, S. 52 ff.; BaWüGH, NJW 1969, 2109 ff., hat diese Problematik gar nicht erwähnt.

89 *Kloesel - Christ,* Anm. 1 zu § 50; *Schiedermair,* Anm. 5 zu § 50.

Dürig[90] hat die Ansicht vertreten, Art. 2 II 2 erfasse neben der Freiheitsentziehung auch die Freiheitsbeschränkung, die bereits dann vorliege, wenn jemand gehindert wird, einen bestimmten Ort aufzusuchen und sich dort aufzuhalten. Als Begründung dient ihm der zwischen Freiheitsentziehung und -beschränkung differenzierende Art. 104[91]. Den hier in Frage stehenden Ortswechsel subsumiert *Dürig* aber unter die lex specialis des Art. 11[92]. *Merten*[93] beschränkt im Gegensatz dazu Art. 2 II 2 aus Zweck, systematischem Zusammenhang und Entstehungsgeschichte auf die Freiheitsentziehung durch Verhaftung und ähnliche Zwangsmaßnahmen. Allerdings sind nach seiner Meinung die allgemeine Bewegungsfreiheit und der kurzfristige Aufenthalt an anderen Orten nicht durch Art. 11, sondern durch Art. 2 I geschützt[94]. Die Frage kann hier auf sich beruhen, denn jedenfalls wird der Ortswechsel nicht vom Jedermann-Recht des Art. 2 II 2 erfaßt, so daß besondere Beschränkungen für Ausländer entweder nach Art. 11 oder nach Art. 2 I[95] zulässig sind.

VII. § 6 II AuslG und das Parteienprivileg

Da Ausländer am Parteienprivileg teilhaben, sind ausländerrechtliche Sanktionen wegen ihrer parteikonnexen Tätigkeit[96] unzulässig. Dies gilt auch dann, wenn die Betätigung an sich unter Art. 8, 9 fallen würde, also z. B. bei der Beteiligung von Ausländern an Parteiversammlungen und ihrer Betätigung in Neben- oder Hilfsorganisationen von Parteien. Insofern sind die Ausführungen unter V und VI einzuschränken. § 6 II AuslG kann in diesen Fällen nicht angewandt werden.

VIII. § 6 II AuslG und Art. 9 III

Die Ausführungen zur Koalitionsfreiheit der Ausländer[97] haben bereits ergeben, daß im Gewährleistungsbereich des Art. 9 III ausländerrechtliche Sanktionen unzulässig sind. Die bloße Beteiligung an der durch Art. 9 III gedeckten koalitionsmäßigen Betätigung kann daher

---

90 a.a.O., Rdnr. 50 zu Art. 2 II; 5, 12 zu Art. 104; ähnl. *Kern*, GR II, S. 51 (70).
91 *Dürig*, a.a.O., Rdnr. 5 zu Art. 104.
92 a.a.O., Rdnr. 23 zu Art. 11; 3 zu Art. 2 II; and. insoweit *Kern*, a.a.O.
93 a.a.O., S. 52 ff., ähnl. BVerfGE 22, 21 (26).
94 a.a.O., S. 45 ff., 58.
95 Art. 2 I ist zwar ein Jedermann-Recht, aber wegen seiner Funktion als Auffangtatbestand ist er kein spezieller Gleichheitssatz für Ausländer. Das Maß der zulässigen Differenzierung richtet sich hier nach Art. 3 (s. schon oben § 11 I 2 zu Fn. 31).
96 Zum Umfang s. o. § 10 III.
97 s. o. § 11.

kein Anlaß sein, nach § 6 II AuslG einzuschreiten. Wegen Störung der öffentlichen Sicherheit und Ordnung kann nur dann eingegriffen werden, wenn dies auch gegenüber Deutschen möglich wäre; dies setzt aber eine Betätigung mit Mitteln und in Formen voraus, die durch Art. 9 III nicht gedeckt sind. Die bloße Beteiligung an der Öffentlichkeitsarbeit, an Gewerkschaftsversammlungen[98] und an rechtmäßigen Streiks kann nicht nach § 6 II AuslG eingeschränkt werden, auch wenn sie politisch noch so unerwünscht ist. Erhebliche Belange dürften durch koalitionsmäßige Betätigung selten gefährdet sein, da die Wahrung und Förderung der Arbeits- und Wirtschaftsbedingungen kaum geeignet sein wird, außenpolitische Belastungen zu verursachen.

IX. § 6 II AuslG und Art. 17

Wie in § 12 dargelegt wurde, steht das Petitionsrecht auch Ausländern ungeschmälert zu. Ausländerrechtliche Maßnahmen wegen des Petitionierens sind unzulässig. Es kann als solches auch niemals die öffentliche Sicherheit und Ordnung stören[99]. Hat die Petition beleidigenden Inhalt, gilt wie für Deutsche das allgemeine Strafrecht unter Berücksichtigung des § 193 StGB[100]. Ein Einschreiten wegen Störung der öffentlichen Sicherheit ist hier zwar möglich, kann sich aber nur auf den beleidigenden Inhalt und nicht auf die Petitionsmöglichkeit als solche beziehen[101]. Es ist unzulässig, nach § 6 II AuslG außenpolitisch mißliebige Petitionen zu verbieten, da es kein allgemeines Verbot der Beeinträchtigung auswärtiger Belange gibt und Ausländer im Rahmen des Art. 17 den Deutschen gleichgestellt sind[102].

X. Zusammenfassung

§ 6 II AuslG bedarf erleblicher Restriktion. Soweit er die polizeiliche Generalklausel enthält, sind einschränkende Verfügungen, die die Rechte des Ausländers aus Art. 5 I, 9 III, 17 und ihre parteikonnexe Betätigung betreffen, nur dann zulässig, wenn diese Betätigung auch für Deutsche nach allgemeinem Polizeirecht einschränkbar ist. Eine Einschränkung wegen Gefährdung erheblicher Belange ist unzulässig.

---

98 s. o. § 13 III.

99 Vgl. auch *Dürig*, a.a.O., Rdnr. 44 zu Art. 17: Das Petitionieren als solches ist nie beleidigend.

100 Dazu *Dürig*, a.a.O., Rdn. 43 ff. zu Art. 17; *Dagtoglou* BK (Zweitbearb.), Rdnr. 123 ff. zu Art. 17.

101 Das ist aber nicht der eigentliche Anwendungsbereich des § 6 II AuslG, s. o. II.

102 In dem oben § 12 Fn. 5 geschilderten Fall wurde daher eindeutig gegen Art. 17 verstoßen.

Hinsichtlich der Vereins- und Versammlungsfreiheit sind besondere Einschränkungen sowohl wegen Störung der öffentlichen Sicherheit und Ordnung als auch wegen Beeinträchtigung erheblicher Belange zulässig.

§23 Weitere Anwendungsprobleme bei § 6 II AuslG

I. Das Allgemeine Polizeirecht

Die Eingriffsvoraussetzungen des § 6 II AuslG sind mit denen des § 14 VereinsG kongruent, so daß auf die dortigen Ausführungen zum Begriff des Störers, der Gefahr und der Kausalität verwiesen werden kann[1]. Ergänzend ist noch zu vermerken:

1. Präventivmaßnahmen

Aus dem Wortlaut des § 6 II AuslG wie aus seinem Charakter als Eingriffsnorm des besonderen Polizeirechts ergibt sich, daß eine Gefährdung der geschützten Rechtsgüter ausreicht. Eine Verletzung muß nicht bereits eingetreten sein. Es genügt die Gefahr einer Verletzung i. S. d. allgemeinen Polizeirechts, auch das Vorliegen einer sog. Scheingefahr[2]. Präventivmaßnahmen sind also zulässig[3].

2. Erforderlichkeit

§ 6 II AuslG enthält keine über das allgemeine Polizeirecht hinausgehende Bestimmung der Erforderlichkeit, so daß auch insoweit das allgemeine Polizeirecht, etwa die §§ 3, 5 des BaWüPolG, anwendbar ist. Eine die politische Betätigung einschränkende Verfügung ist daher nur rechtmäßig, wenn Anlaß zu der Annahme besteht, daß gerade vom betroffenen Ausländer Gefahren für die geschützten Rechtsgüter ausgehen, die nur durch ein polizeiliches Einschreiten in der gewählten Form beseitigt werden können[4]. Das setzt eine Sachverhaltsaufklärung voraus, nach deren Ergebnis eine gefährdende Aktivität des Ausländers mit großer Wahrscheinlichkeit bevorsteht.

Dieser Auffassung ist *Heuer*[5] entgegengetreten: Da die Ausländerbehörden meist unter Zeitdruck stünden und ihre Aufklärungsmöglich-

---

1 s. o. § 8 II 2 c dd zu Fn. 95 ff.

2 BaWüVGH, NJW 1969, 2109 (2110); *Heuer*, S. 66 f.; *Weißmann*, Anm. 6 zu § 6; den Gefahrenbegriff verkennt *Heuer* allerdings auf S. 34 f., 44 f.

3 a. A. aber *Kanein*, DVBl. 1966, 617 (619).

4 BaWüVGH, a.a.O.

5 S. 67—69.

keiten begrenzt seien, weil besonders militante Ausländergruppen in konspirativer Abschirmung und Verschleierung arbeiteten, könne man nicht verlangen, daß alle Elemente des Sachverhalts durch gerichtlich verwertbare Beweismittel zu belegen sind. Es müsse genügen, „wenn die vorhandenen Informationen einen fundierten Verdacht dafür ergeben, daß eines der in § 6 Abs. 2 AuslG genannten Rechtsgüter gegenwärtig oder in naher Zukunft bedroht ist“[6]. Dieser Verdacht könne sich auch aus Mitteilungen ausländischer Stellen ergeben, selbst wenn eine Überprüfung durch die deutschen Behörden überhaupt nicht oder nicht innerhalb der zur Verfügung stehenden Zeit möglich sei.

Zu welchen Ergebnissen diese Auffassung führt, zeigt der dem Urteil des BaWüVGH in NJW 1969, 2109 zugrunde liegende Sachverhalt: Obwohl die beklagte Stadt nur drei Fälle zu überprüfen hatte, berief sie sich im Prozeß auf die allgemeine Hektik vor dem Schahbesuch, die Ermittlungen im Einzelfall unmöglich gemacht habe[7]; dies, obwohl der einzige wesentliche Befund über den betroffenen Ausländer dessen Ausschreibung zur Aufenthaltsermittlung und die Auskunft des Kriminalkommissariats war: „hier politisch und kriminell ohne Vorgänge“[8]. Erst nachträglich leitete das Bundeskriminalamt ohne eigene Stellungnahme eine Mitteilung der Iranischen Botschaft weiter, nach der eine Person mit dem Namen des Klägers besonders gefährlich sei[9]. Die beklagte Stadt hielt es nicht für erforderlich, beim BKA zurückzufragen. Erst die Anfrage des VG ergab „Aufschluß darüber, in welch undurchsichtiger Weise — nämlich durch eine mündlich erteilte Auskunft eines nicht näher benannten Botschaftsangehörigen — es zu dieser Qualifizierung des Klägers gekommen war“[10].

Die Gründe, mit denen *Heuer* diese Praxis rechtfertigen will, überzeugen nicht. Er übersieht, daß der BaWüVGH differenziert und eine vorübergehende Maßnahme bis zur Aufklärung des Sachverhaltes nach den Grundsätzen der Anscheinsgefahr für zulässig hält[11]. Der VGH wendet sich nur dagegen, daß die Behörde trotz der zweifelhaften Anhaltspunkte die ihr mögliche und zumutbare weitere Sachverhaltsaufklärung unterließ. Heuers „fundierter Verdacht“ dürfte identisch mit der Scheingefahr sein, die aber bei erkennbarer Zweifelhaftigkeit nicht von weiteren Ermittlungen entbindet, wenn diese möglich und zumutbar sind. Die Schwierigkeit der Informationsbeschaffung dürfte

[6] S. 68.

[7] NJW 1969, 2109 (2111 r. Sp.).

[8] Ebenda, S. 2111 l. Sp.

[9] Ebenda, S. 2111 r. Sp.

[10] BaWüVGH, DÖV 1970, 95 (97); dieser Passus fehlt in NJW 1969, 2109 ff. und DVBl. 1970, 511 ff.

[11] NJW 1969, 2109 (2111 l. Sp.).

ohnehin bald entfallen, wenn die Ämter für Verfassungsschutz für die Überwachung zuständig werden[12].

Im Rahmen der Erforderlichkeit ist auch zu prüfen, ob die Untersagung einer politischen Betätigung mit bestimmter Zielrichtung oder die Einschränkung durch Ausschluß bestimmter Betätigungsformen ausreicht[13].

3. Ermessen

Liegen die Voraussetzungen des § 6 II AuslG und des allgemeinen Polizeirechts vor, so steht es im Ermessen der Ausländerbehörde, eine einschränkende Verfügung zu erlassen. Nur insoweit setzt § 114 VwGO der gerichtlichen Überprüfung Grenzen[14].

II. Form und Inhalt der Verfügungen nach § 6 II AuslG

1. Form

Verfügungen nach § 6 II AuslG ergehen als selbständige Verfügungen und nicht als Bedingung oder Auflage nach § 7 I 2, III, IV AuslG, da § 6 II abschließende Spezialnorm für die politische Betätigung ist[15]. Auch nach der Gegenmeinung[16] enthält § 6 II AuslG die abschließende materiell-rechtliche Regelung, während § 7 AuslG die Form regelt. Der Unterschied zwischen den Meinungen besteht nur darin, daß die Auflage oder Bedingung in den Paß eingetragen werden kann, wenn es „tunlich“[17] ist. Die Eintragung kann für den Ausländer bei der Rückkehr in sein Heimatland schwerwiegende Konsequenzen haben,

---

[12] s. o. § 8 Fn. 103.

[13] AuslGVwv Nr. 6 zu § 6; *Heuer*, S. 69 f.; *Kanein*, Anm. B 5 zu § 6; *ders.*, DVBl. 1966, 617 (619); *Kloesel - Christ*, Anm. 3 zu § 6; *Marxen*, Rdnr. 18 zu § 6, die das unzutr. für eine Ermessensentscheidung halten (vgl. BaWüVGH, a.a.O., S. 2110).

[14] Vgl. BaWüVGH, a.a.O.; die erheblichen Belange sind zwar ein unbestimmter Rechtsbegriff, ein Beurteilungsspielraum dürfte aber wie bei § 7 I lit. a PaßG zu verneinen sein (vgl. BVerfGE 6, 32, 43; BVerwGE 3, 130, 134; 3, 171, 175; BVerwG, DVBl. 1969, 74, 75; *Dürig*, Kommentar, Rdnr. 114 zu Art. 11; a. A. *Bordewin*, S. 133; *Thomsen*, S. 71, 95; wie hier *Doehring*, ZaöRV 25 (1965), 478 (490).

[15] AuslGVwv Nr. 6 zu § 6; Nr. 19 zu § 7; BaWüVGH, a.a.O., S. 2109 f.; OVG Münster, DÖV 1970, 344 (345); *Angerer*, BayVBl. 1965, 325 (328); *Heuer*, S. 72 f.; *Kloesel - Christ*, Anm. 3 zu § 6; *Marxen*, Rdnr. 3, 21 zu § 6, 17 zu § 7; *Weißmann*, Anm. 6 zu § 6.

[16] *Forch*, S. 24 Fn. 4; *Kanein*, Anm. B 4 zu § 6; C 4 zu § 47 I Nr. 4; *ders.*, DVBl. 1966, 617 (619); *Klinkhardt*, DVBl. 1965, 467 (468); ebenso die Amtl. Begründung zum Regierungsentwurf, BT-Drucks. IV/868 S. 13 und der Schriftl. Bericht, BT-Drucks. IV/3013 S. 4; ähnl. wohl *Schiedermair*, Anm. 12 zu § 6, wenn er § 23 für anwendbar hält.

[17] AuslGVwv Nr. 20 zu § 7.

an denen die BRD nicht interessiert sein kann. Schon deshalb ist es sinnvoller, § 7 AuslG hier nicht anzuwenden[18]. Dafür spricht auch die Stellung des § 6 II *vor* § 7 AuslG, ein Anzeichen dafür, daß es sich um keinen Unterfall des § 7 handelt[19]. Dies wird bestätigt durch die unterschiedlichen Strafsanktionen für Zuwiderhandlungen gegen Verfügungen nach § 6 II und § 7 AuslG in §§ 48 I Nr. 5, 47 I Nr. 4 AuslG einerseits, § 47 I Nr. 5 AuslG andererseits[20]. Die Behörde hat daher nicht die Wahl zwischen einer selbständigen Verfügung und einer Auflage oder Bedingung. Sie kann zur Einschränkung der politischen Betätigung auch nicht beide kumulativ erlassen[21].

Die Schriftform des § 23 AuslG ist nur für Auflagen und Bedingungen vorgeschrieben, Verfügungen nach § 6 II AuslG können also auch mündlich ergehen. Es ist dennoch zweckmäßig, nur schriftliche Verfügungen zu erlassen.

2. Inhalt

Die Konkretisierung des Verbotsinhaltes bereitet Schwierigkeiten, die die Ausländerbehörden verleitet haben, *jede* politische Betätigung zu verbieten[22]. Ein solches Verbot ist nach allgemeiner und zutreffender Meinung rechtswidrig[23], da es dem rechtsstaatlichen Bestimmtheitsgebot, dem Grundsatz der Erforderlichkeit und dem Grundrechtsschutz der Ausländer widerspricht; denn wie die bisherigen Ausführungen gezeigt haben, stehen nicht alle ihre politischen Rechte zur Disposition des Gesetzgebers und der Verwaltung. Dementsprechend ist nach Nr. 6 AuslGVwv zu § 6 in der Verfügung anzugeben, „welche Zielsetzung, welche Mittel oder welche Erscheinungsformen der politischen Betätigung verboten werden“.

Die Literatur ist jedoch großzügiger. Eine Spezifizierung der einzelnen Betätigungsformen sei oft nicht zweckmäßig, weil der Ausländer auf nicht verbotene, aber ähnliche Betätigungsformen ausweichen könne und die Verfügung damit ohne Wirkung bleibe[24]. Es genüge, Handlungen zu untersagen, „die geeignet sind, die deutschen Beziehungen zum Staat A zu belasten“[25], da der Ausländer „Experte“

---

[18] Ebenso *Marxen*, Rdnr. 17 zu § 7.

[19] So bes. *Marxen*, Rdnr. 3 zu § 6; *Weißmann*, a.a.O.

[20] Zutr. *Heuer*, S. 73.

[21] So aber *Heuer*, a.a.O.; *Kloesel - Christ*, Anm. 6 zu § 7.

[22] Vgl. die oben § 19 II zu Fn. 7 genannten Beispiele und *Klinkhardt*, DVBl. 1965, 467 (468, 471 Fn. 55).

[23] OVG Münster, OVGE 21, 300 (302 f.); *Erbel*, JuS 1971, 34 (37); *Heuer*, S. 71; *Kanein*, Anm. B 5 zu '6 (S. 78 f.); *Kloesel - Christ*, Anm. 3 zu § 6; *Marxen*, Rdnr. 22 zu § 6; *Schiedermair*, Anm. 8 zu § 7.

[24] *Heuer*, S. 71 f.; ähnl. *Kloesel - Christ*, Anm. 3 zu § 6.

[25] *Heuer*, S. 72.

für die Frage sei, wann die Angriffe gegen seinen Heimatstaat geeignet sind, dessen Beziehungen zur Bundesrepublik zu stören. Die deutschen Behörden hätten durch die Verfügung klargestellt, daß sie die Belastung der Beziehungen nicht hinnehmen wollen.

Dieser Auffassung ist schon deswegen nicht zuzustimmen, weil eine solche Verfügung eine unzulässige Einschränkung des Art. 5 I enthielte[26]. Wegen Gefährdung erheblicher Belange kann nur die Vereins- und Versammlungsfreiheit eingeschränkt werden; diese Beschränkung muß in der Verfügung zum Ausdruck kommen, soll sie nicht wegen Grundrechtsverstoßes rechtswidrig sein. Zudem ist das Verbot jeglicher Vereins- oder Versammlungstätigkeit nicht erforderlich, da darunter auch nicht gefährdende Betätigungen fallen würden. Zu verbieten ist nur die Mitgliedschaft in einem bestimmten Verein oder die Teilnahme an einer bestimmten Versammlung; wird durch diese Beschränkung der Verfügung deren Zweck nicht erreicht, so ist durch inhaltliche Kriterien deutlich zu machen, welche Art von vereins- oder versammlungsmäßiger Betätigung untersagt wird[27].

Die Wiederholung des in § 6 II AuslG umschriebenen Erfolges genügt nicht[28], denn wann die erheblichen Belange beeinträchtigt sind, entzieht sich wegen des Nuancenreichtums auswärtiger Beziehungen der Beurteilung des Ausländers. Durch eine solche Verfügung ist nicht klargestellt, welche Handlungen nach Ansicht der Behörde die auswärtigen Beziehungen der Bundesrepublik belasten. Es kommt nicht so sehr auf die Reaktion des fremden Staates als vielmehr darauf an, welche durch die Betätigung des Ausländers verursachten Reaktionen die Bundesrepublik nicht tatenlos hinnehmen will. Diese Entscheidung ist Sache der Behörde und kann nicht in den Risikobereich des Ausländers abgeschoben werden. Gerade die Schwierig-

---

[26] s. o. § 22 IV; unhaltbar deshalb auch *Kanein,* Anm. B 5 zu § 6 (S. 79), der als Beispiel das Verbot für ausländische Studenten nennt, im Hochschulbereich Flugblätter zu verteilen; dasselbe gilt für das von ihm genannte Verbot „politischer Agitation oder Hetze“ in Betrieben oder Unterkünften; dagegen zutr. auch *Tomuschat,* S. 55. Auch die Beispiele bei *Heuer* (S. 71) sind z. T. wegen Art. 5 I, II verfehlt, so z. B. das Verteilen von Flugblättern und das Abhalten von Pressekonferenzen.

[27] z. B.: Untersagt wird die Teilnahme an Versammlungen, die eine Kritik an den Verhältnissen im Iran zum Gegenstand haben, wie z. B. die Bevölkerung werde ausgebeutet, der Schah sei ein Diktator, Gefangene würden mißhandelt etc.

[28] Im allgemeinen Polizeirecht genügt keine Verfügung, alle Handlungen zu unterlassen, die geeignet sind, die öffentliche Sicherheit und Ordnung zu gefährden. Zu den strengen Anforderungen an die Bestimmtheit schon unter dem Gesichtspunkt der Vollstreckung vgl. *Drews - Wacke,* Allg. Polizeirecht, 7. Aufl. 1961, S. 296 f. mit Nachw. Im Rahmen des § 6 II AuslG können keine anderen Maßstäbe gelten.

keit dieser Entscheidung verbietet dies[29]. Hinzu kommt die strafrechtliche Sanktion der §§ 47 I Nr. 4, 48 I Nr. 5 AuslG bei Zuwiderhandlung gegen das Verbot, die eine möglichst weitgehende Präzisierung der tatbestandsausfüllenden Verfügung fordert[30].

III. Zusammenfassung

Bei der Anwendung des § 6 II AuslG sind die Grundsätze des allgemeinen Polizeirechts zu beachten, insbesondere der Begriff des Störers, die unmittelbare Gefahrenverursachung und die Erforderlichkeit. Die Verfügung muß so bestimmt wie nur möglich sein. Der Ausländer muß erkennen können, welche konkreten Handlungen ihm untersagt sind. Das Verbot jeder politischen Betätigung und die bloße Wiederholung des tatbestandlichen Erfolgs genügen dem Bestimmtheitsgebot nicht.

§ 24 Die verbotene politische Betätigung des § 6 III AuslG

I. Verstoß gegen das Völkerrecht

Zu diesem Tatbestand ist auf die zutreffenden Ausführungen *Tomuschats*[1] zu verweisen. Ihnen ist nichts hinzuzufügen, so daß seine Thesen kurz wiedergegeben werden:

Da die Regeln des allgemeinen Völkerrechts, soweit sie nicht nur die Rechtsbeziehungen der Staaten untereinander betreffen, über Art. 25 als innerstaatliches Recht das Individuum verpflichten und da völkerrechtliche Verträge nach Art. 59 II innerstaatlich durch Gesetz in Kraft gesetzt werden, dürfte § 6 III Nr. 1 AuslG nur deklaratorischer Natur sein, besonders wenn man mit der überwiegenden Meinung[2]

---

[29] Wie konfus die reinen Zweckargumentationen in diesem Punkt sind, zeigt der Vergleich mit der oben § 22 Fn. 52 genannten Meinung: Einmal soll zur Beurteilung der Tatbestandsvoraussetzungen der Richter mangels außenpoltischer Sachkunde nicht in der Lage sein, wohl aber der Polizist auf dem flachen Lande; ein andermal soll der betroffene Ausländer Experte in dieser Frage sein, dem man Entscheidung und Irrtumsrisiko ruhig überlassen könne.

[30] Unhaltbar deshalb der oben § 12 Fn. 5 erwähnte Bußgeldbescheid. Zur Bestimmtheit der Ausweisungstatbestände s. auch *Tomuschat*, S. 42 f.

[1] S. 41—45; ihm folgend *Rolvering*, S. 91 f.; ähnl. *Heldmann*, studentische politik, S. 9 (14).

[2] *D. Böckenförde*, S. 29; *Forch*, S. 79; *Heuer*, S. 53; *Kanein*, Anm. B 5 zu § 6; *Marxen*, Rdnr. 14 f. zu § 6; *Weißmann*, Anm. 4 zu § 6.

den Tatbestand auf das allgemeine Völkerrecht beschränkt. Dann handelt es sich stets um Verstöße gegen innerstaatliches Recht.

Als Bestandteil des Aufenthaltsrechts hat § 6 III Nr. 1 AuslG aber für die Ausweisung wegen Verstoßes gegen das Aufenthaltsrecht Bedeutung (§ 10 I Nr. 6 AuslG). Insoweit bestehen jedoch Bedenken wegen der mangelnden Bestimmtheit und Feststellbarkeit des völkerrechtlichen Normenbestandes[3] und damit des Ausweisungstatbestandes.

Rechnet man zum Völkerrecht auch das Vertragsvölkerrecht[4], ergeben sich zahlreiche Unstimmigkeiten, da es kaum Verträge gibt, die für die politische Betätigung relevant sind und da sie meist nur eine Verbesserung der Rechtsstellung der betroffenen Personen enthalten. Wo dies nicht der Fall ist, bestehen in der Regel innerstaatliche Strafsanktionen[5], so daß die Hervorhebung des Völkerrechts überflüssig ist. Manche Verträge verweisen global auf das innerstaatliche Recht[6]. Auf dem Umweg über das Völkerrecht würde § 6 III Nr. 1 AuslG dann verbieten, sich rechtswidrig zu verhalten.

Konstitutive Bedeutung hätte § 6 III Nr. 1 nur, wenn er dem Ausländer die Pflicht auferlegen würde, im Einklang mit den Regeln zu handeln, die an sich nur die beteiligten Staaten binden. Von Bedeutung wären dann besonders die vertraglichen Generalklauseln, in denen die Vertragspartner versprechen, ihre gegenseitigen Beziehungen zu fördern. Dann wäre aber jede Kritik an solchen Abkommen völkerrechtswidrig und verboten[7]. Daß der Gesetzgeber dies wollte, ist nicht anzunehmen. Art. 5 I, II würde dieser Auslegung und der Auferlegung einer solchen Pflicht nur für Ausländer entgegenstehen. Es ist nicht einzusehen, warum das allgemeine oder vertragliche Völkerrecht gegenüber dem Ausländer schutzbedürftiger sein soll als gegenüber dem Staatsangehörigen.

Bei der Abfassung des § 6 III Nr. 1 hat der Gesetzgeber „mehr emotionell als aufgrund vernünftiger Überlegungen gehandelt"[8]. § 6 III

---

[3] Die Gegenargumente von *Heuer,* S. 53, überzeugen nicht, da er den ständigen Wechsel des Völkerrechts übersieht. Für Handlungen, die auch nach sonstigem innerstaatlichen Recht untersagt sind, gilt dies freilich nicht; für sie bedarf es aber auch nicht des § 6 III Nr. 1 AuslG; vgl. die Beispiele bei *Heuer,* a.a.O.

[4] So *Kloesel - Christ,* Anm. 5 zu § 6; *Schiedermair,* Anm. 10 zu § 6.

[5] z. B. die Konvention über die Verhütung und Bestrafung des Völkermordes (BGBl. 1954 II S. 730) und § 220 a StGB, eingefügt durch das ZustimmungsG zur Konvention v. 9. 8. 1954 (BGBl. II S. 729).

[6] z. B. Art. 2 der Genfer Flüchtlingskonvention (BGBl. 1953 II S. 560), nach dem die Flüchtlinge die Rechtsordnung des Aufenthaltsstaates zu respektieren haben.

[7] So der Sache nach tatsächlich *Schiedermaier,* Anm. 10 zu § 6.

[8] *Tomuschat,* S. 45.

Nr. 1 bietet nur Anlaß zu Mißverständnissen und ist für die Ausländerbehörden unpraktikabel. Er sollte deshalb gestrichen werden.

II. Gefährdung der freiheitlichen demokratischen Grundordnung

§ 6 III Nr. 2 AuslG ist ersichtlich an Art. 18, 21 II ausgerichtet[9], so daß keine Bedenken bestehen, die Umschreibungsversuche des BVerfG[10] zum Begriff der freiheitlich-demokratischen Grundordnung heranzuziehen. Zu dieser Ordnung gehören danach der Ausschluß jeglicher Gewalt- und Willkürherrschaft, eine rechtsstaatliche Herrschaftsordnung auf der Grundlage der Selbstbestimmung des Volkes nach dem Willen der Mehrheit sowie der Freiheit und Gleichheit, die Achtung der Menschenrechte, die Volkssouveränität, die Gewaltenteilung, die Verantwortlichkeit der Regierung, die Gesetzmäßigkeit der Verwaltung, Unabhängigkeit der Gerichte, das Mehrparteiensystem und die Chancengleichheit der politischen Parteien mit dem Recht auf verfassungsmäßige Opposition. Da es sich um kein spezifisches ausländerrechtliches Problem handelt und die Umschreibung des BVerfG weitgehend Zustimmung gefunden hat[11], ist auf die Problematik dieses Begriffes nicht näher einzugehen[12].

§ 6 III Nr. 2 AuslG unterscheidet sich von Art. 18, 21 II dadurch, daß er nur eine Gefährdung voraussetzt, während dort vom „Kampf gegen die freiheitliche demokratische Grundordnung" und davon die Rede ist, die Partei müsse „darauf ausgehen, die freiheitliche demokratische Grundordnung zu beseitigen". Beide Formulierungen ent-

---

[9] *Heuer*, S. 52; *Kanein*, Anm. B 5 zu § 6; *Marxen*, Rdnr. 16 zu § 6; *Rolvering*, S. 92; *Tomuschat*, S. 46.

[10] BVerfGE 2, 1 (12 f.); 5, 85 (140 f.); 10, 118 (122 f.).

[11] *Dürig*, Kommentar, Rdnr. 52 zu Art. 18; *Hesse*, VerfR, S. 53; *v. Mangoldt-Klein*, Anm. III 4 b zu Art. 18 mit Nachw.; *Maunz*, Kommentar, Rdnr. 114 zu Art. 21; *Schmitt Glaeser*, Verwirkung, S. 45 m. w. N. in Fn. 101; *ders.*, DÖV 1965, 433 ff.; *Handschuh*, S. 111 ff. mit Nachw.

[12] Bes. ausführlich dazu *Schmitt Glaeser*, Verwirkung, S. 35 ff.; DÖV 1965, 433 ff.; *Handschuh*, a.a.O. Soweit sie den Begriff mit den Grundsätzen des Art. 79 III gleichsetzen sowie republikanisches und Bundesstaatsprinzip miteinbeziehen, ist ihnen nicht zu folgen. Das Bundesstaatsprinzip lag dem Verfassungsgeber keineswegs so sehr am Herzen, wie *Schmitt Glaeser* (S. 52 f.) annimmt. Ein Blick in die Entstehungsgeschichte (vgl. *Füßlein*, JöR 1, 579 ff.) legt den Verdacht nahe, daß die Fassung des Art. 79 III hinsichtlich des Bundesstaatsprinzips auf Zufall oder Druck der Alliierten beruht. *Schmitt Glaeser* setzt sich außerdem mit seiner eigenen Prämisse in Widerspruch, daß „nur die unabdingbare (!) Grundsubstanz einer freiheitlichen Demokratie" (S. 42) zur freiheitlichen demokratischen Grundordnung zu rechnen ist. Dies erkennt er selbst auf S. 130, wenn er meint, der Angriff auf die bundesstaatliche Ordnung allein erfülle nicht den Tatbestand des Art. 18. Gegen die Einbeziehung des Bundesstaatsprinzips schon *Scheuner*, RStW III, S. 126 (136 mit Fn. 27); vgl. auch *Maunz*, Kommentar, Rdnr. 115 zu Art. 21; *Dürig*, ebenda, Rdnr. 54 zu Art. 18; *Wilke*, Verwirkung, S. 32 f. m. w. N.

halten ein finales Element[13], das in § 6 III Nr. 2 AuslG fehlt, so daß sich die Frage erhebt, ob jede, auch die zufällige Gefährdung[14] ausreicht.

Da polizeiliches Einschreiten keinen Vorsatz voraussetzt[15] und § 6 III Nr. 2 AuslG eine Norm des besonderen Polizeirechts ist, ist das Absehen von subjektiven Momenten konsequent, zumal auch die freiheitliche demokratische Grundordnung in der öffentlichen Sicherheit und Ordnung des Polizeirechts mitenthalten ist[16]. Dem steht nicht entgegen, daß § 6 III AuslG ein ex-lege-Verbot aufstellt und anders als bei § 6 II und nach allgemeinem Polizeirecht eine polizeiliche Verfügung nicht mehr erforderlich ist[17]; auch die ex-lege-Verbote des Strafrechts sind Teil der polizeilichen Generalklausel.

Als Unterfall der polizeilichen Generalklausel hat § 6 III Nr. 2 AuslG keine eigene tatbestandliche Bedeutung und ist auch ohne praktische Relevanz, da die Betätigung einzelner Ausländer — nur um sie geht es bei § 6 AuslG — kaum die große Wahrscheinlichkeit einer demnächst eintretenden Störung der verfassungsmäßigen Ordnung herbeiführen kann; genau das aber wäre nach allgemeinem Polizeirecht erforderlich[18].

§ 6 III Nr. 2 AuslG ist als Unterfall der polizeilichen Generalklausel verfassungsrechtlich unbedenklich. Kollisionen mit Art. 18 bestehen nicht, da der Tatbestand der polizeilichen Generalklausel und damit auch des § 6 III Nr. 2 AuslG gegenüber dem des Art. 18 ein aliud ist[19]. Dasselbe gilt für die Rechtsfolge, die sich bei § 6 III Nr. 2 AuslG im Verbot bestimmter Handlungen erschöpft[20].

III. § 6 III Nr. 3 AuslG

Er verbietet die Förderung von Bestrebungen außerhalb des Geltungsbereiches des GG, die mit der freiheitlich demokratischen Grundordnung

---

[13] Für Art. 18 eingehend *Schmitt Glaeser*, Verwirkung, S. 70 ff. und BVerfGE 13, 46 (51); zu Art. 21 II BVerfGE 5, 85 (141); „aktiv kämpferische, aggressive Haltung".

[14] *Tomuschat*, S. 46, erörtert nur die fahrlässige Gefährdung und übersieht, daß § 6 III Nr. 2 AuslG überhaupt kein subjektives Element enthält und die Verschuldensmaßstäbe des Strafrechts für Art. 18 nicht maßgebend sind, daß es vielmehr nur auf den „natürlichen" Vorsatz ankommt, vgl. *Dürig*, Kommentar, Rdnr. 37 ff.; aber auch *Schmitt Glaeser*, a.a.O., S. 72.

[15] Vgl. *Drews - Wacke*, Allg. Polizeirecht, S. 207 ff., 233 ff.

[16] *Schmitt Glaeser*, a.a.O., S. 284 ff., bes. S. 285; *Bettermann*, JZ 1964, 601 (606).

[17] *Kanein*, Anm. B 5 (S. 77) zu § 6; *Kloesel - Christ*, Anm. 4 zu § 6; *Marxen*, Rdnr. 13 zu § 6; a. A. *Schiedermair*, Anm. 12 zu § 6.

[18] Zutr. *Schmitt Glaeser*, a.a.O., S. 288.

[19] Zum Verhältnis des allgemeinen Polizeirechts zu Art. 18 vgl. *Schmitt Glaeser*, Verwirkung, S. 284 ff.

[20] Zur Rechtsfolge des Art. 18 ausführlich *Schmitt Glaeser*, a.a.O., S. 160 ff.

unvereinbar sind, und soll eine Lücke schließen[21], die durch die Rechtsprechung des BGH zum früheren § 90 a StGB entstanden war. Danach sollte Strafbarkeit gemäß § 90 a StGB nur dann eintreten, wenn sich die Tätigkeit gegen die verfassungsmäßige Ordnung der Bundesrepublik richtete, wozu die Tätigkeit einer ausländischen KP unter Angehörigen ihres Heimatstaates in der BRD nicht ausreichte[22].

Diese Rechtsprechung schuf eine Strafbarkeitslücke, die § 6 III Nr. 3 AuslG ohnehin nicht schließen kann. Er besagt ohne Sanktionsandrohung nur, daß die Betätigung gegen die freiheitlich demokratische Grundordnung generell untersagt ist, auch wenn sie den Zielvorstellungen des betroffenen Staates entspricht oder gar von diesem initiiert ist[23]. Hier machte der Gesetzgeber ernst mit der Bindung an das GG ohne Rücksicht auf die außenpolitischen Belange: Sanktionen gegen eine unter § 6 III Nr. 3 AuslG fallende Tätigkeit[24] können zu außenpolitischen Schwierigkeiten führen, die aber keine Rolle spielen dürfen. Es erscheint reichlich inkonsequent, wenn der Gesetzgeber versuchte, im umgekehrten Fall die Betätigung zur Förderung oder Errichtung einer freiheitlichen demokratischen Grundordnung in fremden Staaten unter den Vorbehalt der Nichtstörung auswärtiger Belange zu stellen (§ 6 II AuslG)[25].

Die Verfassungsmäßigkeit des § 6 III Nr. 3 AuslG wird ohne Bedenken bejaht[26]. Der Innenausschuß des Bundestages ging offenbar davon aus, daß diese Schranke ohnehin in Art. 18 enthalten sei[27]. Das ist nicht ganz zweifelsfrei, da Art. 18 als Staatsschutznorm unmittelbar wohl nur die Bundesrepublik betrifft[28], ohne daß dies in seiner Formulierung zum Ausdruck kommt. Dem Ergebnis ist gleichwohl zuzustimmen, da das GG besonders in den Art. 9 II, 18, 21 II sich zur „militanten Demokratie“ bekennt und alle Handlungen vom Grundrechtsschutz ausnimmt,

---

[21] So der Schriftl. Bericht, BT-Drucks. IV/3013 S. 4; *Marxen*, Rdnr. 17 zu § 6.

[22] BGHSt 19, 51 (57 ff.) zu § 90 a StGB i. d. F. v. 30. 8. 1951 (BGBl. I S. 739); zu § 90 a StGB i. d. F. des § 22 VereinsG BGHSt 20, 46 ff.

[23] Zutr. *Schiedermair*, Anm. 11 zu § 6; unhaltbar *Weißmann*, Anm. 4 zu § 6, nach dem § 6 III Nr. 3 AuslG die freundschaftlichen diplomatischen Beziehungen der BRD zu anderen Staaten schützen will; dagegen auch *Tomuschat*, S. 47 Fn. 110. — *Kloesel - Christ* (Anm. 7 zu § 6) nennen als Beispiel die Tätigkeit eines italienischen Kommunisten für die KPI (ähnl. der Fall BGHSt 19, 51) unter seinen Landsleuten in der BRD. Man wird nur mit Vorsicht den Schluß ziehen können, jede KP müsse sich das KPD-Urteil (BVerfGE 5, 85) entgegenhalten lassen.

[24] Man denke z. B. an die Tätigkeit regierungstreuer Griechen unter ihren Landsleuten in der BRD.

[25] Ähnl. *Tomuschat*, S. 62.

[26] *Tomuschat*, S. 47; *Klinkhardt*, DVBl. 1965, 467 (468); *Rolvering*, S. 93 f.; die Kommentare stellen die Frage erst gar nicht; a. A. aber *Heldmann*, studentische politik, S. 9 (14).

[27] Vgl. Schriftl. Bericht, BT-Drucks. IV/3013 S. 4.

[28] So *Schmitt Glaeser*, Verwirkung, S. 187 Fn. 92.

die sich gegen die freiheitliche demokratische Grundordnung richten. Ob es sich um die Ordnung fremder Staaten handelt oder nicht, kann keinen Unterschied rechtfertigen, da es Sinn dieser Norm ist, jegliche politische Aktivität im Geltungsbereich des GG der freiheitlichen demokratischen Grundordnung zu verpflichten. Es wäre auch ungereimt, Handlungen mit reinem Außenbezug unter Grundrechtsschutz zu stellen, die auf die Ordnung der Bundesrepublik bezogen die schärfsten verfassungsrechtlichen Sanktionen auslösen können[29]. Auch § 6 III Nr. 3 AuslG ist daher immanente Grenze jeder Grundrechtsausübung und hat nur deklaratorische Bedeutung.

§ 25 Kritik

Die vorstehenden Ausführungen haben gezeigt, daß § 6 AuslG viele Unklarheiten und Unsicherheiten birgt, so daß er insgesamt nur als mißglückt bezeichnet werden kann. Der Grundrechtsschutz der Ausländer für ihre politische Betätigung wirft ohnehin schwierige Fragen auf. § 6 AuslG vermehrt diese Schwierigkeiten durch eine der differenzierten Regelung des GG nicht gerecht werdende Pauschalregelung, durch die Verwendung vager Generalklauseln und durch unnötige Wiederholung ohnehin bestehender Begrenzungen politischer Tätigkeit. Er bietet bei entsprechender, vom Wortlaut her möglicher Auslegung die Handhabe, Ausländer mundtot zu machen, wenn ihre Betätigung nichts anderes als unerwünscht ist. Die Ausführungen mancher Kommentatoren[1] bieten ein anschauliches Beispiel, zu welchen Behauptungen und ggf. Verfügungen die weite Fassung des § 6 AuslG führen kann. Dies rührt mit daher, daß die Wissenschaft das Feld bislang fast vollständig den Praktikern überlassen hat[2], die allzu leicht geneigt sind, die Probleme nur aus ihrer Sicht darzustellen und zu lösen.

Wie die Untersuchung ergeben hat, kommt § 6 AuslG nur hinsichtlich der sonstigen erheblichen Belange in Abs. 2 eine eigene tatbestandliche Bedeutung zu. Gerade in dieser Tatbestandsalternative ist er aber verfassungskonform dahingehend auszulegen, daß er nur die Beschränkung der Vereins- und Versammlungsfreiheit rechtfertigen kann.

---

[29] Abzulehnen daher *Heldmann*, a.a.O.

[1] Besonders *Kanein, Schiedermair Weißmann* in der Kommentierung des § 6; z. T. auch *Heuer*, z. B. S. 30 f.; 36 f.; 45. Zu den Praktikerkommentaren s. die großenteils berechtigte Kritik von *Rondholz*, vorgänge 1970, 128 ff.

[2] Ausnahmen sind die Arbeiten von *Tomuschat, Thomsen* und *Rolvering*.

§ 6 AuslG ist deshalb nicht völlig überflüssig[3], wenn man die Entscheidung des Gesetzgebers akzeptiert, die auswärtigen Beziehungen der Bundesrepublik besonderem Schutz zu unterstellen. Wenn *Heuer*[4] § 6 AuslG mit der Schutz- und Warnfunktion vor den schwerer wiegenden Sanktionen der Strafbarkeit und Ausweisung rechtfertigt, so stellt er die Interessenlage auf den Kopf. Im Hintergrund steht dabei seine unhaltbare Meinung[5], die Bedeutung des § 6 liege im Vorfeld politisch motivierter Gewalttaten, da besonders Versammlungen und Flugblätter von Ausländern geeignet seien, andere zu Gewaltanwendung zu veranlassen. Eine emotionalisierte Menschenmenge lasse sich mit polizeilichen Mitteln nicht aufhalten, deshalb müsse vorher eingeschritten werden. Mit dieser Begründung kann jede politische Betätigung, auch die der Deutschen, unterdrückt werden, denn die „potentielle Gefahr" (der Ausdruck ist dem Polizeirecht unbekannt!) von Ausschreitungen besteht immer[6].

Soweit § 6 AuslG deklaratorische Tatbestände enthält, ist er nur für die Zuständigkeit der Ausländerbehörden (§ 20), das Weisungsrecht der Bundesregierung (§ 25)[7] und für die Sanktionen der §§ 47 I Nr. 4, 48 I Nr. 5 AuslG[8] von Bedeutung.

Wegen der genannten Bedenken erscheint eine Neufassung des § 6 AuslG dringend geboten. Der Alternativentwurf 1970 von *Franz* u. a.[9] sieht in § 5 folgende Neufassung vor: „Die politische Betätigung von Ausländern ist im Rahmen der verfassungsmäßigen Ordnung frei." Diese Formulierung ist nichtssagend und löst die Probleme nicht. Soll sie bedeuten, daß Ausländer gesetzlich hinsichtlich aller Grundrechte den Deutschen gleichgestellt werden und nur den allgemeinen Schranken unterliegen oder soll sie es dabei belassen, daß trotz §§ 1 VersG, 1 VereinsG die Vereins- und Versammlungsfreiheit der Ausländer unter der polizeilichen Generalklausel steht? Dann wäre es sinnvoller, überhaupt keine Regelung zu treffen.

Die Neufassung sollte von dem unnötigen Ballast des Abs. 3 (bes. Nr. 1 und 2) befreit werden und klar zu erkennen geben, daß eine Einschränkung der Meinungs- und Koalitionsfreiheit wie auch des Petitionsrechts wegen Gefährdung erheblicher Belange nicht zulässig

---

[3] Unzutr. daher *Heldmann*, studentische politik, S. 9 (14).

[4] S. 54 f.

[5] S. 34 f.

[6] *Heuers* Beispiele auf S. 35 f. besagen nichts für ihn, da sie alle strafrechtlich relevant sein dürften.

[7] Dazu *Thomsen*, S. 89 f.

[8] Sie setzen aber stets eine Verfügung nach § 6 II AuslG voraus.

[9] Alternativentwurf 1970 zum Ausländergesetz 1965 von *Franz*, *Heldmann*, *Kasprzyk*, *D. Majer*, *B. Pätzold*, abgedruckt in studentische politik, S. 5 ff.; vorgänge 1970, 130 ff., ZRP 1970, 235 ff.

ist. Eine solche Klarstellung erscheint angesichts der seitherigen Praxis und der Ausführungen mancher Kommentatoren dringend erforderlich. Die Neufassung sollte außerdem klarstellen, daß die Verfügungen inhaltlich konkretisiert werden müssen. Die Schriftform und der Begründungszwang sollten zweckmäßigerweise zwingend vorgeschrieben werden.

Die politischen Zeichen stehen für eine Novellierung des § 6 AuslG nicht günstig. Die Streichung einiger Tatbestandsmerkmale wird als unangemessene Freiheitserweiterung für Extremisten und Terroristen mißverstanden werden. Dennoch sollte man nicht zögern, § 6 AuslG in Einklang mit dem GG zu bringen und der Praxis die Mühen und Schwierigkeiten verfassungskonformer Anwendung abzunehmen.

§ 26 Exkurs: Politische Betätigung und Ausweisung

Jede politische Betätigung eines Ausländers in der BRD setzt seinen Aufenthalt voraus. Ihr kann daher auch durch Ausweisung der Boden entzogen werden. Ob und ggf. wann dies zulässig ist, ist noch kurz zu erörtern. Dabei ist zu unterscheiden zwischen der nach § 6 AuslG verbietbaren oder verbotenen und der nicht einschränkbaren politischen Betätigung.

I. Die verbietbare politische Betätigung

Ist einer der Tatbestände des § 6 AuslG erfüllt, so liegt in aller Regel auch einer der Ausweisungsgründe des § 10 AuslG vor, zumindest der des § 10 I Nr. 11[1]. Man könnte daher annehmen, daß der Ausländer im allgemeinen auszuweisen ist und § 6 AuslG nur für die Personen von Bedeutung ist, die nicht ohne weiteres ausgewiesen werden können, z. B. für Asylanten und Ausländer mit Aufenthaltsberechtigung (§ 11 AuslG)[2].

Diese Ansicht verstößt gegen das Übermaßverbot. Wenn der gleiche Erfolg durch mehrere Mittel erreicht werden kann, ist stets das am wenigsten einschneidende zu wählen[3]. Die Ausweisung ist gegenüber einer Verfügung nach § 6 AuslG stets der schwerer wiegende Eingriff, da sie weitreichende Folgen für die wirtschaftlichen und persönlichen

---

[1] Vgl. *Heuer*, S. 75.

[2] So *Weißmann*, Anm. 6 zu § 6.

[3] s. etwa § 5 I BaWüPolG.

Lebensverhältnisse des Ausländers hat, während die Verfügung nach § 6 AuslG nur einen beschränkten Lebensbereich tangiert. Deshalb ist die Ausweisung dann unzulässig, wenn die Verfügung nach § 6 AuslG Erfolg verspricht. Dies kann verneint werden bei wiederholten Zuwiderhandlungen gegen frühere Verfügungen. Hat die politische Betätigung zu einer strafrechtlichen Verurteilung geführt, ist die Ausweisung nach § 10 I Nr. 2 AuslG zulässig[4], da das Gesetz die Abwägung hier selbst vorgenommen und der Ausweisung den Vorrang vor der spezialpräventiven Wirkung der Verurteilung eingeräumt hat. Allerdings muß die Täterprognose bei der Ermessensentscheidung über die Ausweisung eine Rolle spielen.

Auch bei den schwerer wiegenden Tatbeständen des § 6 III AuslG kann nicht ohne weiteres ausgewiesen werden. Die Ausweisung ist auch hier nur erforderlich, wenn eine Verbotsverfügung oder entsprechende Hinweise keinen Erfolg versprechen. Die Schwere des Verstoßes allein rechtfertigt die Ausweisung nicht[5].

II. Die nicht einschränkbare politische Betätigung

Die mangelnde Einschränkbarkeit kann sich daraus ergeben, daß keiner der Tatbestände des § 6 AuslG erfüllt ist. Dann wird auch keiner der Ausweisungsgründe des § 10 AuslG gegeben sein. Sie kann aber auch daraus folgen, daß erhebliche Belange der Bundesrepublik zwar beeinträchtigt sind, eine einschränkende Verfügung aber z. B. wegen Art. 5 I nicht ergehen kann. Die Behörde könnte hier auf den Gedanken verfallen, sich über § 10 I Nr. 11 AuslG des unliebsamen Ausländers und damit seiner politischen Betätigung zu entledigen. Die Frage ist also, ob bei rechtmäßiger politischer Betätigung die Ausweisung zulässig ist.

---

4 Wie hier *Heuer*, S. 76; *Kanein*, DVBl. 1966, 617 (619).

5 z. T. allerdings abw. *Heuer*, S. 77; *Kloesel - Christ*, Anm. 9 zu § 6; *Marxen*, Rdnr. 24 zu § 6. — Daß die Praxis zuweilen dennoch so verfährt, zeigt das bei *Heldmann* (studentische politik, S. 33 [35] = vorgänge 1970, 124, 126) genannte Beispiel: Ein argentinischer Musikstudent wurde von der Stadt Freiburg ausgewiesen, weil er „durch seine radikale Einstellung die freiheitliche demokratische Grundordnung und die Sicherheit der Bundesrepublik" gefährde. Als Begründung wurde angeführt, er habe bei einer Studentenversammlung „in auffälliger Weise ein Plakat, das die Aufschrift ‚Enteignet Springer' trug", entrollt (!), sei „führender SDS-Mann", sei bei einer Diskussion gegen die Notstandsgesetze aufgetreten und habe die Machtübernahme an der Universität durch die Studenten sowie die Lahmlegung des Lehrbetriebes propagiert. Durch diese agitatorische politische Tätigkeit habe er „in grober Weise" gegen die freiheitliche demokratische Grundordnung der Bundesrepublik verstoßen. Man versäumte auch nicht, die sofortige Vollziehung der Ausweisung anzuordnen (zu diesem Fall s. auch *Frankfurter Rundschau* v. 10. 5. 1969 S. 4, „Argentinier droht Ausweisung"). Ein Beispiel, was man aus den Tatbeständen der §§ 6, 10 AuslG alles machen kann.

Die Praxis vieler Staaten bejaht dies und sieht das Problem der politischen Betätigung von Ausländern ausschließlich unter dem Aspekt der Ausweisung[6]: Wer sich in unerwünschter Weise politisch betätigt, wird ohne Rücksicht auf etwaige verfassungsrechtliche Garantien für diese Betätigung ausgewiesen. Dem entsprach die frühere deutsche Praxis und Lehre[7], nach der die Ausweisung nicht unter dem Grundsatz der Gesetzmäßigkeit der Verwaltung stand[8]. Der Staat war „hinsichtlich der Ausweisung ... noch ebenso allmächtig und gesetzesfrei, wie er es vor der Schaffung der rechtsstaatlichen Institutionen auf allen Gebieten des Zwanges war“, der Beamte konnte „machen was er will“[9]. Infolgedessen genügte es für die Ausweisung, daß ein Ausländer lästig, unerwünscht, unliebsam[10] war; sie konnte auch nur damit begründet werden, er habe gesetzlich vebürgte Freiheiten in Anspruch genommen[11].

Diese Ansicht ist heute schon wegen der Enumeration der Ausweisungsgründe[12] überholt. Hinzu kommt ein weiteres: Wenn nicht jede nach § 6 einschränkbare politische Betätigung die Ausweisung rechtfertigt, kann diese schärfste Sanktion des AuslG erst recht nicht zulässig sein, wenn nicht einmal eine Einschränkung nach § 6 AuslG möglich ist[13]. Sonst würde der sich einwandfrei verhaltende Ausländer ein größeres Risiko eingehen als derjenige, dessen Tätigkeit

---

[6] Für die USA, Frankreich und Großbritannien vgl. die Übersicht bei *Tomuschat*, S. 64 f. mit Nachw.; für die Schweiz s. *Thomsen*, S. 10 f. mit Nachw.; *Moser*, ZSR NF 86 (1967) II, 325 (438 f.); *Tomuschat*, S. 25 Fn. 38; das entspricht dem allgemeinen Völkerrecht, vgl. *Tomuschat*, S. 24 ff. mit Nachw.

[7] *Isay*, Fremdenrecht, S. 87 f., 90 f., 97 ff., 214 ff. (dort auch zu den damals schon bestehenden Gegenstimmen); *v. Frisch*, Fremdenrecht, S. 167.

[8] s. bes. *Isay*, a.a.O., S. 97 ff.

[9] *Isay*, a.a.O., S. 100.

[10] *Isay*, a.a.O., S. 100, 214 und öfter; *v. Frisch*, a.a.O.

[11] *Isay*, a.a.O., S. 215; enger aber der Ausweisungserlaß des Preußischen Innenministeriums v. 21. 10. 1921 (Ministerialblatt der inneren Verwaltung S. 372; abgedruckt bei *Isay*, a.a.O., S. 215 ff. Fn. 3; *Fraustätter - Kreuzberger*, Deutsches Ausländerrecht, 1927, S. 17 ff.) unter A II 1: „Bei sonstiger Lästigkeit, insbesondere wenn ... der Beweis oder der dringende Verdacht staatsfeindlicher politischer Betätigung vorliegt.“ Ähnl. der Erlaß vom 24. 8. 1923 (*Fraustätter - Kreuzberger*, a.a.O., S. 24 ff.) unter A I 2: „Bei staatsfeindlicher politischer Betätigung in Wort und Schrift, auch wenn ein Strafverfahren nicht oder noch nicht eingeleitet ist.“ In Anm. 25 stellen die Herausgeber klar, daß nicht jede politische Betätigung oppositioneller Art einen Ausweisungsgrund darstellt.

[12] Vgl. *Kimminich*, BK (Zweitbearb.), Rdnr. 55 zu Art. 74 Nr. 4; zur APVO schon einschränkend *Bordewin*, S. 93 ff., bes. S. 96.

[13] Bezeichnenderweise hat Bethmann-Hollweg als Staatssekretär des Innern bei der Beratung des VereinsG 1908 den umgekehrten Schluß gezogen: Durch die Gewährung der Vereins- und Versammlungsfreiheit für Ausländer werde die Ausweisungsbefugnis nicht beschränkt. Versage man der Staatsgewalt die Beschränkung der Vereins- und Versammlungsfreiheit von Ausländern, zwinge man sie zur härteren Maßnahme der Ausweisung (vgl. *Isay*, a.a.O., S. 87 f.).

den Sanktionen des § 6 AuslG unterliegt. Die Gewährleistung eines Rechts, insbesondere eines Grundrechts, bedeutet, daß die Inanspruchnahme des Rechtes sanktionsfrei ist, was auch die Sanktion der Ausweisung ausschließt. Der Staat kann nicht mit der einen Hand nehmen, was er mit der anderen gibt. Eine politische Betätigung, die nicht nach § 6 AuslG einschränkbar oder verboten ist, kann daher nie zur Ausweisung führen[14, 15].

[14] Im Erg. ebenso *Tomuschat*, S. 63 f.; *Rolvering*, S. 64 f.; *Ruppel*, S. 153.

[15] Die unter I und II erörterten Einschränkungen gelten nicht für die Erteilung der Aufenthaltserlaubnis, da die Belange in § 2 I AuslG nicht an den Katalog des § 10 gebunden sind und da den Behörden hier ein (noch) weiterer Ermessensspielraum zusteht als bei der Ausweisung. Zutr. daher *Heuer*, S. 77 f. Rechtspolitisch ist das Ergebnis unbefriedigend, da der Ausländer mit der legalen politischen Betätigung doch seinen Aufenthalt in der BRD riskiert, wenn ihm ihretwegen keine neue Aufenthaltserlaubnis erteilt wird. Die (unnötig weite) Fassung des § 2 I AuslG und das Fehlen eines Rechts auf Aufenthalt lassen aber keine andere Deutung zu.

Schlußbemerkung

Die Ergebnisse dieser Arbeit lassen sich nicht in wenigen Sätzen zusammenfassen. Zu vielfältig und differenziert sind die Probleme und ihre Lösungen. Als Generalergebnis ist nur festzustellen, daß die Behauptung, Ausländer hätten überhaupt keine politischen Rechte, falsch ist. Das GG enthält eine differenzierte Regelung, über deren politischen Sinn man geteilter Meinung sein kann, die aber nicht durch die Postulierung nirgendwo verankerter Grundsätze zu unterlaufen ist.

Die rechtliche Beurteilung der politischen Aktivität von Ausländern ist vielfach verquickt mit dem Ressentiment des sozial Stärkeren gegenüber dem sozial Schwächeren, dem Außenseiter, der a priori als Störenfried erscheint, wenn er sich nicht völlig dem Stärkeren anpaßt. Man ist dann nicht mehr weit entfernt von der These *Carl Schmitts*[1], Grundlage jeder politischen Existenz sei die Möglichkeit der Unterscheidung von Freund und Feind; mit der Gewährleistung politischer Rechte für Ausländer entfalle diese Möglichkeit, so daß politische Gemeinschaft und Einheit aufhörten. Die Distanzierung nach außen kehrt wieder in der Betonung des genossenschaftlichen Charakters des Gemeinwesens, die schließlich dazu führt, den Ausländer dem gefährlichsten Verfassungsfeind gleichzustellen, der seine politischen Rechte in dem mit ganz besonderen Kautelen ausgestatteten Verfahren des Art. 18 verwirkt hat[2]. Die unbefangene Betrachtung dieses Ergebnisses müßte eigentlich ausreichen, nach Konstruktionsfehlern im Denkgebäude zu suchen.

Es war das Anliegen dieser Arbeit, möglichst unbefangen, gleichwohl nicht ohne Vorverständnis, die politische Betätigung von Ausländern in das Verfassungsrecht einzuordnen und daran § 6 AuslG zu messen. Es hat sich gezeigt, daß § 6 AuslG dieser Überprüfung nicht in vollem Umfang standhält. Er rechtfertigt nicht das Prädikat „liberal", das so häufig für das AuslG vergeben wird[3], wenngleich zuzugeben ist, daß

---

[1] Verfassungslehre, S. 169.

[2] So ausdrücklich *Schmitt Glaeser*, Verwirkung, S. 188; nicht weit davon die Amtl. Begründung, BT-Drucks. IV/868 S. 9: „Ihnen (sc. Ausländern) gegenüber handelt der Staat nach Zweckmäßigkeitserwägungen, die nach politischen Zielen ausgerichtet sind." Dem Zusammenhang widerspricht es nicht, nach dem Wort Staat ein „nur" einzufügen.

[3] Vgl. Amtl. Begründung, a.a.O., S. 10: „weltoffene und liberale Fremdenpolitik"; s. auch *Kanein*, Anm. A 1, 2 zu § 1.

das Fremdenrecht der meisten Staaten noch ausländerfeindlicher ist als § 6 AuslG ohne die Korrektur durch die verfassungskonforme Auslegung.

Wem die Ergebnisse dieser Arbeit als zu wenig oder zu weitgehend erscheinen, möge nicht vergessen, daß der kritische Punkt jeden Fremdenrechts nicht die Frage der politischen Betätigung, sondern die Regelung der Einreise und Ausweisung ist[4]. Solange die Erteilung der Aufenthaltserlaubnis im fast grenzenlosen Ermessen der Behörden steht, nützt dem Ausländer die Gewährleistung politischer Rechte nichts, zumal dann, wenn die Aufenthaltserlaubnis wegen politischer Betätigung versagt werden kann. Allerdings ist nicht zu verkennen, daß für die Angehörigen der EWG-Staaten hier Fortschritte zu verzeichnen sind[5].

Gegenstand dieser Arbeit war die Darstellung des geltenden Rechts. Die politischen und sozialpsychologischen Probleme der Ausländerbehandlung[6] mußten daher vernachlässigt werden, wenngleich erstere bei der Auslegung des positiven Rechts hin und wieder eine Rolle spielten. Die grundsätzliche Frage, warum das immer formaler werdende Kriterium der Staatsangehörigkeit so schwerwiegende Differenzierungen gebietet oder nur rechtfertigt[7], wurde nur vereinzelt gestreift. Für eine unbefangene Diskussion dieser Frage ist die Zeit wohl noch nicht reif; die Diskussion wird aber unausweichlich sein und zu neuen Lösungen führen müssen, die sich weniger an der Staatsangehörigkeit als an den tatsächlichen Beziehungen eines Individuums zu einem Staat orientieren. Dies setzt in mancher Hinsicht ein neues Staatsverständnis und vor allem ein Grundrechtsverständnis voraus, das die Grundrechte nicht als persönliche Berufsrechte des Menschen als Staatsbürger versteht und auf die Nation ausrichtet[8]; „... ihren Beitrag zur staatlichen Integration können die Grundrechte auch als Menschenrechte, ohne nationale Verbrämung oder Substantiierung erbringen, nämlich durch das schlichte, Zustimmung, Loyalität und Stolz weckende Bewußtsein der Staatsbürger, daß ihre politische Gemeinschaft den Menschen schlechthin zu seinen Rechten kommen läßt“[9].

Dies zu berücksichtigen ist die Forderung an die Praxis von heute und die Reform für morgen.

---

[4] Zutr. *Franz*, studentische politik, S. 27 = vorgänge 1970, S. 119.

[5] Im AufenthaltsG/EWG; vgl. auch *Grabitz*, passim.

[6] Zu den historischen und staatstheoretischen Aspekten s. *Grabitz*, S. 30 ff., 46 ff. m. w. N.

[7] Vgl. auch die Ansätze zu dieser Fragestellung bei *Grabitz*, S. 7 ff., 30 f.

[8] Vgl. *Smend*, Bürger und Bourgeois, in: Staatsrechtl. Abhandl., S. 309 (318 ff., 320 mit Fn. 15).

[9] *H. Huber*, Festschrift für Jahrreiß (1964), S. 101 (114).

Literaturverzeichnis

Abendroth, Wolfgang: Die Berechtigung gewerkschaftlicher Demonstrationen für die Mitbestimmung der Arbeitnehmer in der Wirtschaft, in: Abendroth-Schnorr v. Carolsfeld, ebenso. Zwei Rechtsgutachten. Düsseldorf 1953, S. 1 ff.

Adamovich, Ludwig und Hans *Spanner:* Handbuch des österreichischen Verfassungsrechts. 5. Aufl., Wien 1957

Angerer, Hermann: Das neue Ausländerrecht der Bundesrepublik Deutschland. BayVBl. 1965, 325 ff.

Anschütz, Gerhard: Die Verfassung des Deutschen Reichs vom 11. August 1919. Ein Kommentar für Wissenschaft und Praxis. 14. Aufl., Berlin 1933; *zit.:* WRV

Apelt, Willibalt: Die Gleichheit vor dem Gesetz nach Art. 3 Abs. 1 des Grundgesetzes. JZ 1951, 353 ff.

Arndt, Adolf: Buchbesprechung. NJW 1963, 193 f.

— Urteilsanmerkung. NJW 1957, 1072 f.

Aubert, Jean-Francois: Le statut des étrangers en Suisse. ZSR NF Bd. 77 (1958) I, S. 215 ff.

Bachof, Otto: Zum Apothekenurteil des Bundesverfassungsgerichts. JZ 1958, 468 ff.

— Freiheit des Berufs, in: Die Grundrechte. Handbuch der Theorie und Praxis der Grundrechte. Dritter Band, 1. Halbband. Berlin 1958, S. 155 ff.; *zit.:* GR III/1

— Grundgesetz und Richtermacht, Tübingen 1959

— Reflexwirkungen und subjektive Rechte im öffentlichen Recht, in: Gedächtnisschrift für Walter Jellinek, München 1955, S. 287 ff.; *zit.:* Gedächtnisschrift für W. Jellinek

— Verfassungsrecht, Verwaltungsrecht, Verfahrensrecht in der Rechtsprechung des Bundesverwaltungsgerichts. Band I 3. Aufl., Tübingen 1966, Band II, Tübingen 1967; *zit.:* VerfR I bzw. II

— Der Verfassungsrichter zwischen Recht und Politik, in: summum ius summa iniuria. Tübingen 1963; *zit.:* summum ius summa iniuria

Badura, Peter: Generalprävention und Würde des Menschen, JZ 1964, 337 ff.

Bäumen, Heinz: Sinn und Grenzen der Vereins- und Versammlungsfreiheit im Rahmen der Grundrechte des Bonner Grundgesetzes. Diss. Freiburg 1955

Bartsch, Hellmuth: Die deutschen Studentenschaften. Organisation, Aufgaben und Rechtsform der studentischen Selbstverwaltung in der Bundesrepublik. Bonn, Holzlar 1969

Barzel, Rainer: Der Mensch als Hoheitsträger. Die Lehre von den subjektiven öffentlichen Rechten und die Grundrechtsnormen des Grundgesetzes. DÖV 1951, 337 ff.

Bayer, Hermann-Wilfried: Staatsbesuch und politische Demonstration. DÖV 1968, 709 ff.

Behrendt, Richard F.: Menschenwürde als Problem der sozialen Wirklichkeit, in: Maihofer-Behrendt, Die Würde des Menschen. Untersuchungen zu Art. 1 des Grundgesetzes der Bundesrepublik Deutschland. Band II Hannover 1967, S. 1 ff.

Berber, Friedrich: Lehrbuch des Völkerrechts. I. Band. München und Berlin 1960; *zit.:* Völkerrecht I

— Völkerrecht. Dokumentensammlung. Band I. Friedensrecht. München und Berlin 1967

Berg, Wilfried: Konkurrenzen schrankendivergenter Freiheitsrechte im Grundrechtsabschnitt des Grundgesetzes. Berlin und Frankfurt/M. 1968

Bergstraesser, Arnold: Politik, in: Staatslexikon. Recht Wirtschaft Gesellschaft. Sechster Band. 6. Aufl., Freiburg 1961, Sp. 335 ff.

Berner, Ingo: Die Problematik des politischen Mandats der Studentenschaft. JZ 1967, 242 ff.

Bertram, Karl Friedrich: Bestrafung von Parteimitgliedern und Parteienprivileg. NJW 1961, 1099 ff.

— Das Widerstandsrecht des Grundgesetzes, Berlin 1970

Besson, Waldemar: Politik, in: Evangelisches Staatslexikon. Stuttgart, Berlin 1966, Sp. 1547 ff.

Bettermann, Karl August: Die Beweislast im Verwaltungsprozeß, in: Verhandlungen des sechsundvierzigsten Deutschen Juristentages Essen 1966. Band II Sitzungsberichte. München und Berlin 1967, E 26 ff.: *zit.:* VerhDJT 46, Bd. II

— Die allgemeinen Gesetze als Schranken der Pressefreiheit. JZ 1964, 601 ff.

— Grenzen der Grundrechte. Berlin 1968

Bingemer, Karl, Edeltrud *Meistermann-Seeger* und Edgar *Neubert* (Hrsg.): Leben als Gastarbeiter. Geglückte und mißglückte Integration. Köln, Opladen 1970

Böckenförde, Christoph: Die Kodifizierung des Widerstandsrechts im Grundgesetz. JZ 1970, 168 ff.

Böckenförde, Dieter: Ausländerrecht. Wiesbaden 1968; *zit.:* D. Böckenförde

Böckenförde, Ernst-Wolfgang: Die Teilung Deutschlands und die deutsche Staatsangehörigkeit, in: Festgabe für Carl Schmitt, Zweiter Teilband. Berlin 1968, S. 423 ff.; *zit.:* Festgabe für C. Schmitt

Bonner Kommentar: Kommentar zum Bonner Grundgesetz. Bearbeitet von H. J. Abraham u. a., Hamburg, Erstbearbeitung 1954 ff.; Zweitbearbeitung 1964 ff.; *zit.:* BK (Erstbearb. bzw. Zweitbearb.)

Bordewin, Arno: Das Aufenthaltsrecht der Ausländer. Diss. Köln 1962; *zit.:* Bordewin

Bornhak, Conrad: Das Petitionsrecht. AöR Bd. 16 (1901), S. 403 ff.

Brand: Art. 128—131. Rechte und Pflichten der Beamten, in: Die Grundrechte und Grundpflichten der Reichsverfassung. Zweiter Band. Berlin 1930, S. 210 ff.; *zit.:* Nipp. II

Breithaupt, Walter: Das Parteiengesetz vom 24. Juli 1967. JZ 1967, 561 ff.

Brox, Hans und Bernd *Rüthers:* Arbeitskampfrecht. Stuttgart 1965

Bundesanstalt für Arbeitsvermittlung und Arbeitslosenversicherung: Ausländische Arbeitnehmer — Beschäftigung, Anwerbung, Vermittlung, Erfahrungsbericht 1968, auszugsweise in: Ausländergesetz '65 — Alternativentwurf '70 — Kritik und Reform, studentische Politik, Heft 1 1970 (hrsg. vom Forschungsinstitut der Friedrich-Ebert-Stiftung), S. 109 ff.

Bussiek: Ausländischer Student und studentische Selbstverwaltung. DUZ 1964, Heft XI, 3 ff.

Čopič, Hans: Berufsverbot und Pressefreiheit. JZ 1963, 494 ff.

— Grundgesetz und politisches Strafrecht neuer Art. Tübingen 1967

Däubler, Wolfgang: Der Streik im öffentlichen Dienst. 2. Aufl., Tübingen 1971

Dagtoglou, Prodromos: Wesen und Grenzen der Pressefreiheit. Stuttgart 1963

Dahm, Georg: Völkerrecht. Band I. Stuttgart 1958; *zit.:* Völkerrecht I

Delius: Art. 123 und 124. Versammlungs- und Vereinsrecht, in: Die Grundrechte und Grundpflichten der Reichsverfassung. Zweiter Band. Berlin 1930, S. 138 ff.; *zit.:* Nipp. II

Denninger, Erhard: Polizei in der freiheitlichen Demokratie. Frankfurt/M., Berlin 1968

— Polizei und demokratische Politik. JZ 1970, 145 ff.

— Verfassungs-, Staats- und Verwaltungsrecht, in: Wiethölter, Rechtswissenschaft. Frankfurt/M., Hamburg 1968, S. 322 ff.

Dietel, Alfred und Kurt *Gintzel:* Demonstrations- und Versammlungsfreiheit. Kommentar zum Gesetz über Versammlungen und Aufzüge vom 24. Juli 1953. 2. Aufl., Köln u. a. 1970; *zit.:* VersG

Dietz, Rolf: Grundfragen des Streikrechts. JuS 1968, 1 ff.

— Die Koalitionsfreiheit, in: Die Grundrechte. Handbuch der Theorie und Praxis der Grundrechte. Dritter Band, 1. Halbband. Berlin 1958, S. 417 ff.; *zit.:* GR III/1

— Koalitionsfreiheit und Arbeitskampfrecht. Rechtsgutachten. Bergisch Gladbach o. J.

Doehring, Karl: Neuregelungen des deutschen Fremdenrechts durch das „Ausländergesetz" von 1965. ZaöRV Bd. 25 (1965), S. 478 ff.

— Die allgemeinen Regeln des völkerrechtlichen Fremdenrechts und das deutsche Verfassungsrecht. Köln, Berlin 1963; *zit.:* Fremdenrecht

— Das Widerstandsrecht des Grundgesetzes und das überpositive Recht. Der Staat, 8. Band (1969), S. 429 ff.

Dolde, Klaus-Peter: Nochmals: Die ausländerpolizeiliche „Maulkorb"-Verfügung. JuS 1971, 314 ff.

Drews-Wacke: Allgemeines Polizeirecht — Ordnungsrecht — der Länder und des Bundes. Begründet von Bill Drews, fortgeführt von Gerhard Wacke. 7. Aufl., Berlin u. a. 1961; *zit.:* Allgemeines Polizeirecht

Dürig, Günter: Art. 2 des Grundgesetzes und die Generalermächtigung zu allgemeinpolizeilichen Maßnahmen. AöR Bd. 79 (1953/54), S. 57 ff.

— Das Eigentum als Menschenrecht. ZStW Bd. 109 (1953), S. 326 ff.

— Freizügigkeit, in: Die Grundrechte. Handbuch der Theorie und Praxis der Grundrechte. Zweiter Band. Berlin 1954, S. 507 ff.; *zit.:* GR II

Dürig, Günter: Der Grundrechtssatz von der Menschenwürde. Entwurf eines praktikablen Wertsystems aus Art. 1 Abs. II in Verbindung mit Art. 19 Abs. II des Grundgesetzes. AöR Bd. 81 (1956), S. 117 ff.

— Die Verwirkung von Grundrechten nach Art. 18 des Grundgesetzes. Ein Beitrag zur öffentlich-rechtlichen Verwirkungslehre. JZ 1952, 513 ff.

Ehmke, Horst: „Staat“ und „Gesellschaft“ als verfassungstheoretisches Problem, in: Festgabe für Rudolf Smend, Tübingen 1963, S. 23 ff.; *zit.:* Festgabe für Smend

— Wirtschaft und Verfassung. Die Verfassungsrechtsprechung des Supreme Court für Wirtschaftsregulierung. Karlsruhe 1961

Enderling, Günter: Gesetz über Versammlungen und Aufzüge (Versammlungsgesetz) mit allen einschlägigen Nebengesetzen. Stuttgart 1953; *zit.:* VersG

Erbel, Günter: Die ausländerrechtliche „Maulkorb“-Verfügung. JuS 1971, 34 ff.

Erdmann, Ulrich: Das Ausländergesetz von 1965 im internationalen Vergleich. VerwArch. Bd. 59 (1968), 311 ff.

Ermacora, Felix: Handbuch der Grundfreiheiten und der Menschenrechte. Ein Kommentar zu den österreichischen Grundrechtsbestimmungen. Wien 1963

Eschenburg, Theodor: Staat und Gesellschaft in Deutschland. 5. Aufl., Stuttgart 1962

Evers, Hans-Ulrich: Arbeitskampffreiheit, Neutralität, Waffengleichheit und Aussperrungsverbot der Hessischen Landesverfassung. Hamburg 1969; *zit.:* Arbeitskampffreiheit

— Privatsphäre und Ämter für Verfassungsschutz. Berlin 1960; *zit.:* Privatsphäre

Eyermann, Erich, Ludwig *Fröhler* und Dirk *Neumann:* Gewerbeordnung. Kommentar. 12. Aufl., München und Berlin 1967 ff.

Feldmann, Peter von: Nochmals: Das neue Vereinsgesetz. I. Kritische Bemerkungen. DÖV 1965, 29 ff.

Feneberg, Hermann: Das Recht der politisch Verfolgten in der Bundesrepublik Deutschland, in: 2. Internationales Asylkolloquium Garmisch-Partenkirchen 1964, S. 65 ff.

Fessler, Peter: Österreichisches Vereinsrecht. Wien o. J.

Flechtheim, Ossip K.: Dokumente zur parteipolitischen Entwicklung in Deutschland seit 1945. Erster Band. Berlin 1962; *zit.:* Flechtheim I

Flechtheim, Ossip K. und 15 andere: Zum Parteiengesetz-Entwurf. Kritische Stellungnahme und Gegenvorschläge. Von 16 Politologen, Sozialwissenschaftlern und Juristen an der Freien Universität Berlin. DÖV 1967, 256 ff.

Forch, Hubert: Die Freiheitsrechte der ausländischen Arbeitnehmer in Deutschland. Diss. Mainz 1968; *zit.:* Forch

Franz, Fritz: Alternativentwurf ’70 zum Ausländergesetz ’65. ZRP 1970, 229 ff.

Franz, Fritz, Hans Heinz *Heldmann,* Peter *Kasprzyk,* Diemut *Majer* und Bjørn *Pätzold:* Alternativentwurf 1970 zum Ausländergesetz 1965, in: Ausländergesetz ’65 — Alternativentwurf ’70 — Kritik und Reform, studentische politik, Heft 1 1970 (hrsg vom Forschungsinstitut der Friedrich-Ebert-Stiftung), S. 5 ff.; *zit.:* studentische politik

Franz, Fritz: Buchbesprechung. DVBl. 1966, 651 f.

— Zur Reform des Ausländerpolizeirechts. DVBl. 1963, 797 ff.

— Rückfall in den Polizeistaat, in: Ausländergesetz '65 — Alternativentwurf '70 — Kritik und Reform, studentische politik, Heft 1 1970 (hrsg. vom Forschungsinstitut der Friedrich-Ebert-Stiftung), S. 27 ff.; *zit.*: studentische politik

— Das Völkerrecht als Quelle des innerdeutschen Aufenthalts- und Niederlassungsrechts der Fremden. DVBl. 1965, 457 ff.

Fraustädter, Werner und Max *Kreuzberger*: Das deutsche Ausländerrecht. Berlin und Leipzig 1927

Friauf, Karl Heinrich: Polizei- und Ordnungsrecht, in: Besonderes Verwaltungsrecht (hrsg. von v. Münch), 2. Aufl., Bad Homburg v. d. H. u. a. 1970, S. 139ff.

Friederichsen, Hans H.: Die Stellung des Fremden in den deutschen Gesetzen und völkerrechtlichen Verträgen seit dem Zeitalter der französischen Revolution. Diss. Göttingen 1967; *zit.*: Friederichsen

Friedrichs, Karl: Ausland, Ausländer, in: Handwörterbuch der Rechtswissenschaft. Erster Band. Berlin, Leipzig 1926, S. 417 ff.; *zit.*: HWRechtsW I

Frisch, Hans von: Das Fremdenrecht. Die staatsrechtliche Stellung der Fremden, Berlin 1910; *zit.*: Fremdenrecht

Fröhlich: Die Grundzüge des Gesetzes zur Regelung des öffentlichen Vereinsrechts (Vereinsgesetz) vom 5. 8. 1964 (BGBl. I, S. 593), DVBl. 1964, 799 ff.

Füßlein, Rudolf Werner: Rechtliche Probleme des Versammlungsgesetzes. DVBl. 1954, 553 ff.

— Vereins- und Versammlungsfreiheit, in: Die Grundrechte. Handbuch der Theorie und Praxis der Grundrechte. Zweiter Band. Berlin 1954, S. 425 ff.; *zit.*: GR II

— Versammlungsgesetz. Handausgabe mit eingehenden Erläuterungen. Berlin, Frankfurt/M. 1954; *zit.*: VersG

Fuß, Ernst-Werner: Grundrechtsgeltung für Hoheitsträger? DVBl. 1958, 739 ff.

— Die Nichtigkeitserklärung der Volksbefragung von Hamburg und Bremen. AöR Bd. 83 (1958), S. 383 ff.

Gallwas, Hans-Ullrich: Der Mißbrauch von Grundrechten. Berlin 1967; *zit.*: Mißbrauch

Galperin, Hans: Inhalt und Grenzen des kollektiven Koalitionsrechts. AuR 1965, 1 ff.

Gastroph, Claus: Die politischen Vereinigungen. Inhalt und Grenzen der Vereinigungsfreiheit des Art. 9 des Grundgesetzes im politischen Bereich in der Verfassungsstruktur der Bundesrepublik Deutschland. Berlin 1970

Geck, Wilhelm Karl: Hoheitsakte auf fremdem Staatsgebiet, in: Wörterbuch des Völkerrechts. Begründet von Karl Strupp, hrsg. von H.-J. Schlochauer. Erster Band. 2. Aufl., Berlin 1960, S. 795 f.; *zit.*: WBVR II

Geiger, Willi: Berufsfreiheit, in: Staatslexikon. Recht Wirtschaft Gesellschaft. Erster Band. 6. Aufl., Freiburg 1957, Sp. 1112 ff.

— Die Bundesverfassungsgerichtsbarkeit in ihrem Verhältnis zur Landesverfassungsgerichtsbarkeit und ihre Einwirkung auf die Verfassungsordnung der Länder, in: Festschrift für Wilhelm Laforet, München 1952, S. 251 ff.; *zit.*: Festschrift für Laforet

Geiger, Willi: Gewissen Ideologie Widerstand Nonkonformismus. Grundfragen des Rechts. München 1963

— Die Grundrechte der Informationsfreiheit, in: Festschrift für Adolf Arndt, Frankfurt/M. 1969, S. 119 ff.; *zit.:* Festschrift für A. Arndt

Geller, Gregor, Kurt *Kleinrahm* und Hans-Joachim *Fleck:* Die Verfassung des Landes Nordrhein-Westfalen. Kommentar. 2. Aufl., Göttingen 1963

Gerber, Hans: Das Recht der wissenschaftlichen Hochschulen in der jüngsten Rechtsentwicklung. In zwei Bänden. Tübingen 1965; *zit.:* Das Recht der wissenschaftlichen Hochschulen

Gierke, Julius von: Widerstand und Obrigkeit. Gedanken anläßlich des Falles „Schlüter". Stuttgart 1956

Giese, Friedrich und Egon *Schunck:* Grundgesetz für die Bundesrepublik Deutschland, 8. Aufl., Frankfurt/M. 1970

Gönnenwein, Otto: Gemeinderecht. Tübingen 1963

Grabitz, Eberhard: Europäisches Bürgerrecht zwischen Marktbürgerschaft und Staatsbürgerschaft. Köln 1970; *zit.:* Grabitz

Grewe, Wilhelm: Zum Begriff der politischen Partei, in: Festgabe für Erich Kaufmann, Stuttgart und Köln 1950, S. 65 ff.; *zit.:* Festgabe für E. Kaufmann

Groß, Rolf: Zum neuen Parteienrecht, DÖV 1968, 80 ff.

Guradze, Heinz: Die Europäische Menschenrechtskonvention. Konvention zum Schutze der Menschenrechte und Grundfreiheiten nebst Zusatzprotokollen. Kommentar. Berlin, Frankfurt/M. 1968; *zit.:* MRK

— Der Stand der Menschenrechte im Völkerrecht. Göttingen 1956

Habscheid, Walther J.: Verein, in: Staatslexikon. Recht Wirtschaft Gesellschaft. Achter Band. 6. Aufl., Freiburg 1963, Sp. 29 ff.

Häberle, Peter: Die Abhörentscheidung des Bundesverfassungsgerichts vom 15. 12. 1970. Analyse und Kritik des Urteils sowie des Minderheitsvotums vom 4. Januar 1971. JZ 1971, 145 ff.

— Unmittelbare staatliche Parteienfinanzierung unter dem Grundgesetz — BVerfGE 20, 56. JuS 1967, 64 ff.

— Die Wesensgehaltgarantie des Art. 19 Abs. 2 Grundgesetz. Zugleich ein Beitrag zum institutionellen Verständnis der Grundrechte und zur Lehre vom Gesetzesvorbehalt. Karlsruhe 1962; *zit.:* Wesensgehalt

Häntzschel, Kurt: Das Recht der freien Meinungsäußerung, in: Handbuch des Deutschen Staatsrechts. Zweiter Band. Tübingen 1932, S. 651 ff.; *zit.:* HdbDStR II

Halberstadt, Gerhard: Das betriebliche Wahlrecht für Gastarbeiter. DB 1965, 780 f.

Haller, Ernst Friedrich: Grundrechtsverwirkung und Zuständigkeitsmonopol des Bundesverfassungsgerichts. Eine Untersuchung der Grenzen staatlichen Handelns vor und nach dem bundesverfassungsgerichtlichen Verwirkungsausspruch gemäß Art. 18 des Grundgesetzes. Diss. Tübingen 1963; *zit.:* Haller

Hamann, Andreas sen.: Urteilsanmerkung. NJW 1957, 793 ff.

Hamann, Andreas jun. und Helmut *Lenz:* Das Grundgesetz für die Bundesrepublik Deutschland vom 23. Mai 1949. 3. Aufl., Neuwied und Berlin 1970; *zit.:* z. B. Lenz, in: Hamann-Lenz

Handschuh, Ekkehard: Die Überwachung der Einfuhr und Verbreitung verfassungsfeindlicher Schriften. Diss. Tübingen 1967; *zit.:* Handschuh

Hartmann, Dieter-Dirk: Ausreisefreiheit. JöR NF Bd. 17 (1968), S. 437 ff.

Heinze, Richard: Die Grundrechte der Ausländer nach der Reichsverfassung vom 11. August 1919. Diss. Marburg 1929; *zit.:* Heinze

Heldmann, Hans Heinz: Begründung zum Alternativentwurf 1970. A. die Notwendigkeit einer Reform, in: Ausländergesetz '65 — Alternativentwurf '70 — Kritik und Reform, studentische politik, Heft 1 1970 (hrsg. vom Forschungsinstitut der Friedrich-Ebert-Stiftung), S. 9 ff.; *zit.:* studentische politik

— Wie der Gesetzgeber das Ausländerrecht liberalisiert und die Verwaltung ihm dabei geholfen hat, in: Ausländergesetz '65 — Alternativentwurf '70 — Kritik und Reform, studentische politik, Heft 1 1970 (hrsg. vom Forschungsinstitut der Friedrich-Ebert-Stiftung), S. 33 ff.; *zit.:* studentische politik

Heller, Hermann: Staatslehre. Leiden 1934

Hellwig: Art. 118. Meinungsfreiheit, Zensur, in: Die Grundrechte und Grundpflichten der Reichsverfassung. Zweiter Band. Berlin 1930, S. 1 ff.; *zit.:* Nipp. II

Henke, Wilhelm: Das Recht der politischen Parteien. Göttingen 1964; *zit.:* Parteien

Henrichs, Wilhelm: Der Parteibegriff im deutschen Kommunalrecht. DVBl. 1952, 676 ff.

— Parteibegriff und Parteiregistrierung. Zum Gutachten der Parteienrechtskommission. DVBl. 1958, 227 ff.

Herzog, Roman: Die Einschränkung der Versammlungsfreiheit durch Gesetzgebung und Verwaltung. BayVBl. 1968, 77 ff.

Hesse, Konrad: Grundzüge des Verfassungsrechts der Bundesrepublik Deutschland. 4. Aufl., Karlsruhe 1970; *zit.:* VerfR

— Die verfassungsrechtliche Stellung der Parteien im modernen Staat. VVdStRL, Heft 17. Berlin 1959, S. 11 ff.

Heuer, Gerhard: Politische Betätigung von Ausländern und ihre Grenzen. Köln u. a. 1970; *zit.:* Heuer

Heydte, Friedrich August Freiherr von der: Ausländer, in: Staatslexikon, Recht Wirtschaft Gesellschaft. Erster Band. 6. Aufl., Freiburg 1957, Sp. 694 ff.

— Freiheit der Parteien, in: Die Grundrechte. Handbuch der Theorie und Praxis der Grundrechte. Zweiter Band. Berlin 1954, S. 457 ff.; *zit.:* GR II

Heyland, Carl: Das Widerstandsrecht des Volkes. Tübingen 1950

Hoffmann, Diether H.: Das Petitionsrecht. Diss. Frankfurt/M. 1959; *zit.:* Hoffmann

Hoffmann, Wolfgang: Inhalt und Grenzen der Demonstrationsfreiheit nach dem Grundgesetz. JuS 1967, 393 ff.

Huber, Ernst Rudolf: Wirtschaftsverwaltungsrecht. Zwei Bände. 2. Aufl., Tübingen 1953/54; *zit.:* Wirtschaftsverwaltungsrecht I bzw. II

Huber, Hans: Die Grundrechte in der Schweiz, in: Die Grundrechte. Handbuch der Theorie und Praxis der Grundrechte. Erster Band, 1. Halbband. Berlin 1966, S. 175 ff.; *zit.:* GR I/1

Huber, Hans: Die Vereinsfreiheit der Ausländer, in: Festschrift für Hermann Jahrreiß, Berlin 1964, S. 101 ff.; *zit.*: Festschrift für Jahrreiß

Hueck, Alfred und Hans Carl *Nipperdey*: Lehrbuch des Arbeitsrechts. Zweiter Band. Kollektives Arbeitsrecht. Erster und Zweiter Halbband. 7. Aufl., Berlin und Frankfurt/M. 1967/70; *zit.*: Hueck-Nipperdey II/1 bzw. II/2

Hüfner, Karl: Art. 126. Petitionsrecht (Bitt- und Beschwerderecht), in: Die Grundrechte und Grundpflichten der Reichsverfassung. Zweiter Band. Berlin 1930, S. 176 ff.; *zit.*: Nipp. II

Ipsen, Hans-Peter: Gleichheit, in: Die Grundrechte. Handbuch der Theorie und Praxis der Grundrechte. Zweiter Band. Berlin 1954, S. 111 ff.; *zit.*: GR II

Isay, Ernst: Das deutsche Fremdenrecht. Berlin 1923; *zit.*: Fremdenrecht

Isensee, Josef: Der Fiskalbeamte — ein Fiskalprivileg. DÖV 1970, 397 ff.

— Das legalisierte Widerstandsrecht. Eine staatsrechtliche Analyse des Art. 20 Abs. 4 Grundgesetz. Bad Homburg v. d. H. u. a. 1969; *zit.*: Widerstandsrecht

Jahn, Eberhard: Das Gesetz über die Rechtsstellung heimatloser Ausländer im Bundesgebiet. JZ 1951, 326 ff.

Jellinek, Georg: Allgemeine Staatslehre. 3. Aufl., 7. Nachdruck, Darmstadt 1960

— System der subjektiven öffentlichen Rechte. Neudruck der 2. Aufl. 1905, Tübingen 1919; *zit.*: System

Jellinek, Walter Verwaltungsrecht. Neudruck der 2. Aufl. 1931, Bad Homburg v. d. H. u. a. 1966; *zit.*: VerwR

Jörg, Peter: Die Freiheit der politischen Betätigung ausländischer Studierender an deutschen Hochschulen. DVBl. 1965, 471 ff.

Kägi, Werner: Rechtsfragen der Volksinitiative auf Partialrevision. ZSR NF Bd. 75, II. Halbbd. (1956), 739 a ff.

Kanein, Werner: Das Ausländergesetz und die wesentlichen fremdrechtlichen Vorschriften. Kommentar. München, Berlin 1966; *zit.*: Kanein; §§ ohne Angaben sind solche des AuslG

— Zur politischen Betätigung ausländischer Studenten. DUZ 1968, Heft VIII/IX, 23 ff.

— Aktuelle Fragen des neuen Fremdenrechts. DVBl. 1966, 617 ff.

Kelsen, Hans: Allgemeine Staatslehre. Berlin 1925

Kemper, Gerd Heinrich: Pressefreiheit und Polizei. Berlin 1964

Kern, Eduard: Schutz des Lebens, der Freiheit und des Heims, in: Die Grundrechte. Handbuch der Theorie und Praxis der Grundrechte. Zweiter Band. Berlin 1954, S. 51 ff.; *zit.*: Gr II

Khol, Andreas: Der Menschenrechtskatalog der Völkergemeinschaft. Die Menschenrechtskonvention der Vereinten Nationen. Wien, Stuttgart 1968

Kimminich, Otto: Asylrecht. Berlin, Neuwied 1968

— Völkerrechtsfragen der exilpolitischen Betätigung. ArchVR Bd. 10 (1962/63), S. 132 ff.

Klein, Hans H.: Der Gesetzgeber und das Widerstandsrecht. Zu Stil und Methode der Verfassungsänderung. DÖV 1968, 865 ff.

Klinkhardt, Ingo: Die politische Meinungsfreiheit im Ausländerrecht. DVBl. 1965, 467 ff.

Kloepfer, Michael: Grundrechte als Entstehenssicherung und Bestandsschutz. München 1970

Kloesel, Arno: Urteilsanmerkung. DÖV 1970, 346 f.

Kloesel, Arno und Rudolf *Christ:* Deutsches Ausländerrecht. Kommentar zum Ausländergesetz und zu den wichtigsten ausländerrechtlichen Vorschriften. Stuttgart u. a. 1965 ff.; *zit.:* Kloesel-Christ; §§ ohne Angaben sind solche des AuslG

Knöpfle, Franz: Der Zugang zu den politischen Parteien. Der Staat 9. Band (1970), S. 321 ff.

Kölble, Josef: Inwieweit schützt das Parteienprivileg des Art. 21 Abs. 2 Satz 2 des Grundgesetzes auch Nebenorganisationen von Parteien? AöR Bd. 87 (1962), S. 48 ff.

Köttgen, Arnold: Abgeordnete und Minister als Statusinhaber, in: Gedächtnisschrift für Walter Jellinek, München 1955, S. 195 ff.; *zit.:* Gedächtnisschrift für W. Jellinek

— Deutsches Universitätsrecht. Tübingen 1933

Kollhosser, Helmut: Haftung für Demonstrationsschäden — LG Berlin, NJW 1969, 1119. JuS 1969, 510 ff.

Konow, Gerhard: Verfassungsrechtliche Fragen zum Parteiengesetz. DÖV 1968, 73 ff.

Kotthaus, Guenther: Die Rechtsstellung des Ausländers in der Weimarer Verfassung unter Ausblick auf die kommende Verfassung. Diss. Erlangen 1933; *zit.:* Kotthaus

Kratzer, Jakob: Artikel 142 des Grundgesetzes und die Grundrechte in der Bayerischen Verfassung, in: Festschrift für Wilhelm Laforet, München 1962, S. 107 ff.; *zit.:* Festschrift für Laforet

Kraus, Herbert: Staats- und völkerrechtliche Betrachtungen über die Rechtsstellung des Fremden. — Ein Beitrag zum Gleichheitsproblem, in: Gedächtnisschrift für Walter Jellinek, München 1955, S. 89 ff.; *zit.:* Gedächtnisschrift für W. Jellinek

Kreppel, Gerhard: Verfassungsrechtliche Grenzen der Auslieferung und Ausweisung. Unter besonderer Berücksichtigung der Auslieferung bei drohender Todesstrafe. Diss. Würzburg 1965; *zit.:* Kreppel

Kröger, Klaus: Widerstandsrecht und demokratische Verfassung. Tübingen 1971

Krüger, Herbert: Allgemeine Staatslehre. 2. Aufl., Stuttgart 1966

Küchenhoff, Klaus: Die geistesgeschichtliche Entwicklung der Vereins- und Versammlungsfreiheit, in: Wurzbacher - Küchenhoff - v. Schrötter, Vereinigungs- und Versammlungsfreiheit. Hannover 1966, S. 5 ff.

Laufer, Heinz: Institutionelle Leistungen und Versuche. Zur Innenpolitik der Großen Koalition. Zeitschrift für Politik (ZPolit) 1967, 405 ff.

Lechner, Hans und Klaus *Hülshoff:* Parlament und Regierung. 2. Aufl., München und Berlin 1958; 3. Aufl. 1971

Leibholz, Gerhard: Zum Parteiengesetz von 1967, in: Festschrift für Adolf Arndt, Frankfurt/M. 1969, S. 179 ff.; *zit.:* Festschrift für A. Arndt

— Staat und Verbände. VVdStRL, Heft 24. Berlin 1966, S. 5 ff.

Leibholz, Gerhard: Verfassungsrechtliche Stellung und innere Ordnung der Parteien. Ausführung und Anwendung der Art. 21 und 38 Abs. 1 Satz 2 des Grundgesetzes, in: Verhandlungen des achtunddreißigsten Deutschen Juristentages in Frankfurt/M. 1950. Tübingen 1951, Abt. C S. 2 ff.; *zit.:* VerhDJT 38

— Der Strukturwandel der modernen Demokratie, in: Strukturprobleme der modernen Demokratie, 3. Aufl., Karlsruhe 1967, S. 78 ff.

Leibholz, Gerhard und Reinhard *Rupprecht:* Bundesverfassungsgerichtsgesetz. Rechtsprechungskommentar, Köln—Marienburg 1968, mit Nachtrag 1971; *zit.:* BVerfGG

Leibholz, Gerhard und Hans Justus *Rinck:* Grundgesetz. Kommentar an Hand der Rechtsprechung des Bundesverfassungsgerichts. 4. Aufl., Köln—Marienburg 1971; *zit.:* Leibholz-Rinck

Leisner, Walter: Öffentliches Amt und Berufsfreiheit. AöR Bd. 93 (1968), S. 161 ff.

— Versammlungsfreiheit, in: Evangelisches Staatslexikon, Stuttgart, Berlin 1966, Sp.2372 f.

Lengsfeld, Michael: Das Recht zum Verbot verfassungswidriger Vereinigungen und der Ausgleich zwischen Interessen des Staates und Rechten der Individualsphäre. Diss. Münster 1964; *zit.:* Lengsfeld

Lerche, Peter: Grundrechte der Soldaten, in: Die Grundrechte. Handbuch der Theorie und Praxis der Grundrechte. Vierter Band, 1. Halbband. Berlin 1960, S. 447 ff.; *zit.:* GR IV/1.

— Verfassungsrechtliche Zentralfragen des Arbeitskampfes. Zum hessischen Aussperrungsverbot. Bad Homburg v. d. H. u. a. 1968; *zit.:* Zentralfragen

— Werbung und Verfassung. München und Berlin 1967

Löffler, Martin: Der Informationsanspruch der Presse und des Rundfunks. NJW 1964, 2277 ff.

— Presserecht. Band I. München 1969

Luetjohann: Als ausländischer Student VDS-Vorsitzender? DUZ 1964 Heft VII, 4 ff.

Maihofer, Werner: Menschenwürde im Rechtsstaat, in: Maihofer - Behrendt, Die Würde des Menschen. Untersuchungen zu Art. 1 des Grundgesetzes der Bundesrepublik Deutschland. Band I Hannover 1967, S. 1 ff.

Majer, Diemut: Ausländer im Dickicht des Fremdenrechts. ZRP 1969, 125 ff.

Makarov, Alexander N.: Das internationale Flüchtlingsrecht und die Rechtsstellung heimatloser Ausländer nach dem Bundesgesetz vom 25. April 1951. ZaöRV Bd. 14 (1951/52), S. 431 ff.

Mallmann, Walter: Vereins- und Versammlungsfreiheit, in: Staatslexikon. Recht Wirtschaft Gesellschaft. Achter Band. 6. Aufl., Freiburg 1963, Sp. 106 ff.

Mangoldt, Hermann v.: Das Bonner Grundgesetz. Berlin und Frankfurt/M. 1953; *zit.:* v. Mangoldt

Mangoldt, Hermann v. und Friedrich *Klein:* Das Bonner Grundgesetz, 2. Aufl., Berlin und Frankfurt, Band I 1957, Band II 1964; *zit.:* v. Mangoldt-Klein

Marxen, Walter: Deutsches Ausländerrecht. Kommentar. München 1967; *zit.:* Marxen; §§ ohne Angaben sind solche des AuslG

Mattern, Karl-Heinz: Petitionsrecht, in: Die Grundrechte. Handbuch der Theorie und Praxis der Grundrechte. Zweiter Band. Berlin 1954, S. 623 ff.; *zit.:* Gr II

Maunz, Theodor: Deutsches Staatsrecht. Ein Studienbuch. 18. Aufl., München 1971; *zit.:* StaatsR

Maunz, Theodor, Heinrich *Sigloch*, Bruno *Schmidt - Bleibtreu* und Franz *Klein:* Bundesverfassungsgerichtsgesetz mit Nebengesetzen. Kommentar. München und Berlin 1967; *zit.:* z. B. Schmidt - Bleibtreu, BVerfGG

Maunz, Theodor, Günter *Dürig* und Roman *Herzog:* Grundgesetz. Kommentar, 3. Aufl., München und Berlin 1970; *zit.:* z. B. Maunz, Kommentar

Meessen, Matthias: Ausländische juristische Personen als Träger von Grundrechten. JZ 1970, 602 ff.

Meissinger, Hermann: Grundlagen und Grenzen der gewerkschaftlichen Machtmittel, RdA 1956, 401 ff.

Menger, Christian-Friedrich: Zur verfassungsrechtlichen Stellung der deutschen politischen Parteien. AöR Bd. 78 (1952/53), S. 149 ff.

Merten, Detlef: Demonstration unter dem Gesetz, in: Das Recht auf Demonstration. Analysen — Darstellungen — Meinungen. Bonn 1969, S. 55 ff.

— Gedanken zur Demonstrationsfreiheit. MDR 1968, 621 ff.

— Der Inhalt des Freizügigkeitsrechts (Artikel 11 des Grundgesetzes). Berlin 1970; *zit.:* Freizügigkeit

Milke, Karin: Rechtsprobleme der ausländischen Arbeitnehmer in der Bundesrepublik Deutschland. Diss. Würzburg 1966; *zit.:* Milke

Moser, Hans Peter: Die Rechtsstellung des Ausländers in der Schweiz. ZSR NF Bd. 86, II. Halbbd. (1967), 325 ff.

Mueller, Rudolf, Hans *Weitzel* und Gerhard *Weisner:* Fremdenrecht. Die Rechtsstellung von Ausländern in der Bundesrepublik. Frankfurt/M. 1955

Münch, Fritz: Die Bundesregierung. Frankfurt/M. 1954

— Die Europäische Menschenrechtskonvention und der Menschenrechtsschutz in der Bundesrepublik Deutschland, in: Veiter - Klein (Hrsg.), Die Menschenrechte. Entwicklung — Stand — Zukunft. Stuttgart 1965, S. 62 ff.

— Die Menschenwürde als Grundforderung unserer Verfassung. Bocholt 1951

Münch, Ingo v.: Öffentlicher Dienst, in: Besonderes Verwaltungsrecht (hrsg. von v. Münch) 2. Aufl., Bad Homburg v. d. H. u. a. 1970, S. 19 ff.

Nawiasky, Hans: Die Grundgedanken des Grundgesetzes für die Bundesrepublik Deutschland. Systematische Darstellung und kritische Würdigung. Stuttgart und Köln 1950

Nawiasky, Hans, Klaus *Leusser*, Karl *Schweiger* und Hans *Zacher:* Die Verfassung des Freistaates Bayern. Systematischer Überblick und Handkommentar. 2. Aufl., München 1970

Nikisch, Arthur: Arbeitsrecht. II. Band. Koalitionsrecht, Arbeitskampfrecht und Tarifvertragsrecht. 2. Aufl., Tübingen 1959; *zit.:* Nikisch II

Nipperdey, Hans Carl: Art. 159. Koalitionsfreiheit, in: Die Grundrechte und Grundpflichten der Reichsverfassung. Dritter Band. Berlin 1930, S. 385 ff.; *zit.:* Nipp. III

— Die Würde des Menschen, in: Die Grundrechte. Handbuch der Theorie und Praxis der Grundrechte. Zweiter Band. Berlin 1954, S. 1 ff.; *zit.:* GR II

Oertmann, Paul: Art. 160. Freizeit für staatsbürgerliche Rechte, in: Die Grundrechte und Grundpflichten der Reichsverfassung. Dritter Band. Berlin 1930, S. 435 ff.; *zit.:* Nipp. III

Oppermann, Thomas: Verfassungswidrige Verfassungsrechtsprechung? JZ 1971, 301

Ott, Sieghart: Gesetz über Versammlungen und Aufzüge (Versammlungsgesetz). Taschenkommentar. Stuttgart u. a. 1969; *zit.* VersG

— Das Recht auf freie Demonstration. 2. Aufl., Berlin, Neuwied 1969; *zit.:* DemonstrationsR

Papke, Horst: Über den rechtlichen Inhalt der deutschen Staatsangehörigkeit. NJW 1960, 2326 ff.

Partsch, Karl Josef: Die Rechte und Freiheiten der europäischen Menschenrechtskonvention, in: Die Grundrechte. Handbuch der Theorie und Praxis der Grundrechte. Erster Band, 1. Halbband. Berlin 1966, S. 235 ff.; *zit.:* GR I/1

Peters, Hans: Die freie Entfaltung der Persönlichkeit als Verfassungsziel, in: Festschrift für Rudolf Laun, Hamburg 1953, S. 669 ff.; *zit.:* Festschrift für R. Laun

— Geschichtliche Entwicklung und Grundfragen der Verfassung. Bearbeitet von Jürgen Salzwedel und Günter Erbel. Berlin u. a. 1969; *zit.:* Grundfragen

Peters, Hans und Fritz *Ossenbühl:* Die Übertragung von öffentlich-rechtlichen Befugnissen auf die Sozialpartner unter besonderer Berücksichtigung des Arbeitszeitschutzes.

Petzold, Kurt: Rechtsstaatliche Verfahren für verfassungswidrige Vereine — Das neue Vereinsgesetz. NJW 1964, 2281 ff.

Quilisch, Martin: Die demokratische Versammlung. Zur Rechtsnatur der Ordnungsgewalt des Leiters öffentlicher Versammlungen — Zugleich ein Beitrag zu einer Theorie der Versammlungsfreiheit. Berlin 1970

Ramm, Thilo: Das Koalitions- und Streikrecht der Beamten. Rechtsgutachten. Köln 1970

Rapp, Horst: Das Parteienprivileg des Grundgesetzes und seine Auswirkungen auf das Strafrecht. Eine Untersuchung über den Umfang der aus Art. 21 GG folgenden Privilegierung des Parteiwesens und die davon ausgehenden Sperrwirkungen für die Anwendung strafrechtlicher Tatbestände auf parteikonnexe Handlungen. Tübingen 1970; *zit.:* Parteienprivileg

Rauball, Johannes und Bernhard *Sträter:* Kommentar zum Ausländergesetz. Essen 1966; *zit.:* Rauball - Sträter

Rauschning, Dietrich: Zur Methode der Entscheidung des Bundesverfassungsgerichts über die staatliche Parteifinanzierung. JZ 1967, 346 ff.

Rebe, Bernd: Die Träger der Pressefreiheit nach dem Grundgesetz. Berlin 1969

Rechtliche Ordnung des Parteiwesens. Probleme eines Parteiengesetzes. Bericht der vom Bundesminister des Innern eingesetzten Parteienrechtskommission. Frankfurt/M., Berlin 1957; *zit.:* Bericht

Redeker, Konrad und Hans Joachim v. *Oertzen:* Verwaltungsgerichtsordnung. 4. Aufl., Stuttgart u. a. 1971; *zit.:* VwGO

Rehbinder, Manfred: Öffentliche Aufgabe der Presse: Was ist das? NJW 1963, 1387 ff.

Reichel, Hans: Das Verbotsrecht für Koalitionen. AR-Blattei, Vereinigungsfreiheit II, 1965

— Der Verbotsschutz der Koalitionen nach dem neuen Vereinsgesetz. AuR 1965, 79 ff.

Reißmüller, Johann-Georg: Das Monopol des Bundesverfassungsgerichts aus Art. 18 des Grundgesetzes. JZ 1960, 529 ff.

Richter, Lutz: Vereinigungsfreiheit, VerwArch. Bd. 32 (1927), 1 ff.

Ridder, Helmut K. J.: Meinungsfreiheit, in: Die Grundrechte. Handbuch der Theorie und Praxis der Grundrechte. Zweiter Band, Berlin 1954, S. 243 ff.; *zit.:* GR II

— Meinungsfreiheit, in: Staatslexikon. Recht Wirtschaft Gesellschaft. Fünfter Band. 6. Aufl., Freiburg 1960, Sp. 647 ff.

— Petitionsrecht, in: Staatslexikon. Recht Staat Wirtschaft. Sechster Band. 6. Aufl., Freiburg 1961, Sp. 230 ff.

— Zur verfassungsrechtlichen Stellung der Gewerkschaften im Sozialstaat nach dem Grundgesetz für die Bundesrepublik Deutschland. Rechtsgutachten zur Frage der Verfassungsmäßigkeit des Urteils des Bundesarbeitsgerichts vom 31. Oktober 1958. Stuttgart 1960

Rinck, Hans Justus: Der verfassungsrechtliche Status der politischen Parteien in der Bundesrepblik, in: Festschrift für Gerhard Leibholz. Zweiter Band: Staats- und Verfassungsrecht. Tübingen 1966, S. 305 ff.; *zit.:* Festschrift für Leibholz II

Rittstieg, Helmut: Grenzen ausländerbehördlichen Ermessens. JZ 1971, 113 ff.

Röhl, Hellmut: Die Nennung des eingeschränkten Grundrechts nach Art. 19 Abs. I Satz 2 des Grundgesetzes. AöR Bd. 81 (1956), S. 195 ff.

Rolvering, Heinrich: Die Rechtsgarantien im deutschen Recht für eine politische Betätigung von Ausländern in der Bundesrepublik Deutschland. Diss. Tübingen 1970; *zit.:* Rolvering

Rondholz, Eberhard: Nach deutscher Art und Sitte ... Anmerkungen zu einigen Ausländerrechtskommentaren. vorgänge 1970, 128 ff.

Rose, Hans-Joachim: Ausländerrecht in Grenzen oder grenzenloses Ausländerrecht? JZ 1971, 721 ff.

Rothenbücher, Karl: Das Recht der freien Meinungsäußerung. VVdStRL, Heft 4. Berlin und Leipzig 1928, S. 6 ff.

Rudolph, Wolfgang: Die Mitgliedschaft von Beamten und Angestellten des öffentlichen Dienstes in nicht verbotenen verfassungsfeindlichen Parteien und Vereinigungen. DVBl. 1967, 647 ff.

Rüfner, Wolfgang: Überschneidungen und gegenseitige Ergänzungen der Grundrechte. Der Staat 7. Band (1968), S. 41 ff.

Rüthers, Bernd: Gewerkschaftliche Mitgliederwerbung im Betrieb und in der Dienststelle — BAG AP Art. 9 Nr. 10 und BVerfG, NJW 1970, 1635. JuS 1970, 607 ff.

— Das Recht der Gewerkschaften auf Information und Mitgliederwerbung im Betrieb. München 1968; *zit.:* Mitgliederwerbung

— Streik und Verfassung. Köln 1960

Rupp, Hans Heinrich: Urteilsanmerkung. NJW 1971, 275 ff.

Rupp, Hans Heinrich: Urteilsanmerkung. NJW 1971, 1403

Ruppel, Peter: Der Grundrechtsschutz der Ausländer im deutschen Verfassungsrecht. Diss. Würzburg 1968; *zit.*: Ruppel

Säcker, Franz-Jürgen: Anmerkung. JZ 1970. 774 ff.

— Grundprobleme der kollektiven Koalitionsfreiheit. Düsseldorf 1969; *zit.*: Grundprobleme

Sartorius, Carl: Die Aktivbürgerschaft und ihre politischen Rechte, in: Handbuch des Deutschen Staatsrechts. Erster Band. Tübingen 1930, S. 281 ff.; *zit.*: HdbDStR I

Schaffarczyk, Herbert: Neues deutsches Paßrecht. 2. Aufl., Karlsruhe 1956

Scheidle, Günther: Das Widerstandsrecht. Entwickelt anhand der höchstrichterlichen Rechtsprechung der Bundesrepublik Deutschland. Berlin 1969; *zit.*: Widerstandsrecht

Schenke, Wolf-Rüdiger: Strafbarkeit der Zuwiderhandlung gegen einen sofort vollziehbaren, nachträglich aufgehobenen Verwaltungsakt? JR 1970, 449 ff.

Scheuner, Ulrich: Der Entwurf des Parteiengesetzes. Zu der Stellungnahme von Politologen der Freien Universität Berlin. DÖV 1967, 343 ff.

— Grundfragen des modernen Staates, in: Recht, Staat, Wirtschaft. Dritter Band. Düsseldorf 1951, S. 126 ff.; *zit.*: RStW III

— Der Inhalt der Koalitionsfreiheit. Rechtsgutachten zur Verfassungsbeschwerde der IG Metall gegen das Urteil des Bundesarbeitsgerichts vom 31. Oktober 1958, in: Weber - Scheuner - Dietz, Koalitionsfreiheit. Drei Rechtsgutachten. Berlin, Frankfurt/M. 1961, S. 27 ff.; *zit.*: Koalitionsfreiheit

— Parteiengesetz und Verfassungsrecht. DÖV 1968, 88 ff.

— Pressefreiheit. VVdStRL, Heft 22, Berlin 1966, S. 1 ff.

— Das Wesen des Staates und der Begriff des Politischen in der neueren Staatslehre, in: Festgabe für Rudolf Smend, Tübingen 1962, S. 225 ff.; *zit.*: Festgabe für Smend

Schieckel: Stellungnahme zu den Ausführungen des Amtsrates Christ. ZfSH 1966, 302 f.

Schiedermair, Rudolf: Handbuch des Ausländerrechts der Bundesrepublik Deutschland. Frankfurt/M., Berlin 1968; *zit.*: Schiedermair; §§ ohne Angaben sind solche des AuslG

Schindler, Dietrich: Gleichberechtigung von Individuen als Problem des Völkerrechts. Zürich 1957

Schlessmann, Karl: Gastarbeiter in der Betriebsverfassung. DB 1964, 586 f.

Schmidt, Walter: Das neue Vereinsgesetz und Art. 9 Abs. 2 des Grundgesetzes. NJW 1965, 424 ff.

Schmidt-Bleibtreu, Bruno und Franz *Klein*: Kommentar zum Grundgesetz für die Bundesrepublik Deutschland. 2. Aufl., Neuwied und Berlin 1969; *zit.*: GG

Schmidt-Räntsch, Günther: Deutsches Richtergesetz. Kommentar. München und Berlin 1962

Schmitt, Carl: Der Begriff des Politischen, Text von 1932 mit einem Vorwort und drei Corollarien. Berlin 1963

Schmitt, Carl: Inhalt und Bedeutung des zweiten Hauptteils der Reichsverfassung, in: Handbuch des Deutschen Staatsrechts. Zweiter Band, Tübingen 1932, S. 572.; *zit.:* HdbDStR II

— Verfassungslehre. München und Leipzig 1928

Schmitt, Walter Oskar (*Schmitt Glaeser*): Der Begriff der freiheitlichen demokratischen Grundordnung und Art. 79 Abs. 3 des Grundgesetzes. DÖV 1965, 433 ff.

— Lehrfreiheit, Meinungsfreiheit und „Verfassungstreue", DVBl. 1966, 6 ff., 166 ff.

Schmitt Glaeser, Walter: Mißbrauch und Verwirkung von Grundrechten im politischen Meinungskampf. Eine Untersuchung über die Verfassungsschutzbestimmung des Art. 18 GG und ihr Verhältnis zum einfachen Recht, insbesondere zum politischen Strafrecht. Bad Homburg v. d. H. u. a. 1968; *zit.:* Verwirkung

— Parteiverbot und Strafrecht. Zu fünf Beschlüssen des Bundesverfassungsgerichts. JZ 1970, 59 ff.

— Die Rechtsstellung der Studentenschaft. Zu den rechtlichen Beziehungen zwischen Studentenschaft und wissenschaftlicher Hochschule. Bad Homburg v. d. H. u. a. 1968

Schneider, Hans: Widerstand im Rechtsstaat. Vortrag gehalten vor der Juristischen Studiengesellschaft in Karlsruhe am 20. 10. 1969. Karlsruhe 1969

Schneider, Peter: Pressefreiheit und Staatssicherheit. Mainz 1968

Schnorr, Gerhard: Öffentliches Vereinsrecht. Kommentar zum Vereinsgesetz. Köln u. a. 1965; *zit.:* VereinsG

— Der Regierungsentwurf eines neuen Vereinsgesetzes und seine Bedeutung für das Arbeitsrecht. RdA 1962, 169 ff.

— Das neue Vereinsgesetz. RdA 1964, 317 ff.

Schnur, Roman: Pressefreiheit. VVdStRL, Heft 22. Berlin 1966, S. 101 ff.

Schönke-Schröder: Strafgesetzbuch. Kommentar. Begründet von Adolf Schönke, fortgeführt von Horst Schröder. 15. Aufl., München und Berlin 1970; *zit.:* StGB

Scholler, Heinrich: Widerstand und Verfassung. Der Staat 8. Band (1969), S. 19 ff.

Scholz, Rupert: Die Koalitionsfreiheit als Verfassungsproblem. München 1971; *zit.:* Scholz

Schorn, Hubert: Die Europäische Konvention zum Schutze der Menschenrechte und Grundfreiheiten und ihr Zusatzprotokoll in Einwirkung auf das deutsche Recht. Frankfurt/M. 1965; *zit.:* MRK

Schütterle, Peter: Aufenthaltserlaubnis und zwischenstaatliche Vereinbarungen. DVBl. 1971, 345 ff.

Schultz, Günther: Blick in die Zeit. MDR 1965, S. 883 ff.

— Blick in die Zeit. MDR 1967, 978 f.

Schumann, Ekkehard: Petitionsrecht, in: Evangelisches Staatslexikon. Stuttgart, Berlin 1966, Sp. 1514 ff.

Schwark, Eberhard: Der Begriff der „Allgemeinen Gesetze" in Art. 5 Abs. 2 des Grundgesetzes. Berlin 1970

Seifert, Karl-Heinz: Das Bundeswahlgesetz. Kommentar. 2. Aufl., Berlin und Frankfurt/M. 1965; *zit.:* BWahlG

Seifert, Karl-Heinz: Zur Rechtsstellung der politischen Parteien. DÖV 1956, 1 ff.

— Das neue Vereinsgesetz. DÖV 1964, 685 ff.

— Nochmals: Das neue Vereinsgesetz. II. Antwort. DÖV 1965, 35

Seuffert, Walter: Zu den Grundlagen des Begriffs der politischen Partei, in: Festgabe für Carlo Schmid, Tübingen 1962, S. 199 ff.; *zit.:* Festgabe für C. Schmid

Smend, Rudolf: Bürger und Bourgeois im deutschen Staatsrecht, in: Staatsrechtliche Abhandlungen und andere Aufsätze. 2. Aufl., Berlin 1968, S. 309 ff.

— Die politische Gewalt im Verfassungsstaat und das Problem der Staatsform, in: Festgabe für Wilhelm Kahl, Tübingen 1923, Beitrag III; *zit.:* Festgabe für Kahl, III

— Das Recht der freien Meinungsäußerung. VVdStRL, Heft 4. Berlin und Leipzig 1928, S. 44 ff.

— Verfassung und Verfassungsrecht, in: Staatsrechtliche Abhandlungen und andere Aufsätze. 2. Aufl., Berlin 1968, S. 119 ff.

Statistisches Bundesamt (Hrsg.): Statistisches Jahrbuch für die Bundesrepublik Deutschland 1970 und 1971. Stuttgart, Mainz 1970 und 1971; *zit.:* Statistisches Jahrbuch

Stein, Ekkehard: Lehrbuch des Staatsrechts. 2. Aufl., Tübingen 1971; *zit.:* StaatsR

Steiner, Udo: Der „beliehene Unternehmer" — VG Münster, NJW 1967, 171. JuS 1969, 69 ff.

Stern, Klaus: Freiheitsentziehung nach der Ausländerpolizeiverordnung. BayVBI. 1956, 141 ff.

Sternberger, Dolf: Begriff des Politischen. Frankfurt/M. 1961

Stier, Gerhard: Zur Frage des Petitionsrechts der Ausländer. Gruchots Beiträge zur Erläuterung des Deutschen Rechts Bd. 64 (1920), S. 710 ff.; *zit.:* Gruch. 64

Strupp, Karl: Die Rechtsstellung der Staatsangehörigen und der Staatsfremden, in: Handbuch des Deutschen Staatsrechts. Erster Band. Tübingen 1930, S. 274 ff.; *zit.:* HdbDStR I

Thieme, Hans Werner: Die Rechtsstellung des Ausländers nach dem Bonner Grundgesetz. Ein Beitrag zur Auslegung des Gleichheitssatzes. Diss. Göttingen 1951 (masch. vervielf.); *zit.:* Thieme

Thieme, Werner: Deutsches Hochschulrecht. Das Recht der wissenschaftlichen Hochschulen in der Bundesrepublik und im Lande Berlin mit einem Überblick über das Hochschulrecht Österreichs, der Schweiz und der Niederlande sowie mit einem Anhang hochschulrechtlicher Rechtsquellen. Berlin, Köln 1956; *zit.:* Hochschulrecht

Thoma, Richard: Die juristische Bedeutung der grundrechtlichen Sätze der deutschen Reichsverfassung im allgemeinen, in: Die Grundrechte und Grundpflichten der Reichsverfassung. Erster Band. Berlin 1929, S. 1 ff.; *zit.:* Nipp. I

— Grundrechte und Polizeigewalt, in: Festgabe zur Feier des fünfzigjährigen Bestehens des Preußischen Oberverwaltungsgerichts, Berlin 1925, S. 183 ff.; *zit.:* Festgabe für das Preuß. OVG

Thoma, Richard: Das System der subjektiven öffentlichen Rechte und Pflichten, in: Handbuch des Deutschen Staatsrechts. Zweiter Band. Tübingen 1932, S. 607 ff.; *zit.*: HdbDStR II

Thomsen, Klaus: Die politische Betätigung von Ausländern nach deutschem Verfassungs- und Verwaltungsrecht. Diss. Bonn 1968; *zit.*: Thomsen

Thormann, Hans Udo: Zum Status des Petitionsrechts. Zugleich eine Kommentierung Dürigs zu Art. 17 GG. DÖV 1961, 888 ff.

Tietgen, Walter: Beweislast und Beweiswürdigung im Zivil- und Verwaltungsprozeß, in: Verhandlungen des sechsundvierzigsten Deutschen Juristentages Essen 1966. Band I Gutachten. München und Berlin 1967, Teil 2 B S. 1 ff.; *zit.*: VerhDJT 46, Bd. I

Tomuschat, Christian: Zur politischen Betätigung des Ausländers in der Bundesrepublik Deutschland. Bad Homburg v. d. H. u. a. 1968; *zit.*: Tomuschat

Treviranus, Hans D.: Urteilsanmerkung. DÖV 1965, 776 ff.

Triepel, Heinrich: Staatsrecht und Politik. Berlin und Leipzig 1927

— Streitigkeiten zwischen Reich und Ländern. Beiträge zur Auslegung des Art. 19 der Weimarer Reichsverfassung, in: Festgabe für Wilhelm Kahl, Tübingen 1923, Beitrag II; *zit.*: Festgabe für Kahl, II

Uber, Giesbert: Freiheit des Berufs. Art. 12 des Grundgesetzes nach einer rechtsgrundsätzlichen Betrachtung der individuellen Freiheit. Hamburg 1952

Ule, Carl Hermann: Verwaltungsgerichtsbarkeit, 2. Aufl., Köln u. a. 1962

Ule, Carl Hermann und Ernst *Rasch*: Allgemeines Polizei- und Ordnungsrecht. Köln u. a. 1965

Unruh, Georg Christoph v.: Gemeinderecht, in: Besonderes Verwaltungsrecht (hrsg. von v. Münch), 2. Aufl., Bad Homburg v. d. H. u. a. 1970, S. 81 ff.

Vogel, Hartmut: Demonstrationsfreiheit und ihre Grenzen, in: Das Recht auf Demonstration. Analysen — Darstellungen — Meinungen. Bonn 1969, S.15 ff.

Waldecker, Ludwig: Vereins- und Versammlungsfreiheit, in: Handbuch des Deutschen Staatsrechts. Zweiter Band. Tübingen 1932, S. 637 ff.; *zit.*: HdbDStR II

Weber, Max: Politik als Beruf. 2. Aufl., München und Leipzig 1926

Weber, Werner: Die Bundesrepublik und ihre Verfassung an der Schwelle des dritten Jahrzehnts. DVBl. 1969, 413 ff.

— Die Sozialpartner in der Verfassungsordnung, in: Rechtsstaatlichkeit und Sozialstaatlichkeit (hrsg. von Forsthoff), Darmstadt 1968, S. 526 ff.; *zit.*: Rechtsstaatlichkeit und Sozialstaatlichkeit

Weißmann, Günter: Ausländergesetz. Kommentar. Berlin 1966; *zit.*: Weißmann

Wengler, Wilhelm: Völkerrecht. Bd. II. Berlin u. a. 1964; *zit.*: Völkerrecht II

Wertenbruch, Wilhelm: Grundgesetz und Menschenwürde. Ein kritischer Beitrag zur Verfassungswirklichkeit. Köln, Berlin 1958; *zit.*: Menschenwürde

— Zur Rechtfertigung des Widerstandes, in: Festgabe für Ernst von Hippel, Berlin 1965, S.318 ff.; *zit.*: Festgabe für E. v. Hippel

Wihlidal, Margarete: Der Eingriff der Verwaltung in das Vereinswesen. Diss. Köln 1963; *zit.*: Wihlidal

Wilke, Dieter: Die Verwirkung der Pressefreiheit und das strafrechtliche Berufsverbot. Berlin 1964; *zit.:* Verwirkung

Willms, Günther: Art. 18 GG und der strafrechtliche Staatsschutz. NJW 1964, 225 ff.

— Der Informationsanspruch der Presse und die Gerichtsbarkeit. ArchPr 1965, 511 ff.

— Ist § 93 StGB zu entbehren? NJW 1965, 1457 ff.

— Der strafrechtliche Staatsschutz nach dem neuen Vereinsgesetz. JZ 1965, 86 ff.

Wintrich, Josef: Zur Auslegung und Anwendung des Art. 2 Abs. 1 GG, in: Festschrift für Willibalt Apelt, München und Berlin 1958, S. 1 ff.; *zit.:* Festschrift für Apelt

— Zur Problematik der Grundrechte. Köln und Opladen 1957; *zit.:* Grundrechte

Wirtz, Peter: Brauchen wir ein neues Ausländergesetz? Anmerkungen zum „Alternativentwurf 70". ZRP 1970, 247 ff.

Wohlfarth, Ernst, Ulrich *Everling*, Hans J. *Glaesner* und Rudolf *Sprung:* Die Europäische Wirtschaftsgemeinschaft. Kommentar zum Vertrag. Berlin, Frankfurt/M. 1960

Wolff, Freiherr H. v.: Das deutsche Paßrecht. Ergänzungsband. Berlin und Frankfurt/M. 1955

Wolff, Hans J.: Verwaltungsrecht I. Ein Studienbuch. 8. Aufl., München und Berlin 1971; Verwaltungsrecht II. Ein Studienbuch. 3. Aufl., München und Berlin 1970; Verwaltungsrecht III. Ein Studienbuch. 2. Aufl., München und Berlin 1967; *zit.:* z. B. VerwR II

Wurzbacher, Gerhard und Gertrud v. *Schrötter:* Das Grundrecht der freien Vereinigung und seine Verwirklichung in der Bundesrepublik Deutschland, in: Wurzbacher - Küchenhoff - v. Schrötter, Vereinigungs und Versammlungsfreiheit. Hannover 1966, S. 49 ff.

Zeidler, Wolfgang: Außerparlamentarische Bewegungen, Demonstrationsrecht und Widerstand, in: Das Recht auf Demonstration. Analysen — Darstellungen — Meinungen. Bonn 1969, S. 3 ff.

Zuleeg, Manfred: Beleihung mit Hoheitsgewalt, Verwaltungshilfe und privatrechtliches Handeln bei Schülern. DÖV 1970, 627 ff.